TÜRKEI WESTKÜSTE

Dardanellen – Bodrum

Michael Bussmann
Gabriele Tröger

INHALTSVERZEICHNIS

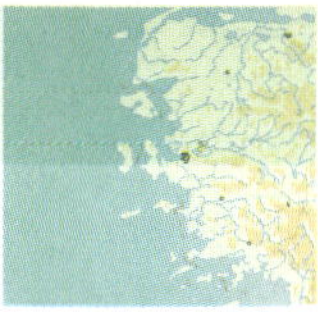

Allgemeines
Reisepraktisches

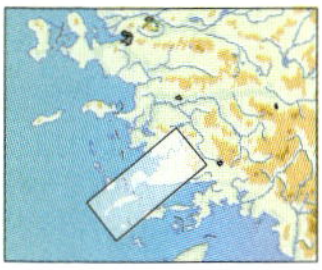

Bodrum und Umgebung

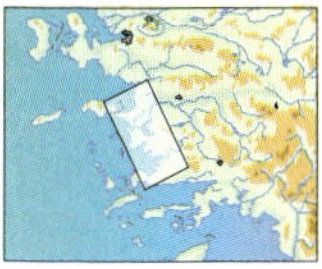

Zwischen Milas und
Kuşadası

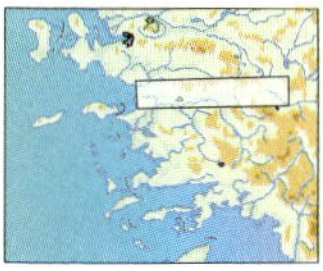

Ephesus, Selçuk und
Tal des Mäander

Zwischen Selçuk und
Çeşme

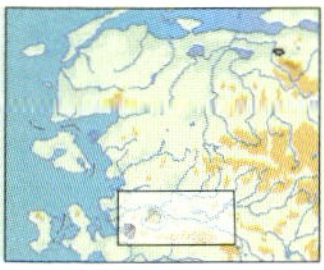

İzmir und Hinterland

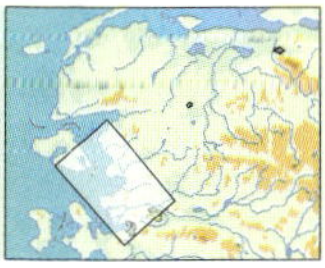

Zwischen İzmir und
Ayvalık

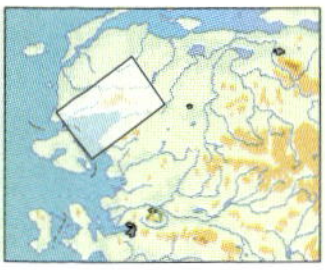

Der Golf von Edremit

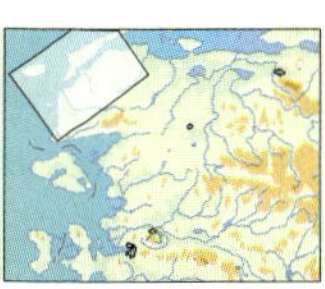

Troas und Dardanellen

Text und Recherche: Michael Bussmann, Gabriele Tröger
Griechenlandausflüge: Thomas Schröder (Insel Samos, Chios, Lesbos), Frank Naundorf (Insel Kos)
Lektorat: Ralph-Raymond Braun
Redaktion und Layout: Sabine Becht
Fotos: siehe Fotonachweis unten
Cover: oben: Abendstimmung bei den Ausgrabungen von Didyma
unten: Buchtenzauber zwischen Selçuk und Çeşme
Karten: Carlos Borrell (Coverkarten), Gàbor Sztrecska, Judit Ladik

Fotonachweis

Michael Bussmann: 1, 9, 12, 16, 19, 25, 26, 28, 31, 33, 35, 38, 40, 43, 45, 49, 52, 57, 63, 70, 72, 73, 78, 84, 87, 90, 95, 98, 107, 108, 112, 118, 133, 137, 141, 142, 146, 150, 157, 164, 174, 187, 189, 191, 195, 197, 199, 217, 222, 225, 226, 229, 231, 232, 233, 235, 238, 240, 243, 245, 248.

Jochen Grashäuser: 7, 8, 20, 23, 86, 92, 100, 104, 105, 121, 124, 127, 131, 132, 135, 153, 159, 166, 170, 179, 180, 185, 201, 205, 206, 211, 212, 216, 237, 244, 253.

Frank Naundorf: 80, 83.

Thomas Schröder: 114, 115, 116, 218, 221.

Danksagung

Für ihre freundliche Unterstützung bedanken wir uns bei Marmara Lines und der RECA-Handels-GmbH, zudem bei Jochen Grashäuser, Frank Naundorf, Yvonne Greiner und Thomas Schröder.

Ein herzlicher Dank für die wertvollen Tipps gilt auch den Lesern: Claudia und Frank Heitsch (München), Dr. Axel Rebhahn (Meckenheim), Christine Peschke und Mauro Moschini (München), Hans Joachim Brune (Bielefeld), Günter Wilhelm (Heidelberg), Peter Bursch (Burscheid), Dorothea Greischel, Artur Fröba und Hatice Ayyıldız (Frankfurt).

ISBN 3-932410-71-8

 Druck: printer trento, Trento (Italien).

Aktuelle online-Infos unter: http://www.michael-mueller-verlag.de

1. Auflage 2003

KARTENVERZEICHNIS

Zeichenerklärung für die Karten und Pläne

Autobahn
asphaltierte Verbindungsstraße
asphaltierte Straße
Nebenstraße
Grünanlage
Berggipfel
Aussicht
Weinanbau
Campingplatz
Windmühle
Schloss/Burg
Kloster/Kirche
Moschee
Flughafen/-platz
Bushaltestelle
Taxistandplatz
Information
Post
Museum
Parkplatz
ärztliche Versorgung
Reisebüro
Wechselstube

Was haben Sie entdeckt?

Trotz gründlicher Recherche kann es immer wieder passieren, dass uns etwas entgeht. Wenn Sie ein empfehlenswertes Hotel, ein neues gutes Restaurant oder einen idyllischen Strand entdeckt haben, lassen Sie es uns wissen. Auch für Kritik und Verbesserungsvorschläge sind wir dankbar.

Schreiben Sie an:

Michael Bussmann und Gabriele Tröger, Stichwort "Türkei Westküste",
c/o Michael Müller Verlag, Gerberei 19, 91054 Erlangen

E-Mail: bussmann@michael-mueller-verlag.de

troeger@michael-mueller-verlag.de

Der mondänste Badeort der türkischen Ägäis: Bodrum

Die Westküste erleben

Baden plus antike Kultur – an der türkischen Ägäis geht diese Rechnung bestens auf. Überzeugen Sie sich selbst!

Eine Küste "mit einer unerhörten Intensität, voller Sehnsucht, Schönheit und Schrecken" – so bezeichnete der Literat Cevat Şakir Kabaağaçlı die türkische Ägäis in den 1930ern. Eine Aussage mit Weitblick.

Verträumte Buchten bezaubern mit einem Meer, das in allen erdenklichen Farben funkelt. An raue Felsküsten schmiegen sich romantische Fischerdörfer, wo unverfälschte türkische Gastfreundschaft dem Werbeslogan der Fremdenverkehrsämter "Urlaub bei Freunden" keinen Hohn spricht. In der abgeschiedenen wilden Bergwelt und inmitten silbriger Olivenhaine laden die stummen steinernen Zeugen mehrerer Jahrtausende zur Erkundung ein. Und in Bodrum, Kuşadası oder Çeşme, den touristischen Hotspots der Westküste, können Sie mit dem türkischen Jetset clubben gehen.

Bei all der Vielfalt und Schönheit kommt leider auch der Schrecken nicht zu kurz. Vielerorts widerlegt die Realität alle Beteuerungen von offizieller Seite, die türkische Ägäis nicht zum Duplikat der zugemauerten Costa Brava werden zu lassen. Neben mehrstöckigen Bettenburgen verschandeln vor allem einförmige Ferienhaussiedlungen, zugeschnitten auf türkische Mittelstandsfamilien, unzählige Buchten zwischen Bodrum und Çanakkale. Zum Glück steht der negativen Entwicklung auch ein Trend zum ökologischen Tourismus gegenüber. In alten griechischen Bergdörfern und an einsamen Küstenabschnitten entstehen mehr und mehr kleine, stilvolle Unterkünfte – Toscanafeeling trifft Orientflair.

Idylle bei Teos

Schönheit und Schrecken in einem bunten Nebeneinander wird jeder erfahren, der auch nur einen kleinen Teil der langen Westküste bereist. Aber keine Sorge, idyllische Plätze gibt es noch zur Genüge. Und egal wo: Als Tourist kann man hier überall gut leben, nicht zuletzt des angenehmen Klimas und der günstigen Preise wegen.

Die Highlights ...

... für Liebhaber schöner Strände

Rund 1.000 km misst die Küste zwischen Bodrum und der Halbinsel Gallipoli. Dass man auf einer so langen Strecke auf herrliche Bademöglichkeiten stößt, ist nahezu selbstverständlich. Abseits der großen Ferienorte lassen sich noch immer ruhige Buchten finden. Extra-Bonbons mit Sonne, Sand und Meer bieten Bootsausfahrten auf die vorgelagerten Inselchen. Hier eine kleine Auswahl der schönsten Bademöglichkeiten:

Dilek-Nationalpark. In diesem Nationalpark bei Kuşadası herrscht Bauverbot. Geboten werden vier Kies-Sand-Strände zwischen Kiefernwäldern und glasklarem Wasser.

Aydıncık auf Gökçeada beweist, dass nicht nur die Griechen, sondern auch die Türken ägäische Inseln mit tollen Stränden haben.

Altınkum-Strand, eine Perle auf der ansonsten recht zubetonierten Çeşme-Halbinsel. Goldgelb und nahezu unverbaut begrüßt Sie dieser Sandstrand, Snackbars versüßen den Aufenthalt.

Troas nennt sich der Landstrich zwischen Assos und Troja mit seiner überaus buchtenreichen Küste. Holprige Sträßlein und Feldwege enden an einsamen Stränden.

Die Inseln vor Ayvalık. Ayvalık selbst hat zwar keine Strände, dafür 23 vorgelagerte Inselchen mit herrlichen Badebuchten. Eine Bootstour dorthin ist ein spaßiges Erlebnis.

Die Buchten von Mazıköy, zwei Traumbuchten östlich von Bodrum am Golf von Gökova, einem der berauschendsten Abschnitte der gesamten türkischen Küste. In der Vor- und Nachsaison schauen Ihnen vielleicht Kühe beim Baden zu.

Ören (bei Edremit) besitzt einen der schönsten Sandstrände der nördlichen Ägäis. Während Ihre Kinder auf einer Riesenrutsche ins Meer flutschen, genießen Sie Ihren Nachmittagskaffee in einem der schattigen Teegärten über dem Strand. Herrlich, wenn auch alles andere als ein Insidertipp.

... für Archäologie- und Kulturinteressierte

Einige der imposantesten und berühmtesten Ruinenstädte der Antike befinden sich im Reisegebiet. Bei ihrem Anblick geraten nicht nur Trümmerfreaks ins Schwärmen. Selbst aus Übersee reisen Interessierte dafür an – Sie haben es leichter. Eine kleine Auswahl:

Ephesus, ein ganz heißer Tipp und ein unvergessliches Erlebnis. Ephesus war schon Weltstadt, als Athen noch tiefste Provinz und Rom nicht einmal gegründet war.

Aphrodisias: stand in der Antike ganz im Zeichen des Aphroditekults. Und wer genau "hinfühlt", verspürt immer noch den Geist der Göttin der Liebe, der Schönheit und der Verführung ...

Pergamon. Hier lernen Sie die Ursprünge des Pergaments und des Äskulapstabs kennen, spazieren durch imposante Ruinen und bekommen mit Bergama noch ein reizendes, ursprüngliches Landstädtchen als Zugabe.

Didyma, Milet und Priene liegen im Mäanderdelta nur einen Katzensprung auseinander. Die imposanteste Lage besitzt Priene, die spannendste Geschichte Milet, die eindrucksvollsten Ruinen Didyma.

Assos ist eine Empfehlung für alle, die neben antiken Trümmern auch eine intakte westanatolische Dorfstruktur kennen lernen wollen. Genießen Sie die superbe Aussicht vom Burgberg mit der Vorfreude auf ein leckeres Fischessen am Hafen.

Labranda gehört sicherlich nicht zu den spektakulärsten Ruinenstätten. Von seiner Lage her stellt es jedoch alle anderen in den Schatten.

Troja, die wohl berühmteste türkische Ruinenanlage, darf in dieser Auflistung nicht fehlen. Aber besuchen Sie die Stätte des legendären Krieges erst dann, wenn Sie alle vorher genannten schon abgeklappert haben.

... für Landschafts- und Naturgenießer

Flusslandebenen und Mittelgebirge im steten Wechsel prägen die Landschaft der Westküste. Dazu faszinieren tiefe Buchten und ausgreifende Halbinseln. Wandern Sie durch bizarre Felsformationen oder weite Olivenhaine, genießen Sie Ausblicke auf zerklüftete Küsten mit einer Inselwelt am Horizont. Abseits der touristischen Zentren gibt es viel zu entdecken. Sie brauchen jedoch eine gute Orientierung, denn markierte Wanderwege sind in der Westtürkei noch die Ausnahme.

Bafa-See, noch immer ein Geheimtipp unter Ägäisurlaubern. Im Nationalpark finden Sie ein zerklüftetes Bergmassiv, türkisfarbenes Wasser vor hellen Sandstränden, jede Menge Ruinen, ursprüngliches Bauernleben und nette Pensionen, die man ungern verlässt.

Pamukkale, das Wunder der weißen Terrassen. Wenn auch 200 km abseits der Küste, ist es von Ihrem Standort garantiert leicht zu erreichen. Das Bad in den natürlichen Becken der Sinterterrassen ist inzwischen zwar verboten, der Anblick aber noch immer etwas Besonderes.

Halbinsel Karaburun. Die gebirgige Halbinsel zwischen Çeşme und İzmir bietet echte Beschaulichkeit. Die meisten Besucher bleiben an der Küste, die einsame Berglandschaft ist routinierten Wanderern vorbehalten. Wer sie entdeckt, findet verlassene griechische Dörfchen und genießt imposante An- und Ausblicke.

Kaz Dağları. Die "Gänseberge", ein waldreicher Höhenzug am Golf von Edremit, bieten herrliche Unterkünfte in alten, ursprünglich griechischen Bergdörfern. Tiefe Täler und bis 1.800 m hohe Berge laden zu ausgedehnten Streifzügen ein. Wer nicht so hoch hinaus will, findet auch schon weiter unten etliche idyllische Picknickplätze.

Die Türkei in Fakten und Zahlen

Offizieller Name: Türkiye Cumhuriyeti (Republik Türkei).

Geographie: Mit einer Fläche von 779.452 qkm ist die Türkei gut zweimal so groß wie Deutschland. 3 % der Fläche befinden sich auf dem europäischen Kontinent, der Rest – allgemein als Anatolien bezeichnet – gehört zu Asien. Das Land, in 80 Provinzen untergliedert, erstreckt sich zwischen dem 26. und 45. Grad östlicher Länge und dem 36. und 42. Grad nördlicher Breite. Die Nachbarländer sind Griechenland, Bulgarien, Georgien, Armenien, Aserbaidschan, Iran, Irak und Syrien.

Politisches System: Die Türkei ist nach der Verfassung von 1982 eine parlamentarische Demokratie. Der Präsident, der für eine Amtszeit von 7 Jahren von der Nationalversammlung gewählt wird, ist Staatsoberhaupt und hat als Chef der Exekutive u. a. das Recht, Parlamentswahlen anzusetzen, den Vorsitz im Ministerrat zu führen und den Ministerpräsidenten zu ernennen. Legislative ist die Nationalversammlung, die aus 550 Abgeordneten besteht. Die Legislaturperiode dauert 5 Jahre. Um in der Vielparteienlandschaft stabile Mehrheiten zu schaffen, herrscht eine 10-%-Hürde für den Einzug ins Parlament; dadurch werden aber auch Millionen Wählerstimmen nicht durch Abgeordnete repräsentiert.

Wirtschaft: Die wirtschaftliche Situation des Landes ist alles andere als gut. Experten führen dies zum einen auf den fehlenden Willen zur Privatisierung unrentabler Staatsbetriebe zurück, zum anderen auf die hohe Auslandsverschuldung. Zinsen verschlingen fast 90 % des Staatshaushalts. Das gigantische Haushaltsdefizit des Landes hat aber auch noch einen anderen Grund: Von 10 Erwerbstätigen zahlt nur einer Steuern. Die Inflation schwankte in den letzten Jahren zwischen 20 und 85 %. Das BSP pro Einwohner wird für 2003 auf rund 3.200 US-Dollar geschätzt, die Zuwachsrate lag in den letzten Jahren bei rund 4,5 % jährlich. Zum BIP tragen die Landwirtschaft 14,6 % bei, die Industrie 28 % und der Dienstleistungssektor 57,4 %.

Militär: Die Streitkräfte zählen 639.000 Mann und gehören so zu den größten der Welt. Der Anteil der Militärausgaben am Bruttosozialprodukt liegt rund ein Drittel höher als im Weltdurchschnitt. Grund dafür war lange Zeit der Krieg gegen die Kurden im Osten des Landes und das Kräftemessen mit Griechenland. Die Soldaten genießen übrigens bei der Bevölkerung großen Respekt.

Bevölkerungsstruktur: 2002 hatte die Türkei annähernd 68 Mio. Einwohner (1960: 28 Mio.). Die Weltbankprognose für das Jahr 2010 liegt bei 77,51 Mio. Einwohnern. Die Bevölkerungsdichte ist sehr unterschiedlich. Der Verwaltungsbezirk İstanbul steht mit knapp 1.330 Einwohnern je qkm deutlich an der Spitze. Die geringste Bevölkerungsdichte haben die unterentwickelten Provinzen in Ostanatolien mit 16 Einwohnern pro qkm.

Gesundheit/Soziales: Auf 1.176 Einwohner kommt 1 Arzt. Die Lebenserwartung liegt für Frauen im Durchschnitt bei 71 Jahren, für Männer bei 66 Jahren. Eine Rentenversicherungspflicht gibt es nicht, ebenso keine Arbeitslosenversicherung.

Bevölkerungsgruppen: 85,7 % Türken, 10,6 % Kurden, 1,6 % Araber, 2,1 % Armenier, Griechen, Lasen, Tscherkessen, Georgier und muslimische Bulgaren.

Bildung: Für die Bildung wurde in den letzten Jahrzehnten viel getan, seit 1950 wurden rund 50.000 Schulen gebaut. Die Analphabetenrate schätzt man bei Frauen auf ca. 28 %, bei Männern auf ca. 8 %. Dabei herrscht jedoch ein starkes Ost-West-Gefälle: Im Westen sind vorwiegend ältere Menschen betroffen, im Osten auch Kinder; Kinderarbeit ist noch gang und gäbe. Es existiert seit 1997 eine 8-jährige Schulpflicht.

Religion: 99 % der türkischen Bevölkerung bekennen sich zum Islam. Den verbleibenden Rest stellen Juden sowie armenische, syrisch- und griechisch-orthodoxe Christen.

Feierabend am Meer

Anreise

Das Gros aller Türkeibesucher reist bequem mit dem Flugzeug an. Daneben besteht aber auch die Möglichkeit, mit dem eigenen Fahrzeug, dem Bus oder der Bahn ans Ziel der Träume zu gelangen, dafür müssen aber weit über 2.000 km überwunden werden. Mit der Fähre gelangt man von Italien in die Türkei.

Mit dem Flugzeug

Die Hauptzielflughäfen im Reisegebiet sind Bodrum und İzmir. In ungefähr drei Stunden sind Büroalltag, Verkehrschaos und die nervenden Nachbarn vergessen. Abflugmöglichkeiten bestehen von April bis Oktober von allen größeren deutschen Städten (Gleiches gilt für die Schweiz und Österreich). Um Marktanteile kämpfen u. a. Hapag Lloyd, Aero Lloyd, Thomas Cook, Sun Express, LTU, Pegasus und gar die Lufthansa.

Mit Turkish Airlines (Türk Hava Yolları), kurz THY, bestehen nahezu täglich Verbindungen ins Reisegebiet, meist ist jedoch ein Umsteigen in İstanbul erforderlich. Einzig und allein THY hat auch ganzjährig Edremit als Zielflughafen im Programm.

Im Winterflugplan der meisten Airlines (mit Ausnahme von THY) fehlt Bodrum, lediglich İzmir wird dann noch in einem bescheidenen Umfang angeflogen.

Unter **www.michael-mueller-verlag.de/verlag/links/index.html** finden Sie Internetadressen der Fluggesellschaften, Last-Minute-Anbieter usw.

Nur-Flug-Angebote sind ideal für alle, die individuell und auf eigene Faust unterwegs sein wollen. Um zu erfahren, was wann, wie und wo angeboten wird, kommt man um einen Gang ins Reisebüro, einen Blick ins Internet oder in den Reiseteil der überregionalen Tageszeitungen kaum herum. Die Reisebüros verdienen an Nur-Flug-Buchungen deutlich weniger als an Pauschalarrangements, was sich gelegentlich in mangelhafter Beratung niederschlägt.

• *Preise* Flüge, die keine Mindestaufenthaltsdauer und keine Aufschläge bei einer Reisedauer von mehr als 4 Wochen beinhalten und gegen Gebühr umbuchbar sind, werden je nach Saison und Abflughafen ab 275 bis 400 € angeboten. Es gibt aber auch preiswertere Tickets für rund 200–300 €. Diese sind jedoch mit diversen Auflagen verknüpft. So sind Umbuchungen gar nicht oder nur gegen saftige Gebühren möglich, zudem wird ein gewisser Mindestaufenthalt im Reiseland gefordert und ist die maximale Aufenthaltsdauer beschränkt.

Informationen zu den Flughäfen im Reisegebiet finden Sie für **Bodrum** auf S. 58, für **İzmir** auf S. 172 und für **Edremit** auf S. 225.

Pauschalangebote: Um im Dschungel der Saison- und Sonderarrangements die besonders günstigen zu erhaschen, sollte man sich möglichst in mehreren Reisebüros informieren – nicht alle bieten dieselben Veranstalter an, und oft zahlt man bei verschiedenen Gesellschaften für dieselbe Leistung deutlich unterschiedliche Preise.

Flug mit Unterkunft ist im Rahmen von Pauschalangeboten die häufigste Variante. Geboten werden Hin- und Rückflug, Transfer vom Flughafen zum Hotel oder Apartment, wahlweise mit Frühstück, Halb- oder Vollpension. Vermittelt werden in erster Linie die großen Badehotels an der Küste rund um Bodrum, Kuşadası und Çeşme. Bei den Türkeispezialisten können Ausflüge nach Pamukkale gleich mitgebucht werden.

Fly & Drive: Dieses Pauschalarrangement besteht aus Hin- und Rückflug sowie der Bereitstellung eines Leihwagens. Außerdem kann das Ganze mit einer Hotelreservierung kombiniert werden (Fly & Drive & Sleep). Der Zuschlag für den Leihwagen beträgt ca. 45–55 € pro Tag für die preiswerteste Kategorie. Die Übergabe erfolgt in der Regel am Flughafen.

Spezielle Pauschalangebote: Angeboten werden ferner Segeltörns entlang der Küste, Tenniscamps, Wander-, Tauch- und Rundreisen, Kreuzfahrten etc. Golfreisen an die Westküste existieren nicht. Nähere Informationen erhalten Sie im Reisebüro.

Last-Minute-Angebot: Was sich bis kurz vor dem Abflugtermin nicht verkaufen lasst, wird als Last-Minute-Angebot verramscht. Jeder zehnte Türkeiurlauber greift mittlerweile auf ein solches zurück. Wenn Sie sich für ein Last-Minute-Pauschalarrangement mit Unterkunft entscheiden, lassen Sie sich entsprechende Kataloge zeigen – einige findige Geschäftemacher bieten normale Katalogreisen als "Last-Minute-Schnäppchen" an.

• *Preise* Last-Minute-Nur-Flug-Angebote liegen je nach Saison bei 150–250 €. Die attraktivsten Tickets werden 2 Tage vor der Abreise gehandelt. Mit Glück fallen dann die Preise für ein Nur-Flug-Angebot auf 100 €.

Rail & Fly: Egal ob Sie ein Nur-Flug-Angebot wahrnehmen oder ein Pauschalarrangement, oft ist das Zugticket zum Airport bereits inbegriffen oder gegen ein geringes Aufgeld erhältlich. Die Rail & Fly-Tarife der Deutschen Bahn liegen in der Regel erheblich darüber.

Transport von Gepäck und Sportgeräten: Die Freigepäckgrenze für Flüge in die Türkei liegt für gewöhnlich bei 20 kg pro Person und ist auf dem Flugschein vermerkt. Wer jedoch Business anstatt Tourist Class fliegt, länger als 28 Tage vor Ort bleibt oder in Besitz einer Kundenkarte der Airline oder seines Reiseveranstalters ist, darf meist 30 kg mitnehmen. Erkundigen Sie sich diesbezüglich jedoch zur Sicherheit bei Ihrer Fluggesellschaft. Für Übergepäck berechnen die meisten Airlines ca. 5 € pro Kilo (bei kleinen Überschreitungen wird in der Regel ein Auge zugedrückt). Die Gebühren und Freigewichtsgrenzen für Sportgeräte unterscheiden sich von Gesellschaft zu Gesellschaft z. T. erheblich. Tauchausrüstungen gehen bei den meisten Airlines bis 30 kg umsonst mit, teils werden sie aber auch als Übergepäck oder mit Pauschalsätzen zwischen 25 und 30 € abgerechnet. Für die Mitnahme eines Fahrrads oder Flugdrachens muss man mit 25 bis 40 € rechnen, für ein Surfbrett zwischen 40 und 60 €. Rechtzeitige Anmeldung und sachgerechte Verpackung sind insbesondere für Fahrräder, Flugdrachen und Surfbretter obligatorisch.

Mit dem eigenen Fahrzeug

Überlegenswert ist diese Variante nur für Langzeiturlauber oder all jene, die die Anreise als Teil der Reise betrachten und Zwischenstopps in Venedig, Budapest oder wo auch immer einlegen wollen. Wer sich aber nur zwei Wochen erholen und dennoch im Reiseland mobil sein will, ist mit einem Mietwagen vor Ort besser bedient.
Es stehen prinzipiell zwei Routen zur Auswahl: Die eine führt über den Balkan (durch die Nachfolgestaaten des ehemaligen Jugoslawien bzw. über Ungarn, Rumänien und Bulgarien), die andere über Italien mit anschließender Fährpassage. Grundsätzlich gilt: Die Route über Italien ist insgesamt die schönere und bequemere. Als Fährhäfen in Italien standen 2002 Ancona und Brindisi zur Auswahl (→ "Mit der Fähre").

Welche Route über den Balkan die gerade empfehlenswerteste ist, erfahren Sie bei den Automobilclubs. Aufgrund der seit Jahren latent unsicheren und angespannten Lage in den Ländern Ex-Jugoslawiens kann darüber an dieser Stelle keine längerfristige, verlässliche Auskunft gegeben werden. 2002 erreichten uns nur wenige Berichte von Reisenden, die diese Route ohne Probleme meisterten. Die meisten erzählten von schikanierenden Grenzbeamten, Wartezeiten an den bulgarischen, rumänischen und jugoslawischen Grenzen von bis zu 40 Stunden, zudem von falschen und echten Polizisten, die die Hand aufhalten, von Autoaufbrüchen und Raubüberfällen.

• *Reisepapiere* Benötigt werden für einen Gesamtaufenthalt von 6 Monaten (Einzelaufenthalt max. 3 Monate) bei der Einreise in die Türkei der **nationale Führerschein**, der **Kfz-Schein** und die **grüne Versicherungskarte**. Diese muss für die gesamte Türkei einschließlich des asiatischen Teils gültig sein! Lassen Sie sich zudem von Ihrer Versicherung schriftlich bestätigen, dass Sie in der gesamten Türkei die gleiche Deckung haben wie zu Hause.
Obligatorisch ist für Fahrzeugbesitzer außerdem der **Reisepass**: Sie erhalten bei der Einreise in die Türkei einen Passvermerk, der dazu verpflichtet, das eingetragene Fahrzeug bei der Ausreise vorzuführen. Im Falle eines Totalschadens oder Diebstahls muss eine Löschung des Fahrzeugs im Reisepass beim zuständigen Zollamt, d. h. dort wo der Schaden entstanden ist, veranlasst werden. Dabei ist der türkische Polizeibericht vorzulegen.

• *Weitere Hinweise* Es ist ratsam, einen **Auslandsschutzbrief**, eine **Kurzkasko**-, eine **Verkehrsrechtsschutz**- sowie eine **Insassen-Unfallversicherung** abzuschließen, die ebenfalls für die gesamte Türkei gültig sind. Zudem müssen in der Türkei **zwei Warndreiecke** mitgeführt werden, die im Bedarfsfall vor und hinter dem Fahrzeug aufzustellen sind. Auch muss am Fahrzeug ein **Nationalitätskennzeichen** angebracht sein, unabhängig davon, ob Sie eine EU-Plakette haben.

Egal ob mit dem eigenen Fahrzeug, der Bahn oder dem Bus: Erkundigen Sie sich vor Reiseantritt über die **Einreiseformalitäten** der Transitländer. Für Serbien und Montenegro bestand 2002 z. B. eine Visumspflicht. Informationen erhalten Sie u. a. unter www.auswaertiges-amt.de.

Mit der Bahn

Auch wenn der glorreiche Orient-Express der Vergangenheit angehört – mit der guten alten Eisenbahn kann man noch immer in die Türkei fahren. Dafür muss man jedoch tief in die Tasche greifen, allein bis nach İstanbul 40 bis 50 Stunden auf jeglichen Komfort verzichten und mehrmals umsteigen. Ein Erlebnis ist die Strecke aber allemal. Die Verbindung führt in der Regel über München und Salzburg nach Wien und von dort weiter über Budapest, Belgrad und Sofia (zuweilen auch über Bukarest) zum İstanbuler Bahnhof Sirkeci auf der europäischen Seite. Nun bieten sich zwei Möglichkeiten: entweder mit einer Direktfähre nach İzmir (→ S. 173) oder mit der Fähre über das Marmarameer nach Bandırma, von wo Zugverbindungen nach İzmir und weiter nach Selçuk bestehen. Bahnfahrten entlang der gesamten türkischen Westküste sind nicht möglich. Alternativ zur Zugfahrt direkt in die Türkei bietet sich die Zugfahrt zu den italienischen Fährhäfen an.

• *Preisbeispiele* Ohne besondere Ermäßigungen müssen Sie für eine Hin- und Rückfahrkarte von München nach İzmir mit rund 420 € rechnen, von Wien mit 300 € und von Zürich mit 620 sfr. Erheblich billiger wird es, wenn Sie in jedem Land die Zugfahrkarte separat lösen. Infos unter www.bahn.de, www.ssb.ch oder www.oebb.at.

Mit dem Bus

Eine preisgünstige Alternative zur Bahn. Die *Deutsche Touring* bietet in Zusammenarbeit mit den türkischen Busgesellschaften *Ulusoy* und *Varan Turizm* ganzjährig Fahrten von verschiedenen deutschen und österreichischen Städten nach İstanbul an. Zum Zeitpunkt der letzten Recherche nahmen diese die Route über Italien, weiter ging es mit der Fähre nach Griechenland und von dort auf dem Landweg nach İstanbul (Dauer 44–60 Std.). Einen Linienbusverkehr von der Schweiz in die Türkei oder zu den Fährhäfen nach Italien gibt es nicht.

• *Information und Buchung* **Information in Deutschland:** Deutsche Touring GmbH, Am Römerhof 17, 60486 Frankfurt, ✆ 069/790353, www.deutsche-touring.com.

In Österreich: Varan Turizm, Südtiroler Platz 7, Wien, ✆ 01/5046593.

In İstanbul: Varan Turizm, ✆ 0212/6580270, www.varan.com.tr; Ulusoy, ✆ 0212/6583000, www.ulusoy.com.tr.

• *Preise* Die Preise für eine Fahrt nach İstanbul bewegen sich je nach Abfahrtsort und Abfahrtstag für eine Hin- und Rückfahrt zwischen 180 und 220 € zzgl. Fährgebühren von ca. 50 €.

Mit der Fähre

Der Seeweg in die Türkei erlebte durch den Balkankonflikt eine Renaissance. Alle, die ein Fahrzeug mitnehmen, sollten für die Hauptferienzeit früh buchen. Als Abfahrtshäfen in Italien stehen Ancona und Brindisi zur Auswahl, in manchen Jahren auch Venedig und Bari. Zielhafen in der Türkei war 2002 ausschließlich Çeşme. Den besten Service bietet Marmara Lines, die 2002 den Fährbetrieb aufnahmen. Des Weiteren tuckern seit vielen Jahren zuverlässig Fähren der Turkish Maritime Lines und der Med Link Lines in die Türkei. Welche Reedereien sonst noch die Strecke bedienen, erfahren Sie in einem guten Reisebüro.

Dardanellentransfer – mit der Fähre nach Çanakkale

Ancona–Çeşme: Diese Route fährt nur Marmara Lines 1-mal wöchentl. von Mai bis Okt., Fahrtdauer ca. 43 Std. Einfache Passage in der Hochsaison pro Person ab 205 € (Pullmannsitz, inkl. Frühstück), Motorrad 65 €, Pkws ab 215 €, Fahrräder frei. Alle Angaben inkl. Hafengebühren. Selbstverständlich gibt es Ermäßigungen für Kinder, in der Nebensaison, bei gleichzeitiger Buchung der Hin- und Rückfahrt usw. *Information* bei RECA-Handels-GmbH, Neckarstr. 37, 71065 Sindelfingen, ✆ 07031/866010. In der Schweiz ebenfalls bei RECA, Schaffhauser Str. 35, 8006 Zürich, ✆ 01/3683111. Oder unter www.marmaralines.com.

Brindisi–Çeşme: Auf dieser Route konkurrieren zwischen Ende Juni und Anfang Okt. u. a. Marmara Lines, Turkish Maritime Lines (Vollpension an Bord) und Med Link Lines. Die Fahrtdauer liegt etwa bei 30–35 Std. Auf den ersten Blick differieren die Preise zwischen den Reedereien recht stark. Zieht man jedoch die von den verschiedenen Gesellschaften gebotenen diversen Ermäßigungen in Betracht, ist der Unterschied nur noch gering. Einfache Passage in der Hochsaison pro Person ab 93 € (nur bei Med Link Lines, Deckpassage), ansonsten ab ca. 130 €, Pkws ab 150 €, Motorräder 65 €, Fahrräder frei (Angaben jeweils inkl. Hafengebühren). *Für Informationen zu Marmara Lines s.o., zu Med Link Lines* über Neptunia Schifffahrts-GmbH, Postfach 600803, 81208 München, ✆ 01805316191, www.neptunia.de. Zu *Turkish Maritime Lines* in Deutschland über diverse Öger-Türk-Tur-Büros und unter www.tdi.com.tr.

Unterwegs zwischen Bodrum und den Dardanellen

Mit dem Auto oder Motorrad

Ein eigenes Fahrzeug – egal, ob geliehen oder mitgebracht – macht das Reisen an der türkischen Westküste unkompliziert. Vorsicht ist jedoch geboten, nicht nur wegen der teils überaus glatten Straßen. Denn so kämpferisch und stolz, wie die Türken einst auf ihren Steppenpferden bis nach Wien jagten, so selbstbewusst geben sich ihre Ur-Ur-Ur-Enkel heute im Straßenverkehr. Dabei wird der Kampfschrei durch die Hupe ersetzt.

Von **Nachtfahrten** sollte man absehen. Gefahr droht durch mangelhaft beleuchtete Lkws und Pkws sowie gänzlich unbeleuchtete Ochsenkarren, mit denen (dunkel gekleidete) Bauern von der Arbeit kommen. Erhöht wird das Unfallrisiko durch unvorhersehbare Schlaglöcher und nur mit Steinen abgesicherte Baustellen. Dazu kommen allzu sorglose Fußgänger jeden Alters. Kein Wunder, dass die Türkei die europäische Unfallstatistik seit Jahren souverän anführt. Um die Raserei ein wenig einzudämmen, wurden in den letzten Jahren an Ortseinfahrten und in Wohngebieten vielfach Bodenwellen geschaffen. Für Ortsunkundige sind sie oft heimtückisch, denn in der Regel macht weder ein Schild auf sie aufmerksam, noch sind sie – bis auf große Ölflecken – farblich markiert.

• *Verkehrsvorschriften* **Höchstgeschwindigkeit** in Ortschaften 50 km/h (mit Anhänger 40 km/h), außerhalb 90 km/h (mit Anhänger 70 km/h), Motorräder 70 km/h. Auf Autobahnen für Pkw und Motorräder 130 km/h. Die **Promillegrenze** für Fahrer von Pkws ohne Anhänger liegt bei 0,5, ansonsten herrscht absolutes Alkoholverbot (auch für Motorradfahrer). **Mobiltelefone** dürfen während der Fahrt nur mit einer Freisprechanlage benutzt werden. Mit **Radarkontrollen** ist zu rechnen.

Verkehrsschilder – Was heißt was?

Bozuk satıh – schlechte Wegstrecke
Dikkat – Achtung bzw. Vorsicht
Dur – Stop
Düşük banket – unbefestigte Straße
Kaygan yol – glatte Fahrbahn
Park (yeri) – Parkplatz
Park yapılmaz – Parken verboten
Şehir merkezi – Stadtmitte
Tamirat – Straßenarbeiten
Taşıt geçemez – Durchfahrt verboten
Yavaş – langsam fahren
Yasak – verboten

• *Tanken* Die Oktanzahl des türkischen Superbenzins entspricht in etwa der des deutschen Normalbenzins. Bleifrei (türk. *kurşunsuz*) zu tanken ist entlang der Mittelmeerküste kein Problem.

• *Ersatzteile* Für Fiat, Renault, Ford und Mercedes leicht zu haben, bei anderen Automarken sieht es etwas schlechter aus. Falls Sie mit Ihrem Fahrzeug Probleme haben, fragen Sie nach dem **Oto Sanayii**, eine Ansammlung von Werkstätten, meist an den Ein- oder Ausfallstraßen .

• *Unfall* Verändern Sie nichts am Unfallort. Es muss die Polizei gerufen werden, denn für die Schadensklärung ist ein Polizeiprotokoll erforderlich. Unterschrieben Sie keine Protokolle, die Sie nicht lesen können, oder vermerken Sie auf dem Protokoll, dass Sie es nicht lesen konnten. Melden Sie größere Karosserieschäden, die Sie vor Ort nicht beheben lassen wollen, ebenfalls der Polizei – ohne Protokoll kann es bei der Ausreise sonst zu erheblichen Schwierigkeiten kommen.

Der gelegentlich zu hörende Rat, nach einem Unfall mit Personenschaden nicht zu halten, sondern wegen drohender Lynchjustiz bis zur nächsten Polizeistation weiter zu fahren, ist schlichtweg Quatsch. Das wäre Fahrerflucht und unterlassene Hilfeleistung, und hat schlimmere Folgen als die Unannehmlichkeiten am Unfallort.

• *Pannenhilfe* Keine Sorge, man lässt Sie nicht im Regen stehen, die Türken sind sehr hilfsbereit. Sollten Sie einen Abschleppwagen benötigen, teilen Sie dies Ihrer Versicherung mit (die Notrufnummer steht auf jedem Schutzbrief). Alles weitere wird dann durch den türkischen Automobilclub Türkiye Turing ve Otomobil Kurumu veranlasst.

• *Hupen* In der Türkei ist es auf unübersichtlichen Strecken üblich, vor einer Kurve zu hupen. Hört der Entgegenkommende nichts, geht er davon aus, dass die Straße frei ist – und das kann fatal enden. Auch beim Überholen wird gehupt!

Stehen Sie an einer roten Ampel in der ersten Reihe, schauen Sie unbedingt nochmals nach rechts und links, wenn das Licht auf Grün springt. Nicht alle Verkehrsteilnehmer interessieren sich für das Farbenspiel.

Mietfahrzeuge: Pkws kann man in den Touristenzentren nahezu an jeder Ecke mieten, das Angebot an Mopeds, Motorrädern und Fahrrädern ist dagegen bescheiden. Wer ein Fahrzeug mieten will, muss lediglich den nationalen Führerschein und den Pass oder Personalausweis vorlegen. Manche Anbieter setzen voraus, dass der Fahrers mindestens 23 Jahre alt ist und seit mindestens einem Jahr den Führerschein besitzt.

Der gängigste und zugleich billigste Leihwagen ist übrigens der Fiat 131, der in der Türkei *Şahin* heißt. Kilometerbegrenzungen oder -abrechnungen sind nicht üblich.

• *Preise* Die lokalen Anbieter sind in der Regel erheblich billiger als die großen internationalen Verleiher. Den Preisvorteil erzielen sie durch einen älteren und meist weniger gepflegten Fuhrpark. Die Preise der renommierten Verleiher unterscheiden sich wenig, pro Tag muss man mit ca. 50–60 € für das günstigste Modell rechnen. Etwas preiswerter ist es, wenn man bereits von zu Hause aus wochenweise bucht, eventuell gleich in Verbindung mit dem Flugticket. Bei den lokalen Anbietern beginnen die Preise bei 30–40 € pro Tag. Ein empfehlenswerter Autoverleiher ist die **Agentur Say** mit Hauptsitz in Antalya und Partneragenturen an der gesamten Westküste; 2002 lag das billigste Modell bei 26 €, mit Klimaanlage bei 40 €. Buchungsmöglichkeiten bestehen in Deutschland unter ☏/℡ 0911/686266 oder über www.say-autovermietung.de

Die Preise für **Motorräder** beginnen bei ca. 30 €/Tag, für **Motorroller** bei 20 €/Tag und für **Mopeds** bei 15 €/Tag.

• *Kleingedrucktes* Achten sollte man auf den vertraglich festgelegten **Versicherungsschutz,** insbesondere auf den Eigenanteil im Schadensfall. Bei diversen Anbietern kann man mit Kreditkarte bezahlen, die goldenen Exemplare bieten z. T. einen zusätzlichen Versicherungsschutz, der den Abschluss von Insassenversicherungen oder Ähnlichem überflüssig macht. Erkundigen Sie sich bei Ihrem Kreditinstitut. Manche Verleiher verbieten das Verlassen von asphaltierten Straßen – wer es dennoch tut, verliert den Versicherungsschutz.

Mit dem Bus

Der Bus ist der König des Überlandverkehrs. Die Zahl der Gesellschaften, die das im ganzen Land dichte Netz bedienen, ist nahezu unüberschaubar, die preislichen Unterschiede sind gering.

Bei den meisten Gefährten handelt es sich um moderne Mercedes- oder Mitsubishibusse, die in der Türkei in Lizenz hergestellt werden. Zum Standard gehören Klimaanlage und Video, manche Busse verfügen auch über Toiletten, getönte Scheiben, besondere Sitzkissen usw. Renommierte Unternehmen sind *Metro, Ulusoy, Kamil Koç, Pamukkale* und *Varan.* Unterwegs betreut ein meist jugendlicher Steward oder eine Stewardess die Passagiere. Kostenlos verteilt werden Kekse und Getränke sowie eine türkische Kölnischwasser-Variante *(kolonya)* für verschwitzte und verklebte Handflächen.

Achtung, Abfahrt: Gestartet wird pünktlich bis 5 Min. zu früh!

• *Preise* Durchschnittlich werden pro km 2–3 Cent gezahlt, bei Nobelfirmen etwas mehr. Mit der Buchung ist eine Platzreservierung verbunden, auf die Sie Einfluss nehmen können, indem Sie auf dem Plan den gewünschten Sitz bestimmen – die vorderen sind in der Regel die besseren!

• *Busbahnhöfe* Die türkischen Busbahnhöfe *(otogar, terminal)* entsprechen in Funktion und Ausstattung (WC, Wartesäle, Kioske, Restaurant, Geschäfte) unseren Zugbahnhöfen. Meist liegen sie einige Kilometer außerhalb des Zentrums, sind jedoch gewöhnlich mit öffentlichen Stadtbussen oder Zubringerbussen der Busgesellschaften erreichbar. Kleinere Orte verfügen häufig nur über eine Ansammlung von schlichten Büros in der Nähe des Marktplatzes. In diesen Fällen gehen die Busse von dort ab oder halten kurz an der Umgehungsstraße.

Warten auf den Bus

Mit dem Dolmuş (Sammeltaxi)

Das Sammeltaxi zählt im innerstädtischen Verkehr und auf Fahrten zwischen den Küstenorten zu den wichtigsten Verkehrsmitteln. Dolmuş heißt auf Deutsch so viel wie "voll besetzt" – und nennt das wesentliche Kennzeichen der Sammeltaxis, denn ein Dolmuş fährt in aller Regel erst dann ab, wenn alle Plätze belegt sind. Als Dolmuş verkehren Kleinbusse in der Größenordnung eines Ford Transit. Zu erkennen sind Dolmuşe an ihrem Schild auf dem Dach oder an einer Tafel hinter der Windschutzscheibe, die das Fahrtziel angibt. In Städten gibt es separate Dolmuş-Bahnhöfe für Verbindungen in die Region, ansonsten fahren sie vom Marktplatz ab. In großen Gemeinden werden bestimmte Routen bedient, an denen entlang es Haltestellen gibt. Man kann ein Dolmuş aber auch per Handzeichen stoppen und irgendwo unterwegs zusteigen.

• *Preise* Die Preise (von den Stadtverwaltungen festgelegt) liegen im Stadtverkehr etwas höher als bei den Bussen, auf längeren Strecken etwas darunter. Bezahlt wird in der Regel während der Fahrt. Es ist ratsam, sich an den Beträgen der Mitreisenden zu orientieren, wenn man keinen Touristenzuschlag zahlen will. Längere Routen sind in Teilstücke gegliedert. Sie zahlen nur den Abschnitt, den Sie mitgefahren sind.

Weitere Verkehrsmittel

Taxi: Ein *Taksi* findet man in den Touristenzentren an jeder Ecke. Die Tarife für längere Fahren zu den umliegenden Sehenswürdigkeiten sind meist in verschiedenen harten Währungen auf einer Tafel angeschrieben. Für Fahrten innerhalb der Städte wählt man am besten ein Taxi mit Taxameter oder handelt den Preis im Voraus aus.

Achtung Manchmal drücken Taxifahrer beim Taxameter "versehentlich" auf den Knopf, der zum teureren Nachttarif abrechnet. Tagsüber muss auf dem Display *gündüz* erscheinen (*gündüz* = tagsüber; *gece* = Nacht).

Pferd und Esel – traditionelle Fortbewegungsmittel

Bahn: Unmittelbar entlang der Westküste verkehren keine Züge. Im Reisegebiet können Sie lediglich von İzmir oder Selçuk (Ephesus) über Aydın nach Denizli (nahe Pamukkale) fahren und von İzmir nach Manisa bzw. Sardes.

Fährschiff: Eine Autofähre bedient die Strecke İzmir-İstanbul (→ İzmir/Verbindungen, S. 173). Fährverbindungen bestehen zudem zu den vorgelagerten türkischen und griechischen Inseln.

Fahrrad: Gibt es nicht allzu oft zu leihen – und wenn doch, dann meist in Kaufhausqualität. Wer Touren entlang der Westküste plant, bringt am besten sein eigenes Bike mit. Empfehlenswert ist ein sog. Dog Chaser, der durch Hochfrequenztöne die Hunde der Hirten vom Leib hält. Wegen der bergigen Landschaft sollte man über eine gute Kondition verfügen.

Trampen ist aufgrund der niedrigen Preise für öffentliche Verkehrsmittel nicht verbreitet, aber grundsätzlich überall möglich. Allein reisende Frauen sollten davon absehen.

Unter Segel

Die türkische Südägäis zählt zu den beliebtesten Segelrevieren des Mittelmeeres, Boote mit und ohne Skipper lassen sich vor Ort und von Deutschland aus chartern, ein Blick in die bekannten, überall erhältlichen Seglermagazinen genügt. Zentren des Jachttourismus sind Bodrum und Kuşadası, aber auch fast alle anderen größeren Urlaubsorte verfügen über eine Marina. Zudem lässt es sich in vielen abgeschiedenen Häfen und Buchten herrlich ankern. Wer mit dem eigenen Schiff unterwegs ist oder ein Boot ohne Skipper chartert, dem seien die Segelhandbücher "Türkische Küste – Vom Bosporus bis Antalya" (26 €) und "Türkische Küste/Ostgriechische Inseln" (45 €) empfohlen, beide im Delius Klasing Verlag erschienen. Die beste Zeit für einen Törn an der Westküste ist von Mai bis September.

Blau reisen – Segeltörns an der Ägäis

Einen wahren Boom erleben an der türkischen Ägäis die sog. "Blauen Reisen." Dabei handelt es sich um eine Art All-inclusive-Urlaub auf einer *Gulet*, einer schönen, aus Holz gezimmerten, dickbauchigen Jacht. So gut wie immer gesetzt ist einzig das Schatten spendende Sonnensegel, gefahren wird meist unter Maschine. Die Boote sind im Unterschied zu Sportjachten nicht nur praktisch, sondern in der Regel auch sehr komfortabel ausgestattet, denn bei der "Blauen Reise" steht nicht das sportlich ambitionierte Segeln im Vordergrund, vielmehr das Genießen der Küste von Boot aus, das Baden in einsamen Buchten und die Geselligkeit an Bord. Letztere ist der Risikofaktor eines solchen Törns. Denn den engem Raum mit Spießern oder Kiffern zu teilen, kann je nach Einstellung Freude ins Gegenteil kehren. Daher empfiehlt es sich, eine solche Reise gleich als Gruppe zu buchen und am besten ein ganzes Schiff zu chartern.

Namensgebend für derartige Törns waren übrigens die Schiffsreisen eines illustren Philosophenzirkels um den Journalisten und Bohemien Cevat Şakir Kabaağaçlı. Nachdem er wegen seiner antimilitaristischen Gesinnung nach Bodrum verbannt worden war, publizierte dieser türkische Jean-Paul Sartre ab 1925 unter dem Pseudonym "Der Fischer von Halikarnas". Die jungen Intellektuellen, die sich um ihn sammelten, schipperten auf Schwammtaucherbooten die Ägäisküste entlang, ernährten sich in erster Linie von Fisch und Rakı und nannten ihre Seelenreinigungstrips *Mavi Yolculuk*, "Blaue Reise".

"Blaue Reisen" werden über alle größeren Türkei-Reiseveranstalter angeboten. Wer Wert darauf legt, auf seinem Törn versichert zu sein, sollte darauf achten, dass der Charterer eine Lizenz des türkischen Reisebüroverbandes (TÜRSAB) besitzt.

Organisierte Ausflüge

Per Helikopter nach Pamukkale, auf dem Jeep ins Hinterland oder – besonders empfehlenswert – mit dem Ausflugsboot zu einer vorgelagerten Insel oder in einsame Buchten: Zu Luft, zu Land und zu Wasser werden in allen touristischen Zentren unzählige Halbtages-, Tages- und Zweitagestouren zu den Sehenswürdigkeiten der näheren und weiteren Umgebung angeboten. Für alle, die die Planung und Durchführung eines Ausflugs nicht selbst in die Hand nehmen wollen, eine bequeme Art, mehr von der Türkei kennen zu lernen. Preislich rechnen sich solche Touren insbesondere für Alleinreisende. Zu zweit kann man für das gleiche Geld schon oft einen Mietwagen nehmen. Der große Haken vieler Bustouren oder Bootsausflüge: Die Routen der meisten Veranstalter sind annähernd identisch, und so erleben viele Buchten oder Sehenswürdigkeiten für ein paar Stunden am Tag einen herdenartigen Ansturm.

• *Preise* Große Preisunterschiede gibt es zwischen den meisten Veranstaltern nicht. Sollte jedoch eine Tour erheblich preiswerter angeboten werden als beim Gros der Veranstalter, sind unter Garantie weit aus mehr Shoppingpausen mit Teppichknüpfvorführungen im Programm als sonst. Bei vielen Touranbietern ist ein Pickup-Service vom Hotel im Preis inbegriffen.

Wandern

Im Frühjahr und Herbst gibt es kaum eine schönere Art, die türkische Westküste zu entdecken. Im Sommer dagegen ist Wandern aufgrund der hohen Temperaturen fast unmöglich. Ausgeschilderte Wanderwege gibt es keine, dafür aber unzählige Pfade, die sich fast immer zu einem Rundweg kombinieren lassen. Etwas Erfahrung und ein guter Orientierungssinn ist bei allen Touren vonnöten, denn exakte topographische Karten sind nicht erhältlich. Bringt man aber guten Willen, Ausdauer und Kondition mit, dann wird man mit einer Fülle von Naturschönheiten belohnt, seien es kleine versteckte Fjorde, tiefe Schluchten mit tosenden Flüssen oder auch ausgedehnte Blumenteppiche, auf die man vor allem im Frühjahr stößt. Die schönsten Ecken zum Wandern bietet die Gegend rund um den Bafa-See, die Sarımsaklı- und Alibey-Halbinseln bei Ayvalık sowie das Kazdağları-Gebirge am Golf von Edremit

• *Gefahren am Wegesrand* Vor Hunden brauchen Wanderer keine Angst zu haben, nur wenige Türken halten überhaupt welche. Achten Sie jedoch auf Schlangen! Die meisten sind zwar harmlos und flüchten, wenn sich ein Mensch nähert, es gibt aber auch Vipern, deren Biss gefährlich werden kann. Im Unglücksfall sollten Sie unbedingt einen Arzt aufsuchen. Skorpionsstiche sind dagegen zwar schmerzhaft, aber in der Regel nicht lebensgefährlich. Um Bienenkörbe sollte man stets einen großen Bogen machen. Zum Problem können ferner Zecken werden.

Übernachten

Das Angebot an Übernachtungsmöglichkeiten zwischen Bodrum und Çanakkale ist vielseitig. Von Hotels, bei denen im Whirlpool der Caipirinha gereicht wird, bis zu Absteigen, deren Toiletten man ohne Badeschuhe in seinem Leben nie betreten würde, ist alles vorhanden. Apartments sind eine interessante Alternative für Selbstversorger.

Die meisten Hotels findet man erwartungsgemäß entlang der Küste, Hotelhochburgen sind Bodrum, Kuşadası und Çeşme. Begrüßenswert ist die wachsende Anzahl sog. "Boutique-Hotels" – kleine stilvolle Unterkünfte (oft auch als Pensionen vermarktet), die nicht selten in alten, restaurierten Natursteinhäusern untergebracht sind. Man findet Sie an der Küste genauso wie im Landesinnern. Bei der Unterkunftsauswahl für dieses Buch wurde ein besonderes Augenmerk darauf gelegt.
Der Standard der meisten Hotels ist im Vergleich zum Preis mehr als nur zufrieden stellend – bei den Übernachtungen zeigt sich die Türkei noch immer als Billigreiseland. Zur türkischen Ferienzeit im Juli und August empfiehlt sich vor allem in den großen Touristenzentren eine Reservierung. Handeln ist übrigens in kleinen Billighotels und Pensionen prinzipiell möglich, wird aber gewöhnlich nicht gerne gesehen. (Ebenfalls nicht gerne gesehen – aber leider mancherorts vorhanden – sind Kakerlaken.)

Hinweis: Anders als an der türkischen Südküste urlauben an der Westküste, insbesondere in der Nordägäis, vorrangig Türken. Dies hat zufolge, dass viele Unterkünfte bereits Ende September, nach den türkischen Sommerferien, schließen und nicht vor Mai öffnen.

All-inclusive-Anlagen: Die oft wie Hochsicherheitstrakte abgeriegelten Ferienanlagen, teils mit Kapazitäten von bis zu 2.500 Betten, sind auf Individualreisende nicht

Einsame Ägäis

eingestellt und daher vor Ort entweder gar nicht oder nur mit viel Aufwand zu buchen. Der Begriff "all inclusive" ist übrigens nicht eindeutig definiert, und so manches Hotel führt diese Bezeichnung, ohne sie eigentlich zu verdienen. Erkundigen Sie sich daher im Voraus, ob das angebotene Sportprogramm oder alle Getränke im Preis inbegriffen sind. Bei vielen Hotels, bei denen das nicht der Fall ist, wird von der Reiseleitung darauf hingewiesen, dass man besser nie außer Haus etwas essen oder trinken sollte, um Magenproblemen vorzubeugen oder um nicht überfallen zu werden. Das ist Humbug! Man will Sie mit solchen Aussagen nur an die Hotelbar binden, wo die Bierpreise nicht selten um das Vier- oder Fünffache höher sind als außerhalb der Anlage.

Preise je nach Ausstattung, Service, Umfang des Büffets, Sportangebot, Anzahl der Animateure 75–250 € pro Nacht und DZ.

Hotels und Pensionen: Verschiedenen Kategorien bzw. Sternen zugeordnet sind all jene Hotels, die beim Ministerium für Kultur und Fremdenverkehr registriert sind. In der Regel handelt es sich dabei um größere und bessere Quartiere. Wer seine Unterkunft nach der Anzahl der Sterne wählt, sollte allerdings bedenken, dass sich die Rubrizierung an der Ausstattung der Unterkünfte orientiert und Kriterien wie Lage, Architektur oder Freundlichkeit des Personals unberücksichtigt lässt. Hinzu kommt, dass viele türkische Hotels aufgrund ihrer billigen Bauweise und Ausstattung oft schneller abgewohnt und daher erheblich im Wert gemindert sind, als die Rückstufung bei der Kategorisierung erfolgt.

Im Vergleich zwischen einfacheren Hotels und kleinen Pensionen sind Letztere oft die bessere Wahl, da ihre Betreiber in der Regel mehr auf das Wohl der Gäste bedacht sind. Auch gegenüber manch vornehmen Hotel macht die Freundlichkeit vieler Pensionsbesitzer den fehlenden, nicht selten überflüssigen Luxus wett. Nicht jedermanns Sache sind jedoch sog. *Aile Pansiyonları* (Pensionen für Familien), von denen es entlang der Westküste unzählige gibt. Oft handelt es sich dabei um recht konservativ geführte, einfache Unterkünfte mit Gemeinschaftsküche, wo man an ausländischen, Bier trinkenden Travellern nicht sonderlich interessiert ist.

- *Preise für Hotels* Grundsätzlich gilt: Es gibt erhebliche regionale Preisunterschiede. Größere Hotels oder Hotelketten nehmen in der Hauptreisezeit pro DZ ab 30 € aufwärts. In den Monaten zwischen September und Mai werden die Preise gesenkt. Kleine Hotels bieten DZ mit Dusche oder Bad ab ca. 15 €. Ein Zimmer in Billigabsteigen ohne Bad und WC bekommt man pro Person ab 5 €.
- *Preise für Pensionen* Ein DZ mit Du/WC bekommt man für 10–20 €. Singles erhalten meist ein DZ zum ermäßigten Preis.
- *Information* Die Fremdenverkehrsämter halten eine Liste aller Hotels bereit, die beim Ministerium für Kultur und Fremdenverkehr registriert sind (Adressen der Fremdenverkehrsämter → S. 42).

Unterkünfte, die auch für Rollstuhlfahrer geeignet sind, finden Sie unter **Ören** (→ S. 79) und **Yalıkavak** (→ S. 73/74).

Aparthotels: Die Sparte reicht von einfachen Häusern bis zu modernen Mittelklassehotels, in denen nicht nur geschlafen, sondern selbst gekocht und ein Teil der Freizeit verbracht werden kann. Zur Grundausstattung gehören Küchenzeile oder kleine Küche, Salon mit Couch und TV und – je nach Größe – ein oder mehrere Schlafräume.

Preise Die Preise der Aparthotels variieren naturgemäß nach Größe, Ausstattung und Ort erheblich. Ein gutes Apartment für 4 Personen bekommt man ab ca. 35 €/Tag.

Jugendherbergen: In der gesamten Türkei gibt es nur sehr wenige Jugendherbergen, nicht zuletzt deswegen, weil viele private Pensionen ordentliche und nicht selten preiswertere Zimmer anbieten. Eine offizielle Jugendherberge existiert im Reisegebiet nicht, doch bieten einige hostelähnliche Travellerherbergen in den größeren Städten entlang der Küste (z. B. in Kuşadası oder Çanakkale) für ein paar Euro Betten in Schlafsälen oder Schlafplätze auf dem Dach.

Campingplätze: Die offiziellen, lizenzierten Campingplätze unterstehen der Kontrolle des Ministeriums für Kultur und Fremdenverkehr und entsprechen europäischem Standard. Warme Duschen, Camperküchen und Stromanschlüsse, Restaurants und meist auch Supermärkte gehören zur üblichen Ausstattung. Manchmal ist zudem ein Swimmingpool oder eine Diskothek angegliedert. Sehr schöne Plätze finden Sie u. a. auf der Bodrum-Halbinsel, in Pamucak bei Kuşadası und in Ören bei Edremit. Preislich liegen diese nicht selten um etwa das Doppelte über den nicht lizenzierten Campingplätzen, deren sanitäre Einrichtungen häufig stark zu wünschen übrig lassen.

Viele Campingplätze vermieten neben Stellplätzen für Zelt und Wohnmobil auch **Bungalows**. Dabei handelt es sich meist um einfache Hütten ohne jeden Komfort; z. T. sind sie aber auch mit gefliestem Boden, Bad und WC, Terrasse usw. ausgestattet.

Wildcampen ist in der Türkei verboten. Eine Ausnahme bilden die Picknickplätze in den Nationalparks, die mit Abfallkörben und Tischen, häufig auch mit bescheidenen Grillmöglichkeiten sowie Toiletten ausgestattet sind.

- *Preise* Für 2 Pers. mit Wohnmobil oder Zelt sollte man je nach Ausstattung des Platzes mit 3–13 € rechnen.
- *Öffnungszeiten* Die meisten Campingplätze haben nur von Mai–Okt. geöffnet, die einfacheren schließen oft schon mit dem Ende der türkischen Sommerferien Mitte Sept. Großer Andrang herrscht lediglich im Hochsommer.

Hoffentlich haben Sie unterhaltsamere Abendessen ...

Essen und Trinken

"Der Imam ist in Ohnmacht gefallen", als er "Frauenschenkel" und den "Nabel der Dame" probieren sollte. "Dem Herrscher hat's gefallen", als man ihm den "Finger des Wesirs" servierte – mit den Namen türkischer Gerichte lassen sich ganze Dramen inszenieren. Sie deuten aber auch an, auf welche Tradition die Küche zurückgreift und mit wie viel Phantasie die Köche bei der Arbeit sind.

Die türkische Küche braucht den Vergleich mit französischer Esskultur nicht zu scheuen. Grundlage der Gerichte ist in der Regel frisches Gemüse, darunter Sorten, die in Mitteleuropa eher unbekannt oder vergessen sind (z. B. Kichererbsen, Erdbirnen, Saubohnen, Okraschoten, Rauke und Portulak). Anders bei den Kräutern und Gewürzen: Verwendet werden keinesfalls geheimnisvolle orientalische Exoten, sondern in erster Linie die uns vertrauten Klassiker wie Pfeffer, Paprika oder Petersilie. Auch Knoblauch kommt zum Zuge, aber bei weitem nicht in dem Maß, wie es sich mancher vorstellt.

Wo isst man?

In den großen Touristenzentren gibt es vom Chinarestaurant über die italienische Pizzeria bis zum bayerischen Biergarten alle erdenklichen Lokalitäten. Bei den türkischen Speiselokalen unterscheidet man vornehmlich zwischen Lokanta und Restoran.

Lokanta: Hier isst man, um satt zu werden, nicht um seine Verlobte auszuführen. Lokantas sind an jeder Ecke zu finden, sind einfach, gut und günstig: Ab 1,50 € is(s)t man dabei. Die Innenausstattung gibt sich mit gekachelten Wänden und kaltem Neonlicht äußerst spartanisch. Das vorgekochte Essen wird in Vitrinen warm gehalten, Sie können wählen zwischen Fleisch- und Gemüsegerichten, Suppen und Eintöpfen. Je besser die Lokanta besucht ist, desto frischer sind in der Regel die Speisen. Lokanta-Varianten gibt es viele: Je nachdem, worauf sich eine Lokanta spezialisiert hat, heißt sie auch *kebapçı, köfteci* oder *pideci*. Beim *işkembeci* bekommt man übrigens Kuttelflecksuppe und andere Innereien. Die meisten Lokantas haben keine Alkohollizenz.

Speisen im osmanischen Ambiente, hier in Manisa

Restoran: Restaurants haben die gediegenere Innenausstattung, den besseren Service und so auch die höheren Preise. Nur die Küche unterscheidet sich nicht immer von jener der einfachen LokantasEine volle Mahlzeit mit einem Getränk beginnt dort bei ca. 5 €. Nach oben sind keine Grenzen gesetzt: Wer sein Candlelight-Dinner in einem eleganten Lokal am Meer genießt, bezahlt schnell 20 € und mehr pro Person (ohne Wein). Auch Fischlokale gehören zu den gehobeneren Restaurants, für ein komplettes Menü sollte man mit 15–20 € pro Person rechnen. Die meisten Restaurants besitzen eine Alkohollizenz.

Tipping-Tipps: In einfachen Lokantas wird kein Trinkgeld erwartet, wohl aber in Restaurants. Ist der Service noch nicht in der Endsumme verrechnet, was in gehobeneren Restaurants und Touristenlokalen durchaus vorkommt, gibt man etwa 10 Prozent. In Lokalen, die keine Speisekarten haben und in denen auch die Preise nicht aushängen, ist es ratsam, sich vor dem Bestellen nach den Preisen zu erkundigen – Schlitzohren unter den Kellnern gibt es einige.

Was isst man?

Frühstück *(kahvaltı)*: Das türkische Frühstück besteht gewöhnlich aus frischem Weißbrot, Marmelade, Butter, Oliven, Schafskäse, Tomaten, Gurken und Tee.

Gelegentlich wird an Stelle der Marmelade auch Honig gereicht, zuweilen auch ein hart gekochtes Ei. Filterkaffee ist nicht üblich, wer will, kriegt Nescafé oder verwandte Surrogate. Türken essen als Brotaufstrich auch *pekmez* (eingedickter Traubensaft) mit *tahin* (Sesampaste) zum Frühstück – sehr empfehlenswert! In den großen Hotels der Touristengebiete wird heute fast nur noch europäisches Frühstück gereicht – je nach Hotelkategorie als üppiges Büffet oder in der Magervariante mit Kaffee, Konfitüre, Schmelzkäse und Ei.

Vorspeisen: Wählen Sie zwischen pikanten Joghurtcremes *(haydari)*, würzigen Gemüsepürees *(ezme)*, kaltem Gemüse in Olivenöl *(zeytinyağlı)*, gefüllten Weinblättern *(yaprak dolması)*, Melone mit Schafskäse (*peynirli karpuz*) und ähnlichen Köstlichkeiten. *Meze* nennen die Türken solche Vorspeisen, die in Vitrinen zur Auswahl stehen. Sie können auch auf den Hauptgang verzichten und nur Vorspeisen wählen; in vielen Restaurants ist das kein Problem.
Suppen nehmen die Türken als Vorspeise eher selten zu sich. Man isst sie als Frühstücksersatz, zwischendurch oder nach durchzechten Nächten. Viele Schnapsnasen schwören auf die Alka-Seltzer-Wirkung von Kuttelflecksuppe *(işkembe çorbası)* – sicher nicht jedermanns Geschmack. Wer dennoch als Vorspeise eine warme Suppe vorzieht, sollte die herzhafte Linsensuppe *(merçimek çorbası)* probieren.

> **Achtung**: Verzichten Sie auf Vorspeisen in kleinen Strandrestaurants, die nicht an das Stromnetz angeschlossen sind. Das kann insbesondere bei Gerichten mit Fisch und Majonäse durchschlagende Folgen haben.

Fleischgerichte: Am beliebtesten sind *kebap* und *köfte*. *Kebap* ist Röstfleisch (in der Regel Lammfleisch, manchmal auch Geflügel), das gegrillt, gebraten oder gebacken sein kann. Es wird in verschiedenen Varianten angeboten. Zu *döner kebap* braucht wohl nichts mehr gesagt zu werden. Beim *şiş kebap* handelt es sich um einen zarten, auf Holzkohleglut gerösteten Fleischspieß, zu dem als Beilage gewöhnlich Reis oder Bulgur gegessen wird. Beim *patlıcan kebap* wird der Spieß im Wechsel mit Fleisch und Auberginen bestückt. *Bursa kebap* (oft auch *İskender kebap* genannt) verdient seinen Namen nur dann, wenn das Fleisch zusammen mit Joghurt und Tomatensoße auf geröstetem Fladenbrot angerichtet wird. Beim *tandır kebap* werden Hammelstückchen im geschlossenen Topf geschmort. Unbedingt probieren sollte man das vielerorts angebotene *güveç*, zartes Schmorfleisch mit Gemüse im Tontopf. Oder *saç kavurma*: Geschnetzeltes Fleisch wird in einer flachen Blechpfanne (türk. *saç* = Blech) zusammen mit Tomaten, Peperoni und Zwiebeln im eigenen Fett gebraten.

Unter die Bezeichnung *köfte* fallen frikadellenähnliche Hackfleischgerichte aus Hammel, Lamm oder Rind (gebraten oder gegrillt). Die leckeren "Frauenschenkel" *(kadınbudu)* haben ihren Namen übrigens von der Form der Frikadelle.

Türken lieben zudem Innereien wie z. B. gebratene Leber *(çiğer)* oder Nieren *(böbrek)*. Als Innereiensnack wird an vielen Straßenecken *kokoreç* angeboten: gegrillte Därme, die mit Zwiebel und Tomate ins Brot kommen. Nebenbei haben Sie auch noch die Möglichkeit, eine Vielzahl anderer Kuriositäten zu probieren, z. B. gegrillte Schafshoden *(koç yumurtası)*, gedünstete Schafsköpfe *(kelle)* oder gekochte Hammelfüße *(paça)*. Nur nichts mit Schweinefleisch, das für Moslems absolut tabu ist.

Zu jeder Mahlzeit gehört frisches Weißbrot. Einen Laib pro Tag – einen halben zum Frühstück, den anderen zum Abendessen – kann man problemlos essen, denn das Brot ist sehr leicht und locker.

Gemüsegerichte: Gemüse *(sebze)* ist weniger Beilage als vielmehr die Grundlage türkischer Gerichte. Die Auswahl an Schmortöpfen, Aufläufen und Eintöpfen ist riesig. Beliebt sind insbesondere die Dolma-Gerichte. Dabei handelt es sich um gefülltes Gemüse, z. B. gefüllte Zucchini *(kabak dolması)* oder Auberginen *(karnıyarık)*, das zusammen mit Hackfleisch oder mundgerechten Lammfleischstückchen serviert wird. In der Regel wird dazu Joghurt gegessen. Ebenfalls schmackhaft sind diverse Eintöpfe wie *kıymalı ıspanak* (Spinat mit Hackfleisch). Ein Genuss sind aber auch Kichererbsen *(etli nohut)* oder Okraschoten mit Lamm *(kuzu etli bamya)*. Achtung: Vielfach schwimmt das Essen in Olivenöl – auf Mägen, die dergleichen nicht gewöhnt sind, hat dies die gleiche Wirkung wie eine gehörige Dosis Rizinusöl.

Fischgerichte: An Meeresfischen werden häufig Seebarsch *(levrek)*, Steinbutt *(kalkan)*, Mittelmeermakrele *(kolyos)*, Scholle *(pisi balığı)*, Makrele *(uskumru)* und fangfrische Sardinen *(sardalya)* angeboten. Auch Thunfisch *(palamut)* kann in verschiedenen Zubereitungsarten genossen werden. Unter den Süßwasserfischen ist insbesondere die Forelle sehr beliebt und im Hinterland findet man viele auf Forellen spezialisierte Restaurants. Um sich Überraschungen zu ersparen, sollten Sie sich vorher nach dem Preis erkundigen – Fischlokale sind gewöhnlich teuer.

Süßspeisen und Obst: Eine der beliebtesten Süßspeisen *(tatlı)* ist *baklava*, ein Gebäck aus mehreren Teigschichten, zwischen die Mandeln und Pistazien eingestreut sind. Die kleinen Rechtecke werden mit einem Sirup aus Zucker, Zitronensaft und Honig übergossen. Genauso süß und klebrig ist *helva*, eine Kalorienbombe aus Weizenmehl, Sesamöl, Honig und Zucker. Unserem Geschmack vertrauter sind Mandelpudding *(keşkül)* oder Milchreis *(sütlaç)*. Experimentierfreudige sollten einmal

Früchte der Ägäis

aşure probieren, eine gallertartige Süßspeise, die, in bester Qualität zubereitet, mehr als 40 Zutaten enthalten muss, darunter Rosenwasser, Nüsse, Zimt und sogar Bohnen. Der Legende nach wurde sie auf der Arche Noah kreiert – man schüttete alle Speisereste zusammen und kochte sie auf. Ähnlich seltsam liest sich die Zusammensetzung von *tavuk göğüsü:* Hier werden klein gehackte Hühnerbrust, Reismehl, Milch und Zucker verarbeitet. All das und noch viel mehr bietet der *muhallebici* an, eine Art Süßspeisenschnellimbiss.
Auch mit Obst *(meyve)* schließt man gerne eine Mahlzeit ab. Im Sommer werden vorwiegend Melonen, Feigen, Trauben, Pfirsiche und Granatäpfel serviert, im Winter Zitrusfrüchte oder Äpfel. Gründlich waschen ist gut, schälen ist besser!

Snacks: Nahezu eine komplette Mahlzeit ersetzt *börek,* eine blätterteigähnliche Strudelspezialität, die mit Hackfleisch, Spinat oder Schafskäse gefüllt wird. Ähnlich leckere Füllungen verstecken sich im *pide,* einem knusprigen Teigschiffchen. Eine Kostprobe wert ist auch *lahmacun,* die türkische Pizza mit Hackfleisch und Kräutern. Unübersehbar sind die *Simit*-Verkäufer; ihre Sesamkringel sind in der Früh am knusprigsten. Oft sieht man zudem ländlich gekleidete Frauen *gözleme* zubereiten, eine Art Pfannkuchen, der auf verschiedene Arten süß oder herzhaft gefüllt wird. Und: Kosten Sie *kumpir,* wenn sich die Möglichkeit ergibt. Die gefüllten Riesenkartoffeln stopfen für etliche Stunden.

Die Türkei für Vegetarier

Ein müdes Lächeln ist alles, was der gewöhnliche Türke einem Vegetarier entgegenbringt: Denn wer freiwillig auf so leckere Dinge wie *şiş kebap, köfte* oder Kuttelflecksuppe verzichtet, muss krank sein – oder verrückt. Doch keine Sorge: Auch ohne Fleisch kann man in der Türkei Köstlichkeiten genießen. Das Gros der Vorspeisen ist rein vegetarisch, zudem warten schmackhafte Gemüseeintöpfe, sämige Suppen, Salate und gefüllte Teiggerichte auf ihre Entdeckung. Um keine bösen Überraschungen zu erleben, vergewissern Sie sich am besten mit "Etsız mi?" ("Ist das ohne Fleisch?", gesprochen: "Ätsis mi?") und bekräftigen Ihre Frage mit "Et yemiyorum" ("Ich esse kein Fleisch", gesprochen: "Ät jämijorum").

Was trinkt man?

Softdrinks: Ob Pepsi oder Coke, überall werden die auch bei uns bekannten Marken angeboten. Zum Essen wird oft eine Karaffe Wasser *(su)* auf den Tisch gestellt. Kommt es aus der Leitung, sollten Sie darauf verzichten. Empfehlenswert sind frisch gepresste Fruchtsäfte *(meyve suyu).* Auch in der Dose werden überall leckere Fruchtsäfte verkauft. *Ayran* ist ein erfrischendes Mixgetränk aus Joghurt, Salz und kaltem Wasser, das ein wenig an Buttermilch erinnert.

Heißgetränke: Das türkische Nationalgetränk ist der *çay.* Der gute schwarze Tee aus den Plantagen der Schwarzmeerküste wird zu jeder Gelegenheit getrunken. Ob beim Frühstück, bei Geschäftsbesprechungen, im Teppichladen oder beim Friseur – nirgends fehlen die kleinen bauchigen Gläser. Für Nachschub wird stets gesorgt. *Elma çayı* nennt sich der unter Touristen sehr beliebte Apfeltee.

Türkischen Mokka *(Türk kahvesi),* den man entweder süß *(şekerli),* mittelsüß *(orta şekerli)* oder ohne Zucker *(sade)* bestellt, trinkt man für gewöhnlich nach einem üppigen Essen. Wer auf Krümel zwischen den Zähnen wenig Wert legt, bestellt *Neskafe*. In schickeren Cafés bekommen Sie auch Cappuccino, Espresso oder Latte Macchiato.

Alkohol: Beliebt ist vor allem der Rakı, ein ca. 45-prozentiger Anisschnaps, der geschmacklich dem griechischen Ouzo ähnelt. Am liebsten trinken ihn die Türken mit Eis und Wasser verdünnt aus schmalen, hohen 0,2-Liter-Gläsern. Er erhält dann eine milchig-trübe Färbung und wird nicht zuletzt deswegen auch "Löwenmilch" genannt. Rakı gilt als Magenelixier und Heilmittelchen gegen alle möglichen Beschwerden. Hochgeschätzt ist die Marke "Tekirdağ". Guter Rakı unterscheidet sich von minderwertigem übrigens dadurch, dass er am Glasrand einen Film zieht.
Neben Rakı wird auch gerne ein Bier *(bira)* zum Essen getrunken, am weitesten verbreitet ist das *Efes*. Daneben bekommt man auch das dänische – aber in der Türkei gebraute – *Tuborg*, das etwas herber als *Efes* schmeckt.
Vielen unbekannt ist türkischer Wein *(şarap)*. Die besseren Sorten können sich jedoch durchaus sehen lassen. Dazu gehören insbesondere Weine der Kellereien "Doluca" und "Kavaklıdere". Türkische Weine sind aufgrund ihres geringen Säuregehaltes ausgesprochen magenfreundlich.

Abendstimmung in Gümüşlük auf der Bodrum-Halbinsel

Wissenswertes von A bis Z

Adressen

Befindet Sich Ihr Hotel in der XY Cad. 1208 Sok. Atatürk Mah.? Nicht verzweifeln, türkische Adressen sind ein Kapitel für sich. Unter Cad. (= Cadde) verbirgt sich in der Regel eine größere Straße (gelegentlich auch Bul. = Bulvarı genannt), von der kleinere Gassen (Sok. = Sokak) abgehen, die in vielen größeren Städten mangels Ideenreichtum der Stadtväter oft nur nummeriert sind. Straßen und Gassen zusammen ergeben wiederum ein Mah. (Mahalle = Stadtviertel), die Untereinheit eines Stadtteils. Doch damit nicht genug: Suchen Sie eine Adresse mit der Bezeichnung 1208 Sok. XY Apt. 22 D:5 K:2? Keine Sorge. Neben der Hausnummer (= 22) erhalten viele Apartmentblocks (= Apt.) zusätzliche Bezeichnungen. Ihre gesuchte Adresse befindet sich damit in Hausnr. 22 der 1208 Sok., und zwar hinter der Wohnungstür 5 (D = Daire = Wohnung/Büro) im 2. Stock (K = Kat = Stockwerk).

Allein reisende Frauen

Es ist kein Problem, als Frau alleine die Westküste der Türkei zu besuchen. In touristischen Zentren wie Bodrum oder Çeşme, wo auch Türkinnen mit hohen Absätzen und Minirock über die Gehwege flanieren, fällt die Anmache junger türkischer Machos nicht anders aus als in Italien oder Spanien. Verlassen Sie jedoch die Küstenorte, ist dezente Kleidung ratsam, um Unannehmlichkeiten vorzubeugen.

Grundsätzlich gilt: Spricht man Sie an, bleiben Sie formell und höflich, aber vermeiden Sie Freundlichkeit und Augenkontakt, beides wird gerne fehlinterpretiert. Wandernde Hände in überfüllten Bussen kommentiert man lautstark, egal in welcher Sprache. Die Schande für den Betroffenen wird groß und die Empörung der Umgebung offensichtlich sein.

Ärztliche Versorgung

Auch wenn zwischen Ihrem Land (Deutschland, Österreich oder Schweiz) und der Türkei ein Sozialversicherungsabkommen besteht, ist der Abschluss einer privaten Auslandskrankenversicherung ratsam (Formulare liegen z. B. in Banken aus), zumal Privatärzte und private Krankenhäuser in der Regel besser ausgestattet sind als die staatlichen. Das vorgestreckte Geld für Behandlung und Medikamente wird in der Heimat nach Vorlage einer Quittung mit Stempel, Datum und Unterschrift des türkischen Arztes bzw. Apothekers erstattet. Für leichtere Fälle reicht es meist aus, wenn Sie eine der zahlreichen Apotheken aufsuchen und dem Apotheker irgendwie Ihr Leid verdeutlichen. Dieser beherrscht zwar häufig keine Fremdsprache, die Mittelchen gegen die gängigsten Touristenleiden hat er aber schon unzählige Male über den Ladentisch gereicht.

Deutschsprachige Ärzte oder das nächstgelegene Krankenhaus sind im Reiseteil unter der Rubrik "Adressen" aufgeführt. Auch die Konsulate und Botschaften des Heimatlandes erteilen Auskünfte über deutschsprachige Ärzte. In schweren Fällen ist es ratsam, das Deutsche Krankenhaus in İstanbul aufzusuchen (Alman Hastanesi, Sıraselviler Cad. 119, ✆ 0212/2932150).

Apotheken *(eczane)*: In türkischen Apotheken gibt es kaum etwas, was es bei uns nicht gibt, vieles jedoch unter einem anderen Namen, zudem rezeptfrei und preiswerter. Arzneimittel, auf die Sie ständig angewiesen sind, sollten Sie trotzdem sicherheitshalber von zu Hause mitbringen – im Falle Viagras ist dies übrigens nicht vonnöten. Im Schaufenster ist der nächstgelegene Notdienst *(nöbetçi)* vermerkt.

Schutzimpfungen sind nicht vorgeschrieben. Es wird jedoch geraten, sich vor Reiseantritt gegen Tetanus, Diphtherie und Hepatitis A impfen zu lassen. Eine *Malariaprophylaxe* ist für Reisen an der Westküste nicht notwendig. Informationen über aktuelle Entwicklungen erhalten Sie bei den Gesundheitsämtern und den Tropeninstituten.

Falls Sie während Ihres Aufenthaltes ein **Schnupfen** plagt: Öffentliches Naseputzen gilt in der Türkei als sehr unfein!

Ausgrabungsstätten

Troja, Ephesus, Pergamon sind antike Ausgrabungsstätten von Weltrang. Zwischen Bodrum und den Dardanellen liegt aber eine Vielzahl weiterer Ausgrabungsstätten, braune Schilder machen auf sie aufmerksam. Die bedeutendsten und sehenswertesten sind im Reiseteil beschrieben. Was in der Beschreibung fehlt, lohnt unseres Erachtens nicht einmal für Hobby-Archäologen, denn in der Regel steht man nach langen, schweißtreibenden Fußwegen durchs Dickicht nur ein paar verwitterten Steinen gegenüber.

Die Eintrittspreise für antike Stätten und archäologische Museen sind nicht einheitlich. Grundsätzlich gilt: Je berühmter die Stätte, desto teurer – bis zu 10 € Eintritt werden verlangt. Ermäßigungen bekommen nur Studenten mit einer ISIC-Karte. Es gibt aber auch eine Vielzahl von Ausgrabungen, die frei und kostenlos zugänglich sind. Nicht selten versuchen dort allerdings selbsternannte Aufseher dem Touristen ein paar Lira abzuknöpfen. Lassen Sie sich nicht übers Ohr hauen – wer von offizieller Seite dazu befugt ist, kann Ihnen eine Eintrittskarte aushändigen.

Antike Stätten – die wichtigsten Begriffe

Agora: Markt und Versammlungsplatz in der griechischen Antike; meist von einem Säulengang mit Geschäften umringt
Akropolis: Burgberg, auch Oberstadt
Architrav: auf Säulen ruhender Hauptbalken (meist aus Stein)
Basilika: zentrale römische Halle, bei der die Seitenschiffe niedriger als das Hauptschiff liegen, erst später für Kirchen verwendet
Bouleuterion: Ratssaal des Senats in hellenistischer und römischer Zeit
Cella: Hauptraum eines Tempels, meist mit einer oder mehreren Kultstatuen
Gymnasion: Zentrum für athletisches Training, ursprünglich Teil einer Schule
Heroon: Kultbau zu Ehren eines Helden oder Würdeträgers
Kapitell: oberster Abschluss einer Säule
Nekropole: Gräberfeld
Nymphäum: Brunnenanlage
Odeion: theaterähnliches Gebäude für kleinere kulturelle Veranstaltungen
Orchestra: Spielfläche des Theaters
Pantheon: Tempel für alle Götter
Peristyl: Säulenhalle um einen Hof
Stoa: Säulenhalle

Baden

Die Sehnsucht nach Sonne, Strand und Meer lockt jährlich Millionen Touristen an die türkische Westküste. Nicht ohne Grund: Schöne Strände gibt es zuhauf – viele mit Blick auf die vorgelagerten griechischen Inseln. Die hier aufgeführten Wassertemperaturen beziehen sich auf die Bucht von İzmir, für die Südägäis können Sie 1–2 °C hinzu rechnen und für die Nordägäis abziehen.

Durchschnittliche Wassertemperatur in °C

Januar	Februar	März	April	Mai	Juni
15	13	14	15	18	21
Juli	**August**	**September**	**Oktober**	**November**	**Dezember**
23	23	22	20	17	11

Ein typisch türkischer Badestrand: Çandarlı

Nacktbaden ist in der Türkei verboten; wer dabei ertappt wird, muss sogar mit Gefängnis und Geldstrafen rechnen. Auch in der Unterhose zu baden – für viele türkische Männer gang und gäbe – ist verboten. Die letzten Sommer veranstaltete die Polizei deswegen sogar großangelegte Strandrazzien.

Betteln

Kinder und Verwachsene, die ihren Bittgesang herunterleiern, trifft man vor allem vor den Moscheen der größeren Städte. Ebenso zahlreich vertreten sind Mütter mit unterernährten Kindern, die laut flehend um eine milde Gabe bitten. Aus den Touristenzentren sind die Bettler weitgehend verbannt – hier sorgt die Polizei aus Imagegründen für ein möglichst "störungsfreies" Stadtbild.
Wie im Einzelfall auf die Bettelnden zu reagieren ist, muss jeder selbst entscheiden. Auf einen Aspekt des durchaus vielschichtigen Problems sei jedoch hingewiesen. Insbesondere bettelnden Kindern tut man nicht unbedingt einen Gefallen, wenn man sie mit Geld unterstützt. Bettelkinder sind Kinder ohne Lebensperspektive. Betteln ist ihr Job, und sie können – wenn sie geschickt sind und am richtigen Platz arbeiten – für die Landesverhältnisse sogar sehr gut verdienen. Die Kehrseite ist, dass durch den einmal eingeschlagenen Weg jede seriöse Ausbildung verhindert wird. Das Problem wird spätestens dann akut, wenn aus den Kindern Erwachsene werden. Dann erregen sie längst nicht so viel Mitleid, und für eine Reintegration in die Gesellschaft ist es zu spät.

Diplomatische Vertretungen

Österreich ist durch ein Honorarkonsulat, Deutschland durch ein Generalkonsulat und die Schweiz durch ein ganz normales Konsulat im Reisegebiet vertreten. Die

Botschaften Deutschlands, Österreichs und der Schweiz befinden sich in Ankara. Als Anlaufstellen stehen sie aber nur in extremen Notfällen zur Verfügung.

• *Türkische Botschaften* **Deutschland**, Rungestr. 9, 10179 Berlin, ✆ 030/275850, www.tcbonnbe.de. Generalkonsulate in Bremen, Düsseldorf, Essen, Frankfurt/M, Hamburg, Hannover, Hürth, Karlsruhe, Mainz, München, Münster, Nürnberg und Stuttgart.

Österreich, Prinz-Eugen-Str. 40, 1040 Wien, ✆ 01/50525100, 5053660. Generalkonsulate in Bregenz und Salzburg.

Schweiz, Lombachweg 33, 3006 Bern, ✆ 031/3511691, 3528819. Generalkonsulate in Genf und Zürich.

• *Botschaften in der Türkei* **Deutsche Botschaft**, Atatürk Bul. 114, 06540 Ankara, ✆ 0312/4555100, www.germanembassyank.com.

Österreichische Botschaft, Atatürk Bul. 189, 06680 Ankara, ✆ 0312/4190431, E-Mail: austroambtr@superonline.com.

Schweizerische Botschaft, Atatürk Bul. 247, 06692 Ankara, ✆ 0312/4675555, E-Mail Vertretung@ank.rep.admin.ch.

• *Konsulate im Reisegebiet* → İzmir "Adressen", S. 174.

Drogen

An illegalen Drogen werden in der Türkei Marihuana, Haschisch, Opium und Heroin gehandelt und konsumiert. Die Strafen für die Ein- und Ausfuhr oder den Genuss von Drogen sind drastisch und die türkischen Gefängnisse international für ihre miserablen Zustände bekannt. Übrigens arbeiten viele Rauschgifthändler eng mit der Polizei zusammen.

Achtung: Wenn Sie gebeten werden, ein Päckchen nach Deutschland mitzunehmen, schauen Sie sich den Inhalt sorgfältig an.

Ein- und Ausfuhrbestimmungen

Gegenstände des persönlichen Bedarfs dürfen zollfrei eingeführt werden. Wertvolle Objekte wie z. B. einen Laptop, einen Fernseher oder teuren Schmuck sollte man bei der Einreise vom türkischen Zoll in den Reisepass eintragen lassen, damit die Wiederausfuhr ohne Schwierigkeiten gewährleistet ist. Darüber hinaus dürfen 200 Zigaretten bzw. 50 Zigarren oder 200 g Tabak, 5 l alkoholische Getränke und Geschenke im Wert von bis zu 250 € zollfrei eingeführt werden. Für Reisende, die ihren Wohnsitz in der Türkei haben, gelten abweichende, z. T. günstigere Regelungen bezüglich der Zollbefreiung; erkundigen Sie sich am besten bei einem türkischen Konsulat.

Für die Ausfuhr antiker Gegenstände aus der Türkei benötigt man die schriftliche Genehmigung eines Museumsdirektors. Das gilt auch für alte Siegel, Orden, Teppiche usw. Bei Zuwiderhandlung drohen hohe Strafen! Bei der Ausfuhr von Teppichen muss eine Quittung vorgelegt werden.

Hinweis für Raucher: Zigaretten sind in der Türkei billiger als in den Duty-free-Shops am Abflughafen!

Einkaufen und Handeln

Lederwaren, Teppiche, Goldschmuck, Keramik, Tee, Gewürze, Onyxprodukte und alle Dinge, die einen Hauch von Orient erwecken, zählen zu den beliebtesten Souvenirs. Vieles davon ist im westeuropäischen Vergleich preiswert, vieles aber auch minderer Qualität. Hoch im Kurs stehen zudem T-Shirts, Jacken und Hosen mit dem Schriftzug bekannter Designer. Das sind Imitate, die zumindest ihren Zweck erfüllen: Man kann sie tragen. Achtung aber vor den täuschend echt verpackten Parfüms – sie stinken mehr als dass sie riechen.

Am besten kauft man in Boutiquen und Einkaufszentren der größeren Städte, wo die Waren mit Preisen versehen sind und sich so auch Preisvergleiche durchführen lassen. Wo es keine Festpreise gibt, müssen Sie handeln. Um aber gut handeln zu können, sollten Sie den Wert und die Echtheit einer Ware einschätzen können. Türkische Händler sind leider, ohne es böse zu meinen, fast durch die Bank Schlitzohren. Lassen Sie sich also kein Schweinsleder als Nappa verkaufen und glauben Sie nur einen Bruchteil von dem, was Ihnen erzählt wird... Falls Sie schon vor der Abreise wissen, dass Sie sich für Goldschmuck oder einen Teppich interessieren, so machen Sie sich am besten im Heimatland mit den Produkten und deren Preisen vertraut.

Unter **pazar** verstehen die Türken übrigens einen Wochenmarkt mit Gemüse-, Käse-, Klamotten- und Schuhständen. Feste Einrichtungen wie der Basar von İzmir oder Marktviertel mit richtigen Läden nennt man in der Türkei hingegen **çarşı.**

Hinweise zum Teppichkauf

Die Türkei ist bekannt als ein Land, in dem man preiswert Teppiche kaufen kann. Das setzt aber voraus, dass man sich mit der Materie auskennt und genau weiß, was man will. Nur dann wird der Teppich zum Schnäppchen. Das Gros der Urlauber jedoch, das sich spontan zu einem Kauf hat überreden lassen, bringt in der Regel einen überteuerten und dazu noch einen viel zu großen oder viel zu kleinen Teppich mit nach Hause, der zudem oft farblich nicht einmal in die Wohnung passt.

Um einen guten Preis aushandeln zu können, sollten Sie in der Lage sein, Qualität von Billigware zu unterscheiden. Vergessen Sie den Ratschlag, ein Produkt um ein Drittel herunterzuhandeln, um einen guten Preis zu erzielen. Das gelingt jedem beim zehnten Tee. Auch die Händler kennen diesen Ratschlag, und wer sagt Ihnen, dass diese nicht bei einem hundertfach höheren Preis anfangen?

Daher unser Tipp für alle, die keine Ahnung von Teppichen haben: Kaufen Sie wenn überhaupt ein billiges Stück als Souvenir, das notfalls in einer Kiste auf dem Dachboden die Motten ernährt, oder gehen Sie zu Hause in ein Fachgeschäft. Dort dürfen Sie den Teppich gegen Pfand mitnehmen und können ihn einmal in Ihren vier Wänden zur Probe auslegen.

Wer dennoch als Ahnungsloser sein Glück versuchen will, sollte wenigstens den Eindruck eines Teppichexperten erwecken. Dazu gehört der fachmännische Blick auf die Dicke der Knoten sowie die Frage nach der Anzahl der Knoten je Quadratzentimeter. Hantieren Sie mit dem Stück unter freiem Himmel etwas herum, teilen Sie gar den Flor mit den Fingern, um die Farbechtheit zu testen. Passen Sie auf, dass Sie beim berüchtigten Gewebetest mit dem Feuerzeug kein Loch in den Teppich brennen, sonst sind Sie unten durch. Fragen Sie zudem, ob der Teppich fliegen kann. Wenn nicht, drücken Sie sofort den Preis um 50 %. Beherzigen Sie die Ratschläge, dann weiß der Händler, dass Sie zumindest gewisse Grundkenntnisse besitzen. Und noch etwas: Lassen Sie sich niemals aus Bequemlichkeit auf das Angebot des Händlers ein, dass er Ihnen den Teppich mit der Post nach Hause schickt!

Einladungen

Die Türken sind überaus gastfreundlich. Wer sich unter die Leute mischt, mit dem Bus reist oder einfache Restaurants besucht, wird häufig spontan angesprochen oder sogar zum Tee eingeladen. Einladungen nach Hause, beispielsweise zum Abendessen, werden dagegen viel seltener ausgesprochen, da die Familie einen nahezu sakralen Wert hat. Sollten Sie trotzdem in den Genuss kommen, können Sie dies als Zeichen besonderer Wertschätzung ansehen. Die folgenden Hinweise sollen Ihnen helfen, ein wenig auf die Sitten und Konventionen Ihrer Gastgeber einzugehen (kleine Fehler gegen die Etikette werden selbstverständlich verziehen):

- Gastgeschenke sind üblich. Nichts Aufwendiges, einfach eine Kleinigkeit, die Freude macht.
- Am Wohnungseingang werden die Schuhe ausgezogen. Stehen keine Hausschuhe bereit, tun's die Strümpfe.
- Zur herzlichen Begrüßung wird der traditionelle Doppelkuss ausgetauscht (Backe rechts, Backe links). Unter Männern ist er üblicher als zwischen den Geschlechtern. Wer sich nicht sicher ist: Die Hand zu geben ist auf jeden Fall höflich – bevor man ins Fettnäpfchen tritt, lässt man lieber dem türkischen Gegenüber die Initiative.
- In Gegenwart älterer Menschen gilt lautes Reden als rüpelhaft. Senioren werden sehr zuvorkommend behandelt. Erscheint in traditionellen Familien das Familienoberhaupt, ist es sogar üblich aufzustehen.
- Etwas Angebotenes abzulehnen gilt als unhöflich. Die Gastgeber haben sich nämlich auf jeden Fall viel Mühe gemacht und eventuell Ausgaben weit über ihre Verhältnisse hinaus getätigt.

Elektrizität

Die Stromspannung beträgt 220 Volt. In der Regel benötigt man für mitgebrachte Geräte keine Adapter. Zur Sicherheit sollte man dennoch einen für Südosteuropa im Gepäck haben.

Feste und Feiertage

Von vielen Feiertagen bekommt man in den Touristenzentren an der Küste nur wenig mit. Dort herrscht nämlich stets Festtagsstimmung – allerdings nur unter den Touristen.

Weltliche Feiertage

1. Januar: Neujahr

23. April: Unabhängigkeitstag, Tag der Kinder – am 23. April 1920 versammelte sich das Parlament in Ankara zu seiner ersten Sitzung

1. Mai: Frühlingsfest (inoffizieller Feiertag, Ersatz für den ehemaligen Tag der Arbeit)

19. Mai: 1919 landete Atatürk an diesem Tag in Samsun und organisierte den Nationalen Befreiungskrieg. Heute Tag der Jugend und des Sports.

30. August: Gedenktag anlässlich des Sieges über die Griechen im Jahr 1922

29. Oktober: Tag der Republik – am 29. Oktober 1923 wurde die Türkische Republik ausgerufen. Riesige Aufmärsche im ganzen Land begleiten das Fest

10. November: Todestag Atatürks – quasi ein halbamtlicher Feiertag, aber nicht gesetzlich verankert. Ein Großteil der Bevölkerung feiert den Gründer der Türkischen Republik und bleibt der Arbeit fern.

Ramazan

So bezeichnen die Türken den islamischen Fastenmonat, der in den anderen islamischen Ländern *Ramadan* heißt. 30 Tage lang darf der Gläubige zwischen Sonnenauf- und -untergang nicht essen, trinken, rauchen oder Geschlechtsverkehr haben. Nach Anbruch der Dunkelheit jedoch wird alles ausgiebig nachgeholt. In konservativen Gegenden sind während der Fastenzeit viele Lokale geschlossen, in den Küstenorten merkt man jedoch kaum einen Unterschied zu den anderen Monaten.

Religiöse Feiertage

Die genauen Termine werden Jahr für Jahr nach dem islamischen Mondkalender neu bestimmt. Nach islamischer Konvention beginnt ein Feiertag jedoch bereits mit dem Sonnenuntergang am Vortag, bei großen religiösen Feiertagen sind dann sogar ab Mittag des Vortages alle Läden, Büros usw. geschlossen. Besonders herauszuheben sind:

Kadir Gecesi (Nacht der Kraft): In der 27. Nacht des Fastenmonats Ramadan wird die Offenbarung des Koran gefeiert. Mohammed soll in dieser Nacht durch den Erzengel Gabriel zum Boten Gottes ernannt worden sein. Nach dem Volksglauben gehen Wünsche und Gebete, die in dieser Nacht ausgesprochen werden, in Erfüllung.

Şeker Bayramı (Zuckerfest): Es bildet den Abschluss des Fastenmonats Ramadan. Man besucht Verwandte, und die Kinder ziehen von Haus zu Haus und bitten um Süßigkeiten. Daher rührt auch der Name der droitägigen Feierlichkeiten, bei denen Behörden, Banken und Geschäfte geschlossen bleiben.

Kurban Bayramı (Opferfest): Das höchste Fest des Islam dauert vier Tage. Hintergrund des Opferfestes ist die (auch biblische) Geschichte von Abraham, der, um Gott seine Treue zu beweisen, seinen Sohn Isaak opfern will. Das Fest ist gesetzlich verankert, alle öffentlichen Einrichtungen bleiben geschlossen.

Flora und Fauna

Mittelmeervegetation mit Pinienwäldern und gestrüppartiger Maccia, bestehend aus Oleander, Stechpalme, Buchsbaum, Myrte, Lavendel, Johannisbrotbaum usw., prägt die Küste im Westen der Türkei. Am Golf von Edremit sind zudem Steineichenwälder

Einst Meer, heute See: Bafa gölü

anzutreffen. In höheren Lagen ist die Kiefer die vorherrschende Baumart, vereinzelt finden sich dort auch Tannen und Zedern. In den Wäldern tummeln sich Rehe und Hirsche, Füchse, Wildschweine, Dachse, Iltisse, Baum- und Steinmarder, die vom Aussterben bedrohten Stachelschweine, aber auch Nagetiere wie das dem Murmeltier verwandte und putzige Ziesel. Wölfe, Bären, Schakale und Leoparden findet man dagegen nur noch im Osten der Türkei. Am Boden kriechen Eidechsen und Schildkröten (Letztere gibt's zu Land und zu Wasser), und bei Wanderungen begegnet man gelegentlich Schlangen, auch giftigen. Nicht selten sind ferner Chamäleons – allerdings fallen sie naturgemäß wenig auf. Unter den Vögeln faszinieren neben den Störchen, die in der ganzen Türkei nicht gejagt werden dürfen, vor allem Raubvögel wie Adler, Falken und Bussarde. Ornithologen können sich am Delta des Großen Mäander *(Büyük Menderes)* und am Bafa-See zudem auf Stelzenläufer und Pelikane, Grau- und Purpurreiher, Eisvögel, Weißstörche, Cistensänger, Nachtschwalben und andere Piepmätze freuen.
Zum Schluss noch ein Hinweis in Sachen "tierische Quälgeister": Moskitos, Flöhe und Kakerlaken sehen nicht nur die Wälder als ihre Heimat an!

Geld und Geldwechsel

Gesetzliches Zahlungsmittel ist die Türkische Lira (TL). Zum Zeitpunkt der Recherche waren Liramünzen im Wert von 25.000, 50.000, 100.000, 250.000 und 500.000 TL sowie Banknoten im Wert von 100.000, 250.000, 500.000, 1 Mio., 5 Mio., 10 Mio. und 20 Mio. TL im Umlauf. Aufgrund der hohen Inflation (→ "Türkei in Zahlen", S. 11) ist es jedoch nur eine Frage der Zeit, bis die niedrigsten Münzen und Banknoten aus dem Verkehr gezogen und 50-Millionen- oder gar 100-Millionen-Noten gedruckt werden. Es wird aber auch über eine Währungsreform diskutiert.

1 € entsprach Mitte März 2003 ca. 1,8 Mio. TL.

Devisenvorschriften: Bargeldbeträge im Gegenwert von über 5.000 US-Dollar müssen bei der Ein- und Ausreise deklariert werden.

Geldwechsel: Banken und Wechselstuben gibt es en masse, zumal auch die Türken ihr Erspartes in harten Devisen anlegen. Die Kursunterschiede sind insgesamt gering. Lassen Sie sich immer einen Beleg geben, als Nachweis, dass Sie Ihr Geld legal umgetauscht haben.

Bankomaten sind weit verbreitet. Der Kurs beim Abheben mit der Bank-Karte ist im Endeffekt meist besser als beim Barumtausch, die besten Kurse bekommen Sie bei der T.C. Ziraat Bankası und der Yapı Kredi Bankası.

Kreditkarten werden in allen besseren Restaurants, Hotels und Geschäften akzeptiert.

Reiseschecks: Nicht jede Bankfiliale ist dazu autorisiert, Schecks einzulösen. Gute Kurse für Schecks bietet im Allgemeinen die Post. *American-Express-Cheques* können – sofern das Personal davon unterrichtet wurde – bei den Filialen der *Akbank* und *Koçbank* provisionsfrei in TL eingelöst werden; *Thomas-Cook-Cheques* nur bei der *Akbank*.

Trinkgeld: In Restaurants gibt man in der Regel 10 %, Masseuren, Zimmermädchen oder Friseuren rund einen Euro. Lediglich Taxifahrer gehen in der Türkei leer aus.

Ermäßigungen: bekommen Studenten mit der ISIC-Karte.

Griechen und Türken – eine schwierige Nachbarschaft

Noch zu Anfang des 20. Jh. waren Griechen die größte nichtmuslimische Minderheit im Osmanischen Reich, viele Orte der Westküste gar fest in griechischer Hand. Doch mit der Zerschlagung des Reiches nach dem Ersten Weltkrieg endete das weitestgehend friedliche Zusammenleben beider Völker: Auf den Versuch Griechenlands, sich Kleinasiens zu bemächtigen, folgte der türkische Befreiungskrieg, an dessen Ende ein Bevölkerungsaustausch stand: Ca. 1,4 Millionen Griechen mussten die Türkei verlassen, in entgegengesetzter Richtung waren rund 350.000 Türken unterwegs.

Eine türkisch-griechische Eiszeit begann, die im Zypernkonflikt gipfelte. Viele Jahre betrachteten die NATO-Partner mit Besorgnis das Verhalten der beiden "verfeindeten" Verbündeten, noch bis in die 1990er kam es immer wieder zu militärischen Provokationen in der Ägäis. Die Verbesserungen der bilateralen Beziehungen kamen infolge schwerer Erdbeben und verheerender Waldbrände, bei denen sich beide Nationen wechselseitig Hilfe leisteten. Mittlerweile ist Griechenland gar ein Befürworter des türkischen EU-Beitritts.

Haustiere

Wer in der Türkei mit seinem geliebten Vierbeiner reist, wird Schwierigkeiten bei der Zimmersuche erleben. Hunde und Katzen benötigen eine Impfung gegen Tollwut (mindestens 15 Tage, aber höchstens ein Jahr alt) und ein amtliches Gesundheitsattest. Zudem ist eine Abstammungsurkunde erforderlich. Zur Erleichterung der Einreiseformalitäten ist es sinnvoll, die Dokumente ins Türkische übersetzen zu lassen.

Tierschützer warnen ausdrücklich vor der qualvollen Gefangenschaft Ihres geliebten Vierbeiners in einer Transportbox im Gepäckraum eines Flugzeugs. Lassen Sie Ihre Tiere also besser bei Freunden oder engagieren Sie einen Tiersitter.

Information

Bei speziellen Fragen können Sie sich vor der Abreise an die Fremdenverkehrsämter der Türkei im Heimatland wenden. Vor Ort finden Sie in allen Urlaubszentren Touristeninformationen, deren Mitarbeiter in der Regel sehr zuvorkommend und hilfsbereit sind (→ im Reiseteil unter der Rubrik "Information"). Offiziell heißen die Büros übrigens **Turizm Danışması**, vor Ort verwendet man aber gewöhnlich die englische Bezeichnung **Tourist Information**.

Türkische Fremdenverkehrsämter: D-60329 Frankfurt, Baseler Str. 35–37, ✆ 069/233081, 📠 232751; D-80335 München 2, Karlsplatz 3/1, ✆ 089/ 594902, 📠 5504138; D-10789 Berlin, Tauentzienstr. 9–12, ✆ 030/ 2143752, 📠 2143952. A-1010 Wien, Singerstr. 2/8, ✆ 01/5122128, 📠 5138326. CH-8001 Zürich, Talstraße 82, ✆ 01/2210810, 📠 2121749.

Internet

Im World Wide Web gibt es eine ganze Reihe von Informationen zur Türkei, die bei der Reisevorbereitung hilfreich sein können. Als Startseite empfiehlt sich die offizielle Seite des türkischen Fremdenverkehrsamtes www.reiseland-tuerkei.de

Wer während seines Türkei-Aufenthaltes im Netz surfen oder Mails verschicken will, kann dies in zahlreichen **Internet-Cafés** tun. Je schicker das Café, desto teuerer der Ausflug in den Cyberspace: eine halbe Stunde kostet zwischen 0,65 und 1,15 €.

Interessante Links und aktuelle Informationen zu diesem Buch finden Sie auf den entsprechenden Seiten des Michael Müller Verlags (www.michael-mueller-verlag.de).

Islam

Der Islam (arab. = Unterwerfung, Hingabe), die jüngste der großen Weltreligionen, ist ebenso wie das Judentum und das Christentum eine monotheistische Religion, d. h. seine Anhänger glauben an den einen allmächtigen Gott. Nach islamischer Auffassung ist Allah Schöpfer und Bewahrer aller Dinge und allen Lebens. Er versorgt, führt und richtet die Menschen, wobei sich das Richten auf den Tag des Jüngsten Gerichts bezieht, an dem die "Geretteten" ins Paradies eingehen, während die "Verdammten" in die Hölle absteigen.

Religionsstifter Mohammed (um 570–632) wuchs als Waisenkind in ärmlichen Verhältnissen in Mekka auf. Sein religiöses und politisches Wirken begann um 610, nachdem ihm in einer Vision der Erzengel Gabriel erschienen war. In seiner Geburtsstadt stand man seinen öffentlichen Auftritten zunächst sehr skeptisch gegenüber. Erst in Medina, wohin er 622, dem Beginn der islamischen Zeitrechnung, abgewandert war, verschaffte sich Mohammed weltliche und geistliche Autorität und wurde als Gesetzgeber und Prophet allgemein akzeptiert. Einige der von ihm verbreiteten Botschaften hatten für die damalige Zeit geradezu revolutionäre Inhalte, z. B. die Verdammung der Sklaverei.

Die Rolle, die der islamische Glaube in der Türkei einnimmt, ist von Region zu Region, teils aber auch von Stadtviertel zu Stadtviertel verschieden. Mancherorts, wie im unbeschwerten, westlich orientierten Bodrum, tendiert sie gar gegen null.

Doch schon ein paar Kilometer weiter im Landesinnern kann alles anders aussehen. Den Kontrollorganen des Staates sind islamistische Strömungen ein Dorn im Auge. Doch so vehement er auch gegen sie vorgeht, in den letzten Jahren erlebten sie einen enormen Aufschwung, angefacht von Perspektivlosigkeit und Unzufriedenheit mit der wirtschaftlichen und politischen Situation des Landes.

Laizismus – Die Trennung von Staat und Religion

"Der Islam wird eines Tages die Türkei regieren, die Frage ist nur, ob der Übergang weich oder hart, süß oder blutig sein wird." Solche und ähnliche Äußerungen des Parteichefs Necmettin Erbakan waren die Gründe für das Verbot der islamistischen Wohlfahrtspartei und deren Auffangbecken, der Tugendpartei (2001 verboten). Aus den Scherben der Letzteren ging die Partei für Gerechtigkeit und Entwicklung (AKP) hervor, der Sieger der Parlamentswahlen 2002. Begründet wurden die Verbote mit dem seit Atatürk insbesondere vom Militär und westlich orientierten Politikern vertretenen Kurs einer strikten Trennung von Staat und Religion. Ein ständiges Konfliktpotential birgt dieser Kurs insofern, als der islamischen Sozialphilosophie prinzipiell die Auffassung zugrunde liegt, dass alle Lebenssphären, ob spirituelle, soziale, politische oder ökonomische, eine untrennbare Einheit bilden. Während radikale Kräfte daraus die Forderung nach einem theokratisch organisierten Staatsgebilde ableiten, suchen gemäßigtere Kräfte nach Wegen, die traditionellen islamischen Werte für die heutige säkularisierte Welt nutzbar zu machen und beide Sphären nicht gegeneinander auszuspielen. Ein populärer Verfechter dieses Ansatzes ist Yaşar Nuri Öztürk, Dekan der islamischen Fakultät der Universität İstanbul. Dessen Veröffentlichungen zählen zu den Rennern des türkischen Buchmarktes, auch im Fernsehen tritt er regelmäßig auf. In deutscher Sprache hat der Grupello Verlag Düsseldorf sein Werk "400 Fragen zum Islam. 400 Antworten. Ein Handbuch" herausgegeben.

Koran und Sunna sind die grundlegenden Quellen der islamischen Glaubenslehre. Dabei wird der Koran, der aus 114 Suren (Kapiteln) besteht, als das authentische Wort Gottes verstanden, das Mohammed durch den Erzengel Gabriel übermittelt wurde. Daraus erklärt sich der Unfehlbarkeitsanspruch, der dem Koran zugeschrieben wird. Die Sunna (arab. "Gewohnheit"), die im Hadith, einer Textsammlung aus dem 9. Jh. enthalten ist, überliefert dagegen exemplarisches Handeln des Propheten und wird im Unterschied zum Koran nicht für unfehlbar gehalten.

Propheten: Da die Menschen moralisch schwach und fehlbar sind, schickt Gott ihnen Propheten, welche die göttliche Botschaft verbreiten, an der sich das Handeln der Menschen orientieren soll. Zu diesen Propheten zählt im Islam neben Abraham und Moses u. a. auch Jesus. Die christliche Auffassung, nach der es sich bei Jesus um den Sohn Gottes handelt, wird vom Islam nicht geteilt. Die Muslime glauben dagegen, dass sich das Prophetentum mit Mohammed vollendet hat, und der Koran die letztgültige und vollkommenste Offenbarung Gottes ist.

Islamische Gruppierungen: Streitigkeiten um die Nachfolge des Propheten führten nach Mohammeds Tod zu einer Spaltung der Muslime in Sunniten und Schiiten. Über 70 Prozent der Türken sind Sunniten. Die Sunniten sehen im Kalifen den rechtmäßigen Nachfolger Mohammeds und das Oberhaupt der muslimischen Welt.

Für die Schiiten sind hingegen Ali, der Vetter und Schwiegersohn Mohammeds, und seine Nachkommen die legitimen Nachfolger (Imame).

Rund 25 Prozent der Türken, darunter viele Kurden, sind Aleviten , die der Schia zugerechnet werden. Mit der Schia iranischer Prägung hat der Alevismus die Nachfolgeregel gemein, lehnt als libertäre Glaubensrichtung aber z. B. die Scharia ab. Dieses überlieferte antiquierte islamische Rechtssystem beruht auf einer über 1.000 Jahren alten, nahezu unveränderten Auslegungsvariante des Korans und der Sunna und beschreibt die Rechte und Pflichten des Einzelnen in der Gemeinschaft.

Die fünf Säulen des Islam: Die unter diesem Namen bekannten Pflichten werden als zentrale Bestandteile im Leben eines jeden Moslems angesehen. Die erste Pflicht ist das Glaubensbekenntnis *(kelimei şahadet: "Ich bezeuge, dass es keinen Gott gibt außer Allah, und Mohammed ist sein Prophet ... ")*, die zweite die fünf täglichen Gebete *(namaz)* mit den vorgeschriebenen Waschungen, die dritte die Almosengabe an Bedürftige *(zekat)*, die vierte das Einhalten des Fastenmonats *Ramazan* und die fünfte die Pilgerfahrt nach Mekka *(haç)*. Bei einigen Geboten gibt es Spielraum. So braucht der Moslem seine Pilgerfahrt nur dann durchzuführen, wenn es ihm (finanziell) möglich ist. Die Waschungen können notfalls ohne Wasser, d. h. als bloßes Ritual, ausgeführt werden, und schwangere Frauen können aus gegebenem Anlass die Fastenzeit verschieben.

Kinder

Familien mit Kind sind die Könige unter den Touristen. Die Türkei ist ein wahres Kinderparadies, in dem die Kleinen grenzenlos verwöhnt werden. Ob Ihr Nachwuchs im Restaurant Tellersegeln spielt oder längere Zeit im Bus seinen Weltschmerz hinausschreit, niemand wird sich darüber aufregen, die Scherben werden lächelnd beseitigt, das Kind wird allseits getröstet und geherzt und mit Bonbons versorgt. Ein Spaß für Kinder sind neben den allerorts angebotenen Bootstouren die riesigen Aquaparks bei Bodrum und Kuşadası sowie Kamelritte. Die beste Windelmarke soll übrigens *Ultra Prima* sein, erhältlich in Apotheken.

Kleidung

Seit Atatürks Kleiderordnung ist das Tragen von Fes und Schleier verboten – ein Kopftuch gehört jedoch bei vielen Frauen noch immer zum Ausgehkostüm. Die Männer sind seit Atatürks Reformen rein europäisch gekleidet, der Fes als ehemalige Nationalkopfbedeckung, wird nur noch an Touristen verkauft. Insgesamt ist festzuhalten, dass in der Türkei großer Wert auf ein korrektes, sauberes und gesittetes Erscheinungsbild gelegt wird. Fürs Kofferpacken orientieren Sie sich am besten an der Klimatabelle. Für einen Badeurlaub an der Küste reicht leichte Kleidung, möglichst aus Baumwolle. Für den Besuch von Moscheen s. u. "Moscheen".

Klima

An der Westküste der Türkei folgen auf heiße, niederschlagsarme Sommermonate milde, verregnete Wintermonate. Im Hochsommer sorgt zum Glück der Westwind *İmbat*, auch *Meltem* genannt, für Erfrischung. Die folgenden Werte gelten für İzmir. Rechnen Sie für die Südägäis 1–2 °C hinzu, ziehen Sie diese für die Nordägäis ab.

Monat	Durchschnittliche Lufttemperatur Min./Max. in °C	Sonnenstunden	Regentage
Januar	6/12	4	9
Februar	6/13	5	8
März	8/16	6	7
April	11/21	8	6
Mai	15/26	10	3
Juni	20/31	12	1
Juli	22/33	12	1
August	22/32	12	1
September	19/29	10	2
Oktober	14/24	8	4
November	11/18	5	7
Dezember	8/14	4,5	11

Reisezeit: Die Badesaison zwischen Bodrum und den Dardanellen geht von April bis Anfang Oktober. Außerhalb dieser Zeit sind auch viele Hotels geschlossen. Die Monate April, Mai, September und Oktober sind für Besichtigungen am besten geeignet, die Tageshöchsttemperaturen übersteigen dann selten 30 °C.

Kriminalität

Delikte wie Diebstahl oder Raub treten in der Türkei verhältnismäßig selten auf. Korruption nennt sich das Übel des Landes, aber die tut dem Touristen nicht weh. In Großstädten und Touristenzentren müssen Urlauber jedoch wie überall auf der Welt damit rechnen, dass Betrüger und Trickdiebe die Reisekasse plündern wollen. Im Notfall wenden Sie sich an die Polizei oder an die Touristeninformation. Man wird Ihnen auf jeden Fall helfen, denn als Tourist genießen Sie großes Ansehen.

Medien

Deutsche Zeitungen und Zeitschriften sind mit einer Verzögerung von ein bis zwei Tagen überall dort zu erhalten, wo sich deutsche Urlauber tummeln. Will man im

Radio die Bundesliga live miterleben oder sich über das Tagesgeschehen informieren, ist ein Weltempfänger Voraussetzung. Frequenzpläne und Programmhefte erhalten Sie unter folgenden Anschriften:

Deutsche Welle (DW), Technische Beratung der Deutschen Welle, Deutsches Programm, 50588 Köln, ✆ 0221/389–3208, www.dw-world.de.

Schweizer Radio International (SRI), Giacomettistr. 1, Postfach, 3000 Bern, ✆ 031/3509222, www.swissinfo.org.

Radio Österreich International (RÖI), 1040 Wien, ✆ 01/5001010, http://roe.ors.at.

Moscheen

Moscheen sind die islamischen Sakralbauten, in denen nicht nur gebetet wird, sondern auch politische Versammlungen und theologische Unterrichtsstunden abgehalten werden. Darüber hinaus dienen sie traditionell als Stätte der persönlichen Andacht und als temporäre Unterkunft für Pilger und Obdachlose. Die Architektur der Moscheen orientierte sich ursprünglich am Haus das Propheten Mohammed in Medina. Für gewöhnlich betritt man eine Moschee über einen Vorhof (*avlu*), wo am Reinigungsbrunnen (*şadırvan*) die rituellen Waschungen vor dem Gebet vorgenommen werden. Zur Grundausstattung des mit Teppichen ausgelegten Gebetssaals gehört eine Gebetsnische (*mihrab*), die stets in Richtung Mekka weist, eine Kanzel für die Freitagspredigt (*minbar*) und ein Stuhl oder eine Art Thron (*kürsü*), von dem der Vorbeter (*Imam*) Passagen aus dem Koran verliest. Männer und Frauen beten getrennt, stets jedoch Richtung Mekka. Indem man kniet und den Kopf zu Boden neigt, zeigt man Allah Demut und Respekt. Zum Gebet ruft fünfmal am Tag der Muezzin vom Minarett der Moschee. Heute ertönt der für Europäer so verheißungsvoll orientalisch klingende Gebetsruf meist nur noch aus dem Lautsprecher.

Hinweis Türkische Moscheen können von Nichtmuslimen jederzeit besucht werden – nur zur Gebetszeit werden Touristen oft abgewiesen. Beachten Sie die Kleidervorschriften: Herrenbeine und -arme dürfen nicht entblößt sein, der Rock der Dame sollte mindestens knielang sein, ihr Kopf (Kopftuch!) und die Oberarme bedeckt. Vor dem Betreten der Moschee zieht man die Schuhe aus. Betende sollten nicht fotografiert werden.

Wer sich nicht rasiert, verliert

Buschig und prächtig oder eher spärlich und zierlich, immer jedoch gepflegt: Erst der Schnurrbart macht den Türken zum richtigen Mann – zumindest in der anatolischen Provinz und in konservativen Kreisen. Noch heute wachen in vielen Dörfern altgediente Schnurrbartträger darüber, dass keinem jungen Bengel vor dem "schnauzerwürdigen" Alter ein solches Exemplar wächst.

In vielen Orten der Westküste will man von solchen antiquierten Traditionen aber nichts mehr wissen. Die Jugend zeigt sich glatt rasiert oder im schicken Dreitagesbart. Die klassischen Schnauzerträger mit grauem Kaufhaus-Standard-Jackett haben dort den Status eines Dorftrottels aus Hinteranatolien. Als schmierige Anmacher, als *Röntgenci* (Glotzer mit Röntgenaugen), sind sie unter jungen Frauen verpönt. In den trendigen Clubs von Bodrum oder İzmir sorgen daher Türsteher dafür, dass "Schnauzer" draußen bleiben. Draußen bleiben, zumindest aus öffentlichen Ämtern und Universitäten, müssen auch Vollbartträger. In der laizistischen Türkei wird der Vollbart als ein islamistisches Bekenntnis gewertet, ähnlich wie das Kopftuch bei Frauen.

Notrufnummern → S. 50

Öffnungszeiten

Der islamische Ruhetag ist der Freitag, der gesetzliche Ruhetag in der Türkei seit Atatürks Reformen jedoch der Sonntag.

Banken: Mo–Fr 8.30–12 und 13.30–17 Uhr, Sa/So geschlossen.

Behörden: Mo–Fr 8.30–12 und 13–17.30 Uhr, Sa/So geschlossen.

Geschäfte: Für den Einzelhandel gibt es keine einheitlichen Öffnungszeiten, für gewöhnlich öffnen die Geschäfte Mo–Fr 9–13 und 14–19 Uhr, Sa nur 9–13 Uhr, So sind sie dicht. In Touristenzentren liegt der Sachverhalt jedoch anders, dort ist jeder Tag ein Verkaufstag. Kleinere Lebensmittelläden haben oft bis spät in die Nacht geöffnet.

Post: Mo–Fr 8–12 und 13–17 Uhr, Sa/So geschlossen. In den größeren Städten und in manchen Touristenzentren sind Postämter für Teilbereiche (z. B. Telefon) auch bis 24 Uhr und So 9–19 Uhr geöffnet.

Museen: In der Regel Di–So 8.30–17 Uhr, Mo geschlossen.

Restaurants: In der Regel tägl. ab 11 Uhr bis mind. 23 Uhr. Kleine Lokantas schließen oft schon früh am Abend.

Polizei

Die türkische Polizei ist überall präsent. So schlecht, wie sie bezahlt ist, so schlecht ist sie meist auch gelaunt. Gegenüber Touristen verhält sie sich jedoch in der Regel korrekt und zuvorkommend. Ferner sorgt die **Jandarma,** eine militärische Einheit in grünen Uniformen, für Ordnung und Sicherheit.

Post

Postämter (und Briefkästen) erkennt man an den gelben Schildern mit den drei schwarzen Buchstaben PTT *(Posta, Telefon, Telegraf)*. Das Hauptpostamt liegt in großen Städten meist in der Nähe des Hauptplatzes oder des Banken- bzw. Einkaufsviertels. Bis eine Postkarte in der Heimat angekommen ist, vergeht ungefähr eine Woche (zum Telefonieren → S. 50).

- *Postgebühren* Luftpostbriefe bis 10 g und Luftpostansichtskarten nach Deutschland, Österreich und in die Schweiz kosten knapp 0,40 €.
- *Poste Restante* An die Hauptpostämter können Sie sich postlagernd Briefe senden lassen. Der Absender sollte darauf achten, dass der Anfangsbuchstabe des Nachnamens korrekt und deutlich geschrieben ist. Am Schalter wird die Post nach Vorlage eines Ausweises ausgehändigt. Sinnvolles Adressier-Beispiel: *Müller, Michaela – poste restante – Merkez Postane (Hauptpostamt) – Stadtname – Turkey.*

Preise

Gemessen an mitteleuropäischen Maßstäben ist die Türkei ein günstiges Reiseland. Selbstverständlich korrelieren die Kosten einer Reise mit den Ansprüchen des Urlaubers, das breit gefächerte Angebot an touristischen Leistungen hält aber für fast jeden Geldbeutel etwas parat. Wer mit einem Minimum an Komfort zufrieden ist, benötigt pro Tag keine 20 €.

Reisepapiere

Für Deutsche und Schweizer Urlauber genügt bei der Einreise in die Türkei der Personalausweis bzw. die Identitätskarte. Bei der Einreise mit dem eigenen Fahrzeug ist jedoch stets ein gültiger Reisepass vonnöten. Österreicher brauchen ein

Visum und erhalten dieses für ca. 15 € an der Grenze bzw. am Flughafen. Von Bundesbürgern und Eidgenossen wird ein Visum nur dann verlangt, wenn sie länger als drei Monate im Land verweilen möchten. Kinder benötigen einen Kinderausweis, der die Nationalität angibt und mit einem Lichtbild versehen sein muss. Führen Sie in der Türkei Ihren Ausweis stets bei sich, denn Kontrollen sind häufig, insbesondere bei Ausflügen ins Landesinnere.

Visitenkarten sind in der Türkei sehr beliebt: Oft bekommt man eine gereicht oder wird nach der eigenen gefragt. Bevor Türken ihre Karte aushändigen, pflegen sie diese auf der Rückseite mit einem Kringel zu versehen. Damit entwerten sie die Karte. Früher nämlich konnte man mit einer unentwerteten Karte essen oder einkaufen gehen, der Name darauf hatte für die Rechnung aufzukommen.

Sport

Wo Türken Urlaub machen, tendiert das Sportangebot traditionell gegen null – schließlich sind die kostbaren Erholungswochen zum Nichtstun da. In den internationalen Touristenzentren jedoch geht der Trend hin zum Aktivurlaub europäischer Prägung. Immer mehr Tourenveranstalter bieten neben den obligatorischen Ausflugsfahrten ein Freizeit- und Sportprogramm an. An der Küste dominiert ganz klar der Wassersport (nähere Informationen im Reiseteil).

Golf: Fehlanzeige, keine Plätze an der Westküste.

Paragliding: Zentrum der Flieger ist der Kocadağ (640 m) östlich von Bodrum, → unter Ören im Reiseteil, S. 79.

Reiten: In der Nähe großer Touristenzentren wie z. B. Bodrum liegen Reiterhöfe, die Ausritte ins Hinterland anbieten; auch über Tourenveranstalter vor Ort buchbar.

Eines der besten türkischen Surfreviere: Alaçatı-Bucht bei Çeşme

Tennis: Viele größere Hotelanlagen verfügen über Tennisplätze, auf denen auch Nichtgäste gegen ein Entgelt spielen können.

Tauchen: Nahezu an allen Küstenabschnitten darf getaucht werden. Das Auflesen und die Mitnahme historischer bzw. antiker Gegenstände und die Unterwasserjagd sind strengstens verboten. Ein interessantes Revier mit Wracks aus dem Ersten Weltkrieg ist die Halbinsel Gallipoli.

Segeln: → "Unter Segel", S. 20.

Surfen: Die Halbinseln von Çeşme und Bodrum gelten als die besten Surfreviere der Türkei. Die Surfschulen verleihen auch Boards.

Sonstiger Wassersport: In den internationalen Touristenorten an der Küste werden zudem diverse Fun-Sportarten auf dem Wasser angeboten, z. B. Wasserski, Bananaboat, Speedboat, Gleitschirmfliegen übers Wasser ... Die Veranstalter finden sich in der Regel an den Stränden.

Telefonieren

Funktioniert problemlos von den öffentlichen Kartentelefonen. Darüber hinaus kann man vom Postamt aus telefonieren (man lässt sich eine Kabine zuweisen und zahlt dann nach Zählerstand am Schalter), von Kiosken oder von Geschäften mit dem Hinweisschild *kontörlü telefon* (Telefon mit Zähler).

Gespräche aus der Türkei nach Hause: Nach der internationalen Vorwahlnummer (Deutschland: 0049, Österreich: 0043, Schweiz: 0041) wählt man die Ortskennzahl des gewünschten Ortes (jedoch ohne die Null am Anfang), dann die Rufnummer.

Notrufnummern	
Polizei	✆ 155
Verkehrspolizei	✆ 154
Ambulanz	✆ 112
Feuerwehr	✆ 110

Gespräche in die Türkei: Wer in die Türkei telefonieren möchte, wählt ✆ 0090 als Landesvorwahl und lässt die Null der Regionalvorwahlnummer weg.

Telefonkarten (telefon kartı) gibt es in Postämtern, in Geschäften, an Kiosken und selbst an kleinen Verkaufsständen an der Straße. 100 Einheiten (ca. 3 €) reichen etwa für ein 5-Minuten-Gespräch nach Deutschland. Beim Kauf sollte man darauf bestehen, dass die Karte auf ihre Funktionsfähigkeit geprüft wird.

Call-by-Call: Den günstigsten Anbieter von Deutschland in die Türkei erfahren Sie unter www.billiger-telefonieren.de oder www.call-by-call.com.

Mobiltelefon: Entlang der gesamten Westküste haben Sie in den meisten Küstenorten mit einem Dual-Band-Handy einen guten Empfang. Die Netzbetreiber TELSIM oder TCELL unterscheiden sich in ihren Tarifen kaum.

Toiletten

Männer finden das stille Örtchen hinter Türen mit der Aufschrift *Bay*, Frauen achten auf *Bayan*. In Touristenzentren haben die Toiletten in der Regel mitteleuropäischen Standard, abseits der Urlaubsorte ist das Stehklo noch weit verbreitet. Papier gibt es auf diesen stillen Örtchen nur selten; ein eigener kleiner Vorrat ist daher dringend angeraten. Steht in der Toilette ein kleiner Eimer, dann werfen Sie das Papier dort hinein und spülen es bitte nicht runter. Die zu dünnen Abwasserrohre verstopfen schnell, zudem verzögert das Toilettenpapier in den Sickergruben den Zersetzungsvorgang.

Hinweis Wenn Sie das dringende Bedürfnis bei einer Stadtbesichtigung ereilt – Toiletten finden Sie immer bei einer Moschee.

Wo Körper und Seele ein Bad nehmen – Erholung im Hamam

In den Hamams, so sagt man, sei die osmanische Vergangenheit noch lebendig. Und wer eines der historischen Dampfbäder besucht, glaubt in eine andere Welt einzutauchen. Man spürt die Schwere der heißnassen Luft, atmet den Geruch von Seife und feuchtem Holz, vernimmt das Geplätscher des Wassers, das Geklapper hölzerner Schuhe und das Gemurmel von Stimmen glänzend nackter Körper, die in geheimnisvollem Licht auf marmornen Steinen liegen.

Ein Hamam ist in drei Bereiche gegliedert. Den *camekân,* den Eingangsbereich, schmückt meist ein ausladender Brunnen. Drum herum befinden sich die Rezeption und die Umkleidekabinen. *Sofukluk* heißt der Durchgang in den Schwitzbereich und Hauptteil des Hamams, den *hararet.* Die große, von unten erwärmte Marmorplattform in der Mitte nennt sich *göbek taşı,* Nabelstein. Auf ihn legt man sich zum Schwitzen und zur Massage. Bei den Frauen verrichten die Tätigkeit in der Regel schwergewichtige Masseurinnen, bei den Männern drahtig-muskulöse Meister ihres Faches. Bevor die Massage beginnt, werden Sie mit einem rauen Lappen kräftig abgerieben, *kese* heißt diese Prozedur. Auch wenn Sie malträtiert werden wie ein Wiener Schnitzel vorm Panieren – hinterher fühlen Sie sich gut und entspannt.

Die meisten Hamams besitzen separate Abteilungen für Männer *(erkekler)* und Frauen *(kadınlar).* Bei kleineren Bädern baden die Geschlechter zu unterschiedlichen Zeiten oder an unterschiedlichen Tagen. In den Touristenzentren wird in vielen Hamams auch ein gemischtes Bad angeboten. Übrigens tragen Männer ein Tuch um die Lenden, Frauen baden nackt. Handtücher braucht man nirgendwo mitzubringen.

Verständigung

In den Touristenzentren an der Küste kommt man mit Englisch oder Deutsch recht gut zurecht. Deutsch ist übrigens in der Türkei vor Englisch die führende Fremdsprache. Viele türkische Arbeiter haben im deutschsprachigen Ausland ihr Geld verdient, selbst in den entlegensten Ortschaften wohnt jemand, der bei Verständigungsproblemen zu Hilfe gerufen werden kann.

Zeit

Gegenüber der Mitteleuropäischen Zeit (MEZ) besteht eine Stunde Unterschied; bei Ihrer Ankunft müssen Sie die Uhr eine Stunde vorstellen, egal ob im Sommer oder Winter (12 Uhr Frankfurt = 13 Uhr İzmir)! Die Umstellung von Sommerzeit auf Winterzeit erfolgt in der Türkei am gleichen Tag wie in Deutschland.

Der Tempel von Euromos bei Milas, einer der besterhaltenen seiner Art

Geschichte im Abriss

ab 80.000 v. Chr.	Höhlenfunde lassen darauf schließen, dass nomadisierende Jäger und Sammler die Westküste bereits im Paläolithikum erreichten.
ab 8.000 v. Chr.	Auf dem Boden der heutigen Türkei, insbesondere im Südosten des Landes, entstehen erste stadtähnliche Siedlungen. Damit einhergehend beginnen Ackerbau und Viehzucht. In jener Zeit entwickelt sich auch die Töpferei.
ab 3200 v. Chr.	Frühe Bronzezeit. Spuren erster fester Siedlungen lassen sich nun auch an der Westküste, z. B. in Troja (→ 237) oder Alt-Smyrna (İzmir, → S. 169), nachweisen.
2000–1200 v. Chr.	Mit dem Vordringen der Hethiter über den Kaukasus wird Zentralanatolien Teil des Althethitischen Reiches, aus dem später das Großhethitische Reich hervorgeht. Zu ihren wenigen Hinterlassenschaften in der Westtürkei gehören u. a. Felsreliefs wie z. B. bei Manisa (→ S. 181). Gleichzeitig dehnen die Mykener (frühe Griechen) ihr Herrschaftsgebiet über die Ägäis hinweg bis zum minoischen Kreta aus. Troja entwickelt sich zu einer mächtigen Handelsstadt.
um 1200 v. Chr.	Die sog. Seevölker, über die nur wenig bekannt ist, fallen von Norden her ein und beenden die Vormachtstellung der Hethiter und Mykener.
1200–700 v. Chr.	An der Küste Kleinasiens lassen sich vermehrt griechische Kolonisten (Äolier, Ioner, Dorer) nieder. Sie treten in Konkurrenz zu den heimischen Völkern der Leleger, Karer, Lykier und Lydier. Eine führende Stellung in Zentral- und Westanatolien nehmen die vom Balkan zugewanderten Phryger ein.

690–550 v. Chr. Die Lydier gründen ein großes Reich mit Sardes (→ S. 186) als Hauptstadt. Kunst, Kultur und Wissenschaft blühen in den griechischen Städten der Westküste.

um 545 v. Chr. Unter Kyros dem Großen dringen die Perser bis nach Westanatolien vor, zerstören das Lydierreich und unterwerfen die griechischen Städte.

500–334 v. Chr. Nach wiederholten Aufständen gegen ihre Vorherrschaft ziehen sich die Perser 479 v. Chr. von der Ägäisküste zurück. Vorübergehend können sich Stadt- und Kleinstaaten bilden.

334/333 v. Chr. Alexander der Große erobert Kleinasien. In der Folgezeit blühen viele Städte an der Küste wieder auf.

ab 323 v. Chr. Nach Alexanders Tod teilen seine Heerführer das Weltreich unter sich auf. Die bedeutendsten dieser Diadochenreiche sind jene der Seleukiden (in Syrien) und der Ptolemäer (in Ägypten). An der Nordägäis errichten die Attaliden mit dem Vermögen des Alexandergenerals Lysimachos († 281 v. Chr.) das Reich von Pergamon (→ S. 199).

ab 133 v. Chr. Mit dem Tod Attalos III. geht Pergamon an Rom über, wird erste Hauptstadt der neuen Provinz "Asia", verliert diesen Titel jedoch später an Ephesus. Während der *Pax Romana* durchdringt die römische Kultur alle Städte an der Westküste. Tempel, Prachtstraßen, Theater, Aquädukte usw. zeugen noch heute von dem Glanz dieser Epoche.

45–60 n. Chr. Missionsreisen des Apostels Paulus, der u. a. Ephesus (→ S. 119) und in Assos (→ S. 229) Station macht. Die ersten Christengemeinden entstehen.

330 Konstantin der Große gründet Konstantinopel (heute İstanbul) als neue Hauptstadt des Römischen Reiches.

380 Das Christentum wird Staatsreligion, alle heidnischen Kulte werden verboten.

395 Endgültige Teilung des Imperiums in West- und Oströmisches Reich. Letzteres, später Byzantinisches Reich genannt, wird Kerngebiet des Christentums mit römischem Recht und griechischer Sprache.

527–565 Unter Kaiser Justinian I. erreicht das Oströmische Reich seine größte Ausdehnung und Blüte. Jegliche Bautätigkeit konzentriert sich aber nun auf Konstantinopel. Die Küstenstädte spielen fortan eine untergeordnete Rolle, auch wenn viele von ihnen zu Bischofssitzen erhoben werden.

622 Mit der Hedschra, Mohammeds Flucht nach Medina, beginnt das erste Jahr islamischer Zeitrechnung.

ab 636 Der Osten des Byzantinischen Reiches wird von den Arabern erobert. Angeleitet von syrischen Seeleuten wagen sich die Wüstensöhne aufs Meer und plündern mit ihren Flotten die byzantinischen Küstenstädte. Zum Schutz werden Festungen verstärkt oder neu errichtet – nicht selten muss dafür antikes Baumaterial herhalten.

1054 Bruch zwischen der römisch-katholischen und der griechisch-orthodoxen Kirche.

ab 1071 Die Seldschuken schlagen die Truppen von Byzanz in der Schlacht von Manzikert, breiten sich in Ostanatolien aus, machen Konya zu ihrer Hauptstadt und halten den noch verbliebenen Rest des Byzantinischen Reiches in Angst und Schrecken.

ab 1096 Hilfe für Byzanz kommt aus dem Abendland, das in der Folgezeit Kreuzzüge unternimmt, um die verlorenen heiligen Stätten von islamischer Herrschaft zu befreien.

1204–1261 Der 4. Kreuzzug richtet sich gegen Konstantinopel selbst, und zwar mit der Absicht, den römisch-katholischen Glauben wiederzubeleben. Nach der Einnahme der Stadt etablieren die Ritter dort das Lateinische (katholische) Kaiserreich. Die griechischen Byzantiner ziehen sich nach Nikaia (İznik) zurück und können erst 1261 die Lateiner wieder aus Konstantinopel vertreiben.

1226 Die Seldschuken erobern weite Teile der Küstenregion. Venezianer und Genueser erhalten in der Folgezeit die Erlaubnis, Handelsniederlassungen zu errichten.

1243 Das Seldschukenreich zerfällt unter dem Ansturm der Mongolen. An seine Stelle treten in Anatolien mehrere kleine Fürstentümer turkmenischer Dynastien.

ab 1309 Der Johanniterorden begründet auf Rhodos einen Ritterstaat und lässt in den folgenden Jahren an der ägäischen Küste, u. a. auch in Bodrum (→ S. 57), Festungen errichten.

1326 Osman (1281–1326), Heerführer und Emir eines turkmenischen Stammes, erobert die westanatolische Stadt Bursa, die daher gerne als die Wiege des Osmanischen Reiches bezeichnet wird.

1402–1406 Der Tatarenherrscher Timur Lenk (1365–1405), auch Tamerlan genannt, gibt ein kurzes und blutiges Gastspiel in Anatolien. Er verwüstet u. a. Sardes, Aphrodisias (→ S. 140) und Smyrna. Dem Aufstieg des Osmanischen Reiches tut dies aber keinen Abbruch.

1453 Konstantinopel wird zur Hauptstadt des Osmanischen Reiches, dessen Machtbereich in der Folgezeit beständig wächst.

1520–1566 Süleyman II., genannt der Prächtige, erobert Bagdad, Belgrad, Rhodos, Ungarn, Georgien, Aserbeidschan und Gebiete Nordafrikas. 1529 erste Belagerung von Wien. Für die Entwicklung in der Ägäis zeigt er wie seine Nachfolger wenig Interesse.

1683 Größte Ausdehnung des Osmanischen Reiches. Die Niederlage bei der 2. Belagerung Wiens bedeutet das Ende der Expansion und läutet den allmählichen Niedergang des Reiches ein.

1876 Frankreich und England streichen die nach vielen kostspieligen Kriegen so notwendigen Kredite. Die Folge ist der Staatsbankrott.

1908 Mit der Jungtürkischen Revolution erzwingen Offiziere die Abdankung von Sultan Abdülhamid II. zugunsten seines Bruders. Die tatsächliche Macht liegt nun in den Händen des Militärs.

1912/13 In den Balkankriegen verliert das Osmanische Reich den größten Teil der ihm noch verbliebenen europäischen Gebiete.

1914–1918 Im Ersten Weltkrieg schlagen sich die Türken auf die Seite der Deutschen und verlieren. Die Siegermächte verteilen die Beute: Griechische Truppen marschieren auf Ankara zu, Italien besetzt den Küstenstreifen um Antalya, Frankreich Kilikien, englische Truppen kontrollieren den Bosporus. Das Osmanische Reich besteht nur noch aus Inneranatolien.

1919/20	Der für das Osmanische Reich schikanöse Friedensvertrag von Sèvres wird zwar von İstanbul notgedrungen akzeptiert, nicht jedoch von den Nationalisten. In Ankara konstituiert sich die Große Nationalversammlung und setzt eine neue Regierung unter Mustafa Kemal ein. Dieser organisiert den militärischen Widerstand.
1921/22	Kemals Truppen schlagen die griechische Armee am Sakarya-Fluss. Die Italiener und Franzosen bekommen es mit der Angst zu tun und ziehen freiwillig ab.
1923	Mit dem Vertrag von Lausanne erkennen die Alliierten die Unabhängigkeit und Souveränität der neuen Türkei an. In Ankara als neuer Hauptstadt proklamiert die Nationalversammlung die Republik und wählt Mustafa Kemal Atatürk ("Vater der Türken") zum Staatspräsidenten. Noch im gleichen Jahr schlägt Völkerbundskommissar Fritjof Nansen einen Bevölkerungsaustausch zwischen Griechen und Türken vor. Ankara stimmt sofort zu. Damit endet die dreitausendjährige Geschichte des kleinasiatischen Griechentums (→ S. "Griechen und Türken...", S. 41).
1924	Eine neue Verfassung tritt in Kraft, die u. a. die Trennung von Staat und Religion vorsieht. Das islamische Recht, basierend auf dem Islam, wird vom Schweizer Zivilrecht, italienischen Strafrecht und deutschen Handelsrecht abgelöst.
1925–1938	Bis zu Atatürks Tod werden zahlreiche Reformen durchgeführt, um die Türkei zu europäisieren: Bildungs- und Schriftreform (Übergang zum lateinischen Alphabet), Einführung von Familiennamen, Umstellung des Ruhetags von Freitag auf Sonntag usw. Während des Dritten Reiches nimmt die Türkei Flüchtlinge aus Deutschland ohne Wenn und Aber auf.
1945	Die Türkei erklärt Deutschland den Krieg. Im selben Jahr wird sie Gründungsmitglied der UNO.
1950	Die einstige Staatspartei Atatürks verliert die ersten freien Wahlen.
1952	Die Türkei tritt der NATO bei.
1960	Kemalistische Offiziere putschen und lassen den Ministerpräsidenten Adnan Menderes hinrichten (s. auch S. 138). Bis heute sieht sich das Militär als Hüter des Laizismus (Trennung von Religion und Staat) und als Verwalter von Atatürks geistigem Erbe. Es steht in klarer Gegnerschaft zu islamischen Fundamentalisten und linksradikalen Gruppierungen.
1971	Unruhen und Streiks lassen das Militär abermals in die Politik eingreifen, das Kabinett wird zum Rücktritt gezwungen. Aber auch die folgenden Regierungen bekommen Arbeitslosigkeit, Inflation, Auslandsschulden und die zunehmend militanten Auseinandersetzungen zwischen Rechten und Linken, Kurden und Türken, Aleviten und Sunniten nicht in den Griff. Längere Phasen politischer und wirtschaftlicher Kontinuität bleiben aus.
1974	Türkische Truppen besetzen den Norden Zyperns.
1980	Erneut übernimmt das Militär die Macht und löst das Parlament auf.

1984–1999 Der gewaltsame Kampf der türkischen Kurden für einen eigenen Staat fordert im Osten und Südosten des Landes schätzungsweise 25.000 Todesopfer. Seit der Verhaftung des PKK-Chefs Abdullah Öcalan im Februar 1999 entspannt sich die Lage wieder.

1995–1998 Die Wohlfahrtspartei Refah Partisi (RP) gewinnt die vorgezogenen Neuwahlen, ihr Führer Necmettin Erbakan wird Ministerpräsident. Die Partei wird 1998 als verfassungsfeindlich verboten, Erbakan selbst aus der politischen Arena verbannt. Viele Mandatsträger wechseln in die neu gegründete Tugendpartei Fazilet Partisi (FP), die ihrerseits 2001 verboten wird. Als Auffangbecken dienen diesmal die Glückspartei Saadet Partisi (SP) und die heute regierende "Partei für Gerechtigkeit und Entwicklung" AKP.

1999 Am 17. August trifft ein schweres Erdbeben den Nordwesten der Türkei, mehr als 20.000 Menschen sterben.

2000–2002 Auch die makroökonomische Stabilität des Landes ist erschüttert, die Türkei steckt in einer ihrer schwersten Finanzkrisen. Ohne Milliardenkredite des Internationale Währungsfonds stünde sie vor dem Bankrott. Allein im Februar 2001 verliert die Türkische Lira 40 % an Wert. Korruption und Vetternwirtschaft sind Teil der wirtschaftlichen Misere.

Aus den vorgezogenen Wahlen im November 2002 geht die AKP als klarer Sieger hervor. Parteiführer Recep Tayyip Erdoğan, der die "Minarette als seine Bajonette" betrachtet, darf aufgrund einer Vorstrafe wegen Volksverhetzung zunächst nicht selbst Regierungschef werden.

Ausblick Die Türkei steht in Bezug auf das Verhältnis von Religion und Staat vor einer harten Zerreißprobe. Das laizistisch orientierte Militär findet Unterstützung bei den vom Tourismus profitierenden Bewohnern der Mittelmeerküste und bei der westlich orientierten Ober- und Mittelschicht. Auf der anderen Seite stehen die konservative Landbevölkerung und Modernisierungsverlierer in den Städten.

Orient oder Okzident, Westen oder islamische Welt? EU-Beitrittsverhandlungen sind, sofern die Türkei alle Voraussetzungen erfüllt, für 2005 versprochen. Der Weg bis zur Mitgliedschaft ist jedoch noch weit, der Beitritt selbst wird – wenn überhaupt – nicht vor 2015 erwartet.

Blick über Bodrum

Bodrum

ca. 40.000 Einwohner, im Sommer ca. 250.000

"St. Tropez" und "Ibiza", Noblesse und Nightlife – Bodrum bietet alles. Das weiße Zuckerwürfelstädtchen mit seinem großen Jachthafen zählt zu den beliebtesten Fotomotiven der Ägäis. Wahrzeichen der Stadt ist die Johanniterburg auf einer Halbinsel inmitten der malerischen Zwillingsbucht.

Bodrum ist die Perle der türkischen Westküste und viel besser als sein Ruf. Das weitgehend intakte und gepflegte Zentrum mit seinen weiß getünchten kubischen Häusern und palmengesäumten Promenaden macht den Reiz des Ortes aus. Verschlungene Gässchen mit blumenbewachsenden Villen und verwunschenen Gärten erinnern an die Zeit, als Bodrum noch griechisch war. Zum Glück hat man hier rechtzeitig erkannt, dass mit dem Bau klotziger Hotelburgen Image und Attraktivität Schaden nehmen.

Ansatzweise beschaulich ist das Städtchen jedoch nur noch in der Vor- und Nachsaison. Zwischen Juni und September herrscht in Bodrum rund um die Uhr Highlife. Touristen aus aller Herren Länder feiern hier mit der türkischen Jeunesse dorée die heißesten Partys des Jahres. Selbst die vom Nachtleben verwöhnten İstanbulis schwärmen in den Sommermonaten auf die Bodrum-Halbinsel. Lebenslustiger, freizügiger und ausgeflippter geht es in der Türkei kaum irgendwo zu.

Die Beliebtheit Bodrums als Urlaubsort und Zweitwohnsitz hat zufolge, dass sich die Stadt mehr und mehr ausdehnt – mittlerweile ist sie mit den Nachbarorten İçmeler im Süden und Gümbet im Westen zusammengewachsen. Gümbet bietet übrigens das, was Bodrum leider (oder zum Glück?) fehlt: einen langen Sandstrand. So ist die Stadt weniger Standort denn Ausflugsziel der Pauschaltouristen aus den Resorts der Umgebung.

Geschichte

Man nimmt an, dass das antike *Halikarnassos* in der heutigen Bucht von Bodrum auf eine dorische Gründung aus dem 11. Jh. v. Chr. zurückgeht. Die erste berühmte Persönlichkeit der Stadt war Artemisia I. von Halikarnassos, die 480 v. Chr. so tapfer und mutig auf Seiten des persischen Königs Xerxes kämpfte, dass dieser den bekannten Ausspruch tat: "Die Männer sind mir zu Weibern und die Weiber zu Männern geworden." Auch ihr Enkel Herodot (vermutlich 485–425 v. Chr.), der als "Vater der Geschichtsschreibung" gilt, schmückt die Stadtannalen. Zu einer der angesehensten und blühendsten Städte der Region entwickelte sich Halikarnassos im 4. Jh. v. Chr., als der persische Satrap Mausolos (376–353 v. Chr.) seinen Regierungssitz von Milas nach Halikarnassos verlegte. Dessen monumentaler Grabbau machte auch seinen Namen unsterblich (→ Sehenswertes).

334 v. Chr. traf Alexander der Große bei der Eroberung der Stadt auf heftigen Widerstand. Die erste Hälfte des hellenistischen Zeitalters bescherte mehrere kurzfristige Fremdherrschaften, unter denen sich Halikarnassos aber stets als bedeutendes Zentrum behaupten konnte. Erst als Rom 190 v. Chr. die Herrschaft über Karien gewann, begann der Stern der Stadt zu sinken. Und als Verres, der Statthalter von Kilikien, auch noch alle Kunstwerke der Stadt raubte, rutschte Halikarnassos in die Bedeutungslosigkeit ab.

Das änderte sich erst wieder 1402, als die Osmanen gerade mit Timur Lenk beschäftigt waren und der Johanniterorden so ungestört Bodrum zu einer Festung ausbauen konnte. Rund 120 Jahre währte die Regentschaft der Ritter, dann eroberten die Osmanen Bodrum, und das Städtchen verschwand wieder aus den Geschichtsbüchern. Anfang des 20. Jh. brachten aus Kreta vertriebene Muslime den Bootsbau und die Schwammtaucherei nach Bodrum. 1923 mussten die mehrheitlich griechischen Einwohner im Rahmen des Bevölkerungsaustausches ihre Heimatstadt verlassen, eine zweite Welle aus Griechenland vertriebener Muslime übernahm ihre frei gewordenen Häuser.

Bescheiden lebte man weiterhin von den traditionellen Erwerbszweigen. Zu Besuch kamen lediglich unliebsam gewordene Künstler und Journalisten, die hierher verbannt wurden. Das änderte sich in den 1980ern. Der Tourismus entdeckte Bodrum und die dazugehörige Halbinsel. Innerhalb weniger Jahre wurde aus dem einfachen Fischerdorf der vielleicht exklusivste Ferienort der Türkei.

Information/Verbindungen/Ausflüge

- *Telefonvorwahl* 0252.
- *Information* Am Hafen vor dem Kastell. Ratsuchende werden mit Stadtplan und einer Broschüre abgefertigt. Im Sommer tägl. 8–12 und 13–17.30 Uhr, im Winter Sa/So geschlossen. ✆ 3161091, ℻ 3167694.
- *Verbindungen* Der 1998 eröffnete **Flughafen DHMI Milas-Bodrum Hava Limanı** liegt ca. 35 km nordöstlich von Bodrum an der Straße nach Milas und fertigt jährlich ca. 600.000 Passagiere ab. Er besitzt einen nationalen und einen internationalen Terminal. Wer hier landet, hat (bevor er den Zoll passiert) noch die Möglichkeit, einen **Duty-free-Einkauf** zu tätigen; viele Waren sind günstiger als beim zollfreien Einkauf in Deutschland oder an Bord. Im Ankunftsbereich des internationalen Terminals finden Sie einen EC-Automaten, eine Post, eine Tourist Information (✆ 5230101, ℻ 5230288, in der Regel nur zu den Ankunftszeiten der Flugzeuge besetzt) und ein Büro des Autoverleihers Avis. In der Hauptsaison mehrmals am Tag Flüge zu türkischen, deutschen, österreichischen und Schweizer Airports.

Transfer von und zum Flughafen: besorgen die sog. **Havaş-Busse** zu den Abflügen und nach Ankunft der THY-Maschinen. Abfahrt in Bodrum vom Busbahnhof (ca. 5 €), Auskünfte beim THY-Hauptbüro im Shoppingcenter Oasis (→ Einkaufen, ☎ 3171203, 📠 3171211) oder in den zahlreichen THY-Vertretungen im Zentrum. Die Fahrt mit dem Taxi kostet rund 30 €. Vom Flughafengebäude bis zur dolmuşbefahrenen Verbindungsstraße Milas-Bodrum sind es ungefähr 1,5 km zu Fuß.

Bus/Dolmuş: Busbahnhof an der Cevat Şakir Cad., nur wenige Gehminuten vom Zentrum entfernt. Mehrmals tägl. nach İzmir, İstanbul, Ankara und Pamukkale, zudem in die Ferienorte entlang der Küste und in die größeren Städte der Westtürkei. Vom Busbahnhof auch gute Dolmuşverbindungen zu allen Orte der Bodrum-Halbinsel und nach Milas.

• *Schiffsverbindungen* **Fähre nach Datça**, von Juni–Sept. 2-mal tägl., im Mai und Okt. nur 3-mal wöchentl., Fahrtzeit ca. 2 Stunden. Einfache Fahrt 7,50 €, Auto mit Fahrer 24 €, jede weitere Person 3 €. Reservierung unbedingt am Vortag! Das Schiff legt nicht in Datça selbst an, sondern in Körmen, an der Bodrum zugewandten Seite der Halbinsel Reşadiye. Dort steht ein Bus für die restl. 8 km bis Datça bereit (im Fahrpreis inkl.). Nicht als Tagesausflug zu empfehlen.

Fähre nach Didyma, von Ende Mai–Sept. 1-mal tägl., Fahrtdauer ca. 2 Stunden. Einfach Fahrt pro Person 8,50 €, Auto mit Fahrer einfach 29 €. Achtung: Diese Fähre legt nicht in Bodrum, sondern in Torba auf der Nordseite der Bodrum-Halbinsel ab!

Fähre nach Kos, in der Hochsaison 2- bis 3-mal tägl., ab Ende Okt. ca. 3-mal die Woche. Fahrtzeit 45 Min. Person einfach 15 € (retour 20 €), Auto (ohne Fahrer) retour 50 €.

Fähre nach Rhodos, mit dem Hydrofoilboot Mai–Sept. 3-mal wöchentl., retour 55 €, einfach 50 €. Fahrtzeit ca. 2 Std.

Tickets und Infos bei **Bodrum Ferryboat Association** am Hafen (☎ 3160882, www.bodrumferryboat.com), aber auch bei nahezu allen Tourenanbietern.

• *Bootsausflüge* Verschiedene Tagesfahrten zu verschiedenen Ankerplätzen, z. B. zur Karaada (Schwarzen Insel) mit heißen Quellen, zum Ortakent-Strand (→ S. 69) oder zum sog. "Aquarium", eine kristallklare Bucht zum Schnorcheln. Die Boote legen in der Salmakis-Bucht westlich der Burg in der Regel gegen 10.30 Uhr ab, Rückkehr 17 Uhr. Pro Person mit Mittagessen 10 €. Am besten in letzter Minute buchen, dann sehen Sie, wie überladen das Boot bereits ist.

• *Organisierte Touren* Dutzende Veranstalter bieten neben Bootsausflügen auch Trips ins Hinterland an. Angebote und Preise differieren nur wenig. Aus dem Programm von **Hi Tour (Merhaba Tour)** neben der Tourist Information (İskele Meydanı): Ausflug nach Pamukkale inkl. Mittagessen 20 €. Ephesus 30 €, Zwei-Tages-Tour nach Ephesus und Pamukkale 55 €, nach Milas 10 €, Jeepsafari rund 35 €. Zweigstelle in der Gümbet-Bucht gegenüber dem Otel Baba. ☎ 3169833, 📠 3166518.

• *Jachtcharter* Die Küstengewässer um Bodrum sind ein Paradies für mehrtägige Jachttrips, dementsprechend gutes Charterangebot. Je nach Saison, Ausstattung und Größe (max. 12 Pers.) mit Crew 200–3000 € pro Tag. Verhandeln Sie direkt mit den Kapitänen am Jachthafen, oder wenden Sie sich dort an eine Agenturen, z. B. **Admiraltour**, Neyzen Tevfik Cad. 78, ☎ 3161781, admiral@superonline.com.

Adressen/Einkaufen/Veranstaltungen

• *Ärztliche Versorgung* Gute deutschsprachige Betreuung in Zusammenarbeit mit dem Deutschen Krankenhaus in İstanbul bietet das **Universal Hospital Bodrum** an der Kavaklı Sarnıç Cad. weit oberhalb der Gümbet-Bucht, ☎ 3191515.

• *Autoverleih* Etliche Anbieter. Billigstes Fahrzeug bei lokalen Verleihern ca. 30 € pro Tag, bei den international operierenden Anbieter ca. 55 €. Ein paar Adressen: **Avis**, Neyzen Tevfik Cad. 92/A, ☎ 3161996; 📠 3165880. **Europcar**, Hamam Sok. 1, ☎ 3165632, 📠 3163776. **Sixt**, über das Reisebüro Borda, Neyzen Tevfik Cad. 48, ☎ 3137764, 📠 3166198.

• *Einkaufen* Teppiche, Lederjacken, Keramik, Schmuck, Kitsch jeder Art – das Angebot ist riesig. Doch vergleichsweise günstig oder billig ist Bodrum nicht. Bei wem nicht nur Münzen in der Tasche klimpern, findet Schickes (Tommy Hilfinger, Diesel, Paul & Shark Yachting etc.) in dem noblen **Shoppingcenter bei der Marina** mit einer so sauberen Fußgängerzone, dass man glatt vom Boden essen könnte. Ein weiteres modernes Shoppingcenter ist das **Oasis** an der Kıbrıs Şehitleri Cad., der Umgehungsstraße nördlich des Zentrums. Neben vielen Bekleidungsgeschäften auch jede Menge preiswerter und guter Restaurants.

- *Geld* Unzählige Banken und Wechselstuben im Zentrum, eine **Yapı Kredi Bankası** mit Automat finden Sie z. B. an der Müftü Yakup Öneş Cad., der Uferpromenade zur Tourist Information.
- *Polizei* neben der Tourist Information, ✆ 3168080.
- *Post* an der Cevat Şakir Cad.
- *Türkisches Bad (Hamam)* Ein 250 Jahre altes Bad befindet sich an der Omurca Dere Sok. in der Kumbahçe-Bucht östlich der Burg. Für Männer und Frauen zugänglich. Eintritt mit Massage und allem Drum und Dran satte 16 €. Bis spät in den Abend geöffnet. Ein weiteres Bad, das **Bodrum Hamamı** (ähnliche Preise und Öffnungszeiten) liegt an der Cevat Şakir Cad. gegenüber dem Busbahnhof. Separate Abteilungen für Männer und Frauen.
- *Veranstaltungen* Alljährlich Ende Oktober Gulet-Regatta. Zudem diverse Events im Sommer.
- *Waschsalon* Fast an jeder Ecke findet sich eine Laundry, z. B. **Minik Laundry** gegenüber der Marina an der Neyzen Tevfik Cad. Eine Trommel waschen und trocknen kostet 3 €.
- *Zeitungen* und Zeitschriften in deutscher Sprache findet man an fast jedem Kiosk im Zentrum.

• *Zweiradverleih* Diverse Anbieter von motorisierten Zweirädern an der Straße zum Busbahnhof. Beispielsweise **Flash Rental Service** bietet Scooter von 50 ccm (15 € pro Tag) bis 180 ccm (40 €), dazu Enduros mit 600 ccm (65 €) und Chopper bis 800 ccm (75 €). Cevat Şakir Cad. 28, ✆ 3169636, 📠 3169637. Fahrräder werden kaum vermietet, den Verleihern bringen sie mehr Ärger als Umsatz.

Übernachten/Camping

Bodrum bietet 60.000 Hotelbetten und Unterkünfte in allen Kategorien. Wer sich fürs Zentrum entscheidet, sollte auch am Nachtleben teilhaben wollen – Ruhe gibt es nicht. Für Juli bis Anfang September ist eine Reservierung dringend empfohlen. Bei der Zimmersuche hilft auch die Tourist Information weiter.

Antik Tiyatro Oteli (1), eines der schönsten kleinen Luxushotels der gesamten Türkei. Dezent-elegant eingerichtet. 19 komfortable Zimmer und 2 Suiten verteilen sich auf

Terrassen, alle mit begrüntem Außenbereich – superbe Aussichten über die Stadt! Pool. Erstklassiges Restaurant angegliedert. Ein Wehrmutstropfen ist die Lage an der stark befahrenen Umgehungsstraße, doch liegen alle Zimmer an der straßenabgewandten Seite. DZ mit Frühstück 150 € (EZ gleicher Preis), Suite 375 €. Kıbrıs Şehitlerı Cad. 243, ✆ 3166053, www.antiquetheatrehotel.com.

Golden Key (26), ganz im Osten der weiten Kumbahçe-Bucht abseits des großen Gewusels, aber nicht des hörbaren Trubels. Grandioser Blick von der Terrasse. 8 luxuriös ausgestattete Zimmer und ein Apartment mit 2 Schlafzimmern in der ehemaligen Sommerresidenz des Ex-Premiers Mesut Yılmaz. Das hauseigene Boot bringt die Gäste zu den Buchten der Umgebung. DZ mit Frühstück ca. 110 €, Şalvarağa Sok. 18, ✆ 3130304, 📠 3134106.

****__Hotel Marina Vista (12)__, beim Jachthafen. 85 Zimmer auf verschiedene Häuser um einen Pool verteilt. Ordentlich, klassisch-modern eingerichtet, mit Marmorwaschbecken, leider nur recht kleine Fenster. Fitnessraum, Sauna. Recht entspannte Atmosphäre. Die Gänge könnte man mal wieder streichen... DZ mit HP 90 €, als EZ 70 €. Neyzen Tevfik Cad. 226, ✆ 3130356, marinavista@superonline.com.

Merve Park Hotel (22), sehr freundliches kleines Hotel mit Zimmern wie aus "Schöner wohnen". Viele Antiquitäten. Pool. Einziger Haken: die laute Atatürk Cad. vor der Haustüre. Hausnr. 73. DZ 90 €, ✆ 3161546, www.mervepark.com.

Su Otel (2), das kleine bunte 12-Zimmer-Haus vereint Komfort mit witzigem Design. Etwas verschachtelte Anlage um einen kleinen Pool, überwachsen mit Bougainvilleen. Mit Liebe zum Detail eingerichtete Zimmer. Relativ ruhige Lage, doch nur ein Katzensprung zum Zentrum. DZ mit Frühstück 85 €. 1201 Sok. ✆ 3166906, www.suhotel.net.

Baç Pansiyon (17), kleines gepflegtes und freundliches Haus in erster Reihe an der Kumbahçe-Bucht. 10 ansprechende Zimmer mit Klimaanlage und Marmorböden. DZ mit Balkon und Meeresblick 39 € (herrlich), zur Einkaufsmeile hinten raus 6 € weniger (langweilig). Cumhuriyet Cad. 14, ✆ 3161602, 📠 3167917.

**__Sun Hotel (5)__, ordentliche Mitteklasse in ruhiger Lage. 19 freundliche, gelb-rot gehaltene Zimmer mit schönen Bädern, teilweise ein bisschen dunkel. Schöne Frühstücksterrasse mit Blick über Burg und Hafen. DZ mit Frühstück 30 €, EZ 22 €. Fırkateyn 1406 Sok. ✆ 3162218, sunhotel@superonline.com.

Gurup Otel (14), zentraler geht's kaum. Am Belediye Meydanı über einem Teppichladen. Kleine Zimmer, jedoch mit Balkon (schmal), von dem sich das Treiben der Flaneure am Hafen hautnah mitverfolgen lässt. Insgesamt eine recht nette Adresse. Der Platz in der ersten Reihe kostet als DZ 25 €. Belediye Meydanı, ✆ 3161140, 📠 3133151

Emiko Pension (15), 2 blau-weiße Häuschen, die einen Hauch Griechenlandatmosphäre versprühen – dabei unter türkisch-japanischer Leitung. Schöner schattiger Garten. 7 sehr saubere DZ, einfach, aber okay und gemütlich. Inkl. Frühstück für 2 Pers. 20 €. Zentral in der Uslu Sok. 11, ✆ 3165560.

Şenlik Pansiyon (3), eine weitere gemütliche und zentrale Adresse in derselben Preisklasse. 10 saubere Zimmer mit Fliesenböden, ein netter Balkon, eine Dachterrasse. Relaxte, freundliche Atmosphäre. Heizung vorhanden. Türkkuyusu Cad. 115, ✆ 3166382.

Uğur Pansiyon (24), von Lesern empfohlen. Kein großer Komfort, dafür unweit des Zentrums und den angesagten Clubs. Terrasse mit Blick über die Bucht – am Morgen schön zum Frühstücken, am Abend gut für ein Bier (preiswert). DZ mit Dusche/WC 12 €. Rasathane Sok. 13. ✆ 3160362.

Yenilmez Pansiyon (4), 9 schlichte, sehr saubere Zimmer von unterschiedlicher Größe, alle mit privatem Bad. 4 Zimmer mit Balkon. Familiäre Atmosphäre, freundliche Wirtsfamilie. DZ 12 €. Kein Frühstück, dafür Gemeinschaftsküche. Menekşe Çıkmazı 30, ✆ 3162520.

Mayk Pension (13), etwas versteckt hinter der Atatürk Cad. Ruhig. Empfängt den Gast in einem weinumrankten Hohlweg, auch der Innenhof grün und freundlich. Zimmer im einfachen Standard. Fast ausschließlich türkisches Publikum. DZ mit Dusche/WC 10 €. Adliye Cad. 32, ✆ 3167315.

• *Camping* Der nächste Platz befindet sich in Gümbet (→ S. 68), einen weiteren schönen Platz finden Sie zudem am Yahşi-Strand (→ S. 70).

Essen & Trinken (s. Karte S. 60/61)

Bodrums Ufermeile wandelt sich im Sommer allabendlich zum Präsentierteller der Schönen und Reichen. Nobelitaliener, indische, vietnamesische oder chinesische

Disneyland lässt grüßen – ein Abend in der Moonlight Bar

Bodrum
Stadtplan S. 60/61

Restaurants, Sushi-Lokale, exquisite Fischrestaurants und und und... – mit Ausnahme İstanbuls oder Ankaras ist nirgends in der Türkei die gastronomische Palette breiter und sind die Preise für ein gemütliches Abendessen höher. Reisende mit weniger dickem Geldbeutel weichen am besten in die einfachen Lokantas stadtauswärts aus. Um aber dort keine bösen Überraschungen zu erleben, erfragen sie die Preise, wo sie nicht aushängen oder die Gerichte nur in Türkisch angeschriebenen sind.

Antique Tiyatro Oteli, ein Dinner im gleichnamigen Hotel (→ Übernachten) kann zu einem unvergesslichen Bodrum-Erlebnis werden. Fantastische türkisch-internationale Küche, ebenso fantastische Ausblicke und hervorragender Service. Ein üppiges Abendessen kommt hier pro Person ohne Getränke auf mindestens 35 €.

Kocadon Restaurant (9), ebenfalls ein Highlight am Bodrumer Gastronomiehimmel. Beliebt bei in der Stadt lebenden Ausländern. Idyllischer, dezent beleuchteter Garten, nur durch eine hohe alte Steinmauer von der Uferpromenade abgeschirmt. 1a-Service. Nur abends geöffnet, Reservierung erwünscht (✆ 3163705). Täglich wechselndes Mezebüfett, Krabbencocktails, Artischocken etc... Preiswert die Tagesmenüs: Meze, Fisch- oder Fleischgericht und Dessert für 14 €. Saray Sok.1.

Yağhane (10), steht dem Kocadon an Atmosphäre nur wenig nach. Hier isst man in und zwischen den dezent restaurierten Ruinen einer alten Ölfabrik. Ausgefallene türkisch-internationale Küche: Forellensuppe mit Safran (2,70 €), Lammrücken auf Auberginenpüree (8,50 €), Jumbogarnelen (14,50 €) und und und... Neyzen Tevfik Cad. 170.

Le Palme (6), klingt französisch, serviert aber italienische Küche. Feine Pizza und Pasta in schönem Ambiente mit schmiedeeisernem Mobiliar, schneeweißen Tischdecken und wie geleckt aussehenden Kellnern. *Die* Abwechslung zwischen Pide und Kebap. Hauptgerichte 9–18 €. Neyzen Tevfik Cad. 90.

Meyhaneler Sokak, kein einzelnes Restaurant, sondern eine ganze Ansammlung von kleinen Lokalen in einer schmalen, grün überrankten Seitengasse der Einkaufsmeile Kale Cad. Serviert wird typisch Türkisches (Meze und Gegrilltes), dazu läuft allabendlich der Rakı in Strömen. Stets gute Stimmung, ab und zu Livemusik, viel einheimisches Publikum. Preiswerter als die Vorzeigerestaurants an der Uferpromenade.

Bayıldım (7), einfaches unspektakuläres Restaurant an der Uferpromenade, das neben dem Hühnchenschnitzel rein Türkisches

(Kebap, Pide, Suppen) serviert – und das zu für Bodrumer Verhältnisse äußerst vernünftigen Preisen, der Adana-Kebab z. B. 2,40 €. Empfehlenswert für ein schnelles Mittagessen. Neyzen Tevfik Cad. 122.

Nazik Ana Restaurant (11), türkische Küche ohne Schnickschnack und das ebenfalls sehr preiswert. Im gemütlichen Innenhoflokal werden Grillgerichte (ca. 1,80 €) und frische Topfgerichte (die Portion mit Reis ebenfalls ca. 1,80 €) serviert. Nur türkischsprachiger Aushang. Eski Hükümet Sok, eine schmale Seitengasse zwischen Türkkuyusu Cad. und Cevat Şakir Cad

Üzüm (16), typisch türkische Hausmannskost (super Moussaka!) mit tägl. wechselnder Karte. Betrieben wird das Lokal von Reha und seiner Frau, die beide auch eine Zeit lang in Deutschland lebten. So wissen sie auch Bratkartoffeln mit Spiegelei oder ein Schnitzel zu fabrizieren. Freundlich und gut, faire Preise. Netter Innenhof. Adliye Sok. 5.

Nachtleben

Bodrumer Nächte sind lang – nicht umsonst nennt man Bodrum das "Ibiza der Türkei". Denken Sie an ein dickes Make-up und an einen ebensolchen Geldbeutel und los kann es gehen. Übrigens herrscht vor ein Uhr nachts tote Hose. Die Zeit davor vertreibt man sich in den Bars an der Cumhuriyet und Dr. Alim Bey Cad. in der Kumbahçe-Bucht – englische Pubs, französische Bistros, feudale Treffs und einfachere Pinten wechseln sich kunterbunt ab. Die Fluktuation ist enorm und was heute in ist, kann morgen schon wieder out sein oder einen völlig anderen Namen haben – entdecken Sie selbst!

• *Clubs* **Halikarnas (25)**, Open-Air-Tanztempel für über 5.000 Partypeople, und das seit über 20 Jahren. Man zählt ihn zu den größten und (Eigenwerbung) gar zu den besten Discos der Welt. Auf jeden Fall kann er so manch europäische Großstadtdisco in die Tasche stecken. Bühne, Tribüne, Videoleinwände, Lasershows, Schaumpartys, Dachterrasse und riesige Tanzfläche. Musik zwischen Techno und Türkpop. Geöffnet bis zum Morgengrauen. Eintritt ca. 18 € mit 2 Freigetränken, Kinder bis 12 (!) halber Preis. Kumbahçe-Bucht.

Bodrum Marine Club (21), auf einem Katamaran, der in der Kumbahçe-Bucht am Fuße der Burg vertaut ist. Neben dem Halikarnas der angesagteste Club der Stadt. Bietet Platz für 2.500 Nachtschwärmer. Große Tanzfläche (Glasboden!), 8 Bars, dazu ein italienisches Restaurant. Im Sommer Preise wie das Halikarnas, in der Nachsaison oft kein Eintritt. Auch hier wird Türkpop, Techno, und die Charts hoch und runter gespielt. Themenpartys. Ausfahrten mit Clubbetrieb sind leider selten. Dresscode! Ebenfalls bis zum Morgengrauen geöffnet.

• *Bars* **Yettigari Bar (23),** nur ein paar Schritte vom Bodrum Marine Club entfernt. Gemütliche Bar am Fuße der Burg. Auch hier legen DJs auf (Musik quer durch den türkischen Garten), auch hier wird schon ein wenig getanzt. Chrommobiliar, nette Terrasse. Dr. Alim Bey Cad.

Fora Bar (20), nahe der Yettigari und mit ähnlich schöner Terrasse. Gusseiserne Bänke, kleine Tanzfläche. Dr. Alim Bey Cad.

Moonlight Bar (18), für alle, die es ein wenig romantischer mögen. Schöne Sonnenuntergangsadresse. Ein paar Tische direkt am Strand, Meeresrauschen und Blick auf die vor Anker liegenden Boote in der Bucht und die beleuchtete Burg. Etwas versteckt an der Cumhuriyet Cad. 60.

Café del Mar (19), ca. 100 m weiter. Ebenfalls ein paar Tische am Strand, dazu gemütliche Jazzmusik und neben wirklich gutem Kaffee auch allerlei Drinks. Richtig voll und lustig wird es hier weniger zum Sonnenuntergang als zum Sonnenaufgang, denn das Café del Mar ist zugleich eine gemütliche Afterhour-Bar – 24 Std. geöffnet. Cumhuriyet Cad.

Küba Bar (8), abseits der Barmeile in der Salmakis-Bucht. Topschick-modernes Ambiente unter schattigen Bäumen vor einem alten griechischen Haus. An der Neyzen Tefvik Cad.

Baden/Sport

• *Baden* In Bodrum sieht es wortwörtlich etwas trübe aus, auch wenn sich die Wasserqualität in den letzten Jahren verbessert hat – die gesamte Halbinsel bemüht sich um die "Blaue Flagge". Wenig reizvoll ist Bodrums öffentlicher Strand, der **Halk plajı** ganz im Süden der Kumbahçe-Bucht. Zum Baden weicht man besser auf die Strände der Bodrum-Halbinsel (→ S. 77) oder an die Küste östlich der Stadt (→ S. 68) aus – unser Favorit: Gümüşlük. Zudem bietet sich ein Bootsausflug mit Badestopps an.

• *Reiten* bietet u. a. **Sadko Tour** (deutschsprachig). Ein 3- bis 4-stündiger Reitausflug inkl. Mittagessen und Transfer vom Hotel führt in eine Bucht zum Baden, auf dem Pferd selbst verbringt man max. 90 Min. 30 €. Dr. Alim Bey Cad. 53, ✆ 3135235.

• *Spaßbad* **Club Aqua**, riesiger Aquapark mit einer Vielzahl an Rutschen etc. – eine Gaudi für Familien. Eintritt ca. 20 €, erm. die Hälfte. An der Straße nach Ortakent.

• *Tauchen* Mehrere Anbieter. Eine gute Adresse (englisch- und deutschsprachig) ist **The Aegean Pro Dive Centre** auf P.A.D.I.- und CMAS-Basis. Schnuppertauchgang inkl. Mittagessen 47 €. Fürs gleiche Geld werden auch zwei Bootstauchgänge für erfahrene Taucher angeboten (inkl. Equipment). Anfängerkurs P.A.D.I-Open-Water 270 €. Neyzen Tevfik Cad. 212, ✆ 3160737, ✆ 3131296.

Bodrum
Stadtplan S. 60/61

Sehenswertes

Gleich vorweg: An das antike Halikarnassos erinnert nicht mehr viel, und das, was erhalten blieb, ist weniger als unspektakulär und liegt über die ganze Stadt verstreut. Wer's nicht glauben will, kann z. B. an der Mars Mabedi Cad. oberhalb der Salmakis-Bucht die spärlichen Reste eines *Marstempels* suchen oder nahe der Büyük İskender Cad. auf dem Weg nach Gümbet die des *Myndos-Tores*, einst Teil der Stadtbefestigung. Zum *Theater (Antik Tiyatro)* aus dem 3. Jh. v. Chr. an der vielbefahrenen Kıbrıs Şehitlerı Cad. hoch über der Stadt braucht man erst gar nicht aufzusteigen: ein Zaun verhindert den Zugang zur dilettantisch restaurierten Anlage. Noch die größte Attraktion des antiken Halikarnassos ist das Mausoleum.

Mausoleum: Das Mausoleum von Halikarnassos, ein monumentaler Grabbau, galt als eines der Sieben Weltwunder der Antike und wurde namensgebend für Grabstätten dieser Art. Fürst Mausolos ließ sein Grabmal bereits zu Lebzeiten entwerfen, nach seinem Tod wurde es unter Artemisia II. Schwester und Gattin in einer Person, fertig gestellt. Über 50 m hoch soll es gewesen sein, den Dachabschluss bildete eine Stufenpyramide, deren Spitze die Statuen von Mausolos und Artemisia mit einem Viergespann krönten. An Ausschmückung des Grabbaus beteiligten sich die besten Künstler und Handwerker jener Zeit. Erdbeben und rücksichtsloser Steinraub beim Bau des Kastells führten dazu, dass heute nur noch Grundmauern vorhanden sind.

Erste Ausgrabungen am Mausoleum unternahm im 19. Jh. der Brite Charles Newton. Kostbare Funde wie Reliefs und Standbilder schenkte er dem Britischen Museum in London – für den Besucher von heute bleiben somit nur ein paar unspektakuläre Steine übrig.

Adresse/Öffnungszeiten Inmitten eines Wohnviertels, 100 m landeinwärts der Salmakis-Bucht, Turgutreis Cad. Tägl. (außer Mo) 8–17 Uhr. Eintritt 1,80 €.

Johanniterkastell St. Peter/Museum der Unterwasserarchäologie: Das mächtige Kastell errichtete der Johanniterorden in der ersten Hälfte des 15. Jh. auf den Fundamenten einer alten byzantinischen Festung. Zu jener Zeit besaß der Orden, der auf Rhodos einen souveränen Ritterstaat begründet hatte, eine gewaltige Flotte, mit der er islamische Handelsschiffe plünderte. Der Orden war in mehrere Landsmannschaften unterteilt, aufgrund der unterschiedlichen Sprachen auch "Zungen" genannt. Jede Zunge hatte ihre eigene Herberge und im Falle eines Angriffs einen Abschnitt der Festung zu verteidigen. Die Nationalitätenbezeichnungen der Türme stammen aus jener Zeit. 1523 wurden die Ritter aus der gesamten Ägäis vertrieben, ein paar Jahre später ließen sie sich auf Malta nieder. Während der osmanischen

Zeit verlor das Kastell an Bedeutung, Ende des 19. Jh. wurde es in ein Gefängnis verwandelt. Unter Beschuss stand es das letzte Mal im Ersten Weltkrieg, als das französische Kriegsschiff Dubleix in die Bucht von Bodrum einlief. Heute beherbergt das Kastell ein Museum für Unterwasserarchäologie, das weltweit größte seiner Art – hört sich jedoch spannender an, als es ist. Bringen Sie ein Herz für Amphoren mit.

Der **Zugang** zum Kastell liegt an der Salmakis-Bucht. Kurz hinter dem Kassenhäuschen durchquert man einen kleinen Hof mit einem schattigen Café. Von dort gelangt man über eine Rampe entlang der Außenbastion in den Kern der Festung, zu einem Hof mit einem Maulbeerbaum in der Mitte. Rechter Hand steht dort eine kleine **Kapelle**, 1406 errichtet und 1523 von den Osmanen mit einem Minarett versehen. Sie beherbergt heute den nachgebauten Bug eines byzantinischen Schiffes, das im Jahre 626 vor der Bodrum-Halbinsel sank. Im Hof linker Hand befindet sich eine große **Amphorenausstellung**, das älteste Stück des Museums wird auf 1400 v. Chr. geschätzt

Neben der Kapelle führen Stufen in einen höher gelegenen, begrünten Hof mit frei umher laufendem Federvieh, darunter auch ein paar Pfauen. Dabei passiert man die sog. **Glashalle**. Was darin zu bestaunen ist, kann sich jeder denken: Väschen, Gläschen und Schälchen, die zwischen dem 14 Jh. v. Chr. und dem 11. Jh. n. Chr. auf dem Meeresboden versanken. Ein paar Schritte weiter liegt der Eingang zur sog. **Glass Shipwreck Hall** (separater Eintrittspreis, Ausgang im tiefer gelegenen Hof). Hier steht das Skelett eines Handelsschiffes, das im Jahre 1025 nahe Marmaris sank, angeblich das älteste Schiffswrack der Welt. Ausgestellt sind zudem Funde der Ladung und persönliche Gegenstände der Besatzung.

Wieder ein paar Schritte weiter steht der **Spanische Turm**, auch Schlangenturm genannt, da links des Eingangs das Relief einer Schlange in den Stein gehauen ist. Im Inneren: Amphoren. Die kleine Exposition in den oberen Räumlichkeiten des Turmes zum Thema "Geburt, Leben und Tod", war z. Z. der Recherche geschlossen. Ähnlich das Bild im **Deutschen Turm** nahebei: unten Amphoren, die Exposition darüber mit Mobiliar im Stil der deutschen Renaissance war ebenfalls geschlossen.

Gegenüber erheben sich der **Italienische** und der **Französische Turm**. Erster beherbergt eine kleine Münz- und Schmucksammlung, Letzterer mittelalterliche Waffen. Von der Terrasse zwischen den beiden Türmen genießt man eine herrliche Aussicht über Bodrum.

Es folgt die sog. **Carian Princess Hall** (ebenfalls separater Eintrittspreis). In ihr liegen die Gebeine der karischen "Prinzessin" Ada aus dem 4. Jh. v. Chr. Ihr Sarkophag wurde 1989 bei Bauarbeiten nahe Bodrum gefunden. Zu sehen sind Grabbeigaben (u. a. goldene Armreife, eine Kette und ein Lorbeerkranz) und – der Stolz des Museums – ein lebensgroßes Modell der Dame. Entworfen wurde es nach neuesten pathologischen Erkenntnissen an der Universität Manchester. Schade nur, dass die Wissenschaft nicht zugunsten der Schönheit schummelt.

Von der Carian Princess Hall führt ein Weg zum **Englischen Turm** im Südosten des Kastells. Sein Innendekor soll an die Johanniter erinnern, er ist mit Rüstungen, Fahnen und Wappen geschmückt.

Spaziert man an der äußeren, östlichen Festungsmauer weiter, passiert man ein niederes Gebäude, in dem Reste von Schiffswracks aus der späten Bronzezeit zu sehen sind, dazu auch ein etwas kitschig in Szene gesetztes Modell eines Schiffes jener Zeit im Querschnitt.

Etwas weiter fragt ein Schild der Museumsverwaltung: "Do you have a strong heart to walk into the dungeon?" Die Frage bezieht sich wohl auf die vielen Stufen

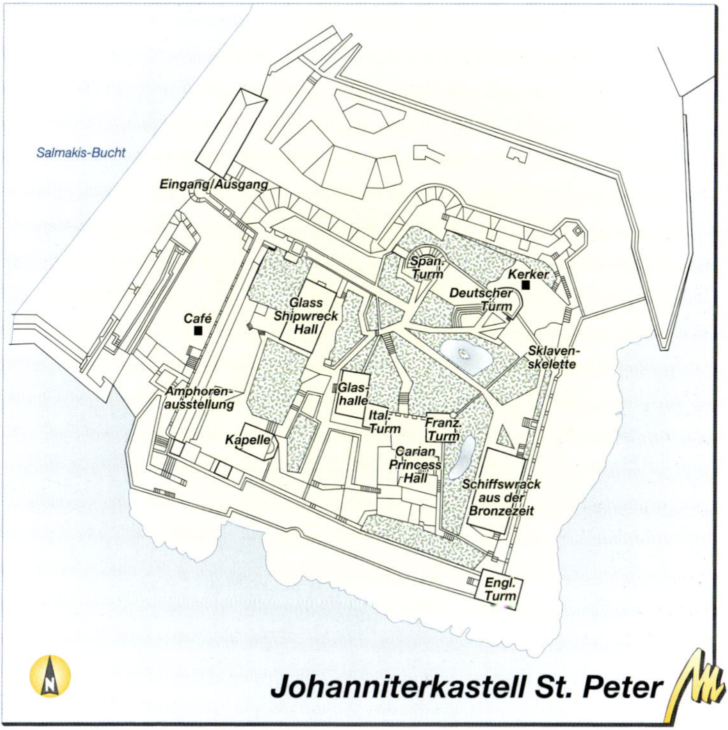

Bodrum
Stadtplan S. 60/61

hinab zum **Kerker** (Sackgasse) denn Schockierendes erwartet einen nicht: Zu sehen ist ein etwas düsteres Rot und zu hören ein etwas undeutliches Stöhnen (vom Band).

Verlässt man den Hof am **Deutschen Turm** vorbei, passiert man noch einen Ausstellungsraum, in dem die Skelette von Sklaven liegen, die auf den Galeeren zum Rudern verdammt waren. Ihre Gebeine, an denen noch Eisenketten hängen, wurden erst 1993 beim Englischen Turm entdeckt.

Öffnungszeiten tägl. 9–12 und 13–18 Uhr (im Winter bis 17 Uhr). Eintritt 6 €, erm. 2,50 €. Für die Besichtigung der Carian Princess Hall und der Glass Shipwreck Hall (tägl. 10–12 und 14–16 Uhr) werden zusätzlich je 0,80 € verlangt.

Zeki-Müren-Museum: Die lebende Legende Zeki Müren, unsterblich durch unzählige Filme und Evergreens, war, so heißt es, Hermaphrodit – halb Mann, halb Frau. Ihre/seine Karriere begann in den 1950ern. Unter großer Anteilnahme – erstaunlich in einem Land mit alles andere als lockeren Moralvorstellungen – wurde sie/er 1996 in Bursa bestattet. Ihr/sein Wohnhaus in Bodrum dient heute als illustres kleines Museum. Zu sehen sind Fanbriefe, Schallplatten und – selbstverständlich – mehrere phantasievolle Kostüme.

Adresse/Öffnungszeiten Zeki Müren Cad. Tägl. (außer Mo) 8.30–12 und 13–17 Uhr. Eintritt 1,20 €.

Die Bodrum-Halbinsel

Das Idyll einer unberührten Natur existiert auf der Bodrum-Halbinsel längst nicht mehr. Feriendörfer und Clubanlagen beherrschen die meisten Buchten, und im Legostil wird kräftig weiter gebaut. Viele einst romantische Plätzchen haben dadurch stark an Reiz verloren – nicht jedoch in den Augen der Highsociety des Landes. Für sie ist die Bodrum-Halbinsel noch immer *das* Sommerdomizil schlechthin. Dementsprechend gepflegt und teuer präsentieren sich viele Orte.

Hinweis: Die Dolmuşverbindungen zwischen Bodrum und den Dörfern auf der Halbinsel sind sehr gut, nicht aber die Verbindung zwischen den Dörfern. Für eine Umrundung der Halbinsel ist deshalb ein eigenes Fahrzeug ratsam.

Ein Genuss sind auf jeden Fall zum Sonnenuntergang die Ausblicke vom bergigen Inland über die buchtenreichen Küsten, für zusätzliche Reize sorgen dabei die Silhouetten der vorgelagerten Inseln. In den Bauerndörfern fallen oft große weiße, halbrunde Zisternen auf. Das im Winter darin gespeicherte Regenwasser half bis noch vor einigen Jahrzehnten durstigem Vieh und trockenen Feldern über den Sommer. Heute sind die Zisternen in der Regel funktionslos. Die Halbinsel im Uhrzeigersinn:

Gümbet: Die weite Bucht 5 km westlich von Bodrum ist fest in der Hand von Pauschalurlaubern, vorrangig aus Deutschland und England. Der recht schmale Strand wird im Frühjahr mit einigen LKW-Ladungen Sand aufgemotzt. In der Hochsaison lässt sich vom Liegestuhl gemütlich die "Bild" in der Hand des Nachbarn lesen. Gleich hinter dem Strand erstrecken sich die Bars, Restaurants und Hotels, Letztere sind überwiegend gepflegte Clubanlagen. Gümbet bietet zudem alles weitere, was einen Pauschalurlaub gelungen macht: zahlreiche Souvenirshops, ein turbulentes Nachtleben und ein großes Sportangebot zu Wasser, wenn auch über die Qualität des Letzteren die Meinungen auseinandergehen.

Die 5 km nach Gümbet kann man von Bodrums Marina aus gemütlich an alten Windmühlen vorbei zu Fuß bewältigen. Als Belohnung winken schöne Blicke über die Buchten der beiden Orte.

• *Übernachten/Camping* Für Individualtouristen sieht es – Camper ausgenommen – recht trübe aus. Pensionen gibt es erst in dritter und vierter Reihe, für den gleichen Preis kommt man anderswo jedoch schöner unter. Unsere Empfehlungen am Strand:

***Hotel Sami**, beliebte Adresse deutscher Pauschalreisender. Schöner Poolbereich, Palmengarten mit Hängematte, Karaoke am Abend, Strandbar, Hamam. DZ mit HP 71 €, lassen Sie sich eines im neueren Teil der Anlage geben. ✆ 3161048, www.samigroup.com.

***Hotel Baba**, das etwas einfachere Pendant der Engländer. 145 Zimmer, davor ein Pool und das Meer. DZ mit Frühstück 30 €. ✆ 0252/3166696, www.babahotel.com.

Zetaş Camping, einer der besten Plätze der Halbinsel. Große schattige Wiese, ordentliche Sanitäranlagen in großer Zahl, Camperküche, relaxte Atmosphäre. Markt und Restaurant. Wohnwagenfreundlich. Strandanschluss. Campen für 2 Pers., egal ob mit Zelt oder Wohnmobil, 8,50 €. Mai–Ende Okt. ✆ 0252/3162231, www.zetastourism.com.

• *Wassersport* Gümbet ist Bodrums Eldorado für Wassersportler, ein paar Preisbeispiele: 15 Min. Wasserski 27 €, 15 Min. auf der großen Banane 11 €, 15 Min. Jetski für 2 Pers. 21 €, Parasailing 33 €, Paddelboot 11€. Zahlreiche Anbieter am Strand.

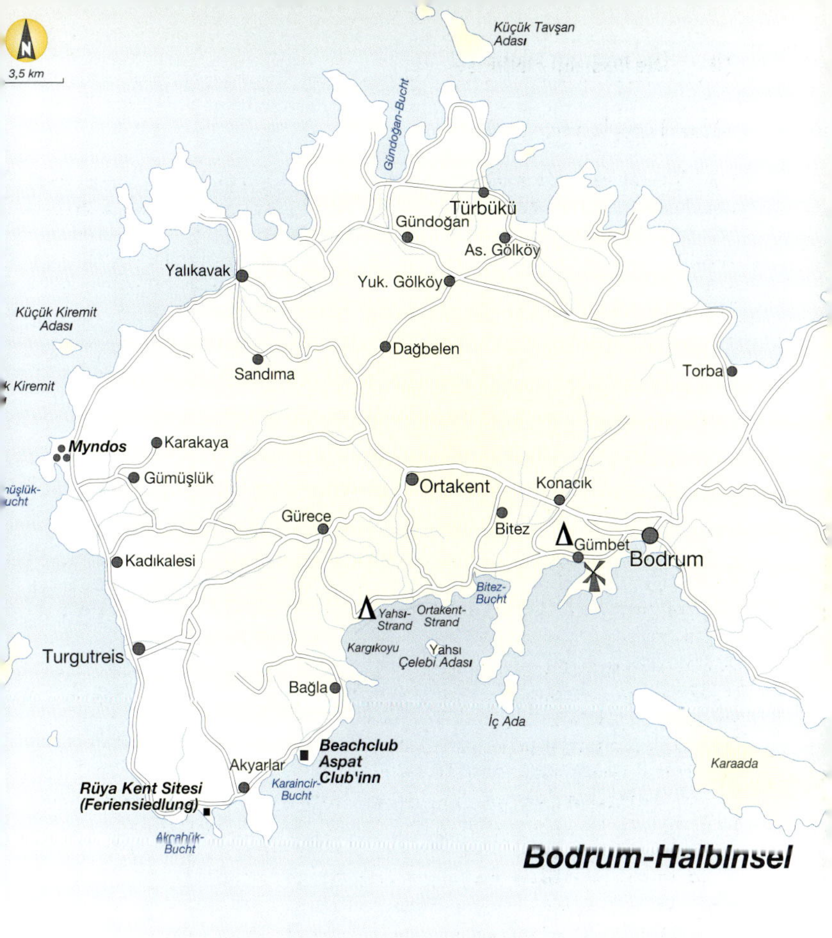

Bitez: Eine Bucht weiter liegt Bitez, die ruhigere und bescheidenere Fortsetzung Gümbets. Der schmale Strand mit einer Moschee direkt am Meer ist im Sommer kaum voll. Das Wassersportangebot ist das Gleiche. Jeden ersten Sonntag im Monat findet hier zudem ein Flohmarkt statt.

• *Übernachten* Die meisten Unterkünfte liegen direkt am Strand, darunter – anders als in Gümbet – auch ein paar einfachere.

Yalı Han, sehr freundliches kleines Hotel. 21 Zimmer direkt am Strand, 16 davon mit Meeresblick. Tauch- und Surfmöglichkeiten. Eigener Pool. DZ inkl. Frühstück 30 €. ✆ 0252/3637772, www.yalihan.bitez.net.

Çömez Otel, freundliche Herberge, leicht vom Strand zurückversetzt. 16 saubere Zimmer, 3 davon mit Balkon, 6 mit Klimaanlage. Der Hit ist die Wahnsinnsterrasse mit Blick über die ganze Bucht, auf der auch das Frühstück serviert wird. DZ mit Frühstück 24 €. ✆ 0252/3638181.

Ortakent und Yahşi: Die eigentlichen Dörfer liegen im Inneren der Halbinsel und sind wenig spektakulär. Unten am Meer besitzen sie jedoch zwei gleichnamige, von einem kleinen Hafen getrennte Strände. Hinter beiden erstreckt sich eine Ansammlung von Hotels, Pensionen und Feriensiedlungen, die vorrangig von Türken besucht werden. So ist das weit verstreute Stranddorf während der lokalen Schulferien gnadenlos überfüllt, davor und danach aber gespenstisch leer. Am meisten geboten wird am Yahşi-Beach, dem westlichen Strand.

• *Übernachten/Camping* Die hiesigen Unterkünfte sind in der Regel einfacher Art.

Akça Hotel, direkt am Strand. Eine der besseren Adressen vor Ort: freundliche, zum Meer hin U-förmige, von Bougainvilleen umrankte Anlage um einen Pool. 80 schlichte, blau-weiße Zimmer mit Klimaanlage. DZ mit HP 41 €. ✆ 0252/3481524, www.akcahotel.8k.com.

Aras Pansiyon, Familienpension hinter dem gleichnamigen Laden. 2 Gehminuten vom Yahşi-Strand. 40 saubere, gut ausgestatteter Zimmern mit Balkon bzw. Terrasse. Versuchen Sie eines der hinten zu bekommen, vorne ist man der Lärmkulisse des gegenüber liegend Hotelgartens ausgesetzt. DZ 12 €. ✆ 0252/3483140.

Kaktüs Camping & Motel, am Ostende des Yahşi-Strands. Der gepflegte und ansprechende Platz wurde gärtnerisch gestaltet, es gibt Kakteen und junge Palmen. Viele Stellplätze. Nette Motelzimmer mit Terrasse zum Meer, im DZ mit HP 35 €. Campen für 2 Pers. mit Auto und Zelt ca. 6 €. Nur Mai–Ende Sept. ✆ 0252/3483004.

Camel Beach, die Trophy der anderen Art

Kargıkoyu ("Camel Beach"): Tagaus tagein schaukeln hier Touristen auf Kamelen umher, daher der Spitzname der Bucht, die ein beliebtes Ziel von Bootsausflügen ist. Die Clubanlagen verstecken sich dezent hinter dem unverbauten Uferbereich, auf den Hängen drum herum stehen Feriensiedlungen. **Bağla** und **Karaincir**, die Buchten weiter südlich, sehen ähnlich aus. Dazwischen liegt noch der Beachclub "Aspat Clubb'inn" – er beansprucht eine ganze Bucht für sich. Gegen eine Eintrittsgebühr von 9 € kann man sich hier zum Sommer-Jetset gesellen. Geboten werden mehrere Restaurants und Bars, ein Open-Air-Kino, eine Gokart-Bahn, ein Beautysalon, ein Tattoo- und Piercing-Studio und alles, was Partypeople sonst noch mögen. Bei all der Schönheit vor Ort fällt der – zumal wenig ansprechende – Strand kaum auf.

Akyarlar: Das ehemalige Fischerdorf eignet sich sowohl für einen Ausflug als auch für ein paar geruhsame Tage. Der schmale Strand berauscht nicht, hat aber Flair: Ihn säumen ein paar alte griechische Häuser. Neuerdings trübt leider der Bau einer gigantischen Clubanlage im Westen der Bucht die Aussicht. Die gemütlichen Fischlokale des Dorfes gehören übrigens zu den billigsten der Halbinsel. Westlich von Akyarlar schließen sich die Bucht **Akçabük** mit der Feriensiedlung **Rüya Kent Sitesi** (ebenfalls mit Stränden) an.

• *Übernachten* **Babadan Motel,** direkt am Strand gelegen. 31 schlichte Zimmer mit privaten Sanitäranlagen und ohne Aussicht, 3 in herrlicher Lage zur Meerseite hin. DZ mit Frühstück 21 €. Restaurant mit Terrasse am Meer angeschlossen. Nur Juni–Anfang Okt. ✆ 0252/3936002, 📠 3937987. Ein paar gepflegte **Pensionen** findet man zudem über der Akçabük-Bucht.

Turgutreis: Noch vor gar nicht allzu langer Zeit war der Ort, benannt nach dem berühmten osmanischen Seefahrer Turgut Reis (16. Jh.), nichts anderes als ein verschlafenes Fischerdorf. Mittlerweile ist Turgutreis mit 10.000 Einwohnern (im Sommer ca. 25.000) das nach Bodrum zweitgrößte Städtchen auf der Halbinsel und ebenso voll und ganz auf Tourismus eingestellt. Trotzdem geht es am nicht gar zu vollen, langen Sandstrand und im kleinen Zentrum noch immer beschaulich und zurückhaltend zu. Selbst die vornehmlich britischen Pauschaltouristen flanieren im T-Shirt, zeigen weder Bauch noch Tattoo. Vielleicht sorgt die neue Marina mit 400 Liegeplätzen, die zum Zeitpunkt der Recherche noch im Bau war, für frischen Wind. Mit ihr sollen zahlreiche schicke Bars und Restaurants entstehen.

Nördlich von Turgutreis folgt die bei Surfern beliebte Bucht **Kadıkalesi,** unter. Das Ufer säumen ein paar alte griechische Häuser, aber noch viel mehr Clubhotels. Zwischen den Letzteren bleiben ein paar Quadratmeter öffentlicher Strand. Lohnenswert ist allein ein Besuch der "Pitos Cafébar" nahe der Ferienanlage Markwarner Palm Beach. Im liebevoll dekorierten Gärtchen lässt sich eine gemütliche Pause einlegen.

• *Verbindungen* Turgutreis besitzt einen eigenen **Bus**bahnhof an der Straße nach Gümüşük, im Sommer recht gute Busverbindungen in alle größeren westanatolischen Städte.

• *Bootsausflüge/Einkaufen* Diverse Tagestouren zu den nördlich oder südlich gelegenen Buchten. Pro Person mit Mittagessen 9 €. Sa großer Wochenmarkt im Zentrum.

• *Übernachten* **Hotel Water Ville**, nördlich der Marina direkt am Meer, 5 m zum Pool, 50 m zum Strand. Clubambiente. 50 Zimmer mit Klimaanlage, ordentlich und okay. Freundlicher Service. DZ pro Person mit Frühstück 17 €. ✆ 0252/3827331, ekin.proje@superonline.com.

Nostalji Hotel, im kleinen Zentrum leicht zu finden. Schnuckeliges Haus mit 8 ausreichend großen, nett möblierten Zimmer mit Fliesenböden, alle mit Balkon. DZ mit Frühstück 18 €. 3. Plaj Cad. Yakamoz 3. Sok., ✆ 0252/3822812.

Ceylan Pansiyon, eine der wenigen Adressen in erster Reihe. 14 kleine, aber lustig blau oder gelb gestrichene, saubere und freundliche Zimmer – wenn möglich, unbedingt eines mit Meeresblick nehmen. Traumhafte Dachterrasse und Gemeinschaftsküche. Für die Lage zahlt man mit – DZ mit Frühstück 22,50 €, ohne Frühstück 15 €. Restaurant angeschlossen. Plaj Cad. 15/A, ✆ 0252/3823364.

• *Essen & Trinken/Nachtleben* Man ist voll und ganz auf Briten eingestellt. Vom Full English Breakfast bis zum Beefsteak gibt es alles, was der Engländer liebt. Dazwischen aber auch Kebabküche. Nachts geht es ruhiger zu als in Bodrum, zu den beliebtesten Adressen mit in Strömen fließendem Guiness gehören dann die **Radyo Bar** und die **Tash's Bar** (beide im Zentrum), zu später Stunde die **Green Bar** (südlich der Marina).

Gümüşlük ist das mit Abstand schönste Örtchen der Bodrum-Halbinsel! Idyllisch reihen sich zahlreiche Restaurants an der Kaimauer – eine opulente Fischmahlzeit in Gümüşlük gehört für Bodrumkenner zum Programm. Aus arg viel mehr als den

Am Hafen von Gümüşlük

Restaurants und ein paar Pensionen besteht der Ort auch nicht. Ein Baustopp sorgt dafür, dass dies so bleiben wird. Und so ist der schmale, aber schöne Strand selbst im Sommer nicht gar zu überlaufen. Auf der vorgelagerten kleinen Insel (durch das seichte Wasser kann man hinüber waten) tummeln sich Kaninchen zwischen den spärlichen Überresten des antiken *Myndos*, das der Halbinsel von Bodrum ihren früheren Namen gab. Das meiste davon liegt als "Sunken City" heute jedoch unter Wasser. Über Wasser bietet die Bucht von Gümüşlük allabendlich einen der schönsten Sonnenuntergänge der gesamten Westküste – ein Tipp für Romantiker.

Von Gümüşlük bietet sich eine kleine Wanderung nach **Karakaya** an, ein pittoreskes, ehemals griechisches Dorf 4 km landeinwärts in den Bergen (ausgeschildert). Einige der alten Katen, erst 1998 elektrifiziert, wurden restauriert und dienen heute als Ferienvillen.

• *Information* **Tourist Information** zentral bei den Fischlokalen. Sehr freundlich und hilfsbereit. Tägl. 8.30–17.30 Uhr, im Hochsommer länger. ✆ 0252/3944487.

• *Tauchen/Schnorcheln* ist rund um die Sunken City offiziell verboten. Da die wichtigsten Funde bereits geborgen wurden, drückt man beim Schnorcheln in der Regel ein Auge zu. Doch Achtung: Was der Tourist Information egal ist, muss der Jandarma noch lange nicht schnuppe sein – besser nochmals nachfragen!

• *Übernachten/Camping* Vorrangig schlichte Pensionen oder Aparthotels. Im Sommer ist eine Reservierung empfehlenswert.

Arriba Apart Otel, bietet 4 große, einfache aber saubere Apartments mit Meeresblickbalkon oder -terrasse (für bis zu 5 Pers.) für 33 € pro Tag. Zudem 3 gemütliche Holzhäuschen im Garten dahinter mit Kühlschrank und Terrasse, als DZ mit Frühstück 24 €. Freundlicher Service. Restaurant. Campingmöglichkeiten im Garten. ✆ 0252/3943654, ℻ 3944039.

Gümüşlük Motel, zentral bei den Fischlokalen. Vermietet werden für 29 € inkl. Frühstück 5 kleine DZ, äußerst spartanisch ausgestattet, dafür mit schönem Blick über Bucht und Hafen. ✆ 0252/3943045.

Sysyphos Pansiyon, am Südende der Bucht. Schönes altes Steinhaus, Terrasse direkt am Meer, Restaurant im idyllischen

Innenhofgärtchen. Sehr gemütlich. Zimmer z. T. mit Balkon und Terrasse, jedoch ohne größeren Schnickschnack. DZ mit Frühstück ca. 24 €. ✆ 0252/3943016, ℻ 3943656.
Noch zwei weitere Adressen: **Hera Pansyion** mit großen Apartments für 4–5 Pers. für ca. 36 € (✆ 3943065) und **Kilimci Apart Pansiyon** auf ähnlichem Niveau (✆ 0252/ 3943010).

• *Essen & Trinken* In allen Fischlokalen sitzt man schön und wird frische Ware serviert. Die Mezevitrinen übertreffen sich gegenseitig. Für ein komplettes Essen sollte man mit mindestens 10 € rechnen. Trotz Tafeln mit angeblich fixen Menüpreisen ist zu handeln üblich und wird selbst von der Tourist Information empfohlen. **Achtung**: Der letzte Dolmuş zurück nach Bodrum fährt im Sommer gegen Mitternacht – trotzdem besser vorher bei der Tourist Information nachfragen.

Wo Sonnenuntergänge am schönsten sind: Bodrum-Halbinsel

Yalıkavak: Die ehemalige Schwammtaucher-Hochburg ist heute ein freundlicher Urlaubsort, dessen Zentrum sich mit geselligen Altherrenrunden noch immer recht ursprünglich präsentiert. Am Eingang zu diesem lässt sich übrigens auch eine *Zisterne* aus dem spaten 19. Jh. besichtigen, in welcher die städtische Galerie Exponate von Glasmalereien bis zu moderner türkischer Kunst zeigt (im Sommer tägl. ab 15 Uhr, kein Eintritt). Der schmale Strand ist zwar zugegebenermaßen wenig spektakulär, dafür verschandeln ihn auch keine großen Hotelklötze. Und da es mit dem Baden unmittelbar vor Ort nicht ganz so toll ist, will man betuchtere Gäste durch den Bau einer Marina für 450 Jachten (voraussichtliche Fertigstellung Sommer 2003) anlocken.

• *Bootstouren/Einkaufen* Badeausflüge werden am Hafen angeboten, pro Person mit Mittagessen ca. 9 €. Do großer Wochenmarkt nahe dem Hotel Adahan.

• *Übernachten* **Lavanta Hotel**, viel gelobte Luxusherberge mit traumhafter Aussicht über Yalıkavak. Komfortabelst ausgestattete, individuell eingerichtete Räumlichkeiten (Antiquitäten, wertvolle Teppiche, Holzböden usw.). DZ ab 130 €, Apartments für Selbstversorger für eine Woche ab 545 €. Pool. ✆ 0252/ 3852167, www.lavanta.com. Von der Straße nach Gündoğan/Türkbükü ausgeschildert.

Adahan Hotel, ebenfalls herrlich, ca. 100 m von der neuen Marina entfernt, in einem einer Karawanserei nachempfundenen Gebäude. 22 mit viel Geschmack ausgestattete Zimmer. Überall im Haus wertvolle Antiquitäten, Pool dezent mit klassischer Musik beschallt, Bibliothek, 1a Küche. Familienbetrieb. Ganzjährig geöffnet. DZ mit Frühstück 95 €. ✆ 0252/3854759, www.adahanotel.com.

Otel Taşkule, an der Uferpromenade. Gemütliches kleineres Haus mit 13 elegantmodernen Zimmern mit schönen Bädern, Klimaanlage, aber nur z. T. mit Balkon. Pool. DZ mit Frühstück 45 €. ✆/℻ 0252/ 3854935, taskule@hotmail.com.

Kıvanç Hotel, 150 m nördlich des Hafens, nur durch die Uferpromenade vom Meer getrennt. Schöne, zweistöckige, natursteinverzierte Anlage mit viel Grün. Pool. 24 Zimmer mit Klimaanlage, TV, Telefon, Föhn und Kühlschrank. Zum Teil rollstuhlfahrergerechte Räumlichkeiten. DZ mit Frühstück 44 €. ✆ 0252/3852634, www.kivanchotel.com.

Otel Windmill, etwas zurückversetzt vom Strand nahe dem Taşkule. Gemütliche begrünte 15-Zimmer-Anlage mit Pool und einem künstlichen Bächlein. Das Standard-DZ mit Frühstück 29 €. ✆ 0252/3854805, www.windmillotel.com.

Dost Pansiyon, einfache, freundliche Familienpension und zugleich eines der wenigen Häuser, die unmittelbar am Meer liegen. Vermietet werden 10 schlichte kleine Zimmer mit Teppichböden und privaten Bädern. Pluspunkte: Toller Frühstücksbalkon, herrliche Dachterrasse. DZ mit Frühstück 15 €. ✆ 0252/3854080, ramazanoktemer@mynet.com.

• *Essen & Trinken* Die schönstgelegenen Restaurants stehen wie üblich an der Promenade. Besonders beliebt ist hier das auch vom Dekor etwas aus der Reihe fallende **Çakıroğlu Çardak**, eine Portion Fisch mit Salat und einem Bier kostet ca. 10 €. Im kleinen Zentrum dahinter (gegenüber der Moschee bei der Zisterne) empfiehlt sich das **Gülten Abla** mit grundehrlicher türkischer Hausmannskost (gefülltes Gemüse, Köfte, Suppen). Hauptgerichte kosten um die 2,40 €. Man sitzt urgemütlich auf Bänkchen unter Schatten spendenden Bäumen.

Gündoğan: Im Ersten Weltkrieg versetzten die Bewohner ihren Ort von der Küste einige hundert Meter landeinwärts, um englischen Kriegsschiffen kein Angriffsziel zu bieten. Während dort heute kleinstädtisch-ländliche Atmosphäre herrscht, steht die U-förmige, weite Bucht mit ihrem groben Sandstrand wie überall ganz im Zeichen des Tourismus. Es wird gebaut und gebaut. In den Sommermonaten beschallt der Danceclub "Barracuda" das weite Halbrund, in der Nebensaison geht's ganz gemütlich zu.

• *Übernachten* **Motel Villa Lale**, direkt am Strand. Große einfache Zimmer, im Erdgeschoss mit blumenüberrankter Terrasse, im ersten Stock mit Veranda. Hübsches Restaurant mit Meeresblick angeschlossen. DZ mit Frühstück 24 €. ✆ 0252/3877110.

Türkbükü und Gölköy: Türkbükü, im Norden der Halbinsel über eine Stichstraße zu erreichen, war noch vor 20 Jahren ein Fischernest. Heute ist es die exquisiteste Adresse der gesamten Halbinsel, Flaniermeile der Berühmten und Reichen. Rund um die Bucht findet man dementsprechend exklusive Clubanlagen, doch besser noch urlaubt man natürlich in der eigenen Villa. Stets begegne man in Türkbükü irgendeinem Promi beim Sonnenbaden, so heißt es. Da der schmale Sandstreifen selbst weniger dazu geeignet ist, bräunt man sich mitsamt Rottweiler oder Golden Retriever auf Holzstegen über dem Meer. Keine Sorge, wenn Ihnen beim Sehen und Gesehen werden das Geld schnell ausgeht – Bankautomaten direkt am Strand sorgen für Nachschub...

Gölköy, das man auf dem Weg nach Türkbükü passiert, ist die einfachere Variante. Auch hier ist der örtliche Strand alles andere als der Renner, auch hier behilft man sich mit Stegen. Nur sonnen sich in Gölköy eben auch Ali und Otto Normalverbraucher. Vor den unausweichlichen türkischen Feriensiedlungen ist auch diese Bucht nicht verschont geblieben.

• *Anfahrt* Türkbükü und Gölköy sind von der Straße Gündoğan-Torba etwas verwirrend mit "Göltürkbükü" ausgeschildert.

• *Übernachten in Türkbükü* Wenn schon, denn schon. Die 3 schönsten Adressen vor Ort:

Ada Hotel, die teuerste von allen im Buch beschriebenen Unterkünften, aber ihr Geld wert, zählt sie doch gar zu den besten Hotels Europas. Im Haus – halb Festung, halb Karawanserei – erwartet den Gast stilvoller Luxus und Service in jeder erdenklichen Weise. Mit unglaublicher Liebe zum Detail ausgestattete Räumlichkeiten (nur 8 Zimmer und 6 Suiten), elegantes hauseigenes Hamam, kleine private Terrassen, 2 Pools, lauschige Gärtchen, ein privates Theater usw. 2 Pers. mit Frühstück je nach Zimmer 280–575 € pro Nacht. ✆ 0252/3775915, www.adahotel.com. Hoch über der Bucht.

Maki Hotel, 2000 eröffnet, am nördlichen Ende der Bucht ohne direkten Strandanschluss. Minimalistisch-funktional durchgestyltes Haus. Alle Zimmern mit Balkon.

Pool überm Meer. Eine private Jacht schippert die Gäste zu verschiedenen Buchten. DZ mit Frühstück 100 €. ✆ 0252/3776105, www.makihotel.com.

Kaktüs Çiceği Hotel, direkt am Strand. Alteingesessenes 16-Zimmer-Haus, geführt von einer herzigen İstanbulerin. Freundlich ausgestattete Zimmer in warmen Farbtönen. Exzellentes Restaurant angeschlossen. DZ mit Frühstück 100 €. ✆ 0252/3775254, ✆ 3775248.

• *Übernachten in Gölköy* Einfache Familienpensionen (das DZ um die 18 €) findet man in der Regel in zweiter Reihe hinter dem Strand. Am Strand selbst:

Orkide Motel, freundliche Natursteinanlage mit eigenem Restaurant. 16 ordentliche Zimmer mit Klimaanlage, das DZ mit Frühstück 47 €. ✆ 0252/3577628, ✆ 3577627.

Şeker Motel, einfaches Haus, nur durch sein eigenes Restaurant vom Strand getrennt. Schlichte Zimmer mit Balkon, viele davon mit Meeresblick. DZ mit Frühstück 24 €. ✆ 0252/3577129.

Torba: Das nordöstliche Schlusslicht der Bodrum-Halbinsel ist für Individualtouristen wenig interessant. Schicke Clubanlagen belegen die Bucht, dazwischen verbleiben nur wenige Quadratmeter Strand für Tagesbesucher. Von Torba legen die Fähren nach Didyma ab.

Zwischen Bodrum und Milas

Von Bodrum führt die gut ausgebaute Nationalstraße 330 vorbei am Flughafen nach Milas. Nach rund 7 km hat sie die Bodrum-Halbinsel überquert. Sobald die Straße das Meer küsst, reihen sich große Apartmentsiedlungen aneinander. Nach einer Weile passiert man Güvercinlik, ein lang gezogenes Küstendorf. Es ist wenig empfehlenswert, doch ohnehin gibt es links oder rechts der Straße kaum etwas zu entdecken. Für hungrige Fischliebhaber lohnt auf dieser Strecke jedoch ein Abstecher (5 km, ausgeschildert) nach *Boğaziçi*. Ein Ausflug wert ist auch der *Golf von Güllük*, an dem nicht nur das gleichnamige Städtchen liegt, sondern auch *Iasos*, eine beliebte Station "Blauer Reisen."

Boğaziçi

Das kleine ruhige Dorf Boğaziçi liegt rund 23 km nordöstlich von Bodrum, an einer tiefen, fjordartigen Bucht. Es steht ganz im Zeichen der Fischzucht. Ein paar urgemütliche Lokale mit Stegterrassen über dem Wasser laden zum Kosten ein. Hier geht es um einiges einfacher, dafür auch billiger zu als in den Restaurants rund um Bodrum. Leider gibt es am Ort keinen Strand und keine Unterkünfte, zudem ist Boğaziçi nur mit eigenem fahrbaren Untersatz zu erreichen.

Güllük

Güllük, 18 km südwestlich von Milas, erstreckt sich über mehrere Buchten. Trotz mickriger, handtuchbreiter Strände – der akzeptabelste befindet sich in der nördlichsten Bucht – werden diese von Feriensiedlungen umrahmt. Die Hauptbucht nimmt eine Werft samt einer großen Mole in Anspruch, an der rostige Frachter festmachen, um im Hinterland abgebautes Bauxit aufzunehmen. Zu einem Touristenmagnet steigt man so nicht auf! Wer darüber hinwegsehen kann, findet hier jedoch eine lustige Mischung aus Urlaubern und Werftarbeitern, die es sich allabendlich in den Lokantas am Hafen gut gehen lassen. An der südlichsten Bucht steht ein Erholungsheim für Türk-Petrol-Angestellte.

• *Verbindungen/Boosausflüge* Häufige **Dolmuş**verbindungen nach Milas; mehrmals tägl. im Sommer auch nach Bodrum. **Bootsausflüge** werden u. a. nach Iasos und

Didyma angeboten, pro Person mit Mittagessen 10 €.

• *Übernachten* ****Corintha Güllük Hotel, eines der zwei Corinthia-Hotels im Ort. 36 komfortable Zimmer. Mit dem Bruderhaus teilt man sich Disco, Pools, Hamam, Tennisplätze etc. Zudem ein hauseigener Beachclub am Meer – wer hier ins Wasser springt, könnte geradeso im Hafenbecken von İzmir baden. DZ mit Frühstück 90 €. ✆ 5223748, www.corinthiahotels.com.

Özer Hotel, im Süden der Hauptbucht. Laut Prospekt heißt ein Urlaub im Özer "das Leben wieder entdecken". Leicht übertrieben, dennoch eine der schönsten Unterkünfte vor Ort. 38 geräumige Zimmer, alle mit Balkon, größtenteils mit gefliesten Böden. Schmaler Strandabschnitt. Große gemütliche Terrasse. DZ mit Frühstück 27 €. Gutes Preis-Leistungs-Verhältnis. ✆ 0252/5223377, 📠 5222742.

Motel Semra, 2002 eröffnete Herberge in der ersten Bucht nördlich der Hauptbucht. 12 schlichte, aber ordentliche Zimmer, einige davon mit Meeresblick (solange das brachliegende Grundstück vorm Haus noch nicht bebaut ist) und Balkon. Dachterrasse. DZ 12 €, kein Frühstück. ✆ 0252/5222684.

Iasos (Kıyıkışlacık)

Kıyıkışlacık ist malerisch – nur wenige Orte der türkischen Ägäisküste haben ihre Beschaulichkeit so über all die Zeiten bewahrt. Die Gründe sind schnell gefunden: Der nächste Strand befindet sich im 7 km entfernt gelegenen Zeytinlikuyu. Zudem liegt Kıyıkışlacık in der Einflugschneise des Flughafens Milas-Bodrum. Ansonsten ist der Ort ein kleines, nahezu unberührtes Paradies, wo man noch gemütlich in einer der Tavernen an der idyllischen Hafenbucht sitzen und den Fischern beim Ausbessern der Netze zuschauen kann. Auch vom türkischen Bauwahn blieb dieser Ort weitestgehend verschont.

Bekannter als unter seinem Zungenbrechernamen ist Kıyıkışlacık als *Iasos*, so genannt nach der Altsiedlung auf der dem Hafen gegenüber liegenden Halbinsel. Italienische Archäologen, die jeden Sommer drei Monate aktiv sind, haben hier die Ruinen einer einst wohlhabenden karischen Stadt ausgegraben. Iasos, vermutlich im 9. Jh. v. Chr. gegründet, war von einer wehrhaften Mauer geschützt; eine Akropolis krönte die Halbinsel. Wer heute zwischen Olivenbäumen durch das Ausgrabungsgelände schlendert, stößt u. a. auf Reste eines *Zeustempels*, einer *Agora*, eines *Gymnasion*, eines *Bouleuterions* und einer *byzantinischen Basilika.*

Am eindrucksvollsten ist das herrlich restaurierte römische *Heroon* (außerhalb des Grabungsgeländes, mit "Balıkpazarı Açıkhava Müzesi" ausgeschildert). Bis vor nicht allzu langer Zeit nutzten die Einwohner den monumentaler Grabbau als Fischmarkt. Heute dient es als Museum für Funde aus Iasos, insbesondere Torsi und Fragmente.

• *Verbindungen/Anfahrt* Im Sommer regelmäßige **Dolmuş**verbindungen nach Milas. **Bootsausflüge** werden nach Güllük angeboten. Von der Straße Milas-Bodrum und von der Straße Milas-Söke ausgeschildert.

• *Öffnungszeiten des Grabungsgeländes* tägl. 8.30–18 Uhr, im Winter eine Stunde kürzer. Eintritt 1,80 €, erm. 0,60 €. Im Ticket ist der Besuch des Museums inbegriffen. Ein Übersichtsplan des Geländes befindet sich neben dem Kassenhäuschen.

• *Übernachten* **Kaya Pension**, deutschsprachiger Familienbetrieb, hoch über dem Dorf (ab der Moschee ausgeschildert). 16 Zimmer, die neueren Datums sind rund um einen Pool gebaut. Freundlich mit Naturholzmöbeln, blauen Vorhängen und Deckenventilator ausgestattet. Herrliche Aussichtsterrasse. Von Lesern empfohlen. DZ mit Frühstück 18 €. ✆ 0252/5377439, www.kaya-pension.de.

Iasos Pension, am Hafen über der Jandarma-Station. Hier wohnt u. a. das italienische Ausgrabungsteam im Sommer. 7 schlichte, aber freundliche Zimmer mit eigenem Bad. Nette Etagenterrassen mit Blick über den Hafen. Sehr freundliche Wirtsleute. DZ ohne Frühstück 9 €. ✆ 0252/5377322.

Am Golf von Gökova

Der touristisch kaum erschlossene Golf von Gökova ist noch immer einer der schönsten Küstenabschnitte der gesamten Türkei. Je weiter man sich der "Metropole" Bodrum entfernt, desto ursprünglicher wird die Landschaft: Hügelige, bewaldete Gegenden wechseln mit Feldern samt Bauern oder Weiden samt Kühen. Wer hier unterwegs ist, sieht gelegentlich Schilder in das eine oder andere "Carpet Village" weisen – ein Versuch der Landbevölkerung, am großen Geschäft mit dem Tourismus teilzuhaben. Ansonsten sind Markierungen Mangelware. Ein Lächeln sollte man sich aufheben – für ein paar Kilometer in die falsche Richtung (keine Karte stimmt) und für den Bauern am Wegesrand, der Ihnen weiterhilft. Als Belohnung winken traumhafte, nur durch Stichstraßen erreichbare Buchten. Leider sind die meisten Orte überhaupt nicht oder nur schwer mit Dolmuşen zu erreichen. Und noch was: Wechseln sie Ihr Geld im Voraus!

Die Buchten von Çiftlikköy

20 km südöstlich von Bodrum liegt das Bauerstädtchen Çiftlikköy. Es ist von Hügeln und Feldern umgeben und für Touristen wenig interessant. Wohl aber der Küstenabschnitt ein paar Kilometer davor mit gleich vier einladenden Buchten. Die beiden östlichen belegen All-inclusive-Clubs. Öffentlich zugänglich ist **Yalıçiftlik Koyu** (von Kızılağaç kommend die zweite Bucht) mit einem gepflegten Sandstrand und ein paar Bars. Den Picknickkorb bringt man am besten mit, denn der einzige Laden vor Ort ist dreist überteuert.

Verbindungen Häufig **Dolmuşe** von und nach Bodrum.

Die Buchten von Mazıköy

Wer von Çiftlikköy auf kleinen einsamen Landsträßchen ca. 35 km gen Osten kurvt, erreicht (hoffentlich nicht entnervt) Mazıköy. Unterhalb des verschlafenen Dorfes befinden sich zwei türkisfarbene Traumbuchten, die zu den schönsten der gesamten türkischen Küste gehören. Selbst Ausflugsboote und Jeep-Konvois können die Idylle kaum trüben. Die Strände sind nahezu unverbaut, gelegentlich verirrt sich auch einmal eine Kuh dorthin. Dabei ist es ganz egal, ob Sie sich für den schmalen Kiesstrand der **Hurma-Bucht** (die östlichere) oder die zwei aneinander grenzenden Strände der **İnceyalı-Bucht** (die westlichere) entscheiden.

- *Telefonvorwahl* 0252.
- *Verbindungen/Anfahrt* Eigenes Fahrzeug von Vorteil, mit Dolmuşen nur schwer zu erreichen. Achtung: Die Sträßchen von Mazıköy hinab in die Buchten sind streckenweise nicht geteert und in einem bösen Zustand, jedoch auch ohne geländegängiges Fahrzeug (ohne Anhänger) zu meistern.
- *Übernachten/Essen & Trinken in der Hurma-Bucht* 3 Pensionen direkt am Strand, weitere Unterkünfte sowie ein beschaulicher Campingplatz liegen etwas landeinwärts. Eine frühzeitige Reservierung ist für die Hochsaison ratsam. Unsere Empfehlung ist die **Sahil Pension** – vom Bett zum Meer sind es nur ein paar Meter. Vermietet werden 7 saubere Zimmer mit Kiefernholzmöbeln, das DZ zu 15 € mit Frühstück. Gespeist wird auf der Traumterrasse am Strand, den Nachtisch klaut man sich aus dem hauseigenen Mandarinengarten. ✆ 3392131.

  Falls voll, kann man in die **Uğur Pansiyon** (✆ 3392043) oder **Öztekin Pansiyon** (✆ 3392136) ausweichen, ebenfalls in erster Reihe am Strand.

  Das **Mazıköy Restaurant** und das **Kayabaşı Restaurant** servieren in schöner Lage erstklassigen Fisch zu gemäßigten Preisen.
- *Übernachten/Essen & Trinken in der İnceyalı-Bucht* Die Pensionen vermieten in der

İnceyalı-Bucht bei Mazıköy

Regel nur mit HP – das DZ um die 30 €. Auch hier wird frühzeitiges Reservieren empfohlen.

Çiçek Pension, auch Flower Pension genannt. Sehr einfach, dafür mit Meeresrauschen zum Einschlafen, gemütliche Terrasse, samt lustigem Bier trinkenden Publikum. ✆ 3392039. Des **İnceyalı Pansiyon**, 16 einfache Zimmer mit eigenem Sanitärraum und eigener Terrasse. Tolles Restaurant direkt über dem Strand. Wer will, kann hier unter Zitronenbäumen (klingt idyllischer als es ist) für 6 € pro Nacht sein Zelt aufschlagen. Bootstouren für Gäste. ✆ 3392125.

Kale Pansiyon, vermietet die spartanischsten Zimmer. Aber ebenfalls schöne Restaurantterrasse. Im Vorgarten ein Hahn, ein paar Kühe und eine Million Fliegen. ✆ 3392164.

Çökertme

Zu Çökertme, einem Bauerndorf ca. 64 km östlich von Bodrum, gehört auch eine kleine Hafensiedlung. Diese besteht es aus nicht viel mehr als zwei Häuserzeilen an einem schmalen Strand. Beliebt ist die kleine Bucht mehr bei Seglern auf der "Blauen Reise" denn bei Sonnenanbetern.

• *Verbindungen/Anfahrt* **Dolmuş**verbindungen bestehen nach Milas und Bodrum, jedoch nur sehr wenige Fahrten am Tag. Sagen Sie dem Fahrer Bescheid, dass Sie am Meer aussteigen wollen. Wer abgeholt werden will, ruft einfach die Dolmuşkooperative an (✆ 0252/5310334). **Mit dem eigenen Fahrzeug** ist Çökertme am einfachsten von Milas zu erreichen: Kurz vor Ören bei einem unübersehbaren Kraftwerk rechts ab, dann noch ca. 12 km. Von Bodrum mal links, mal rechts und immer wieder fragen. Wir sind noch nie auf Anhieb angekommen!

• *Übernachten/Essen & Trinken* Nur einige wenige Unterkünfte, vorrangig einfache Pensionen. Im Juli und August hat man ohne Reservierung schlechte Karten.

Çökertme Motel Ören Tur, zwar nicht direkt am Strand (dort nur das äußerst gemütliche, hauseigene Restaurant), aber idyllisch im Dorf gelegen. Beste Unterkunft vor Ort. Freundliche, recht komfortable Zimmer. Livemusik-Abende im Restaurant, nette Atmosphäre. DZ mit Frühstück ca. 24 €. ✆ 0252/5310156, ℻ 5310157.

Kaptanoğlu Pansiyon, eine der einfachen Pensionen vor Ort. 8 schlichte, aber saubere Zimmer mit privaten Sanitäranlagen. DZ 9 €, Frühstück auf Wunsch (p. P. 1,50 €). Eigenes Fischlokal am Wasser. ✆ 0252/5310177.

Ähnlicher Standard und ähnliche Preise bei der **Akkaş Pansiyon** (✆ 0252/5310125), die etwas näher am Meer liegt.
Beim internationalen Seglerpublikum beliebte Restaurants sind **Captain İbrahim's** und **Rose Mary Restaurant** – was aber nicht heißt, dass die Nachbarn schlechteren Fisch servieren.

Ören

Ören, rund 12 km östlich von Çökertme, liegt an einer herrlichen weiten Bucht zu Füßen des bei Paraglidern beliebten, 640 m hohen Kocadağ. Noch verschandelt kein Hotelklotz den schönen langen Sand-Kies-Strand, hinter dem sich Pensionen und Feriensiedlungen eher dezent verstecken. Doch Bürgermeister Kazım Turan hat Großes vor, er will sein Städtchen zu einem der "wichtigsten touristischen Zentren der Welt" ausbauen. Bleibt zu hoffen, dass er sein Ziel verfehlt. Bislang ist Ören noch eine empfehlenswerte Alternative zum Bodrumtrubel – auch wenn das 4.500-Seelen-Städtchen in der türkischen Ferienzeit auf 30.000 Einwohner anschwillt. Unter die vorrangig türkischen Urlauber mischen sich in den letzten Jahren auch mehr und mehr ausländische Touristen.

Das eigentliche, dörfliche Zentrum Örens liegt rund 1,5 km hinter der Küste. Hier findet man eine Post, einen Barbier und ein paar Läden – aber keine Bank (Geldautomaten 4 km westlich beim unübersehbaren Kraftwerk). Mittwochs geht hier auch ein farbenfroher Wochenmarkt über die Bühne.

Ören wurde übrigens auf dem Gebiet des antiken *Keramos* errichtet, das im 6. Jh. v. Chr. erstmals erwähnt und nach dem gleichnamigen Sohn des Weingottes Dionysos benannt wurde. Er galt als Begründer der Töpferkunst (Keramik!). Wenig spektakuläre Überreste der antiken Stadt sind in und um Ören verstreut.

Verbindungen/Sonstiges

• *Verbindungen* **Dolmuşverbindungen** nur von und nach Milas bzw. von und nach Çökertme. Die Dolmuşe fahren im Sommer bis zum Strand.

• *Bootsausflüge* werden am Strand angeboten. Angefahren werden Buchten der Umgebung. Pro Person mit Mittagessen ca. 10 €.

• *Zweiradverleih* über das Hotel Alnata, sofern nicht gerade die eigenen Gäste alle Maschinen benutzen. Motocrossmaschine 50 €/Tag, Mountainbike nur ein paar Euro.

• *Paragliding* Der Kocadağ vor der Haustür sowie eine gute Thermik machten die Location in den vergangenen Jahren zu einem Geheimtipp. Auskünfte erhalten Sie vor Ort in Ihrem Hotel oder in Deutschland über Ergun Sportreisen, Carl-Jordan-Str. 9, 83059 Kolbermoor, ✆ 08031/809573, ergunreise@gmx.de. Ein Flug ca. 65 €, hinzu kommen Transferkosten zum Berg.

Übernachten/Essen & Trinken

• *Übernachten/Camping* Da die meisten türkischen Gäste in ihren eigenen Ferienhäusern urlauben, ist die Auswahl an Unterkünften nicht allzu groß. Die hier aufgelisteten liegen allesamt an der Uferpromenade, weitere, oft schlichte Aparthotels, findet man landeinwärts.

*****Hotel Alnata**, bestes Hotel Örens. Geräumige, helle Zimmer mit Marmorböden – die schönsten auf der Vorderseite mit Pool- und Meeresblick! Tennisplätze und großes Sportangebot. Zudem 7 rollstuhlfahrergerecht ausgestattete Zimmer. Freundliches, junges Personal, viel deutsches Publikum. DZ mit Frühstück ca. 30 €, mit HP ca. 41 €, Preisnachlässe in der Nebensaison. ✆ 5322813, ✆ 5322381.

Yıltur Turistik Tesisleri, im Osten der Bucht nahe dem Fischerhafen. Einfachste Zimmer mit privaten Sanitäranlagen (Bäder und Bettwäsche vorher inspizieren). Billig – 3 € pro Person ohne Frühstück, eine Gemeinschaftsküche steht zur Verfügung. Nebenan ein schlichtes Fischrestaurant. Campingmöglichkeiten im Garten, für 2 Pers. 2,40 € pro Nacht. ✆ 5322114, ✆ 532115.

• *Essen & Trinken* Mehrere nette Fischlokale servieren direkt am Strand. Die Portion Fisch ab 3 € aufwärts.

Kos – das Herz der Inselhauptstadt ist der Mandraki-Hafen

Ausflug auf die Insel Kos (Griechenland)

Weite Sandstrände, klares Wasser, einsame Bergdörfer – und das alles nur 40 Schiffsminuten von Bodrum entfernt. Der gleichnamige Hauptort mit seinem Jachthafen gilt als das Baden-Baden der Ägäis.

Kos, das drittgrößte Eiland des Dodekanes, ist eine attraktive Insel. Das wissen leider zu viele – in der Hochsaison ist die Insel restlos überlaufen. Abgeschiedenheit und Ruhe findet man dann hier genauso wenig wie rund um Bodrum. Sehenswert und sympathisch ist **Kos-Stadt**, wo auch die Fähre anlegt. Der kesselförmige Hafen präsentiert sich farbig und abwechslungsreich. Kleine, bunte Fischerboote liegen eng neben pompös ausgestatteten Jachten, zu Lande Palmen, gemütliche Cafés und eine Reihe von Sehenswürdigkeiten. Wie in Bodrum gibt es auch hier an der Hafeneinfahrt ein *Kastell*, das die Ritter des Johanniterordens im 15. Jh. errichten ließen (tägl. außer Mo 8.30–15 Uhr, Eintritt 2,50 €). Direkt vor dem Eingang zum Kastell steht die berühmte *Platane des Hippokrates*. In deren Schatten soll der Namensgeber des ärztlichen Eids gelehrt haben. Ein PR-Gag ließ die den mächtigen Baum (Durchmesser des Stammes knapp 10 m) zum ältesten Europas werden (2.000 Jahre), obgleich Biologen sein Alter mit rund 500 Jahren angeben.

Ein paar Schritte weiter lag einst die *Agora*, heute das größte Ausgrabungsareal der Stadt. Im 14. Jh. erbaute der Johanniterorden auf den antiken Überresten die Stadt Chorio – ein paar Verteidigungsmauern sind noch zu erkennen. Das Gelände ist frei zugänglich.

Nördlich der Agora schließt die **Platia Eleftherias**, der "Platz der Freiheit" an, an dem auch das **archäologische Museum** steht, ein recht schmuckloser Bau. Es beherbergt lokale Funde, Altäre, Büsten, Grabplatten usw. Sehenswert ist im Innenhof das Mosaik "Empfang des Asklepios" aus dem 2. oder 3. Jh. v. Chr. (Öffnungszeiten und Eintritt wie Kastell).

Gegenüber dem Museum lohnt ein Besuch des städtischen **Obst- und Gemüsemarktes** (nur vormittags). Sucht man sich von hier einen Weg durch das Gassenwirrwar gen Nordwesten, gelangt man zum antiken **Gymnasion** (frei zugänglich) aus dem 2. Jh. v. Chr., wo einst eine überdachte Laufbahn den Athleten erlaubte, auch bei Regen zu trainieren. Eine wieder aufgerichtete Säulenreihe lässt die einstige Größe der Anlage erahnen. Am Nordende des Gymnasions zeigt ein überdachtes Fußbodenmosaik "Das Urteil des Paris". Schräg gegenüber sind die Reste des **Nymphäums** auszumachen.

Das Highlight von Kos-Stadt, das **Asklepieíon**, liegt ca. 4 km außerhalb des Zentrums nahe der Straße nach Tigáki (Di–Fr 8.30–18.30 Uhr, Sa/So 8.30–14.30 Uhr, Eintritt 2,50 €). Lange Zeit nahm man an, dass der 460 v. Chr. auf Kos geborene Hippokrates, einer der Wegbereiter der modernen Medizin, hier gewirkt habe. Die antike Heilstätte samt Wallfahrtsort wurde jedoch erst um 370 v. Chr. erbaut. Das Areal ist auf drei Stufen angelegt: Auf der ersten befanden sich Krankenzimmer, Badeanstalten, Toiletten, Unterrichtsräume usw.; auf der zweiten die Wohnräume der Priester, der Tempel des Äskulap (ionischer Stil) und der Tempel des Apollon (korinthischer Stil); auf der dritten wieder Unterrichtsräume und Krankenzimmer, dazu der große Tempel Äskulaps (dorischer Stil).

Information/Verbindungen/Sonstiges in Kos-Stadt

• *Telefonvorwahl* internationale Landesvorwahl für Griechenland 0030.

• *Information* an der Uferpromenade Akti Miaouli, nahe der Anlegestelle der Tragflächenboote. Hilfsbereit. Mo–Fr 8–20.30 Uhr, Sa/So 8–15 Uhr. ✆ 2242024460, Fax 2242028724.

• *Verbindungen auf Kos* Um einen ersten Eindruck von der Kos-Stadt zu gewinnen, bietet sich eine Fahrt mit der grün-weißen **Straßen-Bummelbahn** an, Abfahrt am südlichen Ende der Hafenpromenade . Die **Inselbusse** fahren vom Busbahnhof an der Kleopatras Str. 9 (hinter dem Olympic-Airways-Büro) ab.

• *Fährverbindungen in die Türkei* → Bodrum/Verbindungen, S. 58.

• *Auto-/Zweiradverleih* Zahlreiche Anbieter. Mit folgenden Preisen müssen Sie rechnen: Vespa 10 €, Mountainbike 4 €, Pkws ab 45 € inkl. Vollkasko.

• *Touristenpolizei* im ehemaligen italienischen Gouverneurspalast an der Uferpromenade. ✆ 2242026666.

Übernachten/Essen & Trinken in Kos-Stadt

Reichliches Angebot. Bei der Privatzimmersuche (DZ ca. 20–25 €) hilft die TI weiter. Bedenken Sie bei der Wahl eines Quartiers an den Hauptstraßen, dass das Nachtleben in Kos recht ausschweifend ist – die letzten Heimkehrer kommen zeitgleich mit der Müllabfuhr.

Hotel Afendoulis, sehr zentral, aber dennoch ruhig. 20 Zimmer, sauber, fast alle mit Balkon. Das Frühstück wird in der geräumigen Eingangshalle serviert. DZ 30–35 €. Evripilou Str. 1, ✆ 2242025321, Fax 2242025797.

Pension Alexis, *die* Adresse in Kos-Stadt. Hier stimmt alles: Zentrale Lage, saubere und helle Zimmer, heiße Duschen, erstaunlich ruhig und freundliche Besitzer (Alexis und Sonia), die sich um ihre Gäste bemühen. Auf der jasminbewachsenen Terrasse trifft man ein internationales Publikum. Übernachtung ab 20 €. Irodoton & Omirou Str. 9; ✆ 2242028798, Fax 2242025797.

• *Camping* **Camping Kos**, der einzige Camping der Insel, 4 km südöstlich des Zentrums in Richtung Psalidi. Relativ kleine, aber saubere und gemütliche Anlage mit internationalem Publikum. Gute Busanbindung. 2 Pers. mit Zelt 13–15 €, ✆/Fax 2242023910.

• *Essen & Trinken* **Restaurant Hellas**, authentische griechische Küche, große Portionen für wenig Geld. Tipp: Spezialitätenteller mit Dolmades, Moussaká, gefüllten Paprika und Stifado. Freundlicher Service. Nördlich des Mandráki-Hafens, Ecke Psaron Str.7/ Amerikis.

Taverne Petrino, gemütliches Gartenlokal, in dem es üppig blüht und duftet. Griechische Küche mit internationalem Einschlag, sorgfältig zubereitet. 1a-Vorspeisen, z. B. Avocados mit Shrimps. I. Theologou Platz.

Nick the Fisherman, hier kommen fangfrische Köstlichkeiten des Meeres auf den Teller. Wählen Sie in der Küche aus. Zudem sollte man sich die Kürbispuffer mit Zaziki (3 €) nicht entgehen lassen. Averof Str./ Alikarnassou Str.

Die schönsten Ausflugsziele der Insel

Inselosten: Der Osten von Kos mit seinen langen Kies- und Sandstränden, Oleanderbüschen am Straßenrand und dem steten Blick hinüber zum türkischen Festland wäre eigentlich eine reizende Region, würde nicht eine Vielzahl von gigantischen Hotelkomplexen und militärische Einrichtungen das Landschaftsbild stören. Die Attraktion hier sind die *Empros-Thermen* am Ende der Straße, die sich von Kos-Stadt entlang der Küste gen Südosten schlängelt. 50°C heißes Wasser strömt dort aus einer Felsspalte, um sich in einem Naturbecken mit Meerwasser zu vermischen.

Nordküste: Sandstrände mit Dünencharakter und ein flaches Hinterland prägen die Nordküste. Stichstraßen führen zu den Küstenorten, die meisten davon sind fest in der Hand deutscher und britischer Pauschalurlauber. Vom großen Andrang verschont blieb bislang der gemütliche Fischerort *Mastihári*, Privatzimmer bekommt man hier ab 20 €. Am örtlichen Sandstrand spenden Tamarisken Schatten.

Inselinneres und Südküste: Landschaftlich ungemein abwechslungsreich zeigt sich das Inselinnere: fruchtbare Ebenen, unterbrochen von zerklüfteten Landstrichen. In *Antimáchia* können Sie die einzige noch betriebene Windmühle der Insel besichtigen und einen Abstecher zu den mächtigen Grundmauern des nahe gelegenen Kreuzritter-Kastells unternehmen. Oder besuchen Sie eines der Bergdörfer an den Ausläufern oder Hängen des *Díkeos*, mit 846 m der höchste Berg des Eilands. Der Tipp zum Sonnenuntergang lautet *Ziá*, zahlreiche Restaurants mit Aussichtsterrassen buhlen hier um die Gunst der Gäste. Unsere Empfehlung: die Taverne Zia. Auch lohnt ein Besuch des verlassenen Bergdorfes *Paleopýli* mit seinen windschiefen Häusern zu Fuße der Ruinen einer byzantinischen Festung. *Kardamena* an der Küste ist ein Retortenstädtchen, fest in der Hand von englischen Pauschaltouristen. Am schmalen Sandstrand liegen die Urlauber dichter gedrängt als in Rimini oder Bibione.

Inselwesten: Die Bucht von *Kefalos* gilt vielen Urlaubern als die schönste der Insel. Das Wasser ist klar und sauber, zudem verteilen sich erstaunlich wenig Touristen auf dem langen und breiten Sandstrand. Von den zahlreichen Tavernen am Strand genießt man nicht nur einen herrlichen Blick auf das Meer, sondern auch auf eine kleine, vorgelagerte Insel mit Kirchlein. Landeinwärts, erhöht auf einer Bergkuppel, liegt die Ortschaft Kefalos, die der Bucht ihren Namen gab. Ein Spaziergang durch die verwinkelten Gassen ist ein Spaziergang in die Vergangenheit. Der Fortschritt hat vor dem Westen der Insel Halt gemacht. Kefalos ist traumhaft schön, aber bettelarm. Unterkünfte und jede Menge Restaurants findet man in *Kamári* in der Bucht von Kefalos:

• *Übernachten* **Panorama Studios**, ordentliche Apartments mit einer Wahnsinnsaussicht. Für 2 Pers. 25 €, vom Inselhighway ausgeschildert, ✆ 2242071640, ℻ 2242071524.

Rooms Petros und Maria, vermietet ebenfalls Apartments, sehr freundlich und deutschsprachig. An der Ortseingangsstraße. Preise wie Panorama. ✆ 2242071306.

Die Bucht von Kefalos: beste Aussichten für Strandfaulenzer

• *Essen & Trinken* Entlang der Uferpromenade eine Vielzahl von Tavernen und Restaurants mit schönem Blick über die Bucht. Unser Tipp ist die **Taverna Faros**, das letzte Lokal im Westen der Bucht. Große Auswahl, flotter Service, reichliche Portionen, leckere in Essig eingelegte Sardinen, das Bier in Flaschen und nicht aus der Dose. Ebenfalls zu loben sind die Tavernen **Ag. Nikolas** und **Aphrodite**.

Markttag in Milas

Milas

ca. 30.000 Einwohner

Milas ist das florierende, bäuerliche Zentrum einer landwirtschaftlich geprägten Umgebung. Besuchenswert ist das Basarviertel der Altstadt mit seinen engen, von osmanischen Häuschen gesäumten Gassen. Wer hindurch spaziert, kann Kleinhandwerkern bei der Arbeit zusehen, auch Frauen beim Teppichweben. Ihre Beschaulichkeit verliert die Altstadt dienstags zum Wochenmarkt, einem der schönsten der Ägäis. Dann kommen auch Zaungäste aus Bodrum zu einer Stippvisite. Rund um die Altstadt finden sich ein paar schön restaurierte Villen aus dem 19. Jh., hauptsächlich aber umgibt sie ein Gürtel mehrstöckiger Apartmenthäuser und überbreiter Straßen im typisch türkischen Provinzrenommierstil.

Geschichte

Heute erinnert nur noch wenig daran, dass *Mylasa* über Jahrhunderte hinweg eine bedeutende Rolle als Zentrum der antiken Landschaft Karien spielte. Als sich das persische Großreich im 6. Jh. v. Chr. Kleinasien einverleibte, setzte der persische König für Karien Regenten ein, sog. Satrapen, die in Mylasa residierten, bis der berühmte Mausolos (→ Bodrum/Geschichte, S. 58) im 4. Jh. den Regierungssitz nach Halikarnassos, dem heutigen Bodrum verlegte. Dennoch blieb Mylasa bis in die römische Zeit eine der führenden karischen Städte. In der Spätantike wurde sie Bischofssitz, ab dem 13. Jh. Hauptstadt des Emirats der Menteşe, einer turkmenischen Dynastie, die der Stadt einige schöne Moscheen hinterließ, darunter die Ulu Cami (→ Sehenswertes). 1391 wurde Milet ein erstes Mal von den Osmanen erobert. Deren Niederlage gegen Timur Lenk brachte die Menteşeoğulları nochmals auf den Thron, bis sie 1424 erneut von den Osmanen vertrieben wurden – seitdem macht die Geschichte einen großen Bogen um Milas.

Orientierung: Von Bodrum kommend, gelangt man für gewöhnlich über den Atatürk Bulvarı, die Hauptachse des Städtchens, ins Zentrum. Sie mündet beim Belediye Parkı (Stadtpark) in einen zentralen Kreisverkehr. Hier findet man einen Milas-Übersichtsplan. Zudem sind von hier auch das Museum und Gümüşkesen ("Gümüşkesen Mabedi") ausgeschildert. Die geschäftige Altstadt samt Rathaus (Belediye) erstreckt sich auf einem Hügel nordwestlich des Kreisverkehrs.

Information/Verbindungen/Einkaufen

• *Telefonvorwahl* 0252.

• *Information* Die örtliche **Tourist Information** an der Müştakbey Cad. nahe dem zentralen Kreisverkehr in einem Shoppingcenter (Richtung Gümüşkesen abbiegen) war z.Z. der Recherche wegen Personalmangels geschlossen.

• *Verbindungen* Der internationale **Flughafen DHMI Milas-Bodrum Hava Limanı** (→ Bodrum/Verbindungen, S. 58) liegt mit einer Entfernung von 18 km näher an Milas als an Bodrum. Ein Taxi zum Flughafen kostet 15 €.

Bus: Der Busbahnhof befindet sich an der Straße nach Söke ca. 700 m außerhalb des Zentrums. Es bestehen häufige Verbindungen nach İzmir, Aydın, Bodrum und Muğla. Dolmuşe fahren vom Busbahnhof ins Stadtzentrum.

Dolmuş: Dolmuşe nach Bodrum starten am Busbahnhof, nach Iasos, Güllük und Ören von der **Tabakhane Dolmuş Garajı** im Zentrum. In den Dolmuş nach Söke steigt man an der Cumhuriyet Cad. gegenüber der Atatürk-Grundschule (Atatürk İlk Okulu).

Übernachten/Essen & Trinken

• *Übernachten* **Otel Sürücü**, am Atatürk Bul., der Ausfallstraße nach Bodrum. Bestes Haus der Stadt und unsere einzige Empfehlung: Ansonsten schläft man fürs gleiche Geld entweder schlechter oder für noch weniger Geld in schmutzigen Laken. 26 ordentliche Standardzimmer mit TV, Telefon und Balkon. DZ mit Frühstück 18 €, EZ 11 €. Atatürk Bul. 10, ✆ 5124001, ℻ 5122548.

• *Essen & Trinken* Keine feinen Restaurants, dafür zahlreiche gute Lokantas zum Sattwerden. Berühmt ist Milas für seine gebratenen Leberstückchen (*Çiğer*), die am besten und frischesten in der kleinen Lokanta **Adalılar Kebap Salonu** in der Kızılay Cad. nahe dem Rathaus im Basarviertel zu kosten sind. Für einen gemütlichen Nachmittagskaffee bietet sich der schattige Teegarten im **Belediye Parkı** beim zentralen Kreisverkehr an.

Sehenswertes

An die glorreiche Vergangenheit des antiken Mylasa erinnert wie gesagt kaum etwas. Landschaftlich reizvolle Ruinenstätte findet man in der Umgebung. Die bescheidenen Attraktionen der Stadt:

Museum/Baltalı Kapı: Das kleine archäologische Museum zeigt Funde der Umgebung, insbesondere aus Labranda und Euromos, insgesamt aber wenig Spannendes: ein paar Keramikstücke, Marmorstatuen und Säulenkapitelle. Zudem fällt hin und wieder der Strom aus, und dann bleibt der einzige Saal geschlossen.

Wer die Straße am Museum vorbei weiter gen Norden läuft, gelangt nach ca. 300 m zu dem römischen, mit korinthischen Kapitellen geschmückten *Baltalı Kapı* ("Tor mit der Axt"), ursprünglich Teil der Stadtmauer. Die Doppelaxt im

Schlussstein des Torbogens ist Symbol des Göttervaters Zeus. Hier begann auch einst der Pilgerweg nach Labranda (→ S. 87).

Adresse/Öffnungszeiten Museum Şair Ülvi Akgün Cad., schräg gegenüber der Ulu Cami (ausgeschildert). Tägl. (außer Mo) 8.30–17.30 Uhr. Eintritt 0,60 €.

Gümüşkesen: Der zweistöckige marmorne Grabbau stammt aus dem 2. Jh. und kopierte das Mausoleum von Halikarnassos (→ S. 65). Auf der von Säulen umrahmten oberen Etage befindet sich ein Loch, durch das angeblich Wein auf die in der Grabkammer darunter liegenden Toten gekippt wurde, damit diese auch noch im Tod ihre Freuden hatten.

Adresse/Öffnungszeiten Gümüşkesen Cad., ca. 1 km westlich des Zentrums (ausgeschildert). Unregelmäßige Öffnungszeiten, von außen jedoch stets einsehbar. Gelegentlich wird ein kleiner Eintritt verlangt.

Moscheen: Zu den interessantesten Gebetsstätten von Milas zählt die *Große Moschee (Ulu Cami)* an der Şair Ülvi Akgün Cad., schräg gegenüber dem Museum. Sie wurde, noch ganz in der Tradition des byzantinischen Kirchenbaus, im Jahre 1378 unter den Menteşe-Fürsten gebaut. Die mit kunstvollen Ornamenten verzierte *Firuz-Bey-Moschee* aus dem Jahr 1397, also nach der osmanischen Eroberung, folgt schon ganz dem osmanischen Stil, wie er in Bursa gepflegt wurde. Wegen ihrer bleigedeckten Kuppeln wird die Moschee im Norden der Altstadt vom Volksmund auch Kurşunlu Cami ("Bleierne Moschee") genannt.

Moscheenzauber in Milas

Beçin-Burg (Beçin Kalesi): Im 14. Jh. verlegten die Menteşeoğulları ihre Residenz auf ein 200 m hohes Karstplateau einige Kilometer südlich der Stadt. Die neue Festung wurde auf den Überresten eines antiken Tempels errichtet und war noch im 17. Jh. von offenbar vermögenden Menschen bewohnt – ein kürzlich geborgener, 30 kg schwerer Schatz aus 60 000 weitgehend osmanischen Münzen ist der bislang größte Münzfund auf dem Gebiet der Türkei. Von der Burg selbst ist nicht mehr allzu viel zu sehen, doch der Ausblick von oben über die weite Ebene ist herrlich.

Adresse/Öffnungszeiten Die Festung befindet sich ca. 5 km südlich des Zentrums an der Straße nach Ören (ausgeschildert). Ören-Dolmuşe passieren den Vorort. Tägl. bis zum Sonnenuntergang. Eintritt ca. 1 € (sofern jemand da ist).

Umgebung von Milas

Ein Ritt durch die Vergangenheit: Stratonikeia

Eskihisar mit Stratonikeia: Die Überreste der antiken Stadt Stratonikeia aus dem 3. Jh. v. Chr. liegen in und um Eskihisar verstreut, einem Geisterdorf rund 30 km östlich von Milas. Das Gros der Einwohner kehrte dem Ort vor etwa 20 Jahren den Rücken, als die riesigen Abraumhalden der angrenzenden Braunkohlemine bedrohlich nahe rückten. Lediglich neun Familien leben noch heute in dem verfallenen, ehemals türkisch-griechischen Dorf. Ein Spaziergang führt vorbei an der eingestürzten Moschee, dem aufgegebenen Teehaus und leer stehenden, unkrautumrankten Häusern. Dazwischen die antiken Ruinen Stratonikeias: Zu sehen sind u. a. noch Teile der *Stadtmauer* (ganz im Norden), des *Gymnasions* (im Westen), des *Zeustempels* und des *Theaters* (im Süden nahe der Straße nach Milas). Reste Stratonikeias überdauerten aber auch als Bausubstanz in den Häusern Eskihisars – es lohnt der Blick aufs Detail.

• Verbindungen/Anfahrt Von Milas mit dem Dolmuş Richtung Muğla und an der Abzweigung nach Eskihisar aussteigen. Die Ruinen (ausgeschildert) befinden sich ca. 800 m abseits der Straße. Kein Eintritt, stets zugänglich. Alles ist bestens ausgeschildert. Lediglich das Schild "Müze" weist nicht zum Museum, sondern zum Depot des türkischen Ausgrabungsteams.

Zeusheiligtum von Labranda: Auf 700 m Höhe in einer wildromantischen Bergwelt 14 km nördlich von Milas beeindrucken die archaischen Ruinen Labrandas, einst der bedeutendste Kultort Kariens. Der Name rührt daher, dass Göttervater Zeus hier mit einer Doppelaxt (= *labrys*) dargestellt wurde.

Früher führte von Mylasa ein gepflasterter Prozessionsweg zu diesem Bergheiligtum, heute ist die einsame Ruinenstätte über ein schmales Sträßlein zu erreichen. Auf vier künstlichen Terrassen erstreckt sich die imposante Anlage. Archäologen der schwedischen Universität Upsala, unter deren Leitung immer wieder Ausgrabungen stattfanden, vermuten, dass die ältesten Fundamente bis in das 7. Jh. v. Chr. zurückreichen. Die bedeutendsten Bauwerke stammen aus dem 4. Jh. vor Chr. und entstanden im Auftrag von Mausolos (→ Bodrum/Geschichte, S. 58) und dessen Bruder Idrieus. Mausolos, der in Labranda ein Attentat überlebt hatte, wollte damit den Göttern seinen Dank bezeugen. In römischer Zeit wurde die Anlage erweitert und umgebaut, nach einer schweren Brandkatastrophe im 4. Jh. gab man die Kultstätte auf.

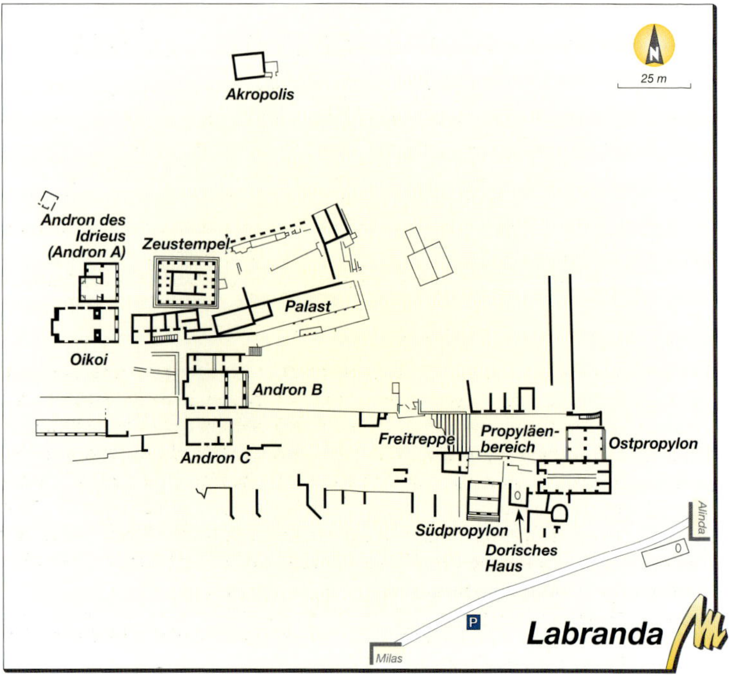

Die wichtigsten Bauwerke sind mit Hinweistafeln versehen. Vom kleinen Parkplatz an der Straße steigt man für gewöhnlich zuerst zum *Propyläenbereich* im Südosten des Heiligen Bezirks auf. In der Antike betrat man hier durch mächtige, mit Säulenhallen geschmückte Torbauten den Tempelbezirk. Die wenigen Reste des Ost- und Südpropylons lassen den alten Glanz kaum mehr erahnen.

Eine 12 m breite Freitreppe führt weiter in den westlichen Teil des Heiligen Bezirks, wo u. a. die *Andrones* ("Männergemächer") des Heiligtums lagen – Gebäude, in denen religiöse Zeremonien zu Ehren Zeus' stattfanden. *Das Andron des Idrieus* (Andron A) ist zugleich das besterhaltene Gebäude der gesamten Grabungsstätte. Das sog. *Oikoi* daneben diente als Archiv und gelegentlich auch für kultische Gelage.

Auf der obersten Terrasse stehen und liegen die Reste des *Zeustempels,* der dem Athenatempel in Priene ähnelte und daher auch dem gleichen Architekten zugeschrieben wird. Die Aussicht von hier begeistert nicht nur Trümmerfreaks.

• Verbindungen/Anfahrt Keine Dolmuşanbindung, die Anfahrt ist nur mit dem eigenen Fahrzeug oder mit dem Taxi (retour ca. 24 €) möglich. Die Straße nach Labranda (im Norden von Milas ausgeschildert) ist vollständig geteert, durch starken LKW-Verkehr streckenweise jedoch mit Schlaglöchern übersät. Wer von Labranda weitere 18 km durch die Einsamkeit holpert, gelangt zur Ausgrabungsstätte Alinda im Dorf Karpuzlu (→ Umgebung Aydın, S. 139).

• Öffnungszeiten Das Gelände ist stets zugänglich, Tickets werden von der auf dem Ruinengelände wohnenden Familie verkauft. Eintritt 1,80 €, erm. 0,60 €.

Zwischen Milas und Kuşadası

Rund 100 km trennen Milas von Kuşadası. Die landschaftlich reizvolle und abwechslungsreiche Strecke entlang der Nationalstraße 525 verläuft abseits der Küste durch das wilde karische Bergland und die Schwemmlandebene des Großen Mäander. Entlang des Weges liegen die Ruinen des Zeustempels von *Euromos*, eine kleine Einstimmung auf die hochkarätigen Ausgrabungsstätten *Didyma*, *Milet* und *Priene* weiter im Norden. Ebenfalls hochkarätig – im Hinblick auf landschaftliche Schönheit – ist die wildromantische Bergwelt am *Bafa-See* und für alle, die lieber Salzwasser schlucken, die des *Dilek-Nationalpark*s.

Zeustempel von Euromos

Der römische Tempel aus dem 2. Jh. gehört zu den besterhaltenen antiken Bauten der Türkei. Von den ursprünglich 32 korinthischen Säulen steht noch die Hälfte. Der Tempel ist zugleich ein schönes Beispiel für das in der Antike beliebte Bau-Sponsoring: Noch heute, nach über 1.800 Jahren, erinnern Inschrifttafeln an den Säulen an die Namen der großzügigen Finanziers. Die dazugehörige Siedlung Euromos, einst eine mit Mylasa eng verbundene Stadt, ist nur ansatzweise ausgegraben und wenig sensationell. Kümmerliche Reste der *Stadtmauer*, der *Agora* und des *Theaters* findet man in der Nähe des Tempels.

• *Verbindungen/Anfahrt* Der Tempel liegt 12 km nordwestlich von Milas ca. 200 m rechts der Straße nach Söke (ausgeschildert) und ist mit den Dolmuşen auf dieser Strecke gut erreichbar.
• *Öffnungszeiten* offiziell tägl. 8–18.30 Uhr (danach frei zugänglich). Eintritt 1,80 €, erm. 0,60 €.

Bafa-See (Bafa Gölü)

Türkisgrünes Wasser, drum herum Natur pur und ein romantischer Ruinenort in bizarrer Landschaft: Der traumhaft gelegene Bafa-See lohnt mehr als nur einen Tagesausflug.

Vor 2.000 Jahren gab es den Bafa Gölü noch gar nicht. Damals war hier eine Meeresbucht, der Latmische Meerbusen, in welchen der Große Mäander (s. "Die Schwemmlandebene des Mäanderdeltas", S. 101) mündete. Doch infolge der Abholzung der anatolischen Wälder und der damit verbundenen Erosion führte der Fluss immer mehr Schwebstoffe mit sich, die er im Mündungsgebiet ablagerte. So entstand die große Mäanderebene, die einen Teil des Golfes, den heutigen Bafa Gölü, vom neuen Küstenverlauf abtrennte.

Heute ist der 15 km lange und 5 km breite See, dessen helle Quarzsandstrände zum Baden einladen, samt seiner Umgebung ein Nationalpark. Das Südufer beherrschen riesige Olivenhaine, an seiner Nord- und Ostseite türmt sich das wild zerklüftete *Beşparmak*-Massiv auf (1.375 m, nach seinem höchsten Gipfel auch Latmosgebirge genannt). Es ist eine bezaubernde Felslandschaft, geprägt von gewaltigen Gneisbrocken – herrlich zum Wandern. Am Nordostufer liegt zudem das idyllische 300-Seelen-Dorf Kapıkırı mit mehreren Pensionen inmitten der Ruinen des antiken *Herakleia*. Die alte karische Stadt wurde noch am Latmischen Meerbusen gegründet. Sie war von einer 6,5 km langen Stadtmauer umgeben, die Häuser kletterten von der Küste die dahinter liegenden Hänge bis auf 500 m hinauf. Die größte Blüte erlebte Herakleia in hellenistischer Zeit. Sein Schicksal wurde durch die Verlandung des Latmischen Golfs besiegelt.

Verbindungen/Sonstiges

• *Telefonvorwahl* 0252.

• *Verbindungen* Die Südseite des Sees ist von Söke und Milas problemlos mit **Dolmuş**en zu erreichen, man steigt einfach unterwegs an der gewünschten Stelle aus. Ins Dorf Kapıkırı bestehen hingegen nur äußerst unregelmäßige Verbindungen. Am besten steigt man in Bafa-Dorf (an der Verbindungsstraße Söke-Milas) an der Abzweigung nach Kapıkırı aus und legt die restlichen 9 km per Anhalter oder mit dem Taxi zurück.

• *Eintritt* Sofern das Kassenhäuschen besetzt ist, zahlt man für die Besichtigung von Herakleia 1,80 €, erm. 0,60 €. Bezahlen Sie nur gegen Vorlage eines Tickets!

• *Bootsausflüge* werden von nahezu allen Unterkünften angeboten. Die Ziele richten sich nach den Wünschen der Teilnehmer. Pro Person ab ca. 2 €.

• *Baden* Sandstrände findet man beim Dorf Kapıkırı, mehrere Kiesstrände zudem am Südufer des Sees. Einsame Badebuchten liegen auf dem Weg zur Zwillingsinsel (→ Wandern). Für genügend Badespaß wird zudem bei einer Bootstour gesorgt.

• *Wandern* Das wildromantische Beşparmak-Massiv ist ein ideales Gebiet für halbwegs konditionsstarke und trittsichere Wanderer. Als Ziele locken Felsenklöster und Eremitagen. Eine beliebte Wanderung führt zum **Stylos-Kloster**, dauert einfach 4–5 Std. und sollte nur in Begleitung eines Führers unternommen werden, Infos in den Pensionen. Kaum verlaufen kann man sich hingegen bei einer kleinen Wanderung (ca. 3 Std.) von Kapıkırı zur byzantinischen Festung auf der **Zwillingsinsel** (*İkizada*) – einfach dem Nordufer des Sees gen Westen folgen und den letzten Abschnitt hinüber waten. Einwöchige Wanderprogramme (mit Übernachtung und Essen) bietet die Pension Agora (s. u.) ab 249 €.

• *Einkaufen* Hochwertiges, günstiges Olivenöl! Man ersteht es entweder von den Bauern in Kapıkırı oder direkt bei der Olivenölfabrik in Bafa am Südostufer des Sees.

Übernachten/Essen & Trinken

Straßenverkauf am Bafa-See

Die Motels und Campings zwischen See und Straße am Südufer sind bis auf eine Ausnahme leider nicht empfehlenswert – die LKWs rollen hier, so eine Lesermeinung, direkt über das Kopfkissen bzw. den Schlafsack hinweg! Als Standort bieten sich in erster Linie die einfachen Pensionen in Kapıkırı am Nordostufer des Sees an. Allen sind Restaurants angeschlossen, in denen neben schmackhafter türkischer Landküche auch Aal, Zander oder Weißfische frisch aus dem See auf den Teller kommen.

Club Natura Oliva, am Südufer des Sees in herrlicher Lage, ausgeschildert. Unter deutsch-türkischer Leitung. 34 Zimmer in einem weiten Olivenhain auf mehrere Gebäude verteilt. Klimaanlage, Zentralheizung, offener Kamin, Moskitonetze über dem Bett, fast alle Zimmer mit Terrasse und Seeblick. Eigener Seezugang, Bootsverleih. DZ mit HP (offenes Büffet mit Produkten aus ökologischem Anbau) 60 €. Organisiert werden auch Tagestouren ins Beşparmak-Massiv.

Sehr freundlicher Service. ✆ 5191072, www.clubnatura.de.

Agora Pansiyon, populärste Pension Kapıkırıs, mitten im Dorf. Viel ausländisches Publikum, auch Gruppen. 12 angenehme Zimmer, z. T. in kleinen Holzbungalows, 6 davon mit privaten Sanitäranlagen. Freundlicher, familiärer Service, deutschsprachig. Bietet Führungen durch Herakleia oder hinauf ins Gebirge, zudem Bootstouren. Pro Person mit HP 15 €. ✆ 5435445, www.herakleia.com.

Selene's Pension, in Kapıkırı etwas näher am See gelegen. Mehrere einfache Zimmer, auf verschiedene Gebäude verteilt, z. T. mit privaten Sanitäranlagen und Terrasse. Angeschlossen ein gemütliches Terrassenlokal. Campingmöglichkeiten. Pro Person mit HP 13 €. ✆ 5435221, www.bafalake.netfirms.com.

Pension Pelikan, ein Lesertipp am Ortseingang von Kapıkırı. Familiäre Pension mit hervorragender Küche, sympathisch geführt. Alle Zimmer mit Du/WC. DZ mit HP 26 €. ✆ 5435158.

Zeybek Pension, in Kapıkırı direkt am See und damit die schönstgelegene Unterkunft vor Ort. Herrliches Terrassenlokal mit guter Küche. Vermietet werden äußerst schlichte, passabel saubere Zimmer und Bungalows, das DZ mit Frühstück für 12 €. Auf der gemähten Wiese neben der Pension (direkt am Wasser mit schattigen Plätzchen und Na-ja-Sanitäranlagen) kann gecampt werden , pro Nacht für 2 Pers. 3 €. ✆ 5435441, www.bafagolu.com.

Sehenswertes

Die Ruinen der antiken Stadt Herakleia in und um das Dorfes Kapıkırı sind bestens ausgeschildert. Weithin sichtbar ist der alles überblickende *Athenatempel*, dem nur das Dach und die Vorhalle fehlen. Auf der *Agora* steht heute ein Schulgebäude, das *Theater* ist nicht viel mehr als eine Mulde im Hang. Einen eindrucksvollen Einblick in hellenistische Militärarchitektur gibt die *Stadtmauer*, die sich zwischen Häusern und Gärten hindurch zieht. Auf dem Weg von der Ortsmitte Kapıkırıs zum See lässt das *Endymion-Felsheiligtum* jeden gemächlich vorbeitrabenden Esel von einer Mütze Schlaf des begehrtesten Langschläfers der Menschheit (→ Kasten) träumen. Am Ufer findet man noch Reste der alten *Nekropole* – viele Sarkophage stehen heute unter Wasser. Die Ruine auf der Halbinsel im See war einst ein befestigter, byzantinischen *Bischofssitz*.

In den schwer zugänglichen Bergen finden sich noch mehr christliche Relikte – der Latmos war ab dem 7. Jh. Refugium für Eremiten und kleine Mönchsgemeinschaften (→ Wandern). Ungestört von gottlosen Piraten und moslemischen Glaubenskämpfern führten sie in ihren versteckten Klöstern ein zurückgezogenes Leben.

Endymion

Irgendwo in einer Höhle im Latmos-Gebirge schläft der schöne Jüngling Endymion seinen ewigen Schlaf. Um die mythologische Figur, vermutlich ein Enkel des Göttervaters Zeus, ranken sich viele Legenden. Die schönste erzählt von der Mondgöttin Selene, die sich in Endymion verliebte und ihn, aus Angst, ihn zu verlieren, in ewigen Schlaf versenkte. Nacht für Nacht suchte sie ihn daraufhin auf, versüßte seine Träume und gebar ihm insgesamt 50 Töchter. Das Thema wurde in der Literatur und Malerei vielfach behandelt. Über Jahrhunderte hinweg war Herakleia für seinen Endymionkult bekannt. In welcher Form er begangen wurde, ist heute jedoch vergessen.

Unvollendet schön: Apollon-Tempel von Didyma

Didyma (antike Stätte)

Das Didymaion, die größte antike Tempelanlage der Türkei, beherbergte die bedeutendste Orakelstätte Kleinasiens. Im Ansehen rangierte diese unmittelbar hinter dem Orakel von Delphi.

Didyma war im Unterschied zu Milet oder Priene nie eine Stadt, sondern diente einzig dem Kult des Gottes Apollon. Verwaltet wurde der Tempelbezirk von Milet aus, mit dem er durch eine 16 km lange, statuengeschmückte *Heilige Straße* verbunden war. In der Antike umgab ein Hain den kolossalen Tempel, heute steht er inmitten des Städtchens Didim, einem ehemals griechischen Dorf, dessen Kirche in eine Moschee umgewandelt wurde. Rund um den Tempel haben sich ein paar Restaurants, Läden und Teppichverkäufer auf Touristen eingestellt.

Geschichte

Grabungsfunde lassen darauf schließen, dass es hier bereits im 11. Jh. v. Chr. ein Heiligtum gab, in dem die Erdmutter Gaia verehrt wurde. Zu jener Zeit bestand der heilige Ort aus nicht viel mehr als einem kleinen Kulttempel mit einer Quelle. Man nimmt an, dass die Mileter diesen Kult im 8. Jh. v. Chr. auf die Zwillinge Apollon und Artemis übertrugen. Sie glaubten, Didyma sei der Ort ihrer Zeugung gewesen.

Schon bald darauf leuchtete Didymas Stern hell am Orakelhimmel. Vom lydischen König Krösus bis zum ägyptischen Pharao Necho – jeder Pilger und Ratsuchende stiftete kostbare Gaben. Und so hatte das Priestergeschlecht der

Branchiden, die das Heiligtum hüteten, schnell die Mittel zusammen, um dem Kult einen würdigen Rahmen zu verleihen. Ein monumentaler Tempel wurde gebaut. Doch 494 v. Chr., noch vor seiner Vollendung, plünderten die Perser das Heiligtum und brannten es nieder.

Nach der Vertreibung der Perser in der zweiten Hälfte des 4. Jh. v. Chr. plante man den Wiederaufbau der Kultstätte. Noch gigantischer sollte sie diesmal werden, die größte Kleinasiens. Dass auch dieser Tempel nie vollendet wurde, lag nicht zuletzt an den unermesslichen Kosten des Projektes: Aus Inschriften weiß man, dass allein eine der 20 m hohen Tempelsäulen rund 20.000 Arbeitstage erforderte – und der Plan sah einen Wald von 122 Säulen vor! Hinzu kam, dass die Arbeiten aufgrund kriegerischer Auseinandersetzungen immer wieder für Jahrzehnte ruhten.

Als das Christentum Staatsreligion wurde, stellte man die Arbeiten am Tempel nach über 600 Jahren Bauzeit endgültig ein. Die Ruine diente als Festung, das Adyton als Kirche, bis beide Ende des 15. Jh. nach einem Erdbeben aufgegeben wurden. Die Reste der antiken Bauruine sind jedoch noch immer überaus imposant. Erste Ausgrabungen fanden unter französischer Leitung 1872 statt. Zwischen 1905 und 1914 wurde der Tempel vollständig freigelegt. Heute leitet das Deutsche Archäologische Institut die Forschungsarbeiten vor Ort.

• *Verbindungen* **Dolmuşe** auf der Strecke Söke-Altınkum passieren den Tempel. **Organisierte Tagesausflüge** nach Didyma, meist in Verbindung mit dem Besuch von Priene und Milet, werden von Bodrum, Kuşadası und Selçuk angeboten.

• *Öffnungszeiten* tägl. 8.30–18.30 Uhr, im Winter bis 17.30 Uhr. Eintritt 0,90 €, erm. 0,60 €. Wer noch mehr über Didyma erfahren möchte, dem sei der vor Ort erhältliche kleine Führer von Prof. Dr. R. Naumann empfohlen.

• *Übernachten* **Medusa House**, schmucke Pension in Tempelnähe. 4 freundliche Zimmer in einem alten Natursteinhäuschen. Davor ein uriges Gärtchen fürs stundenlange Frühstück. Die Besitzer (er türkisch, sie deutsch) besitzen ein Motorboot – für Abwechslung ist also gesorgt. DZ mit Frühstück 21 €. ✆ 0256/8110063, www.medusahouse.com, in Deutschland unter 0179/2089363.

Oracle Pension, direkt neben dem Tempel. Herrliche Terrasse mit toller Aussicht auf die Ruinen. Schlichte Zimmer mit und ohne Bad, das DZ zu ca. 15 €. ✆ 0256/8110270.

Orakçı Otel, ca. 3 km nördlich von Didyma, an der Straße nach Milet ausgeschildert. Von Lesern empfohlen. Kleines, ruhiges Hotel in einer Ferienhaussiedlung unter liebenswürdiger türkisch-schweizerischer Leitung. Pool, Hamam. Bezaubernder Mandarinengarten, den die freundlichen Vierbeiner Boncuk und Aslan bewachen. Strand ca. 800 m entfernt. 14 sehr saubere Zimmer mit Steinböden und Korbmöbeln. Gute Küche. Pro Person mit Frühstück 24 €, mit HP 34 €. ✆ 0256/8256465, Fax 8259453.

Unzählige Unterkünfte von Fünf-Sterne-Häusern bis zu einfachen Pensionen zudem im 5 km entfernten **Altınkum** (s. u.). Das Gros davon ist unpersönlich und/oder renovierungsbedürftig

• *Camping* Campingmöglichkeiten bestehen auf dem Picknickgelände **Tavşan Burnu** ca. 6 km nördlich von Didyma direkt am Meer mit einem gepflegten Strand. Großer Platz unter Kiefern. Restaurant. Bis auf die Sanitärs ganz einladend. Am Wochenende viel Tagesgäste. Zelten für 2 Pers. pro Tag rund 3 €.

Besichtigung der Tempelanlage

Der riesige Tempel (51 x 110 m) kann auf seiner Ostseite über eine 13-stufige Freitreppe betreten werden – beeindruckend sind hier die gigantischen Säulenstümpfe mit einem Durchmesser von zwei Metern. Teils schmücken schöne Reliefs ihre Basen. Die ionischen Kapitelle zierten einst Stierköpfe und Gottheiten, der Fries des Architravs zeigte liegende Löwen, Akanthusranken und Medusenköpfe, darunter der heute wohl meistfotografierte Medusenkopf der Welt, der nun gleich hinter dem Eingang zum Ausgrabungsareal aufgebahrt ist. Achtung: Der Blick der Medusa soll alle töten, die schlechte Absichten hegen!

Rund um die Tempelmauer war eine doppelte Säulenreihe geplant. Drei der 20 m hohen Säulen stehen noch bzw. wieder in ihrer vollen Pracht. Auf der Nordseite ist die doppelte Säulenreihe deutlich auszumachen, auf der Südseite blieb es vielfach bei deren Planung. Zwar finden sich hier Werkspuren, doch keine Säulenstümpfe. Auf der Westseite (Rückseite) bietet sich der Anblick einer umgestürzten, in einzelne Trommeln zerfallenen Säule.

An den *Pronasos*, die Tempelvorhalle, die einst auf weiteren 12 Säulen ruhte, schließt die höher gelegene *Orakelhalle* an. Diese war nur den Priestern zugänglich, und wurde vom Innenhof des Tempels betreten. Durch ein monumentales "Fenster" (6,63 x 14 m) leiteten die Priester hier die Orakelsprüche des Apollon an das Volk weiter. Die Marmorquader zu beiden Seiten des Fensters wiegen je 70 Tonnen.

Rechts und links davon befinden sich die zwei tunnelartigen Gewölbegänge zum *Adyton* (dt. "unzugänglich"), dem 54 x 25 m messenden Innenhof des Didymaions, den nur Priester betreten durften. Er war mit Lorbeerbäumen bepflanzt und von einer 26 m hohen Mauer umgeben, die noch bis zu einer Höhe von etwa 10 m erhalten ist. Hier stand auch der *Naiskos*, ein kleiner Tempel, in dem sich die bronzene Kultstatue des nackten Apollon befand. Eine gewaltige Freitreppe führt zudem vom Innenhof hinauf in die Orakelhalle. Je nach Lichteinfall kann man dort Architekturzeichnungen an den Wänden erkennen, zudem Inschriften, die über den Bau des Tempels Auskunft geben.

Altınkum und Umgebung

Der 5 km südlich von Didyma gelegene Badeort ist eine gesichtslose Ansammlung von Hotels und Pensionen, zugeschnitten auf türkische Gäste und britische Pauschalurlauber. Letztere dominieren, und so werden an jeder Ecke Full English Breakfast und Fish 'n' Chips angeboten – zu Preisen, die das Dreifache des Landesdurchschnitts überschreiten. Wem das nicht reicht: Im zentral gelegenen "Our Restaurant" serviert man aus England importierte "Pork Sausages with Heinz Beans"... Etliche Discobars und Open-Air-Kneipen am südwestlichen Ende der Bucht sorgen für ein unterhaltsames Nachtleben. Das große Plus des Orts ist sein langer, gepflegter Sandstrand, der seinem Namen (*altın kum* = goldener Sand) alle Ehre macht. Und damit er im Hochsommer auch nicht ausbleicht, wird er täglich mit tausenden von Handtüchern abgedeckt.

An der fjordartigen Küste östlich von Altınkum gibt man sich – wie so vielerorts in der Türkei – alle Mühe, das Antlitz einer einst herrlichen Landschaft zu zerstören. *Akbük Limanı*, die erste große Bucht nach Altınkum, ist gespickt mit Ferienhaussiedlungen und Mehrsterne-Hotelanlagen. Zum Glück kann man zwischen viel Beton aber immer noch den einen oder anderen schönen Sandstrand entdecken. Weiter östlich, in der *Kazıklı Limanı*, wird u. a. Fischzucht

Medusa von Didyma

betrieben. In ein paar urigen Lokalen direkt am Wasser werden die Köstlichkeiten serviert. Noch ein Hinweis: Die Gegend östlich von Altınkum ist schlecht beschildert. Zudem existiert die in vielen Karten eingezeichnete Küstenstraße von der Kazıklı-Limanı-Bucht nach Iasos nicht!

Verbindungen Regelmäßige **Dolmuş**verbindung von Altınkum über Didyma nach Söke. Von dort gelangt man mit Bussen in den Rest der Türkei, Bustickets kann man jedoch bereits in Altınkum erstehen. Im Sommer zudem tägl. **Fährverbindungen** zur Bodrum-Halbinsel (→ Bodrum/Verbindungen, S. 59). Tagesausflügler von Bodrum, die Milet und Didyma besichtigen wollen, können in Altınkum für rund 30 € ein **Taxi** chartern.

Noch ein Badetipp: Mit den feinsten Stränden der Türkei ist der Küstenabschnitt zwischen Didyma und Milet nicht gesegnet, dennoch bietet sich auch hier ein Sprung ins kühle Nass an: Ca. 10 km nördlich von Didyma befindet sich ein schöner kleiner Sandstrand mit ein paar Sonnenschirmen und Liegen unterhalb des **Restaurants Kumsal**. Baden kann man auch (gegen einen kleinen Obolus) beim Picknickgelände **Tavşan Burnu** ca. 6 km nördlich von Didyma, ebenfalls an der Straße nach Milet: Gepflegter Strand mit einem schattigen Wäldchen dahinter.

Milet (antike Stadt)

80.000 Einwohner und vier Häfen zählte Milet, die größte aller ionischen Städte. Doch wo einst Handelschiffe in See stachen, liegen heute weite Baumwollfelder. Zwischen den Ruinen vergessener Monumentalbauten grasen Schafe.

Wie Ephesus war auch Milet durch Verlandung seiner Häfen dem Untergang geweiht. Die Ruinen liegen heute rund 10 km abseits der Küste und lassen kaum mehr erahnen, dass die Stadt eine der bedeutendsten der griechischen Antike war. Wie keine andere gründete sie Kolonien und trieb einen lebhaften Seehandel. Und gäbe es heute noch einen Bürgermeister, würde er bei jeder Festrede die berühmten Söhne der Stadt rühmen: Da war zum einen Thales (625–645 v. Chr.), der erste abendländische Philosoph, der heute jedoch vor allem als Mathematiker bekannt ist – wer bei den Dreiecken in der Schule aufgepasst hat, der kennt ihn. Sein Schüler Anaximander erfand vermutlich die Sonnenuhr und erkannte als erster, dass die Erde frei im Weltraum schwebt. Dessen Schüler Anaximenes wiederum unterschied Planeten von Fixsternen und sah bereits das Mondlicht als Reflex des Sonnenlichtes an. Hippodamos von Milet war der einflussreichste Stadtplaner der Antike. In Milet wurde zudem das von den Phöniziern übernommene Alphabet vervollständigt. Und auch viel früher als anderswo hatte man hier begonnen, Münzen zu prägen und Gewichte festzulegen.

Geschichte

Man nimmt an, dass Milet im 16. Jh. v. Chr. durch kretische Siedler gegründet wurde. Nach dem Geschichtsschreiber Herodot eroberten im 11. Jh. v. Chr. Ionier die Stadt und töten alle Männer. Deren Frauen machten sie zu ihren eigenen – angeblich sollen diese aus Hass nie mit ihnen gesprochen haben. Wie dem auch war, die Stadt entwickelte sich unaufhaltsam und miletische Kolo-

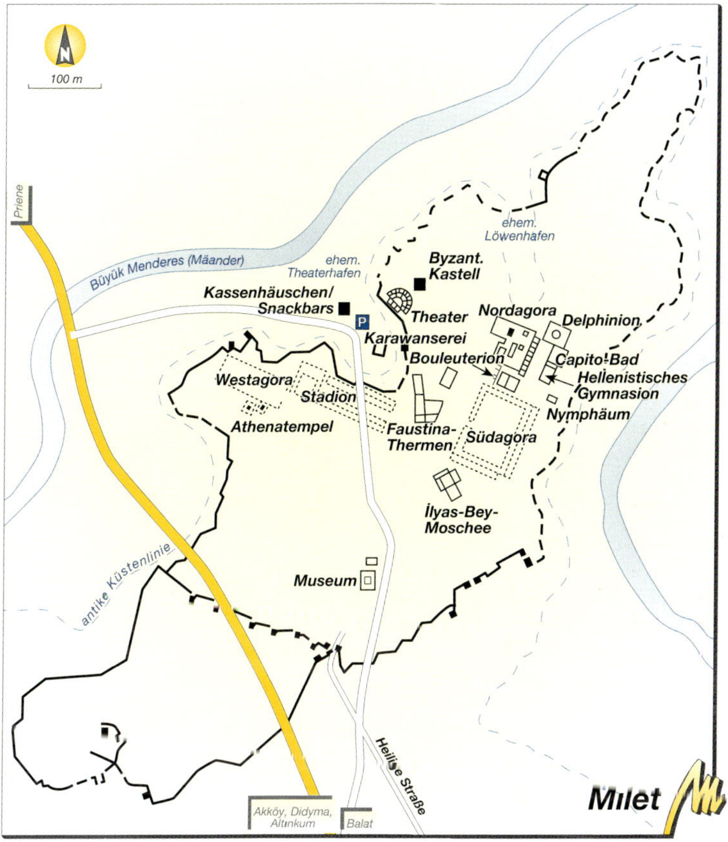

nisten gründeten schon ab dem 8. Jh. v. Chr. am Mittelmeer und am Schwarzen Meer mehr als 90 Tochterstädte, von denen Constanza (Rumänien), Sinop, Samsun und Trabzon (Türkei) die bekanntesten sind. Unter dem Tyrannen Thrasybulos erreichte Milet im 6. Jh. v. Chr. seinen Zenit, wurde geistiges Zentrum, bevorzugter Hafen und Handelsplatz Ioniens. In jener Zeit begann man mit dem Bau des Tempels von Didyma.

Nach einem gescheiterten Aufstand gegen die persische Großmacht wurde Milet 494 v. Chr. geplündert, zerstört und ein großer Teil der Bevölkerung verschleppt. Doch schon 479 v. Chr. begann man mit dem Wiederaufbau der Stadt, diesmal nach dem sog. hippodamischen System, an dem sich fortan alle planmäßigen Stadtgründungen der griechischen Klassik und des Hellenismus orientierten: Nicht mehr in engen, verwachsenen Gassen sollten die Menschen leben, sondern in Rasterstädten mit Schachbrettmuster (siehe dazu auch Priene).

Im Theater von Milet

Auferstanden aus Ruinen erlebte die neue Stadt bald wieder wirtschaftlichen Wohlstand – Kleider und Mobiliar "made in Milet" waren im Mittelmeerraum sehr begehrt. Eine politische Führungsrolle kam den als prunksüchtig geltenden Miletern aber nicht mehr zu, vielmehr wurde die Stadt in den nächsten beiden Jahrhunderten zum Spielball verschiedener Mächte. Ruhe kehrte erst wieder unter der Herrschaft Pergamons ein. In jene Zeit fallen auch die "Milesischen Geschichten", erotische, novellenartige Erzählungen von Aristides von Milet. Unter -Rom (ab 133 v. Chr.) erlebte die Stadt ihre letzte Blüte, Cäsar, Antonius und der Apostel Paulus statteten ihr einen Besuch ab.

In byzantinischer Zeit war es bereits still um Milet, obwohl die Stadt noch zu einem Bischofssitz erhoben wurde. Fortan pflegte sie ein Schattendasein in der Weltgeschichte. Im 14. Jh. erhielt sie als Hafenstadt des Menteşe-Emirats einen neuen Namen: Balat (Palatia). Irgendwann im 17. Jh. verlandete der Hafen und die ehemals so mächtige Hafenstadt verwandelte sich nun endgültig in ein langweiliges Provinznest. 1955 wurde Balat nach einem Erdbeben aufgegeben und ein paar Kilometer weiter südlich in typisch türkischer Dorfmanier wieder aufgebaut. Erste archäologische Untersuchungen unternahm 1899 Theodor Wiegand vom Berliner Museum. Noch heute erforscht das Deutsche Archäologische Institut die antike Stadt.

• *Verbindungen* **Organisierte Tagesausflüge**, meist in Verbindung mit dem Besuch von Priene und Didyma, werden von Bodrum, Kuşadası und Selçuk angeboten.

Theoretisch bietet sich auch ein Anfahrt mit dem **Dolmuş** an. Ca. 3-mal tägl. (nur am Vormittag) wird Milet mit einem Dolmuş von Söke angefahren. Da die Dolmuşe meist umgehend zurück fahren, hat man also kaum eine Chance, nach der Besichtigung ein Dolmuş vorzufinden. Alternativ dazu besteht auch die Möglichkeit, von Söke den Dolmuş nach Altınkum zu nehmen und unterwegs im Dorf Akköy auszusteigen. Von dort 5 km (!) zu Fuß zum Ruinengelände. Vor Ort großer gebührenpflichtiger Parkplatz und mehrere kleine Restaurants.

• *Öffnungszeiten* tägl. 8.30–18.30 Uhr (im Winter kürzer). Eintritt 0,90 €, erm. 0,30 €.

Sehenswertes

Mit Ausnahme des Theaters wirkt das Gros der weitgehend aus römischer Zeit stammenden Ruinen wenig spektakulär. Ein Besuch des Ausgrabungsgeländes gewinnt jedoch an Faszination, wenn man weiß, dass sich das antike Milet auf einer rund 2,5 km langen Halbinsel erstreckte. So lag z. B. zu Füßen des Theaters der sog. *Theaterhafen*, in dem einst Handels- und Kriegsschiffe dümpelten und heute das Kassenhäuschen und ein paar Snackbars stehen. Die wichtigsten Bauwerke lassen sich in einem Rundgang besichtigen. Wer alle zu Fuß abklappern will, sollte mindestens einen halben Tag einkalkulieren, nach stärkeren Regenfällen sind Gummistiefel keine schlechte Idee.

Theater: Das eindrucksvolle Theater, eines der größten Kleinasiens, wurde unter Kaiser Trajan (97–117 n. Chr.) auf den Fundamenten eines hellenistischen Theaters errichtet. Die Vorderfront misst 140 m, der obere Umgang ist 500 m lang. Über 30 m ragt der imposante Bau aus der Ebene auf. Das gewaltige Theaterhalbrund fasste zwischen 15.000 und 25.000 Zuschauer – die Quellen sind sich uneins. Ausgezeichnet erhalten sind die 18 unteren Sitzreihen. Die beiden Säulen dort trugen einst einen Baldachin, unter dem der Kaiser Platz zu nehmen pflegte. Das Bühnengebäude war reich verziert mit Pilasterkapitellen, Statuen und Reliefs, es lohnt, sich die verstreut liegenden Architekturfragmente näher anzuschauen. Auf der Hügelkuppe über dem Theater thront – gewissermaßen als Zugabe – ein zerfallenes *byzantinisches Kastell* aus dem 8. Jh. Von ihm genießt man eine ausgezeichnete Aussicht über das weitläufige Ruinengelände inmitten der Mäanderebene.

Löwenbucht: Nördlich des Theaters lag der sog. Löwenhafen, dessen Einfahrt zwei große marmorne Löwenfiguren flankierten. An der inneren Spitze des Hafens stand das *Trophäum*, ein Hafenmonument, von dem noch der vierstufige Sockel (Durchmesser 11 m) mit einem Tritonenfries erhalten ist. Anfangs ehrte es wahrscheinlich Pompeius, der 63. v. Chr. das östliche Mittelmeer vorübergehend von der Piratenplage erlöste, später Kaiser Augustus für dessen ruhmreiche Taten in der Seeschlacht von Actium. Vom Trophaum führte eine 30 m breite Prachtstraße, die rechter Hand von einer *Kolonnadenhalle* gesäumt wurde, zum Delphinion.

Delphinion: Der Freilichttempel, von dem nur noch das pflanzenüberwachsene Fundament zu sehen ist, diente der Verehrung des Apollon Delphinios, des Gottes der Seeleute, Häfen und Schiffe. Der Komplex besaß einen von Säulenhallen umgebenen Innenhof mit einem kleinen Rundpavillon aus Marmor. Vor dem Delphinion begann die *Heilige Straße*, die nach Süden zum Didymaion führte.

Nordagora: Rechter Hand der heiligen Straße lag das nördliche Marktviertel (90 x 43 m), das ursprünglich allseits von Säulen umgeben war. Mit mehr als 200 Läden bildete es eines der bedeutendsten Handelszentren der Stadt. Heute ist der Platz von Tamarisken und Algen überwuchert, ein kleiner Teil der *Stoa*

Zwischen den Ruinen der größten ionischen Stadt weiden heute Kühe

wurde rekonstruiert. Auf der anderen Seite der Heiligen Straße sieht man Reste einer römischen Thermenanlage, des sog. *Capito-Bades*, und daran anschließend Reste eines *hellenistischen Gymnasions.*

Bouleuterion: Um 170 v. Chr. wurde zwischen der Nord- und der noch größeren Südagora der Ratssaal der Stadt errichtet. Man betrat die Anlage durch einen Torbau an der Ostseite und gelangte in einen von Säulenreihen umgebenen Innenhof, in dem ein dem Kaiser Augustus geweihter Altar stand. Der Sitzungssaal dahinter bot, einem Theater gleich, auf 18 gut erhaltenen Sitzreihen etwa 1.200 Ratsmitgliedern Platz.

Nymphäum: Gegenüber dem Bouleuterion stand das einst prachtvolle Brunnenhaus mit einer dreigeschossigen Prunkfassade, gestiftet von Trajans Vater. In den Nischen der Hauptfassade waren 27 Götterfiguren aufgestellt, die z. T. auch als Wasserspeier dienten. Das Gebäude selbst enthielt öffentliche Toiletten und zwei Wasserreservoirs. Das unterste Stockwerk konnte weitgehend rekonstruiert werden.

Südagora: Sie lag südlich von Nymphäum und Bouleuterion und war mit rund 33.000 qm eine der größten der antiken Welt. Das imposante Nordtor wurde wieder aufgebaut – im Berliner Pergamon-Museum.

İlyas-Bey-Moschee: Noch weiter südlich steht die Ruine einer 1404 von Emir İlyas von Menteşe errichteten Moschee. Da zu jener Zeit schon viele Bauten der Stadt funktionslos waren, klaute man von diesen die Steine dazu. Nach einem Erdbeben 1955 wurde sie zwar notdürftig renoviert, innen aber ausgeräumt.

Faustina-Thermen: Auf dem Weg wieder zurück zum einstigen Theaterhafen, stößt man auf die Reste einer großen Thermenanlage, die im Jahre 164 n. Chr.

von Faustina II., der Gattin Marc Aurels, gestiftet wurde. Es gab Kalt-, Warm- und Heißwasserbecken sowie Schwitzräume, die allesamt überreich mit Marmor ausgekleidet waren. Dahin ist dahin. Gut erhalten ist aber noch das *Frigidarium*, der Abkühlungsraum mit der intakten Skulptur des Flussgottes Mäander und jener eines Löwen.

Weiter westlich liegen in einer Grube die Fundamente eines **Stadions** und noch weiter westlich die spärlichen Reste der **Westagora**, an die sich südlich die Grabungsstelle des **Athenatempels** anschließt. Funde davon – heute in den Museen von İzmir und İstanbul– lassen vermuten, dass hier die älteste Siedlungsstätte Milets liegt. Mehr zu sehen gibt es von der restaurierten **Karawanserei** aus dem 15. Jh., dem wohl letzten großen Bauwerk Milets. Heute werden darin Teppiche verkauft. Etwas abseits – an der Straße nach Balat, aber noch immer innerhalb der alten Stadtmauern – liegt zudem ein kleines **Museum** mit Grabungsfunden.

Die Schwemmlandebene des Mäanderdeltas

Wo 494. v. Chr. in einer großen Seeschlacht die Mileter den Persern unterlagen, erstreckt sich heute eine weite Ebene von mehreren hundert Quadratkilometern. Die größten Baumwollplantagen der Ägäis sind hier zu finden. Sie bieten zur Ernte im Herbst Arbeit für tausende Pflücker, größtenteils Saisonarbeiter aus Ostanatolien, die unter teils erbärmlichen Bedingungen in Zeltlagern am Rande der Felder hausen. Die Schwemmlandebene schuf der *Büyük Menderes*, der die Küstenlinie durch seine starke Sedimentation im Laufe der Jahrhunderte so weit vorschob (im Schnitt 9 m pro Jahr), dass die antiken Hafenstädte Priene und Milet heute kilometerweit im Landesinnern liegen. Zwar führte die Verlandung letztendlich zum Untergang der Städte, war aber aufgrund des fruchtbaren Bodens anfangs auch ausschlaggebend für deren Aufstieg.

Im Mündungsgebiet des Großen Mäanders erstreckt sich heute eine schilfgesäumte Lagunenlandschaft, Brut- und Überwinterungsgebiet vieler Vögel – ein Paradies für Ornithologen. Pfeif- und Krickenten, Brachschwalben, Stelzenläufer, Pelikane, Spornkiebitze und sogar Flamingos können hier beobachtet werden.

Priene (antike Stadt)

Hoch über der Schwemmlandebene des Büyük Menderes thront das antike Priene. Die Lage der Ausgrabungsstätte ist grandios, die Ruinen selbst sind es weniger, auch wenn Archäologen dem für gewöhnlich widersprechen: Denn in Priene dominiert – eine Seltenheit in der Ägäis – überwiegend unverfälschte griechische Bausubstanz, da die Stadt bereits in römischer Zeit nahezu bedeutungslos geworden war.

Das heute ausgegrabene Priene wurde zu Mitte des 4. Jh. v. Chr. neu gegründet. Die Reste der Vorgängerstadt, welche einst direkt am Latmischen Meerbusen lag und wegen Verlandung ihres Hafens aufgegeben wurde, ruhen irgendwo metertief unter der Schwemmlandebene. Die neue Stadt wurde terrassenförmig im Schachbrettmuster nach dem hippodamischen System (→ Milet/Geschichte, S. 97) angelegt. Sie war durch Längs- und Querstraßen in etwa 80 Parzellen von 35 x 47 m unterteilt. Auf jeder Parzelle hatten ca. vier Privathäuser Platz. Die befestigte Akropolis, von der nur noch spärliche, kaum sehenswerte Mauerreste erhalten sind, wurde nördlich der Stadt auf einem knapp 250 m hohen Felsblock errichtet.

Als das Stadtsäckel leer war, kam 334 v. Chr. zum Glück Alexander der Große vorbei: Er übernahm die Baukosten des Athenatempels. Eine kurze Blütezeit brach an. Doch schon 277 v. Chr. zerstörten die Galater die 5.000 Einwohner zählende Stadt. Nach dem erneuten Wiederaufbau geriet Priene in die Diadochenkämpfe und nahm durch Brände und Plünderungen großen Schaden. Unter römischer Herrschaft (ab 133 v. Chr.) herrschte zwar Friede, doch mit der zunehmenden Verlandung des Golfes und dem Verlust ihres Hafens sank Priene mehr und mehr in die Bedeutungslosigkeit ab. Byzanz schenkte der Stadt zwar noch einen Bischofssitz, doch Prienes Untergang tat dies keinen Abbruch. Im 14. Jh. verließen ihn die letzten Bewohner.

Erste Ausgrabungen erfolgten 1868 durch ein britisches Team. Zwischen 1895 und 1899 legte der Pergamon-Entdecker Carl Humann mit seinem Kollegen Theodor Wiegand die Stadt systematisch frei. Die bedeutendsten Skulpturen und Bauteile wanderten nach İstanbul, ins Britische Museum und ins Berliner Pergamon-Museum.

• *Verbindungen/Anfahrt* Von Söke stündl. **Minibusse**. Von Kuşadası und Selçuk kann man an **organisierten Tagestouren** nach Priene, Milet und Didyma teilnehmen. Priene ist von der Verbindungsstraße Söke-Milas ausgeschildert. Die Ruinenstadt liegt oberhalb des Dorfes Güllübahçe und ist auf einem schmalen Sträßchen bequem zu erreichen.

• *Öffnungszeiten* tägl. 9–19.30 Uhr, im Winter kürzer, außerhalb der Öffnungszeiten frei zugänglich. Eintritt 0,90 €, erm. die Hälfte.

• *Übernachten/Essen & Trinken* In Güllübahçe finden sich einige Restaurants und 2 Pensionen: **Gülten Pension**, 2002 eröffnet, unter Leitung des deutsch-türkischen Ehepaars Jens und Gülten Hellmer. 7 ordentliche, blitzsaubere Zimmer mit Fliesenböden. Kleiner Pool und Fitnessraum. Empfehlenswert. DZ mit Frühstück 18 €. ✆ 0256/5471215, yens@ispro.net.tr.

Priene Pension, die zweite Pension vor Ort war zum Zeitpunkt der Recherche geschlossen, was sich jedoch wieder ändern kann. Bislang wurden 11 saubere große Zimmer offeriert, die sich um ein idyllisches Mandarinengärtchen gruppieren. Nebenan kräht der Hahn mit dem Muezzin um die Wette. Campingmöglichkeiten. DZ mit Frühstück ca. 16 €. ✆ 0256/5471725.

Sehenswertes

Leider erleichtert der schachbrettartige Grundriss der Stadt keinesfalls die Orientierung: Wo einst geradlinige, gepflasterte Straßen waren, winden sich heute Feldwege und Pfade hinauf und hinab. Verwirrend ist zudem, dass die Stadt nicht nur in Hanglage, sondern zugleich noch rund um einem Hügelrücken errichtet wurde. Zum Glück aber sind alle bedeutenden Bauwerke auch mit deutsch beschrifteten Schautafeln versehen. Der Parkplatz samt Kassenhäuschen befindet sich nahe dem Osttor weit unterhalb der meisten Sehenswürdigkeiten. Nach Betreten des Ruinenfeldes hält man sich rechts und steigt zum Zentralbereich der Stadt auf. Die interessantesten Monumente im Überblick:

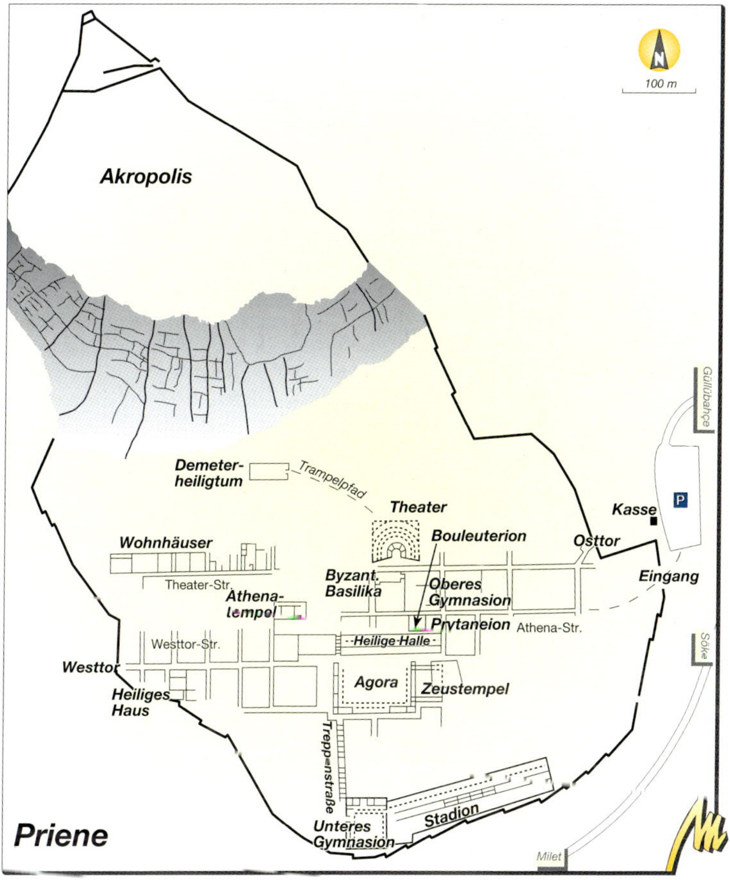

Theater: Verhältnismäßig klein, fasste es mit seinen 50 Sitzreihen knapp 6.500 Zuschauer. Unmittelbar vor der Orchestra stehen fünf marmorne *Ehrensessel* für hohe Würdenträger, auf der Hauptachse befindet sich der *Dionysos-Altar*. Vom Bühnengebäude, in römischer Zeit renoviert, steht noch das Erdgeschoss, ebenso die gut erhaltene Säulenreihe der Vorhalle. Man nimmt an, dass zwischen die Säulen verzierte Holztafeln gesetzt wurden, die als Kulisse dienten. Zu Füßen des Theaters, unter Kiefern hinter dem Bühnengebäude, liegen die Reste einer *byzantinischen Basilika*. Von hier verläuft die Theaterstraße zum weiter westlich gelegenen Athenatempel. Ein kleiner Abstecher führt davor zum Demeterheiligtum.

Demeterheiligtum: Versteckt im Pinienwald oberhalb des Theaters liegen die spärlichen Reste des stark zerstörten Heiligtums. Ein Trampelpfad führt hin, den Einstieg findet man am obersten Theaterrang. Der Grundriss des der

Athenatempel von Priene, das Hauptheiligtum der antiken Stadt

Göttin der Feldfrucht geweihten Heiligtums ist noch deutlich zu erkennen. Einst betrat man den ummauerten Bezirk von Osten. Gegenüber stand der Tempel, davor eine Säulenhalle. Hier fand man die Marmorstatue der Oberpriesterin Nikesso; in Priene einst hoch geschätzt, verblasst sie heute im Berliner Pergamon-Museum.

Athenatempel: Der Architekt Pytheos (4. Jh. v. Chr.), der mit dem Mausoleum von Halikarnassos (→ Bodrum, S. 65) eines der sieben antiken Weltwunder entwarf, gab auch in Priene sein Bestes. Hier schuf er den Athenatempel, das einstige Haupttheiligtum der Stadt. Heute ist leider nur noch dessen Fundament erhalten, von dem fünf wieder aufgerichtete, ionischen Säulen samt Kapitellen imposant in den Himmel ragen. Bevor der Tempel einem Erdbeben zum Opfer fiel, war er von einer Säulenreihe umgeben. Die Kultstatue der Athene darin war um die 6,5 m hoch. Ihr Abbild zierte u. a. römische Münzen. Das Bild des Tempel hoch über dem Golf von Latmos, vor der Kulisse einer schroffen, senkrecht aufsteigenden Felswand, muss beeindruckend gewesen sein.

Agora und Heilige Halle: Eine Treppenflucht führt vom Tempel hinab zu einem Brunnen. Ein paar Schritte zur Linken stößt man auf die stattliche Agora (75 x 35 m), die einst das wirtschaftliche Herz der Stadt war. Auf dem Platz erkennt man noch die Sockel, auf denen die Statuen wohlverdienter Bürger standen. Zur Mäanderebene hin grenzt die Agora an eine Säulenhalle, auf der Ostseite finden sich die spärlichen Reste eines *Zeustempels*, auf den später ein byzantinischer Wehrturm gebaut wurde.

Direkt dahinter, zur Hangseite hin, liegen etwas erhöht die Ruinen der sog. Heiligen Halle (12,5 m tief, 116 m lang), ein zweischiffiges Gebäude mit einer äußeren Doppelreihe von 49 dorischen und einer Mittelreihe von 24 ionischen Säulen. Die rückwärtigen Kammern (an der Nordwand) dienten überwiegend als Archive. In der 9. (vom Westen gezählt) wurde zudem Kaiser Augustus verehrt. Hier fand man auch diverse Inschriften zur Stadtgeschichte, u. a. über die Einführung des Julianischen Kalenders 9. v. Chr.

Wohnhäuser am Westtor: Die Hauptstraße zwischen Agora und Heiliger Halle führt gen Westen zu den privaten Wohnhäusern der Stadt. Sie bestanden meist aus einem rechteckigen Innenhof, um den sich eine Vorhalle sowie Schlaf- und Essgemächer gruppierten. Am wenigsten nagte der Zahn der Zeit am *Heiligen Haus*, in dem Alexander der Große gewohnt haben soll. Man findet noch ein Kieselmosaik und zwei Podien zur Götterverehrung. In anderen Häusern sind noch Reste von Fresken und Wasserbecken zu entdecken.

Im Theater von Priene

Bouleuterion: Nordöstlich der Heiligen Halle liegt das noch gut erhaltene Bouleuterion. Hier versammelte sich der Rat der Stadt. Es war ein kleines, quadratisches und fensterloses Gebäude mit Holzdach, das ungefähr 650 Leuten, rund einem Zehntel der Bevölkerung, Platz bot. Licht kam durch die offene Südseite hinein. Auf dem etwa 1 m hohen Altar vor der Tribüne wurde vor jeder Sitzung den Göttern ein Opfer gebracht.

Prytaneion: In dem Gebäude direkt neben dem Bouleuterion residierte der Magistrat. Erhalten sind ein Marmortisch, ein Wasserbassin im Hof sowie ein Herd in einem Nebenraum, vermutlich der Standort des Heiligen Feuers der Stadt.

Unteres Gymnasion: Hangaufwärts des Prytaneions lag das *Obere Gymnasion*, dessen steinerne Reste wenig sehenswert sind. Anders das Untere Gymnasion; das über eine Treppenstraße von der Agora zu erreichen ist. Der quadratische Innenhof war auf allen Seiten von dorischen Hallen gesäumt. Deutlich erkennt man noch den Baderaum mit Becken, in die Wasser aus einer umlaufenden Rinne mit putzigen Löwenkopfspeiern lief. Daneben lag der Ephebensaal, der den jüngeren Schülern als Unterrichtsraum diente. Diese waren auch nicht besser als heutige Schulpflichtige: Die marmornen Wände sind über und über mit Schülersprüchen, Namen und Kritzeleien bedeckt.

Stadion: Das Stadion, 191 m lang und 20 m breit, schließt östlich an das Gymnasion an. Im Westen sind – durch Pfeiler abgetrennt – die Startschwellen der Läufer gut erhalten. Gestartet wurde hinter einer Schranke, die vor allen Startboxen gleichzeitig hochschnellte – ähnlich der heutigen Startanlage bei Pferderennen. Die Hanglage ließ nur Zuschauerränge auf der Nordseite (= Hangseite) zu. Die *Steintribüne* im Mittelteil und der dahinter liegende *Porticus* sind gut erhalten.

Söke

Die unverfälschte türkische Kleinstadt mit rund 60.000 Einwohnern bietet nicht viel mehr als seinen lebendigen Wochenmarkt (mittwochs), Treffpunkt der Landbevölkerung aus der Umgebung. Mittlerweile gibt es zu ihm auch organisierte Ausflüge von Kuşadası.

Verbindungen In Söke starten Dolmuşe nach Priene, Milet und Didyma, zudem häufige Fahrten nach Kuşadası und Milas. Busverbindungen bestehen in alle größeren Städte der Westtürkei. Egal ob Bus oder Dolmuş, alle starten am großen Busbahnhof (ausgeschildert).

Dilek-Nationalpark (Dilek Milli Parkı)

Der 1966 auf der Dilek-Halbinsel eingerichtete Nationalpark rund um den 1237 m hohen *Samsun Dağı* ist ein 11.000 Hektar großer Lichtblick in der verbrauchten und verbauten Natur rund um Kuşadası. Kiefernwälder bedecken ein Drittel des Parkareals und machen Wanderungen auch in der Sommerhitze erträglich. Wer leise ist, kann zahlreiche Vogelarten, Wildschweine und verwilderte Pferde zu Gesicht bekommen. Am schönsten aber sind die herrlichen Strände des Nationalparks – alle verfügen über Restaurants und Picknickbänke und sind bestens ausgeschildert. Als erstes kommt die Sandbucht *İçmeler*, zugleich der kleinste Strand; darauf folgt *Aydınlık* (Kies); dann der größte und frequentierteste Beach *Kavaklıburnu* und zum Schluss der *Karasu*-Strand (z. T. feiner Kies). Kleiner Wermutstropfen: Die Westspitze ist militärisches Sperrgebiet – Samos ist keine 2 km entfernt, und die Soldaten möchten sich beim gegenseitigen Belauern nicht stören lassen.

Den Eingang zum Nationalpark erreicht man über **Güzelçamlı**, retortig an der Küste, fast bäuerlich-provinziell im dahinter liegenden Zentrum. 100 m vorm Eingang weisen Schilder zur "Zeus Mağarası", einer **Grotte** mit Bademöglichkeit. Das glasklare Wasser leuchtet je nach Lichteinfall in Grün- oder Blautönen. Um die Grotte ranken sich allerlei Legenden, u. a. soll hier einst die Jungfrau Maria gebadet haben. Seitdem soll das Wasser Schönheit verleihen.

- *Verbindungen/Anfahrt* Regelmäßige **Dolmuş**verbindungen ab Kuşadası und Söke. Die Dolmuşe durch den Park fahren nur den Kavaklıburnu-Strand direkt an, zu den anderen Stränden muss man von der Durchgangsstraße noch ein paar Minuten laufen. Der Park ist von der Straße Kuşadası-Söke mit "Milli Park/Davutlar" ausgeschildert.
- *Öffnungszeiten* tägl. von 8 Uhr bis Sonnenuntergang. Eintritt 0,90 €, Auto 2,70 €, Motorrad 1 €, Wohnmobil 7,20 € (!). Grillen und Übernachten verboten.
- *Wandern* Es ist möglich, den Nationalpark von Nord nach Süd über den Gebirgszug des Samsun Dağı bis nach Doğanbey (s. u.) zu durchwandern. Herrliche Aussichten sind garantiert. Ein einheimischer Führer ist empfehlenswert, denn das Gelände im Park bietet mit seinen vielen Trampelpfaden wenig Orientierungspunkte. Lohnenswert ist auch der kurze Trip in die mit "Kanyon" ausgeschilderte größte Schlucht des Parks. Eine Orientierungstafel finden Sie am Eingang zum Park.

Tipp: Auch die strandlose Südseite des National-Parks (kein Eintritt) lohnt einen Abstecher. Von Kuşadası erreicht man sie über Söke. Ca. 15 km hinter Priene weist ein braunes Schild ins Innere der Halbinsel zu dem ehemals griechischen Dorf **Doğanbey** mit seinen malerischen alten Steinhäusern. Reiche Türken richten sie als Sommersitz wieder her. Eine touristische Infrastruktur gibt es nicht, nicht mal ein Teehaus. Die Weiterfahrt entlang der Küstenstraße, vorbei am Delta des Großen Mäander, in dem Fischzucht betrieben wird, endet nach weiteren 7 km in der Häuseransammlung **Karine** vor der militärischen Sperrzone. Direkt am Meer serviert dort das bestens besuchte "Sahil Restaurant" an ein paar Tischchen fangfrischen Fisch.

Häusermeer Kuşadası

Kuşadası

ca. 50.000 Einwohner

Kuşadası ist der größte Urlaubsort der türkischen Ägäis und jedem Kreuzfahrer ein Begriff. Bis zu 800 Luxusliner legen hier jährlich an.

In der Hochsaison bevölkern in Spitzenzeiten rund 800.000 Menschen Kuşadası samt den angrenzenden Badebuchten und machen aus dem Küstenstädtchen eine Urlaubsmetropole. Hotelkomplexe, Feriendörfer und Clubanlagen wuchern wild, und ein Ende ist nicht abzusehen. Kuşadası gehört so zweifelsohne nicht zu den verträumtesten Flecken der Ägäis. Doch die Urlauber aus aller Herren Länder kommen gern.

Neben einer perfekten Infrastruktur bietet Kuşadası seinen Gästen eine passable Altstadt mit ein paar malerischen Gassen, Strände zum Sehen und Gesehen werden sowie ein turbulentes Nachtleben. Zudem gibt der Hafen mit seinen Ausflugsschiffen und Luxusjachten ein schönes Bild ab. Die Hauptattraktionen, wahre kulturhistorische Sahnebonbons, liegen jedoch in der Umgebung: Die beeindruckende Ruinenanlage von Ephesus ist nur einen Katzensprung entfernt, die Ausgrabungsstätten von Priene, Milet und Didyma sind in einem Tagesausflug zu erkunden.

Kuşadası selbst hat hingegen kaum Sehenswertes aufzuweisen. Zentrale Landmarke ist die alte *Karawanserei* am Hafen, im 17. Jh. von Großwesir Öküz Mehmet Pascha erbaut. Heute befindet sich darin ein charmantes Hotel (ein Blick ins Innere – oder zumindest in den begrünten Innenhof – wird auch Nichtgästen gewährt). Die schon von weitem sichtbare *Taubeninsel (Güvercin*

Gewitterstimmung vor der Taubeninsel

Ada), von der Kuşadası (dt. "Vogelinsel") seinen Namen erhielt, ist über einen Damm zu Fuß zu erreichen. In und auf den Überresten der dortigen genuesisch-osmanischen Burg befinden sich ein paar Cafés – nette Plätzchen für einen gemütlichen Sundowner.

Geschichte

Vom antiken *Phygela,* das an der Stelle des heutigen Kuşadası lag, ist nichts erhalten und nur wenig bekannt. Anders aber verhält es sich mit der Siedlung namens *Scala Nova* ("Neuer Hafen"), die hier im 13. Jh. von genuesischen und venezianischen Kaufleuten gegründet wurde, nachdem der verlandete Hafen von Ephesus unbrauchbar geworden war. Es existieren noch Reste der einstigen Stadtmauer, auch das geradlinige Straßennetz der Altstadt geht auf jene Zeit zurück. Im 15. Jh. eroberten die Osmanen den Ort und gaben ihm seinen heutigen Namen. Kuşadası entwickelte sich in der Folgezeit zu einem munteren Hafenstädtchen, das über Jahrhunderte hinweg enge und florierende Beziehungen zu Samos unterhielt. Doch nach der Vertreibung seiner griechischen Einwohner 1923 rutschte es zu einem unbedeutenden Fischernest ab. Das änderte sich in den 1970ern, als die ersten Kreuzfahrschiffe zum Ephesuslandgang anlegten. Einige Billighotels und Lokantas begannen zudem, abenteuerlustigen Reisenden für ein paar Lira Essen und Unterkunft zu bieten. Mitte der 1980er entdeckten schließlich britische Reiseveranstalter den Ort und bauten ihn zu einem Urlaubszentrum aus. An ihre "Pionierarbeit" erinnert noch die *Pub Lane,* ein fast schon historisches Sträßchen, an das sich Kneipen im englischen Stil reihen. Heute kommen Reisende aus aller Welt, zudem ist Kuşadası neben Çeşme *das* Wochenendausflugsziel für den Großraum İzmir.

Information/Verbindungen/Ausflüge

- *Telefonvorwahl* 0256.
- *Information* am İskele Meydanı, dem Platz vorm Hafen. Auskünfte auf Englisch und Deutsch. In der HS tägl. 8–19 Uhr, in der NS Mo–Fr 8–12 und 13–17.30 Uhr. ✆ 6141103, 📠 6146295.
- *Verbindungen* **Bus**: Busbahnhof ca. 2 km außerhalb an der Straße nach Söke, Dolmuşverbindungen ins Zentrum. Tagsüber alle 30 Min. nach İzmir, 3-mal tägl. İstanbul und Ankara; mehrmals tägl. Bodrum und 2 mal tägl. Marmaris/Fethiye. Nach Denizli (Pamukkale) ebenfalls mehrere Busse tägl.

Dolmuş: Dolmuşe nach Söke starten vom Busbahnhof, Dolmuşe nach Pamucak, Selçuk, Güzelçamlı und zum Dilek-Nationalpark vom Adnan Menderes Bul. Die Dolmuşe zum Kadınlar Plajı und zum Kuştur-Strand fahren entlang dem Atatürk Bul. ab.

Schiff: Mehrere Fähren tägl. nach Samos, Tickets kauft man am Vortag bei einer Reiseagentur. Pro Person einfach 27 €, retour am selben Tag 40 €, Autos einfach 83 €. Fahrtzeit 1,5–2 Std.

- *Bootsausflüge* führen in die weite Bucht von Kuşadası. Buchungen direkt an den Anlegestellen am Hafen oder bei einem Reisebüro. Tagesausflug pro Person ca. 13 € inkl Lunch.
- *Organisierte Touren* Knapp 150 Anbieter kümmern sich in Kuşadası um alles und jedes – Flugtickets, Flughafentransfers, Hotelbuchungen, Esels-, Pferde- oder Jeepsafari, Türkische Nächte oder Ausflüge zu diversen Zielen. Für Touren nach Priene, Milet und Didyma empfiehlt sich der Anschluss an eine Reisegesellschaft, da Dolmuşfahrten mit zeitraubendem Umsteigen verbunden sind. Die meisten Fahrten dorthin starten am Mittwoch, dem Markttag in Söke, wo ein Zwischenstopp eingelegt wird.

Ein seriöses Unternehmen und eines der größten ist **Meander Travel** in der Nähe der Tourist-Info. Aus dem Angebot: Ephesus ganzer Tag 35 €, halber Tag 30 €; Priene-Milet-Didyma mit Lunch 26 €; Pamukkale mit Lunch 26 €. Kıbrıs Cad. 4, ✆ 6143859, www.meandertravel.com

Gleich ums Eck liegt auch die alteingesessene Agentur **Ekol Travel**. Ähnliches Programm mit erheblichen Nachlässen für Studenten unter 23. Zudem: Flugtickets, internationale Busverbindungen, Fähren nach Griechenland bzw. Italien. Bayral Sok. 9, ✆ 6145591, www.ekoltravel.com.

- *Jachtcharter* Die Marina von Kuşadası zählt mit rund 600 Liegeplätzen zu den größten der Ägäis. 4-Tage-Törns auf Schiffen für 10–15 Pers. inkl. Vollpension pro Person ab 200 €, Wochentörns ab ca. 400 €. Buchbar z. B. über **Lokomotive Travel and Yachting Agency Ltd.** am Atatürk Bul., ✆ 6144113, www.lokomotivetours.com.

Adressen/Einkaufen/Veranstaltung

- *Ärztliche Versorgung* Staatliches Krankenhaus **Devlet Hastanesi** außerhalb des Zentrums an der Straße nach Kuştur, ✆ 6141026. Der Deutsch sprechende **Allgemeinarzt** M. Fahri Önder praktiziert über einem Friseurladen an der Sağlık Cad., ✆ 6143457.
- *Autoverleih* Die Anzahl der Vermieter ist groß, das Preisniveau ähnlich, Vergleiche lohnen dennoch. Internationale Verleiher wie **Avis** am Atatürk Bul. 26/A (✆ 6146400; 📠 6127601) verlangen z. B. für das billigste Auto pro Tag um die 55 €. Bei den lokalen Anbietern bezahlt man für ältere Fahrzeuge mit weniger Service 30–40 € pro Tag.
- *Deutsche Literatur* Zeitungen und Zeitschriften sind überall im Zentrum erhältlich. Deutschsprachige Bücher gibts im **Kuydaş Kitabevi** am İnönü Bul. 8/B. Eine gute Auswahl an deutschsprachigen Büchern über die Türkei und deren Küche hält auch **Art Kitabevi** in der Sağlık Cad. 57 bereit.
- *Einkaufen* ist neben Nahrungs- und Getränkeaufnahme die Hauptbeschäftigung der Kuşadası-Gäste. Die ganze Innenstadt steht im Dienst des Warengeschäfts, und die künstlichen Shoppingpassagen haben klangvolle Namen wie Grand oder Orient Basar. Man findet viel überteuerten Plunder.
- *Geld* Zum Beispiel **T.C. Ziraat Bankası** mit Automat am Barbaros Hayrettin Bul.
- *Polizei* am Atatürk Bul. schräg gegenüber dem Restaurant Ali Baba, ✆ 6141022.
- *Post* am Barbaros Hayrettin Bul.
- *Türkisches Bad (Hamam)* Ein historisches osmanisches Bad ist das **Kaleiçi Hamamı**. Touristen stellen das Gros der Besucher. Eintritt mit Massage 12 €, bis spät in den Abend geöffnet. Ecke Tuna Sok./7 Eylül Sok.

• *Veranstaltung* Alljährliches **Kuşadası-Festival** mit verschiedenen Aktivitäten im Juli.

• *Waschsalon* **Can Laundry**, Waschsalon und Reinigung. Pro Maschine waschen und trocknen 4,70 €. Özgür Sok. 8, eine Seitenstraße des Adnan Menderes Bul.

• *Zweiradverleih* Das Angebot ist schier unüberschaubar. Motorbikes der verschiedensten Klassen 16–70 € pro Tag. Kilometer frei, Vollkaskoversicherung inkl. Bei längerer Mietdauer sollten Sie über den Preis verhandeln.

Übernachten

Luxuriöse Mehr-Sterne-Clubanlagen findet man vorrangig an den Stränden südlich und nördlich von Kuşadası. Die gute Mittelklasse liegt zentral in erster Reihe, Pensionen sind oft unauffällig in den Gassen der Innenstadt versteckt. Ordentlich und günstig, aber stil- und charakterlos kommt man – falls noch etwas frei ist – in den landeinwärts rund um den Adnan Menderes Bul. gelegenen Bettenburgen der Pauschalurlauber unter.

******Hotel Kismet (5)**, eine der stilvollsten Unterkünfte vor Ort, auf einer Landzunge nördlich des Zentrums Richtung Selçuk. Geräumige Zimmer mit Terrasse und Meeresblick. Im Restaurant wird man lukullisch verwöhnt, am eigenen Strand wird allerhand Wassersport angeboten. Wer sich in die Besuchergalerie von Joan Baez bis Queen Elizabeth einreihen möchte, zahlt für ein DZ ab 100 €. Akyar Mevkii, ✆ 6142005, 📠 6144914.

Club Caravansérail (12), in der bereits angesprochenen Karawanserei von Kuşadası. Orientalische Atmosphäre paart sich hier mit unaufdringlichem Luxus. Vornehmlich Busgruppen. DZ mit Frühstücksbüffet 95 €, mit HP 130 €. ✆ 6144115, caravanserail@kusadasi.net

Villa Konak (10), stilvolle Unterkunft im Herzen der Stadt, untergebracht in einem vornehmen, nachgebauten osmanischen Stadthaus. 27 Zimmer um zwei Höfe, Pool. Gemütlicher Garten, gute traditionell-türkische Küche. DZ mit Frühstück 50 €. Yıldırım Cad. 55, ✆ 6146318, www.villakonakhotel.com.

*****Hotel İlayda (4)**, in vorderster Front am Atatürk Bul. Unter deutscher Leitung und mit allen Annehmlichkeiten seiner Klasse: 40 Zimmer mit Minibar, Klima, Föhn und TV. Bar, Restaurant, Dachterrasse und Lobby mit Promenadenblick. DZ mit Frühstück ab 42 €. Atatürk Bul. 46, ✆ 6143807, 📠 6146766.

Captain's House Pension (3), empfehlenswerte, gehobenere Pension ganz im Zeichen der Seefahrt. Gemütliche Zimmer mit blauen Türen und gelben Fensterläden sind nach berühmten Seefahrern benannt, einige mit Balkon und Meeresblick ausgestattet. Kleiner Pool, freundlicher Service, im Erdgeschoss ein Café mit Wintergartenatmosphäre. DZ mit Frühstücksbüfett 24 €. İstiklal Cad. 3, ✆ 6121200.

Bahar Pension (8), zentraler geht es nicht. Sehr gutes Preis-Leistungs-Verhältnis. Wirbt mit "Home away from Home", und das kommt hin. Alles blitzsauber, ruhige Lage, Terrasse mit Meeresblick. In den Zimmern Ventilator, auf Wunsch kann die Klimaanlage angeworfen werden. DZ mit Frühstück 24 €. Cephane Sok. 12, ✆ 6141191.

Liman Hotel (16), zentral am Fischerhafen. Gehobenere Travellerherberge. 13 Zimmer unterschiedlichen Standards, auch Mehrbettzimmer, z.T mit Balkon und schöner Aussicht. Alle mit Klimaanlage. Laundryservice. Luftige Dachterrasse mit herrlichem Blick auf die Taubeninsel. Freundlicher Service. DZ mit Frühstück 20 €, EZ 15 €, Dreier 30 €. Buyral Sok. 4, ✆ 6147770, hasandegirmenci@usa.net.

Golden Bed Pension (14), im Gassengewirr auf dem Altstadthügel. Kleine, einfache, aber sehr saubere Pension mit ebenfalls urgemütlicher Aussichtsterrasse. Das Besitzerehepaar ist türkisch (er) und australisch (sie) und betreut eine internationale Gästeklientel. Alle DZ mit Meeresblick, 22 € inkl. Frühstück. Bei Internetbuchung wird der Transfer arrangiert. Freier Transport nach Ephesus. Aslanlar Cad. Uğurlu 1. Çıkmazı 4, ✆/📠 6148708, goldenbed-anzac@hotmail.com.

Hasgül Pansiyon (19), 13 ordentliche Zimmer mit kleinem Balkon und Dusche/WC, dazu ein toller Blick von der Dachterrasse. DZ inkl. Frühstück 16 €. Hacı Feyzullah Mah. Bezirgan Sok. 53, ✆ 6143641.

Sezgin's Guest House (15), ebenfalls beliebte Backpackerunterkunft im Zentrum. Eigener Pool und Garten, orientalische Ecke. Freundlich und deutschsprachig. Waschservice und Bookexchange. Einfache, aber saubere DZ inkl. Frühstück 14 €, Restaurierung geplant. Ganzjährig geöffnet. Bei Anruf Pickup-Servi-

ce vom Hafen oder Busbahnhof. Aslanlar Cad. 68, ✆ 6144225, www. sezginhotel.com.

Hotel Sammy's Palace (17), oberhalb der Tourist Information. Parties auf der Dachterrasse, Beziehungskrisen vor der Haustür – hier ist immer etwas los. Sammy´s Palace ist der heißeste Tipp unter Jugendlichen, fast immer voll. Was zählt und über Mängel hinweg hilft, ist die internationale Atmosphäre. Witzige Crew, umtriebiges Management, das auf Wunsch vom Samos-Ticket bis zum Eselsausflug alles organisiert. Die Zimmer sind einfach, aber sauber, alle mit Dusche/WC, nach vorne raus mit Balkon. Dachschlafplatz pro Person 2,50 €, Schlafsaal pro Person 5 €, DZ 18 €, Frühstück 2 €.Kibris Cad 14, ✆ 6122588, www.hotel sammyspalace.com.

Camping

Im Gegensatz zu manch anderem Ferienort an der türkischen Küste, wo neue Hotelanlagen alteingesessene Campingplätze nach und nach verschwinden ließen, haben Camper in Kuşadası noch ganz gute Karten. Rechnen Sie pro Nacht für 2 Pers. mit ca. 6–9 €. Unser Tipp liegt 12 km nördlich von Kuşadası am Strand von Pamucak (→ Selçuk/Übernachten, S. 128).

Yat Camping (1), gegenüber dem Jachthafen. Die Infrastruktur des ADAC-Vertragsplatzes lässt keine Wünsche offen. Bungalowvermietung, DZ mit Frühstück 17 €. Atatürk Bul. 56, ✆ 6181516, 📠 6181560.

Önder Camping (2), gleich neben dem Yat.

Gestufter Platz mit Bäumen. Einfacher und familiärer als der Nachbar, doch genauso zentral und laut. Es werden auch Zimmer vermietet, DZ mit privaten Sanitäranlagen 16 €. Atatürk Bul. 84, ✆ 6181590.

Ladies am Ladies Beach

Essen & Trinken (s. Karte S. 111)

Kuşadası verfügt über jede Menge Restaurants und Lokantas. Die meisten bieten internationale Kost, insbesonders britische. Das gängigste Menü besteht aus Tagessuppe, Chicken (oder Fish) and Chips, Salat und einem Bier. Wer ohne Enttäuschungen essen will, greift am besten auf gehobenere Restaurants (im Zentrum) oder kleine Lokantas mit türkischer Hausmannskost (stadtauswärts) zurück. In Letzteren sollte man die Preise besser vorab erfragen.

Ali Baba Restaurant (11), gepflegtes Restaurant am Fischerhafen. Große Auswahl an Fisch und Meeresfrüchten, köstlich zubereitet, tadellos serviert und im behaglichen Ambiente verzehrt. Ein Abendessen mit Wein kostet pro Person ab 15 € aufwärts. Balıkçı Limanı.

Ferah Restaurant (18), gutes Mittelklasserestaurant nahe dem Fährhafen. Große Karte, aufmerksamer Service. Zudem sitzt man herrlich direkt am Meer. Liman Cad. 10.

Paşa Restaurant (9), in der Cephane Sok., einer Parallelgasse zum Atatürk Bul. Schön begrünter, liebevoll dekorierter Innenhof eines alten osmanischen Hauses. Gute klassisch-türkische Küche – Meze (0,90–1,80 €) und diverse feine Kebabs (2,50–4,70 €). Empfehlenswert für ein romantisches Abendessen.

Saray Restaurant (7), nicht ganz billig, dafür gibts erstklassige Meze, gegrillte Garnelen und zum Nachtisch beleuchtete Früchtetürme. In der Bozkurt Sok., einer schmucken Einkaufsgasse, die vom Barbaros Hayrettin Bul. abgeht.

Holiday Inn Restaurant (6), diverse Pide, Lahmacun, Güveç, Suppen, verschiedene Kebabarten (köstlich: Vali Kebap), dazu etliche gute Vorspeisen. Große Auswahl, freundlich, serviert wird an Tischen draußen, drinnen und im 1. Stock. Teuerstes Gericht 6,50 €. Kahramanlar Cad. 57.

Balıkçılar Aile Çay Bahçesi (13), einfaches, versteckt gelegenes Terrassenlokal direkt am Meer über dem Fischmarkt, wird vorrangig von Einheimischen frequentiert. Machen die Nachbarrestaurants marktschreierisch auf sich aufmerksam, muss man hier erst einmal den Eingang finden – halten Sie nach einer Treppe Ausschau und fragen Sie sich durch. Serviert wird in erster Linie Fisch – um einiges billiger als in den Restaurants nebenan, Preise dennoch vorher erfragen.

Nachtleben

Im Sommer ziehen viele Clubs und Kneipen aus İzmir nach Kuşadası um, und mit ihnen die Partygänger.

• *Clubs* Clubs in Kuşadası kommen und gehen so schnell, dass man diesen kaum mehr hinterher recherchieren kann. Bewährte Adressen im Zentrum sind schon seit mehreren Jahren das **Ecstacy** (Sakarya Sok.) und die **Another Bar**. Ersteres präsentiert überwiegend Techno, Zweitere alles zwischen Underground und der neuesten Chartmusik. Die besseren Clubs verlangen Eintritte zwischen 6 und 10 €. An Wochenenden besorgt ein Türsteher die Auswahl des Publikums.

Wer seine Abende lieber bei türkischer Folklore verbringt (umgeben jedoch von einem rein touristischen Publikum), geht in den Nachtclub des Hotels **Caravansérail** (→ Übernachten). Die "Türkischen Nächte" mit Bauchtanz erfreuen sich dort großer Beliebtheit und finden in der Hochsaison fast jeden Abend statt. Eintritt ohne Essen ca. 25 €, wer sich vom feudalen Büffet bedient, zahlt ca. 45 €.

• *Bars* Treffpunkt der internationalen Nachtschwärmer ist die **Barlar Sokağı**, die "Pub Lane" bzw. "Bar Street". Hinter dem gemütlichen Namen verbirgt sich eine brodelnde Amüsiermeile mit ohrenbetäubender Geräuschkulisse. Hier finden sich Clubs, Discobars und Pubs, vorrangig mit irischen Namen wie **Jimmy's Irish Pub**, **Molly Mallone's**, **The Killarney** oder **Kitty O'Shea**. Etwas aus der Reihe fällt das **Authentic**, mit Musik vom Plattenteller, die quer durch den Garten geht.

Baden/Sport

• *Aquaparks* nicht billig, aber der letzte Schrei und deshalb gut besucht. Rund um Kuşadası machen sich gleich zwei Anlagen Konkurrenz. **Adaland Aquapark** ist ein riesiges Erlebnisbad mit etlichen Schikanen ein Stück hinter dem Kuştur-Strand (10–19 Uhr, Eintritt 24 €, Kinder 17 €). Am Südende des Pamucak-Strandes befindet sich das **Aqua Fantasy**, eine Art Disney-Water-World mit Kitschburg und Piratenschiff. Ein Rutschbahnerlebnis erster Klasse und für Familien unbedingt empfehlenswert. (10–19 Uhr, Eintritt 24 €, Kinder zwischen 4 und 9 Jahren 12 €).

• *Baden* Die zentrumsnahen Strände sind wenig prickelnd. Wer ruhige Buchten sucht, muss ein ganzes Stück fahren. Ein Überblick:

Südlich von Kuşadası: Recht schmal, mit Liegestühlen zugepflastert und dahinter verbaut ist der **Kadınlar Plajı** bzw. **Ladies Beach** (z. T. auch mit "Kadınlar Denizi" ausgeschildert) 2,5 km südlich von Kuşadası. Vom Surfbrettverleih bis zur Strandkneipe ist alles vorhanden, was der Urlauber sich wünscht. Südlich des Ladies Beach schließen sich die Sandkastenstrände **Green Beach** und **Sunrise Beach** an. Und noch etwas weiter südlich folgt ein kilometerlanger Sandstrand bis **Güzelçamlı**, der nahezu komplett verbaut ist: Stellenweise staffeln sich die Ferienhäuser in mehr als 50 Reihen! Damit jeder weiß, wo er ist, hat man diesen Strand in Abschnitte mit so klangvollen Namen wie "Love Beach" oder "Paradise Beach" unterteilt. Am besten ignoriert man diese und fährt durch bis zum **Dilek-Nationalpark** (→ S. 106): Die 4 traumhaften Strände 28 km südlich von Kuşadası sind mit Abstand das Beste, was die Gegend fürs Badevergnügen zu bieten hat.

Nördlich von Kuşadası: Beim 5 km nördlich von Kuşadası gelegenen **Kuştur** findet man einen für örtliche Verhältnisse recht sauberen Strand (nach dem unübersehbaren Hotel dort auch **Tusan-Strand** genannt). Auch hier sind Surfbretter und Kneipen vorhanden. Herrlich ist der ausgedehnte, recht leere Sandstrand von **Pamucak** ca. 12 km nördlich von Kuşadası. Für weitere Strände gen Norden → Selçuk/Baden, S. 130.

• *Tauchen* Die meisten großen Hotels haben Tauchbasen im Haus. Kurse und Tauchgänge sind auch über die Reisebüros vor Ort zu buchen. Eine alteingesessene Adresse ist **Galethee Dive Center** am Kadınlar Plajı, ✆ 6141410, koray71@yahoo.com. Geboten werden Schnuppertauchgänge, Tauchgänge für Erfahrene und Kurse. Vor Ort Kontaktaufnahme über die Balcı Pansiyon oder das Restaurant Sultan's Kitchen am dortigen Strand.

Die Posidónio-Bucht im Osten von Samos

Ausflug auf die Insel Samos (Griechenland)

Man könnte fast hinüberschwimmen – nur 1,2 km trennen das türkische Festland an der engsten Stelle von der Insel Samos. Regelmäßig tuckern Fähren hin und her: in die eine Richtung Griechenlandurlauber, die Ephesus besuchen wollen, in die andere Türkeitouristen, die griechische Inselluft schnuppern wollen.

Das Eiland bietet neben einem vorzüglichen Wein eine unglaubliche landschaftliche Vielfalt: immergrüne Platanen- und Pinienwälder, mächtige Höhenzüge mit einsamen Bergklöstern sowie intime Badebuchten. Kein Wunder, dass Samos die meistbesuchte Insel der Nordägäis ist. Lediglich dem Inselhauptort, geschützt in einer fjordartigen Bucht gelegen, fehlt das Flair eines griechischen Fischerstädtchens. Reizlose funktionale Bauten dominieren. Rund ein Fünftel der 30.000 Inselbewohner leben hier. **Samos-Stadt** wird auch **Vathí** genannt, nach dem ältesten Viertel (Áno Vathí) ca. 15 Fußminuten vom Hafen entfernt oberhalb des neuen Zentrums. Ein Bummel durch das romantische Ensemble aus traditionellen Häusern mit bunten Blumenkanistern neben den Eingängen, dazwischen hübsche Kirchen und weinüberrankte Kafenions an steilen Treppengassen lohnt den Aufstieg. Das schönste *Museum* der Insel, das Archäologische, liegt ebenfalls in Samos-Stadt; es belegt zwei Gebäude beim Stadtpark. Sehenswert darin ist insbesondere der lächelnde, kolossale *Kouros von Samos* (fast 5 m hoch) aus dem 6. Jh. v. Chr. (Di–So 8–14.30 Uhr, Eintritt 2,50 €). Das zweite Museum der Stadt, das *Byzantinisches Museum* an der Straßenkreuzung Kalomiri und Areos, das überwiegend sakrale Kunstgegenstände zeigt, war zum Zeitpunkt der Recherche geschlossen.

Information/Verbindungen/Adressen in Samos-Stadt

• *Telefonvorwahl* internationale Landesvorwahl 0030.

• *Information* **EOT-Büro**, Odos 25. Martiou 4, in einer Seitengasse nahe der Platía Pythágoras. Stets wechselnde Öffnungszeiten (zuletzt Mo–Fr 8–15 Uhr). ✆ 2242028530.

• *Verbindungen auf Samos* Die Busse starten nahe der Uferstraße an der Lekati 6. Im Sommer 1- 2-mal tägl. zum Strand Psilí Ámmos, etwa alle 1–2 Std. nach Pythagório, z. T. fahren die Busse weiter nach Iraíon. Ebenfalls alle 1–2 Std. nach Kokkári. Nach Vourliotes nur 3-mal wöchentl..

• *Fährverbindungen in die Türkei* → Kuşadası/Schiffsverbindungen, S. 109.

Hinweis: Von Kuşadası verkehren Fähren nach Samos-Stadt und Pythagório. Wer Ausflüge über die Insel plant, sollte nach Samos-Stadt schippern, dem Knotenpunkt des öffentlichen Transportsystems. Wer nur einen halben Tag griechische Luft schnuppern will, sollte Pythagório, dem schöneren der beiden Orte, den Vorzug geben.

• *Auto- und Zweiradverleih* diverse Anbieter an der Uferstraße Sofoúli, u. a. **Avis** (Nr. 101), ✆ 2242028568 und **Budget** (Nr. 31), ✆ 2242022502. Insbesondere für Zweiräder loben Leser **Pythágoras** (Nr. 69), ✆ 2242028801.

• *Touristenpolizei* Sofoúli 129, ✆ 2242081000.

Übernachten/Essen & Trinken in Samos-Stadt

Hotel Aeolis, zentral an der Uferstraße; ein komfortables, hübsch eingerichtetes Hotel mit klassizistischen Anklängen. Zimmer z. T. mit schöner Aussicht und nachts weniger laut, als die Lage erwarten lässt; April–Okt. DZ mit Bad 45–60 €. Sofouli 33, ✆ 2242028904.

Hotel Sámos, ebenfalls an der Uferstraße und ebenfalls okay, was die nächtliche Lautstärke angeht. Auch hier Zimmer mit Blick und Balkon zur Bucht. DZ mit passablem Komfort kosten bescheidene 35–40 €. Sofouli 6, ✆ 2242028377

Pension Avli, ein ehemaliges Nonnenkloster. Einfache, aber sehr saubere Zimmer. Gemütlicher arkadengesäumter und mit Bananenstauden begrünter Innenhof. Zuvorkommender,

Bewacht vom "Löwen der Freiheit": die Platia Pythágoras in Samos-Stadt

freundlicher Service. DZ mit Bad 20–25 €, Etwas versteckt in der Odos Arios, ✆ 2242022939.

Hotel Artemis, fast direkt an der Platía Pythagoras. Saubere Zimmer, freundlicher Besitzer, der nach dem Motto: "Nicht verzagen, Kostas fragen" bei Problemen weiterhilft. DZ/Dusche 15–20 €. Odos Kontaxi . 4, ✆ 2242027792.

• *Essen & Trinken* **Taverne Gregori**, Gartenlokal auf dem Weg nach Ano Vathi (vorbei an der Post). Fast schon ein Klassiker; wegen des großen Erfolges hat der Wirt, dem sein Essen sichtlich auch selbst schmeckt, sein Revier um die benachbarten Vorgärten erweitert. Im Sommer gelegentlich Livemusik.

Taverne O Tasos, in der Nähe des Hospitals, direkt am Ufer, schön zum Sonnenuntergang. Gutes-Preis-Leistungsverhältnis, von Lesern empfohlen.

Einer der reizvollsten Ferienorte der Insel: Pythagório

Die schönsten Ausflugsziele der Insel

Rund um Samos-Stadt: Etwa 10 km östlich, über eine herrliche Panoramastraße zu erreichen, thront hoch über dem Meer das weißgekalkte *Kloster Zoodóchos Pigí* mit seiner hellblau-weißen Kuppel. Lohnenswert ist ein Besuch der Kirche aus dem 18. Jh. und traumhaft der Blick hinüber auf das türkische Festland. Ca. 10 km südlich liegt die idyllische *Psili-Ammos-Bucht* mit dem frequentiertesten Strand der Insel. Ruhiger geht es in den weiter östlich gelegenen Kiesbuchten *Possidonio* und *Kervéli* zu.

Südküste: Hauptanziehungspunkt der Südküste und zugleich ein guter Standort ist der Ferienort *Pythagório.* Auch wenn nahezu jedes Haus mit dem Tourismus zu tun hat – mit seinem schönen Hafen und den von Oleanderstämmchen gesäumten Pflastergassen ist der Ort einfach malerisch, wenn nicht der schönste der Insel. Dass er einst Heimat des Philosophen und Mathematikers Phytagoras war, liegt auf der Hand. Westlich des Hafens erhebt sich der sog. *Kástro-Hügel*, gekrönt von den Ruinen eines alten Kastells.

Außerhalb des Zentrums, hoch über der Stadt, liegt das *Spilianís-Kloster* (Mittagspause 14–16 Uhr), das herrliche Ausblicke über die Küste bietet. Seinen Namen hat das Kloster von der heiligen "Höhle", einem besuchenswerten antiken Steinbruch, in dem vor etwa 400 Jahre zwei Ikonen gefunden wurden. Nicht weit davon befindet sich auch eine der größten Attraktionen der Insel, der *Tunnel des Eupalinos*. Er entstand vor über 2.500 Jahren, seine Länge betrug 1.047 m – eine bauliche Meisterleistung, von der sogar Herodot schwärmte. Er diente der Wasserversorgung des Ortes. Heute sind davon noch rund 150 m begehbar (Di–So 8.15–14.30 Uhr, Eintritt 1,50 €).

Ca. 6 km westlich, einst durch eine "Heilige Straße" mit Pythagório verbunden, liegen nahe der kleinen *Strandsiedlung Iraíon* die Reste eines der Göttin Hera geweihten *Tempels* – nicht viel mehr als dessen Fundament samt einer Säule (Di–So 8.30–14.30 Uhr, Eintritt 2,50 €).

• *Information* **Municipal Tourist Office**, an der Hauptstraße. Nicht nur informativ: Geldwechsel, Fährticketverkauf usw. Mai–Okt. tägl. 8–22 Uhr. ✆ 2242061389.

• *Übernachten* **Hotel Samaina**, familiär geführtes, traditionsreiches Ferienhotel in der Odós Damos, einer der Gassen oberhalb der Platía. DZ 35–50 €, ✆ 2242061024.

Hotel Alexandra, freundliches Haus. Zimmer und Bäder recht eng, aber blitzsauber; Steinfußböden und kleine Balkone; vor der Tür ein hübscher Garten. April–Okt. DZ/Bad ca. 25 €. In der Metamorfosis Sotiros (auch: 6th of August), die kurz vor der Infostelle abzweigt. ✆ 22420 61429

Pension Despina, fast direkt an der Platía Irínis. Angenehm eingerichtete Zimmer, im hübschen Hinterhof lässt es sich gemütlich frühstücken. DZ (z. T. mit Küche) je nach Saison 20–30 €. ✆ 2242061677.

• *Essen & Trinken* **Taverne Plátanos**, an der Platía Irínis. Bodenständiges Lokal mit guter Hausmannskost zu ortsuntypisch zivilen Preisen.

Taverne Esperides, schöner Garten, freundlicher Service, gute Küche – das meinen viele Leser. Odós Despoti, Ecke Pythágora.

Südwesten: Zwar ist die Landschaft rund um das *Kerkis-Massiv* (1.433 m) etwas herber und auch nicht mehr ganz so grün, dafür lassen sich rund um die Küstensiedlung *Votsalákia* die schönsten Strände der Insel finden. Zentrum des Südwestens ist das ursprüngliche Bergdorf *Marathókampos*.

Nordküste: Der niederschlagsreichere Norden ist das Weinanbauzentrum der Insel. Idyllisch und einen Besuch wert sind die Bergdörfer *Vourliótes* und *Manolátes*. Der beliebteste Urlaubsort an der Küste ist *Kokkári*, ein Fischerstädtchen, das dem südlich gelegenen Pythagório in nichts nachsteht. Zwei felsige Halbinseln umrahmen die Bucht mit ihren malerischen Gassen und der tavernengesäumten Promenade. Zudem liegen rund um Kokkári schöne, ausgedehnte Kiesstrände, die reizvollsten sind *Lemonákia* und *Tsamadoú* westlich des Ortes. Kokkári ist touristisch voll erschlossen, dennoch ein empfehlenswerter Urlaubsort inmitten einer üppig-grünen, gebirgigen Küstenlandschaft.

• *Übernachten* **Hotel Lemos**, unweit der westlichen Halbinsel. Geschmackvolle Anlage, alle Zimmer mit Balkon zum Meer. DZ mit Bad je nach Saison 35–50 €. ✆ 2242092250.

Pension Elena, in der Nähe der Post in einem Gässchen. Einfach aber sauber. Jedes Zimmer mit privater Dusche oder Bad, teils jedoch außerhalb. Freundlich geführt von der deutschsprachigen Elena. Gemeinschaftsterrasse und Küche. DZ 25 €, ✆ 2242092164.

• *Essen & Trinken* Drei Tipps: **Taverne Nirefs** im Osten der Hafenbucht für Fisch und guten Hauswein. **Taverne I Bira** bei der Bushaltestelle war das erste Lokal des Ortes, das Bier ausschenkte (1925). Gute, preiswerte Tavernenküche. Die **Taverne Alkyoni** ist gleich ums Eck. Hier steht noch die Mama am Herd – beste Moussaká.

Ephesus – vor der Celsusbibliothek

Ephesus (Efes, antike Stadt)

Ephesus war schon eine Weltstadt, als Athen noch tiefste Provinz und Rom noch nicht einmal gegründet war. In ihren besten Zeiten zählte die antike Metropole 250.000 Einwohner, für damalige Verhältnisse eine schier unvorstellbare Zahl. Heute gehört Ephesus zu den großen Attraktionen der Türkei. Organisierte Ausflüge hierher werden von allen Touristenzentren des Landes angeboten. Wer länger bleibt, übernachtet in der Regel im benachbarten Selçuk.

Ephesus war die reichste Stadt Kleinasiens und wurde auch als "Bank Asiens" bezeichnet. Der große Hafen war das Tor zu den Schätzen Anatoliens und Persiens. Aber nicht nur auf Geldgeschäfte verstanden sich die Epheser: Ihre Stadt galt als das Zentrum der Artemisverehrung und damit als Wallfahrtsort ersten Ranges. Das *Artemision,* der riesige Artemistempel, wurde zu den Sieben Weltwundern gezählt.

Doch Ruhm und Reichtum sind vergänglich. Der Hafen versandete, und die Stadt ging unter. Erst Ausgrabungen zwischen 1866 und 1922 brachten Ephesus zurück ans Tageslicht. Auch wenn vieles in Trümmern liegt – an nur wenigen Orten der Welt konnte eine derart intakte Stadtanlage ausgegraben werden. Sie wird in Spitzenzeiten von bis zu 15.000 Touristen täglich besucht. Auch rund um Ephesus warten einige Sehenswürdigkeiten auf den Besucher, z. B. das *Sterbehaus Marias* oder die *Johannesbasilika* in Selçuk, in der angeblich der Apostel Johannes begraben liegt.

Geschichte

Die Besiedlung der Gegend geht bis in das 2. Jt. v. Chr. zurück. Damals ließen sich Leleger und Karer auf dem Zitadellenhügel von Selçuk nieder, wo auch ein Heiligtum für die Fruchtbarkeitsgöttin Kybele stand.
Den Grundstein der Stadt Ephesus legten ionische Siedler im 11. Jh. v. Chr. Ihr Anführer war Androklos, der zuvor das Orakel von Delphi befragt hatte, wo die neue Stadt zu gründen sei. Die Antwort hatte gelautet: "Ein Fisch und ein Keiler werden Dir den Ort anzeigen." Mit dieser Weisung ausgestattet, zogen die Siedler los. Als sie eines Tages einen noch zappelnden Fisch über dem Feuer grillen wollten, sprang dieser vom Rost und setzte durch die mitgerissene Kohle einen Busch in Brand, aus dem ein Keiler sprang. Dieser machte sich auf und davon und kam erst an der Mündung des heute verlandeten *Kaystro-Flusses* zum Stehen. Hier errichteten die Siedler ihre Stadt – so zumindest die Legende.

Ephesus entwickelte sich dank seines Hafens und seiner günstigen Lage schnell zu einer ansehnlichen Stadt. Der griechische Artemiskult verschmolz mit der archaischen Verehrung der Kybele zur eigentümlichen ephesianischen Variante der Artemisverehrung, die ihren sichtbaren Ausdruck in einem riesigem Artemistempel finden sollte, mit dessen Bau im 6. Jh. v. Chr. begonnen wurde. Bis zu seiner Fertigstellung vergingen allerdings mehr als 200 Jahre.

Um 550 v. Chr. wurde die Stadt vom Lydierkönig Krösus angriffen. Die Bewohner wussten sich nicht anders zu helfen, als Tempel und Stadt mit einem Tau zu umspannen, um sich so symbolisch unter göttlichen Schutz zu begeben. Krösus zeigte sich daraufhin milde. Er schonte den noch nicht fertig gestellten Tempel und plünderte nur die Stadt. Knapp 200 Jahre später wurde der Tempel dann aber doch zerstört. 356 v. Chr. zündete Herostratos das gerade vollendete Bauwerk an, um seinen Namen unsterblich zu machen – was ihm damit auch gelang. Als Alexander der Große 334 v. Chr. sämtliche Baukosten für den Wiederaufbau des riesigen Tempels übernehmen wollte, lehnten die stolzen Epheser das Anerbieten ab. Sie finanzierten den prunkvollen Neuaufbau aus eigenen Mitteln und erweiterten den Bereich des Tempelasyls, in dem Gewaltanwendung verboten war. So amortisieren sich die Tempelkosten bald – manch reicher Geächteter rettete sich hierher und dankte der Göttin mit großzügigen Spenden.
Vermutlich ab 294 v. Chr. ließ Lysimachos, einer der Feldherren Alexanders des Großen und Herrscher von Pergamon, das Stadtgebiet, das sich bis dahin rund um den Artemistempel erstreckte, an den heutigen Standort verlegen. Außerdem wurde auf sein Betreiben ein neuer Hafen ausgehoben und die Stadt mit einer Schutzmauer von 9 km Länge umgeben.
133 v. Chr. fiel Ephesus an die Römer und wurde bald darauf Hauptstadt der Provinz Asia. Lange Zeit aber war Rom aufgrund hoher Steuerabgaben für viele Einwohner mehr Feind als Freund. 88. v. Chr. kam es im Zuge der Revolte des Mithridates von Pontus gegen die römische Herrschaft auch in Ephesus zum Aufstand: Bei der sog. Ephesischen Vesper wurden in ganz Kleinasien rund 80.000 Kaufleute, Steuereintreiber und andere römische Bürger getötet.

Dennoch, unter Rom entwickelte sich die Stadt zu einer blühende Metropole mit mehr als 250.000 Einwohnern, die meisten ausgegrabenen Sehenswürdigkeiten stammen aus dieser Zeit.

In die Zeit der römischen Herrschaft fällt auch der Besuch des Apostels Paulus, der auf seiner zweiten Missionsreise 55–58 hier weilte. Paulus' Predigten hatte einen solchen Zulauf, dass die alteingesessenen Devotionalienhändler kaum noch eine Artemis an den Mann brachten. Ein Silberschmied namens Demetrios mobilisierte daraufhin den Mob gegen die Christen – im Theater skandierten sie den viel zitierten Spruch: "Groß ist die Artemis der Epheser!" Nach den ersten Tumulten verließ Paulus die Stadt. Als weiterer Apostel soll der Evangelist Johannes in Ephesus gewirkt haben (→ Selçuk, S. 131).

262 n. Chr. verwüsteten die Goten Stadt und Tempel – der Wiederaufbau erfolgte in bescheidenem Rahmen. Der Hafen versandete, andere Handelsplätze liefen Ephesus den Rang ab. Im 7. Jh. wurde die Siedlung in der Ebene aufgegeben. Man zog sich auf den nahe gelegenen Zitadellenhügel (von Selçuk) zurück, in dessen Schutz das Christenstädtchen *Hagios Theologos* einige Jahrhunderte überdauerte, während die einstige Weltstadt nebenan langsam in Vergessenheit geriet. In der Mitte des 13. Jh. eroberten die Seldschuken Hagios Theogolos. Unter dem neuen Namen *Ayasoluk* erlebte die Zitadellenstadt im 14. Jh. als Handelsplatz und Residenz der Aydınoğulları noch einmal eine kurze Blütezeit, die mit der osmanischen Eroberung 1423 endete.

1866 entdeckte der Engländer J. T. Wood das *Artemision* und begann zu graben. Seit 1896 werden die Arbeiten unter der Regie des Österreichischen Archäologischen Instituts durchgeführt. *Ayasoluk* wurde 1914 in *Selçuk* umbenannt.

- *Verbindungen* → Selçuk, S. 126.
- *Öffnungszeiten* im Sommer tägl. 8.30–19 Uhr, im Winter tägl. 6.30–17.30 Uhr. Eintritt 7 €. Ein Besuch der Hanghäuser kostet weitere 7 € (Tickets im Grabungsgelände am Eingang zu den Häusern). Es lohnt sich, früh da zu sein, das Gros der Ausflugsbusse trifft nicht vor 9.30 Uhr ein.
- *Öffentliche Toieltten* kurz hinter dem unteren Eingang an der Arkadiane.
- *Touristenfalle* Das Grabungsgelände besitzt neben dem Haupteingang nahe der Straße nach Kuşadası einen zweiten Zugang an der Straße nach Meryemana. Findige Geschäftsleute sind auf die Idee gekommen, Touristen an einem der Zugänge freundlich anzubieten, sie am anderen abzuholen, sodass diese sich den Weg zurück durchs Ausgrabungsgelände (ohne Krücke dauert dieser gerade 15 Min.) sparen können. Willigen Sie ein, landen Sie garantiert bei einem Bruder oder einem sonstigen Anverwandten des Wohltäters, der zufällig einen Teppichhandel betreibt...

Rundgang durch das (kostenpflichtige) Grabungsgelände

Im Abseits, etwas versteckt, stehen die Ruinen der *Marienkirche*, einer einst dreischiffigen Basilika. Man vermutet, dass sie im 4. Jh. aus einer Markthalle entstand. 431 fand darin das III. Ökumenische Konzil statt. Außer ein paar Mauerresten, Säulen und einem Taufbecken ist nicht mehr viel zu sehen. Wer sich davon überzeugen will, zweigt hinter dem Kassenhäuschen nach rechts auf einen schmalen Pfad ab.

Ansonsten folgt man der schattigen Allee, die vom Eingang direkt zur Arkadiane und dem Großen Theater führt. Rechts von ihr liegt der bislang noch nicht vollständig ausgegrabene *Verulansplatz,* ein 200 x 240 m großer Hof mit

24.000 Zuschauern bot das Theater von Ephesus Platz

umlaufenden Arkadengängen; linker Hand tauchen nach wenigen Metern die Reste des *Theatergymnasions* auf.

Arkadiane: Die mehr als 500 m lange Prunkstraße führte vom Theater zum Hafen, heute endet sie im Dickicht. Unter Kaiser Arcadius wurde sie 400 n. Chr. renoviert und war dann auf ihrer ganzen Länge beidseitig von Säulen und Arkadenhallen umgeben, mit Marmor ausgelegt und als erste Straße der Welt nachts beleuchtet. Sie befindet sich in hervorragendem Zustand. Der Belag wurde rekonstruiert, viele Säulen wurden wieder aufgestellt. Um sie vor den Massen zu schützen, darf auf der Arkadiane allerdings nicht mehr gelustwandelt werden.

Großes Theater: Effektvoll an den Hang gebaut, bot das Theater 24.000 Zuschauern Platz. Im Sommer finden hier oft Pop- und Klassikkonzerte statt. Ursprünglich ein hellenistischer Bau aus der Zeit um 270 v. Chr., verdankt es sein heutiges Aussehen den Umbaumaßnahmen unter den römischen Kaisern Claudius und Trajan. Der Durchmesser des Theaters beträgt 130 m, seine Höhe 38 m, die 66 Sitzreihen sind in drei Ränge unterteilt. Vom ursprünglich dreistöckigen Bühnengebäude (18 m) stehen noch die Mauern des ersten Stockwerks, davor der Säulenwald der Orchestra. Besonders beeindruckend sind die Akustik und der Blick auf die Arkadiane bis zum verlandeten Hafen.

Marmorstraße: Die einstige Arkadenallee (ähnlich wie die Arkadiane) verläuft vom Theater bis zur Celsusbibliothek (s. u.). Ihren Namen verdankt sie dem Belag aus schweren Marmorplatten.

Untere Agora: Der allseitig von Kolonnaden umgebene Marktplatz liegt rechts der Marmorstraße und misst 110 x 110 m. Phantastisch erhalten ist das *Südtor* der Agora, das nach seinen Stiftern, zwei dankbaren freigelassenen Sklaven, auch *Mazeus- und Mithridatestor* genannt wird. Wen diese mochten und wen nicht, erfährt man aus der zweisprachigen Stiftungsinschrift: In der lateinischen Version erwähnen sie die römischen Herren, in der griechischen sparen sie diese aus.

Celsusbibliothek: Sie wurde 135 n. Chr. am Ende der Marmorstraße von einem gewissen C. Aquila zum Gedenken an seinen Vater Celsus, einst Statthalter der Provinz Asia, erbaut. Die zweistöckige Bibliothek hatte in der oberen Etage eine umlaufende Galerie, von der aus man in den unteren Lesesaal sehen konnte. Da die österreichischen Archäologen nicht weniger als 850 Originalbausteine fanden, gelang ihnen ab 1970 in acht Jahren Bauzeit eine vollständige Rekonstruktion der Fassade; sogar die Statuen stehen wieder an ihren ursprünglichen Plätzen. Sie verkörpern von links nach rechts Bildung, Rechtschaffenheit, Tugend und Weisheit. Im Inneren der Bibliothek finden sich informative Schautafeln. Schriften gibt es übrigens nicht mehr: Sie wurden von den Goten zum Heizen der Thermen verwendet.

Serapeion: Seine spärlichen Reste liegen hinter der Agora. Der Tempel aus dem 2. Jh. n. Chr. muss gewaltige Ausmaße gehabt haben. Über eine Freitreppe kam man in eine Säulenvorhalle, die von acht 14 m hohen korinthischen Säulen getragen wurde. Jede einzelne Säule war aus einem Stück und wog mehrere Tonnen. Das eiserne Tor zur Cella war so schwer, dass es auf Rollen lief. Die Becken und großen Nischen in der Cella dienten rituellen Waschungen.

Kuretenstraße: Von der Celsusbibliothek führt die Kuretenstraße zur oberen Agora (s. u.). Arkaden säumten sie, Mosaike glänzten vor den angrenzenden öffentlichen Bauten. Unter der Straße befand sich ein Kanalisationssystem. Gleich zu Beginn linker Hand glaubten Archäologen lange Zeit, ein *Bordell* entdeckt zu haben, da hier eine Figur des Gottes Priapus (ausgestattet mit einem Penis, den sich so mancher Mann und manche Frau wünschen würden) sowie das Bild einer abgetakelten Matrone gefunden wurden. Gegenüber befinden sich drei *Grabbauten*.

Hadrianstempel und Thermen der Scholastika: Es folgt linker Hand der imposante, weitgehend rekonstruierte Hadrianstempel (130 n. Chr.). Der Schlussstein des Architravs zeigt die Göttin Tyche, sie stand für das Glück der Stadt. Neben dem Tempel führt eine Treppe zu einer gut erhaltenen Latrine.

Über dem Hadrianstempel befinden sich die Ruinen der mehrgeschossigen Thermen der Scholastika. Die Statue der Stifterin ist bis auf den Kopf erhalten. Von den Thermen konnte man durch Glasfenster das Treiben auf der Straße beobachten. Gegenüber am Hang markiert ein futuristisches Schutzdach die sog. Hanghäuser.

Hanghäuser: Die neueste Attraktion von Ephesus wurde in einer mehrjährigen Grabungskampagne freigelegt, in deren Verlauf erstaunlich gut erhaltene Fresken und Mosaikböden gefunden wurden. Ein Besuch schlägt noch einmal extra zu Buche, ist aber spektakulär. Der Rundgang vermittelt hautnah, wie sich in der Antike die Oberen Zehntausend ihre Anwesen einrichteten, Fußbodenheizung, Thermalbad und fließend Wasser inklusive.

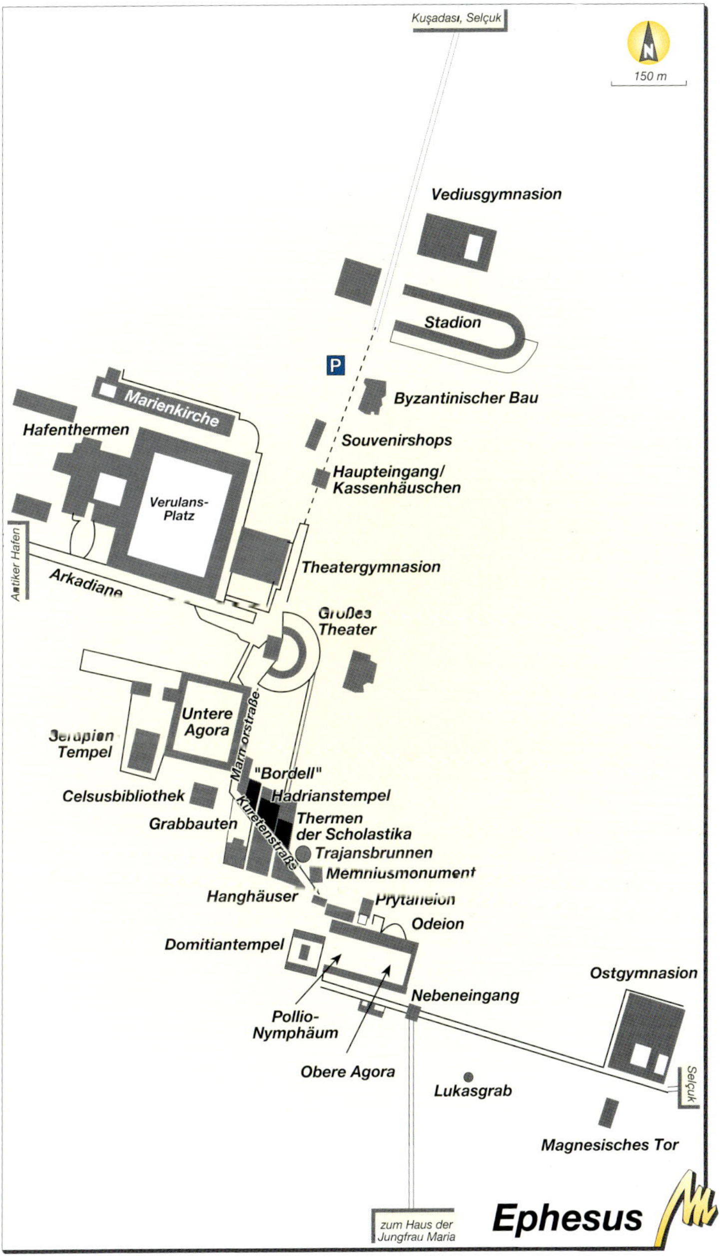
Kuşadası, Selçuk
150 m
Vediusgymnasion
Stadion
P
Byzantinischer Bau
Marienkirche
Hafenthermen
Souvenirshops
Haupteingang/
Kassenhäuschen
Verulans-
Platz
Antiker Hafen
Theatergymnasion
Arkadiane
Großes
Theater
Untere
Agora
Marmorstraße
Serapion
Tempel
"Bordell"
Celsusbibliothek
Hadrianstempel
Grabbauten
Kuretenstraße
Thermen
der Scholastika
Trajansbrunnen
Memmiusmonument
Hanghäuser
Prytaneion
Odeion
Domitiantempel
Ostgymnasion
Nebeneingang
Pollio-
Nymphäum
Obere Agora
Lukasgrab
Selçuk
Magnesisches Tor
zum Haus der
Jungfrau Maria
Ephesus

Trajansbrunnen und Memmiusmonument: Weiter aufwärts, ebenfalls an der Kuretenstraße linker Hand, liegt der gut erhaltene Trajansbrunnen, ein prächtiges Nymphäum, das 114 n. Chr. dem Kaiser Trajan gewidmet wurde. In den Nischen standen einst 12 Statuen und eine große des Kaisers darüber, ein Fuß erinnert noch an ihn. Es folgt ebenfalls linker Hand das Memmiusmonument, das später in einen Springbrunnen verwandelt wurde. Es war Gaius Memmius gewidmet, einem Enkel des römischen Feldherrn und Diktators Sulla, der die Stadt 84 v. Chr. zur Strafe für die Ephesische Vesper gebrandschatzt hatte.

Domitiantempel: Vorbei am *Pollio-Nymphäum,* das einst wie der Trajansbrunnen ebenfalls reich mit Statuen geschmückt war, gelangt man zum mächtigen Unterbau des Domitiantempels. In ihm fanden Archäologen das Haupt einer Monumentalstatue des im Jahre 96 ermordeten Kaisers Domitian. In die Geschichte ging er als Christenhasser ein. Er war es übrigens auch, der den Limes anlegen ließ. Im Keller befindet sich heute ein Inschriftenmuseum. Jeder gefundenen Steinplatte werden der lateinische Originaltext und die englische Übersetzung gegenüber gestellt.

Bibliothek von Ephesus – die Fassade wurde vollständig rekonstruiert

Staatsagora, Prytaneion und "Odeion": Der 160 x 58 m große Platz war der politische Mittelpunkt der Stadt. Etwas nördlich davon stand das Prytaneion, ein Versammlungshaus. Hier brannte das ewige Feuer der Stadt, von Kureten (Priestern) und Vestalinnen (priesterliche Jungfrauen) gehütet. In diesem Gebäude fand man die überlebensgroße Artemisstatue, die heute im Museum in Selçuk steht. Durch einen Bogengang geht es hinüber zu einen Bau, in dem das Bouleuterion vermutet, das Rathaus. Seiner Form nach wird es "Odeion" genannt. Die Sitzreihen sind ausgezeichnet erhalten, auf 27 Rängen konnten etwa 1.400 Zuschauer die Ratsversammlungen verfolgen. Zwischen Rathaus und Staatsagora stehen die Säulenstümpfe der 160 m langen, nach ihren eigenartigen Kapitellen benannten *Stierkopfhalle.*

Außerhalb des (kostenpflichtigen) Grabungsgeländes

Was rund um Ephesus keinen Eintritt kostet, lohnt auch nicht unbedingt den Besuch. Hinter dem oberen Ausgang des Grabungsgeländes liegt rechter Hand der Straße das **Lukasgrab**, das Rundmausoleum eines unbekannten Toten aus dem 1. Jh., das in christlicher Zeit zu einer Kirche umfunktioniert wurde. Eine Zeit lang glaubte man, der Evangelist Lukas sei hier bestattet worden. Etwas weiter steht das **Magnesische Tor**, nordwestlich davon die spärlichen Überreste des **Ostgymnasions**, das nach den hier gefundenen Mädchenstatuen auch Mädchengymnasion genannt wird.

Nahe dem Parkplatz vor dem unteren Eingang stehen die Ruinen eines **byzantinischen Baus**, vermutlich ein Palast oder eine Bäderanlage, insgesamt wenig spannend. Auf dem Hügel über dem Parkplatz lag zudem das unter Kaiser Nero erbaute **Stadion** mit der klassischen Länge von 192 m. Erhalten ist nur noch ein monumentales *Eingangstor*. Alle Steintribünen wurden abgetragen und zum Bau des Kastells auf dem Zitadellenhügel verwendet. 100 m weiter, östlich der Zufahrtsstraße zum Grabungsgelände, befinden sich zudem die von einem Zaun umgebenen Trümmer des **Vediusgymnasions**, gestiftet von Publius Vedius Antonius, einem reichen Bürger der Stadt. Es besaß u. a. ein Bad mit Fußbodenheizung.

Von den Zufahrtsstraßen zum oberen und unteren Eingang ist ferner die **Höhle der Siebenschläfer** mit "Grotto of the Seven Sleepers" ausgeschildert. Während der Christenverfolgungen sollen sich sieben Jünglinge in diese Höhlen geflüchtet haben. Römische Soldaten, die dies bemerkten, vermauerten den Eingang. Darauf versanken die Flüchtlinge in einen 200 Jahre währenden Schlaf. Als sie durch ein Erdbeben erwachten, war das Christentum längst Staatsreligion geworden, die Verfolgungen Vergangenheit. Kaiser Theodosius II. soll später die Leichname der Jünglinge hier beigesetzt und darüber eine Wallfahrtskirche errichtet haben. Zum Zeitpunkt der Recherche war das Betreten der Höhle wegen Einsturzgefahr verboten, ohnehin sind nicht mehr als ein paar in den Fels gehauene Gräber zu sehen.

Artemision: Das einst so berühmte Artemision liegt auf halbem Weg an der Straße von Ephesus nach Selçuk. Antipatros notiert in seiner Abhandlung über die Sieben Weltwunder der Antike hingerissen: "Doch als ich dann endlich den Tempel der Artemis erblickte, der in die Wolken sich hebt, verblasste das andere. Ich sagte: Hat Helios' Auge außer dem hohen Olymp je etwas Gleiches gesehen?" Heute sieht Helios, der Sonnengott, zwar immer noch den Olymp, aber anstatt auf das Artemision blickt er nur noch auf eine kümmerliche Ruine. Die Überreste des Weltwunders sollen rekonstruiert werden, doch seit Jahren ragt nur eine einzige Säule einsam in den Himmel – nur für speziell Interessierte sehenswert.

Öffnungszeiten Das Gelände ist frei zugänglich. Gelegentlich wird Eintritt verlangt.

Selçuk

20.000 Einwohner

Drei Kilometer östlich von Ephesus liegt die Nachfolgesiedlung der antiken Weltstadt. Nach einem Jahrhunderte langen Dornröschenschlaf zehrt sie heute von der Vergangenheit.

Von seiner Zerstörung im 15. Jh. (→ Ephesus/Geschichte, S. 120) bis ins 20. Jh. war Selçuk ein kümmerliches Dorf. Erst der Bau der Eisenbahn und das Interesse an der Antike erweckten es zu neuem Leben. Heute ist Selçuk ein freundliches Landstädtchen, gekrönt von einer byzantinischen Zitadelle. Neben einem herausragenden Museum mit Funden aus Ephesus besitzt Selçuk auch einige sehenswerte Hinterlassenschaften seiner christlichen und seldschukischen Vergangenheit. Zu Ausflügen lädt das gebirgige Hinterland ein. Auch der *Pamucak*-Strand in zumutbarer Entfernung leistet seinen Teil, um eilige Tageskundschaft in Dauergäste zu verwandeln. Der Ort ist ein angenehmer Stützpunkt für nichtorganisierte Ephesusbesucher.

Orientierung: Das Zentrum Selçuks erstreckt sich zwischen Busbahnhof und Bahnhof. Das Leben spielt sich abends rund um den kleinen Platz am Ende der Namık Kemal Cad. ab. Die Reste des dortigen Aquädukts stammen übrigens aus byzantinischer Zeit.

Information/Verbindungen/Ausflüge/Parken

• *Telefonvorwahl* 0232.

• *Information* Gegenüber dem Museum. Je nach Besetzung freundlich, kompetent und hilfsbereit – Auskünfte in Englisch (gut) und Deutsch (mittel). Literatur zu Ephesus gibt es hier günstiger als am Grabungsgelände. Tägl. 8.30–17.30 Uhr. Efes Müzesi Karşısı 23, ✆ 8926328, ℻ 8926945.

• *Verbindungen* **Bus**: Busbahnhof zentral an der Atatürk Cad. Wann der neue Busbahnhof etwas außerhalb des Zentrums an der Straße nach Aydın eröffnet werden soll, war z.Z. der Recherche noch fraglich, das Gebäude steht aber schon. Regelmäßige Verbindungen nach İzmir, Aydın und Pamukkale, zudem gute Verbindungen entlang der Küste, egal ob gen Norden oder Süden.

Zug: Bahnhof im Zentrums. 4-mal tägl. nach İzmir, 3-mal tägl. über Aydın nach Denizli, jeweils 1-mal nach Afyon und Isparta. Information und Reservierungen unter ✆ 8926006.

Dolmuş: Alle Dolmuşe starten am Busbahnhof. Minibusse nach Kuşadası etwa halbstündlich, nach Şirince etwa stündlich, zudem regelmäßige Dolmuşverbindungen zu den Stränden der Umgebung (im Sommer) und nach Tire. Vom Busbahnhof werden im Sommer auch Tagesausflüge mit dem Minibus nach Priene, Milet und Didyma inkl. einem Badestopp angeboten. Reiner Fahrpreis ohne Eintritte 21 € pro Person.

Von und nach Ephesus: Drei Kilometer oder 30 Gehminuten trennen Selçuk von Ephesus. Dafür folgt man von der Kreuzung beim Busbahnhof, an welcher auch die Tourist Information liegt, dem Dr. Sabri Yayla Bul., der Zufahrtsstraße nach Ephesus. Parallel dazu verläuft ein schattiger Gehweg. Ewa halbstündl. verkehren auch **Minibusse** vom zentralen Busbahnhof zum Grabungsgelände. Eine Fahrt mit dem **Taxi** sollte einfach nicht mehr als 2 € kosten.

• *Organisierte Touren* bieten etliche Agenturen an. Rechnen Sie bei Tagesausflügen (z. B. nach Pamukkale oder Bergama) mit ca. 35 €. Mehrtagestrips, z. B. nach Kappadokien, ab 50 €.

• *Parken* Vom Benutzen der öffentlich ausgewiesenen Parkplätze am Museum und vor der Johannesbasilika raten wir ab: Wucherpreise. Es gibt genug anderweitigen Parkraum.

Adressen/Einkaufen/Veranstaltungen

• *Ärztliche Versorgung* Staatliches Krankenhaus **Devlet Hastanesi** an der Atatürk Cad. Richtung Aydın, ✆ 8927036.

• *Auto-/Zweiradverleih* Autos werden ab 35 € pro Tag von diversen Reisebüros vermietet, Scooters ab 21 €. Eine Adresse vor Ort ist **Ephesus Rent a Car** bei der Tourist Information. ✆/℻ 8928568. Ein größeres und besseres Angebot findet man jedoch in Kuşadası.

• *Einkaufen* Verglichen mit Kuşadası kochen Selçuks Souvenirhändler auf Sparflamme. Die Preise sind hier im Allgemeinen niedriger. Beliebt ist Wein aus Şirince (die Flasche ab 2,50 €), z. B. bei **Şirince Şarapçılık** an der Atatürk Cad. 1. Jeden Samstag großer **Wochenmarkt** nahe dem Busbahnhof.

- *Geld* **T.C. Ziraat Bankası** mit EC-Automat in der Cengiz Topel Cad.
- *Polizei* in der 1006 Sok. im Zentrum beim Hamam. Die **Touristenpolizei** befindet sich in einem Kiosk beim Busbahnhof. ✆ 8926004.
- *Post* an der Cengiz Topel Cad. im Zentrum.
- *Türkisches Bad (Hamam)* **Selçuk Hamamı** in der 1006 Sok., ausgeschildert. Damentag Fr 12–17 Uhr. Eintritt 3 €, Massage extra. Bis Mitternacht geöffnet.
- *Veranstaltungen* Mitte Januar die berühmten **Kamelkämpfe** von Selçuk. Von Ende April bis Anfang Mai im Großen Theater von Ephesus die **Ephesus-Festspiele**, eine beliebte Folklore- und Volkstanzveranstaltung. Das Theater ist im Juli und August auch Veranstaltungsort des **Internationalen İzmir-Festivals** (Pop- und Klassikkonzerte, oft mit Starbesetzung).
- *Waschsalon* **Pamukkale Laundry**, in der 1005 Sok. Reinigung und Wäscherei. Nicht billig.
- *Zeitungen* und Zeitschriften in deutscher Sprache an mehreren Kiosken der Stadt, z. B. im **Sultan Dağı Market** an der Atatürk Cad.

Die Artemis von Ephesus, zu sehen im Museum von Selçuk

Übernachten/Camping (s. Karte S. 129)

Die einst bösen Abschleppsitten von Pensionsbesitzern am Busbahnhof haben sich dank einlenkender Hand von oben gebessert. Für Neuankommende existiert nun sogar nun ein kleines Vermittlungsbüro am Busbahnhof. Tipp: Wer weiß, wo er hin will, kann reservieren oder vom Busbahnhof aus anrufen. Fast alle Pensionen betreiben einen kostenlosen Abholservice. Ländlich idyllisch wohnt man im nahe gelegen Şirince (→ Umgebung).

Hotel Nilya (6), eine der schönsten Unterkünfte der Stadt. 11 liebevoll ausgestattete Zimmer um einen begrünten, schattigen Innenhof. Von der Veranda der zweiten Etage schöner Blick. Familiäre Atmosphäre, sehr freundlich. Unser Tipp für Romantiker. DZ 50 €, EZ 30 €, mit Klimaanlage 10 % mehr. 1051 Sok. 7, etwas versteckt gelegen, von der Johannesbasilika ausgeschildert. ✆ 8929081, ℻ 8929080.

Hotel Kalehan (1), gehobene Unterkunft etwas außerhalb des Zentrums an der Straße nach İzmir. Altes, mit Geschmack restauriertes Haus. Stilvolle, urgemütliche Zimmer, dunkles Holz kombiniert mit weißen Wänden. Sehr gutes Restaurant, Bar, Sonnenterrasse, Swimmingpool. Nach hinten raus ruhig, die Zimmer zur Straße hin besitzen doppelverglaste Fenster. Klimaanlage in allen Räumen. DZ mit Bad 57 €. Atatürk Cad. 49 (gegenüber der Shell-Tankstelle), ✆ 8926154, ergirh@superonline.com.

Hotel Akay (3), gepflegtes Haus in ruhiger Lage gleich bei der İsa-Bey-Moschee. 16 Zimmer mit Bad um einen kleinen Innenhof, vorzügliches Dachrestaurant, Internetzugang. Der hilfsbereite Besitzer Etem Akay spricht Deutsch. Wie fast alle seiner Kollegen in Selçuk bietet er freien Transportservice vom/zum Busbahnhof und nach Ephesus. Gutes Preis-Leistungs-Verhältnis, EZ 15 €, DZ 26 €. Serin Sok. 3, ✆ 8918585, ℻ 8923142.

Diana Pension (4), geführt von dem charmanten und weltoffenen Hamdullah Akın, genannt Jessi. 9 sehr schöne, geschmackvoll eingerichtete Zimmer (2 davon mit Klimaanlage). Saubere Bäder. Auf der Dachterrasse mit Bar und gemütlicher Orientecke gibt es zum Panoramablick auf die Burg einmal pro Woche für alle Gäste ein gemeinsames Abendessen – auf Wunsch mit einer anschließenden Runde Wasserpfeife. Pro Person 7,50 € mit Frühstück, DZ mit Klimaanlage 30 €. Zafer Mah. 3004 Sok. 30, 5 Min. vom Zentrum, im Ostteil der Stadt (ausgeschildert). ✆ 8921265, jesseakin@hotmail.com

Barım Pension (12), in Museumsnähe, ein altes Haus aus dem 18. Jh., auf dem Schornstein nistet ein Storch. Die Brüder Barım führen die saubere Pension diskret, freundlich und englischsprachig. 12 Zimmer, die meisten mit Du/WC, im Winter beheizt, gruppieren sich um den reich bepflanzten Innenhof. Entspannte internationale Atmosphäre. Pro Person 6 €, Frühstück (nach Lesermeinung leider eine Katastrophe) 2,50 €. Turgutreis Sok. 34, ✆ 8926923.

Pension Homeros (7), 8 Zimmer, klein aber ganz gemütlich. Mit Teppichen ausgelegte Dachterrasse – wunderschöner Blick zum Sonnenuntergang, zu dem ein Gläschen "homemade" Wein serviert wird. Auf Wunsch gibt es danach auch ein leckeres Abendessen für 4 €. Gute Etagenbäder, Übernachtung pro Person 6,50 €, bestens arrangiertes Frühstück 2,50 €. Atatürk Mah. Asmalı Sok. 17, im recht ruhigen Viertel oberhalb des Museums, ✆ 8923995, homerospension@yahoo.com.

Pension Amazon (5), einfach (Etagenbäder), aber gepflegt und stilvoll. Großer, lauschiger Garten, ruhige Lage. Die Zimmer heißen Zeus, Dionysos, Athene etc.: Herr Büyükkolançı ist Archäologe, arbeitet im Museum und hat selbst schon einiges über Ephesus veröffentlicht. Von Lesern empfohlen. Pro Person 6 €, Frühstück 2 €. Atatürk Mah. Serin Sok. 8, in der Nähe der İsa-Bey-Moschee, ✆ 8923215.

Pamukkale Pansiyon (14), Besitzer İrdem Bey spricht nach 15 Jahren BRD Deutsch und lädt seine Gäste ab und zu auch zu einer Hochzeit oder Beschneidung ein. Leser schwärmen von dessen Herzlichkeit und aßen hier die beste Marmelade ihres Urlaubs. Transfer von/zum Flughafen, die Zimmer im Neubau sind mit Dusche/WC, pro Person inkl. Frühstück 7,50 €. 14. Mayıs Mah. Sedir Sok. 1, im Ostteil der Stadt (vom Busbahnhof der Şahabettin Dede Cad. über die Gleise folgen, dann ausgeschildert, Rucksacklern wird das Taxi gezahlt). ✆ 8922388.

Kiwi Pension (15), relaxte Pension unter englischer Leitung südlich des Zentrums. 11 freundliche, schlichte Zimmer mit Dielenböden und sauberen Gemeinschaftsbäder, 3 mit Balkon. Eigener privater Pool ca. 2 km abseits in der Pampa, von Mandarinenbäumen umringt (freier Transfer). Zudem wird noch einiges mehr geboten: Laundryservice, Grillabende, Internet etc. Pro Person mit Frühstück 6 €. 1038 Sok. 26, ✆ 8924892, www.kiwipension.com.

Artemis Guesthouse (11), auch Jimmy's Place genannt. Backpackerunterkunft, die insbesondere von Amis, Australiern und Engländern aufgesucht wird. Freundlicher Service. Innenhofrestaurant mit großem Garten und großen Portionen. Pro Person ohne Frühstück 5 €, egal ob im Schlafsaal oder im DZ (meist voll). 1012 Sok. 2, www.artemisguesthouse.com.

• *Camping:* **Garden Camping,** von der İsa-Bey-Moschee ausgeschildert. Ca. 600 m abseits des Trubels gelegenes lauschiges, sehr gepflegtes und schattiges kleines Plätzchen. Mit dabei ein altes seldschukisches Hamam (außer Betrieb) und ein gemütliches Restaurant. 2 Pers. zelten für 7 €, im Wohnwagen 9 €. ✆ 8926165, garden@superonline.com.

Dereli Motel Camping, direkt am Meer in Pamucak, ca. 8 km von Selçuk entfernt. Der große Platz unter deutscher Leitung bietet alles, was das Herz begehrt: Schatten, blitzsaubere Duschen und Toiletten, kleiner Laden, Restaurant, gepflegter Strandabschnitt (Palmen à la Südostasien), fotogener Sonnenuntergang über dem Meer. Auch ohne Zelt eine Adresse: Vermietet werden Bungalows zum Meer und zum Rosengarten mit spiegelblanken Bädern und kleiner Terrasse; je nach Größe für 26–30 € inkl. Frühstück. Zelten für 2 Pers. 9 €. Nov.–Febr. geschlossen. Regelmäßige Direktdolmuşe vom Camping nach Selçuk. ✆ 8923636, www.dereli-ephesus.net.

Übernachten

1 Kalehan Hotel
3 Hotel Akay
4 Diana Pension
5 Pension Amazon
6 Hotel Nilya
7 Pension Homeros
11 Artemis Guesthouse
12 Barım Pension
14 Pamukkale Pansiyon
15 Kiwi Pension

Essen & Trinken

2 Karameşe
8 Case Café und Bar
9 Okumuş Restaurant
10 Ekselans Bar
13 Selçuk Köftecisi

150 m

Selçuk

Essen & Trinken/Nachtleben

Jede Menge Restaurants und Lokantas ringen allabendlich um Kundschaft. Spezialität der Gegend ist *Çöp Şiş* ("Abfallspieß"): Keine Sorge, kommt nicht frisch aus der Mülltonne, sondern besteht aus zarten kleinen Lammstückchen.

Kalehan Restaurant, im gleichnamigen Hotel (→ Übernachten) isst man in gemütlichen Räumlichkeiten zu angemessenen Preisen sehr gut. Auch tagsüber geöffnet.

Restaurant Akay, das Dachrestaurant des gleichnamigen Hotels (→ Übernachten). Gediegen essen im Schatten der İsa-Bey-Moschee, abseits des Getriebes der Innenstadt. Angenehme ruhige Atmosphäre, keine Riesenauswahl, aber ausreichend. Empfehlenswert der Fischspieß – butterweich auf den Punkt gebraten. Preislich in der Mittelklasse.

Okumuş Restaurant (9), bei der Post. Sehr freundlich und sehr gut. Erfrischender Hühnchensalat, exzellente Kalamares und ebensolche Lammkoteletts. Ein Menü mit Getränken kommt auf 7–10 €.

Selçuk Köftecisi (13), nahe dem Busbahnhof. Einfache Lokanta mit Außenterrasse, gut besucht und das in erster Linie von Einheimischen. Kleine Auswahl an leckeren Grillgerichten wie Köfte oder Çöp Şiş. Guter Salat und fantastisches Çacık (Zaziki) – viel mehr gibt es auch nicht. Äußerst faire Preisgestaltung, ein gutes Abendessen pro Person für ca. 2,70 €. Şahabettin Dede Cad.

Gaziantep Kebapçısı, einfache Küche aber

äußerst freundlicher Service und ein hervorragender Kebab namens "Ali Nazik" – so berichten Leser. 1016 Sok. 6/C.

• *Unter Vorbehalt* **Karameşe (2)**, ein lauschiges Gartenlokal bei der İsa-Bey-Moschee. Z.Z. der letzten Recherche war es von der Gesundheitspolizei aufgrund hygienischer Missstände geschlossen worden. Wer und wann es wieder aufmacht, wissen wir nicht. Der Platz ist auf jeden Fall schön, geben Sie dem neuen Wirt eine Chance.

• *Außerhalb* **Dereli Camping Restaurant**, in Pamucak am Strand; ca. 8 km von Selçuk entfernt (s. u. Übernachten). Wunderschöne Lage am Meer, preiswertes gutes Essen – dieses Restaurant ist in jeder Hinsicht einen Ausflug wert.

• *Nachtleben* bierselig! Mehrere Bierkneipen, oft rustikal eingerichtet und voller trinkfreudiger Traveller aus Australien oder England, finden Sie entlang der Siegburg Cad. Empfehlenswert für einen feucht-fröhlichen Abend sind z. B. die **Ekselans Bar (10)** oder **Case Café & Bar (8)** gleich gegenüber.

Baden

Die nächste Badegelegenheit bietet sich am ausgedehnten Strand von **Pamucak** ca. 8 km westlich von Selçuk. Im Süden des weiten Strandes haben sich einige Clubhotels angesiedelt. Je weiter man gen Norden geht, desto schöner und leerer wird er.

An der von Pamucak gen Norden führenden **Küstenstraße nach Özdere/Menderes** wechseln ein paar einladende, nicht überlaufene Buchten mit von Feriendörfern belegten Stränden ab. Wollen Sie eine davon ansteuern, nehmen Sie ein Dolmuş mit der Aufschrift "Gümüldür". Der erste empfehlenswerte Strand befindet sich ca. 5 km nördlich der (von Selçuk kommend) Abzweigung nach Özdere/Menderes. Auch namenlos und ohne Hinweisschild ist der Strand nicht zu verfehlen, da man ihn von der Straße gut sieht. Nach weiteren ca. 6 km folgt die kleine gebührenpflichtige Badebucht **Denizpınarı (Klaros),** ausgeschildert. Schön und gepflegt, an Wochenenden jedoch oft von picknickenden Familien belagert. Einladend ist auch die schnuckelige **Baradan-Bucht** (ebenfalls gebührenpflichtig) mit Restaurant. Kein Hinweisschild. 700 m hinter der Denizpınarı-Bucht zweigt linker Hand ein holpriger Schotterweg ab. Kurz darauf parken. Über etliche Treppen geht es hinab.

Sehenswertes

Alle hier aufgeführten Sehenswürdigkeiten lassen sich gemütlich zu Fuß erreichen. Nicht zugänglich ist die mächtige Zitadelle auf dem geschichtsträchtigen Ayasoluk-Hügel, im 6. Jh. unter den Byzantinern errichtet – militärisches Sperrgebiet.

Archäologisches Museum: Es zählt zu den angesehensten Museen seiner Art in der Türkei. In themenbezogenen Sälen wird eine Auswahl der schönsten Funde aus Ephesus aufbewahrt. Erster Höhepunkt ist der *Saal der Funde aus den Hanghäusern* (erster Raum links), in dem ein buntes Sammelsurium an Kostbarkeiten, die einst römische Edelvillen zierten, präsentiert wird: u. a. ein kleiner bronzener Eros, auf einem Delphin reitend, eine ägyptische Priesterstatuette aus dem 7. Jh. v. Chr., ein Marmorfresko des Sokrates, die Häupter von Venus und Zeus. Im folgenden *Saal der Monumentalbrunnen* beeindruckt v. a. die Figurengruppe des Pollio-Nymphäums, bei der Odysseus die Blendung Polyphems vorbereitet. Im *Garten* stehen ein paar Kapitelle, dazwischen werden Andenken verkauft. Sehenswert ist hier der große Sarkophag des Belevi-Mausoleums (→ Umgebung).

Vorbei am *Saal der Grabobjekte,* der sich der antiken Sterbekultur und Grabbeigaben widmet, erreicht man den schönsten und beeindruckendsten Saal des Museums, den *Artemissaal:* Neben einer Artemisstatue ohne Kopf werden stimmungsvoll zwei römische Marmorkopien des uralten Artemiskultbildes präsentiert. Die größere Kopie ist 3,20 m hoch, das Original muss aus Holz gewesen sein. Das Brustgehänge der Artemis wird als Fruchtbarkeitssymbol gedeutet, wobei sich die Experten nicht einig sind, ob es Stierhoden, Brüste oder Eier darstellen soll.

Auch die *Ethnologische Abteilung* ist mehr als einen Blick wert: Zu sehen sind nicht nur das übliche Nomadenzelt und bäuerliche Arbeitsgeräte. Im Innenhof wurde eine Art kleines Marktviertel nachgebaut, darunter ein Berbersalon, eine Rosenwassermanufaktur und ein Hamam.

Adresse/Öffnungszeiten Im Zentrum schräg gegenüber der Tourist Information. Tägl. (außer Mo) 8.30–18 Uhr. Eintritt 3 €.

İsa-Bey-Moschee

İsa-Bey-Moschee: Unter Emir İsa Bey wurde die Moschee 1375 am Südwesthang des Zitadellenhügels errichtet. Geschickt ergänzte der syrischen Baumeister den Moscheentypus seiner Heimat um ein wunderbares *Stalaktitenportal* im Seldschukenstil und zwei osmanische Kuppeln, die innen mit türkisfarbenen und blauen Fayencen geschmückt sind. Bemerkenswert sind auch die kuppeltragenden *Granitsäulen* (aus den Hafenthermen von Ephesus) und der marmorne *Minbar*. Von den ursprünglich zwei Minaretten ist nur noch eines erhalten.

Johannesbasilika: Kaiser Justinian ließ die Kreuzkuppelbasilika auf dem Ayasoluk-Hügel im 6. Jh. über dem angeblichen Grab des Apostels Johannes errichten. Sie gehörte mit 130 m Länge und 40 m Breite zu den größten byzantinischen Kirchen. Um 1330 wurde die Basilika in eine Moschee umgewandelt, später in eine Markthalle, schließlich fiel sie einem Erdbeben zum Opfer und diente der Öffentlichkeit als Steinbruch. Bei einer Teilrenovierung wurden einige schöne Säulen und die südliche Langhausarkade wieder aufgerichtet.

Man betritt die Basilika durch ein wehrhaftes Tor, das wegen eines Reliefs über dem Torbogen (es zeigt den Achilleskampf) auch *Tor der Verfolgung* genannt wird. Sehenswert im Innern sind insbesondere das *Sanktuarium* und die *Taufkapelle*. Eine Steinplatte erinnert an den Besuch Papst Pauls VI. am 26. Juni 1967.

Öffnungszeiten tägl. 8–18.30. Eintritt 2 €. Mit "St. Jean" ausgeschildert.

Umgebung von Selçuk und Ephesus

Wohn- und Sterbehaus der Jungfrau Maria (Meryemana)

Über das Leben der Maria nach Jesu Geburt ist wenig bekannt, und so ist auch ihr Sterbeort unklar. War es der Berg Zion in Jerusalem oder der Berg Aladağ bei Ephesus? Für Letzteren spricht folgende Geschichte: Auf einer Vision beruhend fertigte die deutsche Nonne Katharina Emmerich (1774–1824) Aufzeichnungen über die Lage und das Aussehen des Wohn- und Sterbehauses Marias an. Die gute Nonne besuchte die Türkei niemals. Dennoch entdeckten 1891 Lazaristen-Mönche aus İzmir auf dem 7 km südlich von Selçuk gelegenen Aladağ ein Haus, das ihren Beschreibungen entsprach und daraufhin zur Pilgerstätte wurde. Es handelt sich um einen kuppelbedeckten Steinbau mitten im Wald. Durch ein Vestibül kommt man in den Hauptraum, in dessen Apsis ein Altar mit schwarzem Marienbild steht. Der Raum seitlich soll das Schlafzimmer der Maria gewesen sein. Direkt unter dem Haus entspringt eine Quelle, die hangabwärts zu Tage tritt und in einem Becken aufgefangen wird. Hier entnehmen Gläubige das Wasser, dem besondere Kräfte innewohnen sollen. Zu Mariä Himmelfahrt, wenn hier Gottesdienste abgehalten werden, kommen Pilger scharenweise.

Pilgerziel Meryemana

- *Anfahrt* Vom Ortszentrum von Selçuk die Straße nach Aydın nehmen, nach etwa 2 km rechts ab (mit Meryemana ausgeschildert). Von da ab schlängelt sich die Straße noch etwa 6 km bis zum Haus.
- *Öffnungszeiten* tägl., keine festen Zeiten. Eintritt 3,50 €.
- *Wandertipp* Ein Leser empfiehlt, vom Parkplatzhäuschen den leicht ansteigenden Weg halb rechts zu nehmen, sich bei einem Haus auf der Bergkuppe wieder rechts zu halten und den Waldweg bis zur Straße Ephesus–Kuşadası an vielen Köhlerplätze vorbei abwärts zu laufen – ein leichtes, aussichtsreiches Wandererlebnis. Dauer ca. 1,5 Std. Von der Verbindungsstraße mit dem Dolmuş zurück nach Selçuk oder Kuşadası.

Eisenbahnmuseum in Çamlık

Das "Railway Steam Engine Museum" wäre in England keine Überraschung, im Örtchen Çamlık aber wirkt es ziemlich exotisch. Neben der Bahnlinie İzmir–Aydın werden in einer liebevoll gestalteten Oldtimerschau etwa 20 blitzblank geputzte, restaurierte Loks präsentiert, die einst auf dem türkischen Schienennetz unterwegs waren. Die technischen Daten sind auch auf Englisch angegeben – u. a. Typ, Herkunftsland, Baujahr, Gewicht und Höchstgeschwindigkeit. Für (Hobby-)Eisenbahner/innen ein heißer Tipp, für alle anderen ein netter Ausflug, bei dem man z. B. die beeindruckende 2 C2 – h 2 der deutschen Firma Henschel kennen lernen kann, die ab 1925 auf der Strecke İzmir–Manisa dampfte – mit stattlichen 90 km/h.

• *Anfahrt/Verbindungen* Çamlık liegt etwa 10 km südlich von Selçuk an der Straße nach Aydın, das Museum am Ortseingang an der Straße nach Kuşadası. Mit Aydın-**Dolmuşen** von Selçuk zu erreichen.
• *Öffnungszeiten* tägl. 9–17.30 Uhr. Eintritt 1 €.

Şirince, eine Adresse für stilvolles Wohnen

Şirince

In dem ursprünglich griechischen Bergdorf lebten vor 100 Jahren noch rund 9.000 Menschen. Damals wurde Şirince von den türkischen Nachbarn, wohl aus Neid, "Çirkince" (=hässlich) genannt. Als die griechischen Einwohner im Rahmen des Bevölkerungsaustausches den Ort 1923 verlassen mussten, tauften zugezogene Türken ihre neue Bleibe in den passenderen Namen "Şirince" (= niedlich) um. Heute besitzt Şirince noch rund 400 feste Bewohner, zu denen sich in den Sommermonaten tausende von Touristen gesellen.

Das kleine Örtchen mit seiner anheimelnden griechischen Architektur samt zweier Kirchen, von denen die *Johanneskirche* restauriert wurde und nun zu besichtigen ist, gehört heute zum Ausflugs-Kernprogramm der Gegend. Und so findet man hier nun eine Vielzahl von Restaurants und sogar eine Basargasse, wo neben lokalen Weinen der übliche Krimskrams für Touristen angeboten wird. Viele, denen Selçuk zu groß oder zu kommerziell ist, suchen in Şirince auch eine Bleibe in "authentischer Atmosphäre." Wer hier übernachtet und tagsüber Ausflüge unternimmt, wird diese auch erleben. Am Morgen und am Abend ist die Welt noch friedlich – dazwischen sorgen Tourenbusse aus den Küstenresorts für internationalen Trubel.

• *Anfahrt/Verbindungen* Rund 9 km entfernt, von Selçuk ausgeschildert. **Dolmuşe** mind. stündl. ab dem Busbahnhof.

• *Einkaufen* Wein! Fast jede Familie produziert ihren eigenen und die Qualität ist anständig. Neben Rot-, Weiß- und Roséwein werden auch diverse Sorten Beerenwein angeboten. Pro Flasche 2,50–3,50 €. Als beste Kellerei gilt **Kaplankaya Dereli** – beim örtlichen Weinfestival gewann sie 2002 immerhin den ersten Preis. Wein aus Şirince gibt es übrigens auch in Selçuk zu kaufen (→ Selçuk/Einkaufen, S. 126/127).

• *Übernachten* "Ein idealer Übernachtungsort", schwärmen Leser. Wohnen in Şirince ist jedoch grundsätzlich nicht billig.

Am komfortabelsten wohnt man in den **Şirince Evleri** (✆ 8983099, www.sirince-evleri.com) und den **Nişanyan Evleri** (✆ 8983208, nisanyan@nisanyan.com). Erstgenannte Adresse bietet 6 geschmackvolle, romantisch eingerichtete Zimmer in 2 schönen alten Häusern, die zweite 3 ganze Häuschen für bis zu 5 Pers., zudem aber auch mit viel Stil eingerichtete DZ – allesamt ein Traum! Wer seinen Urlaub ohne Pool, stattdessen mit Büchern und klassischer Musik verbringen will, ist hier richtig. Pro DZ mit Frühstück 71–85 €.

Mehrere einfache Familienpensionen, mehr oder minder professionell geführt, stehen zudem zur Verfügung, DZ ab 22 €.

Erdem Pansiyonu, das herrliche alte Haus besitzt 5 gemütliche Zimmer mit knarrenden Holzböden, allesamt komfortabel mit Antiquitäten ausgestattet. Schöne Terrasse, auf der auch das üppige Frühstück (bester deutscher Kaffee!) serviert wird. Patron ist der freundliche Targu Nils Taylanlar, ein junger Deutsch-Türke, der München mit Şirince getauscht hat. Das DZ mit Frühstück je nach Ausstattung 30–35 €. ✆ 8983069.

• *Essen & Trinken* **Artemis Restaurant**, in der alten restaurierten Schule gleich am Ortseingang mit lauschigem Garten und wunderschönem Blick über Şirince. Top-Service und köstliches Essen in reicher Auswahl – unsere Empfehlung ist der *Tandır Kebap* (im Tonkrug geschmortes Lammfleisch). Dazu gibt es Weine aus eigener Produktion. Für das Gebotene moderate Preise.

Gute türkische Dorfküche bekommt man zudem im **Greek Café**, im Ort leicht zu finden.

Belevi-Mausoleum

Das Mausoleum, oder was davon übrig blieb, befindet sich nahe dem gleichnamigen Dorf rund 11 km nordöstlich von Selçuk. Es gehört zu den bedeutendsten Grabmonumenten aus hellenistischer Zeit. Auf dem 12 m hohen Felsklotz erhob sich ursprünglich eine Stufenpyramide, zudem war das Mausoleum mit Statuen geschmückt. Archäologen der Österreichischen Akademie der Wissenschaften und des Österreichischen Archäologischen Instituts, die die Grabungsarbeiten leiten, vermuten, dass es die letzte Ruhestätte des Seleukidenherrschers Antiochus II. war. Dessen Sarkophag befindet sich heute im Museum von Selçuk. Für den Laien ist die Besichtigung des Steinhaufens ein recht langweiliges Unterfangen.

• *Anfahrt/Verbindungen* Das Monument befindet sich 3 km östlich von Belevi direkt neben der Autobahn, im Ort ausgeschildert. Die Tire-Dolmuşe von Selçuk passieren es mehr oder weniger, sagen Sie dem Fahrer Bescheid. Das Gelände ist bislang noch umzäunt und abgesperrt, von außen aber gut einsehbar.

Tire

Ein Bummel durch die Altstadt macht Freude. Während sich das moderne Tire (ca. 35.000 Einwohner) unten im Tal des *Küçük Menderes* (Kleinen Mäanders) ausbreitet, steigen die Straßen und Gassen des alten Zentrums steil an und geben den Blick frei auf ein sympathisches anatolisches Provinzstädtchen zwischen Heute und Gestern. Mittelpunkt des Geschehens ist das Marktviertel mit seinen über 100 Läden, dem ein spendabler General Sultan Murats II. schon Mitte des 15. Jh. seinen letzten Schliff verlieh. Die architektonischen Höhepunkte sind seitdem die *Kapan-* (im Westen) und die *Kutu-Karawanserei* (im Norden). Als kunsthistorisch wichtigster Bau gilt die 1442 gebaute *Yahşi Bey Camii*. Das Minarett mit den in der Sonne glänzenden blauen Kacheln wurde erst später errichtet und ist einzigartig in der Region.

Anfahrt/Verbindungen Von der Straße nach İzmir geht es nach ca. 12 km bei Belevi rechts ab (ausgeschildert), dann noch knapp 30 km. Regelmäßige **Dolmuş**verbindungen ab Selçuk.

Tire: ein Stück ursprüngliche Türkei

Birgi

Die Ansammlung so vieler alter Häuser hat Seltenheitswert. Noch immer bestimmt osmanisch-türkische Architektur das Bild der 5.000-Seelen-Gemeinde rund 45 km nordöstlich von Tire. Das größte Gebäude vor Ort, der *Çakırağa Konağı*, wurde restauriert, die holzgetäfelten Wohnräume mit Wandmalereien im Stil des türkischen Rokoko können besichtigt werden. Ebenfalls sehenswert ist die *Ulu Cami*, von deren Minarett der Muezzin seit 1312 zum Gebet ruft. Die frühseldschukische Moschee gehört zu den ältesten der Ägäis. Prunkstück des Gebetsraumes ist der meisterlich geschnitzte Minbar.

Anfahrt/Verbindungen Birgi liegt 9 km östlich des Provinzstädtchens Ödemis. **Bus** von Selçuk nach Ödemis, ab Ödemis Minibusverbindung.

Tipp: Wer noch weiter in die Geschichte zurück will, fährt von Birgi gleich weiter zur Ausgrabungsstätte Sardes (→ S. 186).

Das Tal des Großen Mäander

Vor über 2.000 Jahren blühten rund um das Tal des *Büyük Menderes*, wie der Fluss im Türkischen heißt, Wissenschaft und Kultur. Nicht umsonst wird es auch "Tal der Zivilisationen" genannt. Herausragendstes Beispiel dafür ist *Aphrodisias*, die bekannteste und sehenswerteste antike Stätte der Region. Ein Ausflug in das Tal des Großen Mäander lohnt aber nicht nur der Vergangenheit wegen: Wie wäre es mit dem Besuch eines Stierkampfs bei oder einem Einkaufsbummel in *Aydın*? Das Highlight für viele ist jedoch *Pamukkale*, das Wunder der weißen Sinterterrassen.

Noch heute blüht es auf der fruchtbaren Ebene des Großen Mäander: Auf weiten Plantagen werden die besten Feigen des Landes herangezogen. Im Oktober sieht man überquellende Lastwagen, die Baumwolle zu den weiter verarbeitenden Betrieben bringen. Zudem werden hier Granatäpfel, Zitrusfrüchte, Pfirsiche, Tabak, Oliven, Äpfel und Melonen angebaut.

Aydın

ca. 143.000 Einwohner

Die Provinzhauptstadt am nördlichen Rand der fruchtbaren Ebene des Großen Mäander präsentiert sich lebhaft, modern und sauber. Alten Charme besitzt sie jedoch nicht. Dafür haben mehrere schwere Erdbeben gesorgt, zudem brannten die griechischen Besatzer die Stadt 1919 komplett nieder. Die antiken Stätten der Umgebung sind es, die Fremde hier Station machen lassen. Daneben bietet sich Aydın für einen nervenschonenden Shoppingnachmittag fernab des Trubels an der Küste an. Weder findet man hier die aufdringlichen Händler Kuşadasıs noch das hektische Gedränge İzmirs.

Orientierung: Die Nationalstraße 320, zugleich die Fernstraße nach Denizli, passiert die südlichen Stadtviertel Aydıns. Von ihr ist die Abzweigung ins Zentrum bei einem großen Kreisverkehr mit "Şehir Merkezi" ausgeschildert. Über den Adnan Menderes Bul., die Hauptgeschäftsstraße mit mehreren Hotels, gelangen Sie zum Atatürk Meydanı. Der sterile, weite Platz, der auch 9 Eylül Meydanı genannt wird, ist das Herz der Stadt. Unter dem Platz befindet sich ein Parkhaus. Etwas weiter nördlich liegt, links des Hükümet Bul., eine Fußgängerzone mit Restaurants.

Information/Verbindungen/Veranstaltungen

- *Telefonvorwahl* 0256.
- *Information* beim großen Kreisverkehr an der 320, auf eine McDonald's-Werbung achten. Zwar fremdsprachig, aber überaus unwissend. Mo–Fr 8–12 und 13–17 Uhr. Yeni Dörtyol Mevkii, ✆ 2112774, 📠 2112861.
- *Verbindungen* **Bus**: Busbahnhof nahe der Tourist Information an der 320 südlich des Zentrums. Unproblematisch in alle größeren Städte des Landes.

Zug: Aydın liegt an der Strecke İzmir-Denizli-Afyon. Tägl. 4-mal nach İzmir, 2-mal nach Söke, 1-mal nach Isparta, 1-mal nach Nazilli, 1-mal nach Afyon und 4-mal nach Denizli. Der Bahnhof befindet sich im Stadtzentrum westlich des Atatürk Meydanı. Information und Reservierung unter ✆ 2251824.

Dolmuş: Dolmuşe nach Çine, Sultanhisar

(Nysa) und (selten) nach Karpuzlu (Alında) starten am Busbahnhof.

• *Veranstaltungen* **Stierkämpfe**! Die unblutigen Spektakel, die mit der Flucht eines Stieres enden, sind in den Dörfern rund um Aydın Tradition. Die Kämpfe finden an manchen Sommersonntagen statt. Am besten vor Ort erkundigen und nicht verpassen!

Übernachten/Essen & Trinken

Aydın besitzt nur wenige Hotels und die wenigen sind größtenteils nicht zu empfehlen – entweder muffeln sie gehörig, züchten Kakerlakenkolonien, bereichern ihre Waschbecken mit dem farbenfrohen Zahnpastasortiment der letzten 10 Gäste oder verlangen Ausländerzuschläge. Die im Folgenden beschriebenen Hotels haben lediglich den Nachteil "zur Straße hin laut." Ein kleiner Wehrmutstropfen: In Aydın übernachtet man schlecht, isst dafür um so besser.

****Turtay Otel**, ca. 3 km südlich von Aydın an der Straße nach Muğla. Das beste Haus der Stadt. 80 ordentliche Zimmer mit dem Komfort der Sternenzahl. Unbedingt eines nach hinten mit Blick auf Pool und/oder Palmengärtchen wählen! Tennisplatz, Fitnessraum. DZ mit Frühstück 35 €, EZ 27 €. ✆ 2260033, turtay@atay.com.tr.

****Otel Özlü**, südlich des Zentrums am Adnan Menderes Bul. (Nr. 77) nahe der Tl. Helle, geräumige und ordentliche Zimmer, zudem die saubersten der Innenstadt. DZ mit Frühstück 18 €. ✆ 2253371.

Otel Ünlü, zentrale Lage nahe dem Atatürk Meydanı. Freundliche farbenfrohe Zimmer, teils recht geräumig. Einige Zimmer besitzen Balkon, Stuck an der Decke und sogar einen offenen Kamin. DZ ebenfalls 18 € mit Frühstück. Adnan Menderes Bul. 9, ✆ 2259237, ✆ 2126833.

• *Essen & Trinken* Die **Çiçek Pasajı** von Aydın, eine Seitenpassage des Hükümet Bul., kann natürlich mit dem berühmten İstanbuler Pendant nicht mithalten. Immerhin findet man hier aber ein halbes Dutzend Esslokale, die meisten führen Tuborg im Schild. Gemütliches einfaches Ambiente, oft mit Livemusik. Meze, Grillgerichte und Rakı, nicht teuer.

Alte Bäuerin aus der Umgebung Aydıns

Rıfat Bey Konağı, nicht weit von der Çiçek Pasajı. Das hübsche alte Stadthaus mit nettem Gärtchen und gemütlichem Inneren wird vom hiesigen Folkloreverein gemanagt; Livemusik jeden Abend. Dazu gibt es billige Meze (0,60 €!) und Grillgerichte (1,80 €). Bier und Rakı fließen in Strömen. Özen Sok., eine Seitenstraße des Hükümet Bul.

Kumrucu Musti, der helle kleine Schnellimbiss serviert fantastische *Kumpir* (gefüllte Riesenkartoffel). Nehmen Sie eine "Gemischte" *(karışık)* für 1,80 € und Sie sind satt für die nächsten 2 Tage! Freundliches Personal, das sich über Ausländer immer freut. Junges schickes Publikum. Hükümet Bul. 10.

Sehenswertes

Museum: Das örtliche "Müze" wurde 2002 nach aufwendiger Restaurierung wieder eröffnet. In drei modern konzipierten Ausstellungsräumen werden u. a.

Münzfunde aus Tralleis, Stelen und Büsten aus Milet und Nysa, zudem Funde aus Alında und Alabanda gezeigt – die Umgebung gibt viel her. Wer schon andere türkische Provinzmuseen besucht hat, kann sich die angeschlossene Ethnographische Abteilung vorstellen.

Adresse/Öffnungszeiten Kızılay Cad., vom Atatürk Meydanı komplett ausgeschildert. Tägl. (außer Mo) 8–12 und 13.30–17 Uhr. Eintritt 0,60 €, erm. die Hälfte.

Tralleis: Die Ruinen des antiken Tralleis liegen inmitten von Olivenhainen auf einer Anhöhe im Norden Aydıns verstreut. Noch vor wenigen Jahren beschränkten sie sich auf nicht viel mehr als die drei gewaltigen Bögen des einstigen *Gymnasions*. Dank eines engagierten Ausgrabungsteams der hiesigen Adnan-Menderes-Universität lässt Tralleis heute tiefer blicken. Zu den beeindruckendsten Entdeckungen gehörten bislang die Reste eines zweistöckigen unterirdischen *Arsenals* sowie die Relikte des *Theaters*. Wie viel jedoch vom antiken Tralleis, das im 5. Jh. v. Chr. erstmals erwähnt wurde und vermutlich eine recht große und wohlhabende Stadt war, überhaupt ausgegraben werden kann, ist fraglich. Kopfzerbrechen bereitet den Archäologen das benachbarte Militärareal, unter dem noch etliche Bauwerke vermutet werden und die Tatsache, dass die Bauern der Gegend die antike Bausubstanz lange Zeit zur Kalkherstellung nutzten. Zu viel erwarten sollte man nicht, die Aussicht über Aydın und die fruchtbare Ebene des Großen Mäander ist jedoch alles andere als enttäuschend.

Anfahrt/Öffnungszeiten Die Ruinen befinden sich ca. 2,5 km abseits des Zentrums (ausgeschildert). Wer nicht über ein eigenes Fahrzeug verfügt, muss laufen. Tägl. 8–17 Uhr. Eintritt für die wichtigsten Sehenswürdigkeiten 1,20 €, erm. die Hälfte. Fotografieren wegen des benachbarten Militärgeländes verboten. Alle Sehenswürdigkeiten auf dem Gelände sind ausgeschildert.

Adnan Menderes – Verbrecher oder Held?

Adnan-Menderes-Boulevard, Adnan-Menderes-Universität, Adnan-Menderes-Stadion, Adnan-Menderes-Grundschule... Was Goethe für Weimar oder Kafka für Prag, ist Adnan Menderes für Aydın. Hier wurde er geboren, der spätere Mitbegründer der Demokratischen Partei (DP) und Ministerpräsident (1950–60). Die ersten Jahre seiner Amtszeit trug ihn eine Welle der Zustimmung. Doch die kippte um, als Menderes immer autokratischer regierte. Hinzu kamen wirtschaftliche und soziale Probleme im Land. Menderes versuchte, die sich verstärkende Opposition durch Unterdrückung der Meinungsfreiheit auszuschalten: Während seiner Regierungszeit wurden über 1.000 Journalisten strafrechtlich verfolgt, an die 300 zu Gefängnisstrafen verurteilt. Durch einen Militärputsch wurde Adnan Menderes 1960 gestürzt und wegen Verfassungsbruch zum Tode verurteilt. Er starb am 17. September 1961 durch den Strang.

In Aydın huldigt man ihm weiterhin. Warum, das weiß keiner so genau. Vielleicht ist man einfach nur stolz darauf, neben dem gleichnamigen Fluss vor der Haustür einen zweiten Büyük (= Großer) Menderes sein Eigen zu nennen...

Umgebung von Aydın

Alinda: Die Reste der alten karischen Stadt präsentieren sich in eindrucksvoller Hanglage oberhalb des gemütlichen Landstädtchens Karpuzlu. Ausgräber waren hier noch nicht zugange, und auch der Massentourismus zieht an der Idylle vorbei. Bekannt wurde die Stadt einzig im Zusammenhang mit Ada, einer Schwester und Nachfolgerin des Mausolos (→ Bodrum/Geschichte, S. 58). Von ihrem jüngeren Bruder Pixodaros entmachtet, hatte sie hier Zuflucht gefunden. Als Alexander der Große 334 v. Chr. gegen die Perser und deren Statthalter Pixodaros aufmarschierte, offerierte die Dame dem Makedonier die Adoptivmutterschaft. Dieser nahm an, siegte glorreich über die Perser und übertrug seiner zur Königin gekrönten "Mutter" die Verwaltung des eroberten Karien. Hauptattraktion Alindas sind die bis auf eine Höhe von 15 m erhaltene, einst dreigeschossige *Agora* und das *Theater*. Weiter entdeckt man Fragmente eines *Äquadukts* und Reste der *Stadtmauer* – insgesamt eine Ruinenlandschaft von seltenem Reiz.

- *Verbindungen/Anfahrt* Die **Dolmuşe** von Aydın nach Karpuzlu verkehren sehr unregelmäßig. Zügiger geht es nach Çine, von wo regelmäßige Minibusverbindungen nach Karpuzlu bestehen. Mit dem **Auto** fährt man Richtung Muğla und biegt nach ca. 30 km rechts ab (bereits mit "Karpuzlu/Alinda" beschildert), nach weiteren 26 km ist man am Ziel. Am Dorfplatz parken, dann 10–15 Min. zu Fuß den Berg hoch.
- *Öffnungszeiten* tägl. 8–19 Uhr. Eintritt 0,60 €, erm. die Hälfte.
- *Tipps zur Weiterfahrt* Wer von Alinda weiter nach **Alabanda** (s. u.) will, fährt erst ein Stückchen Richtung Milas und zweigt bei der Jandarma am Ortsende von Karpuzlu links auf das schmale Sträßchen gen Osten ab. Über einige Dörfer geht es bis zu den Ruinen in Doğanyurt. Auf der holprigen Straße nach Milas gelangt man nach ca. 18 km hingegen zur Ruinenstätte von **Labranda** (→ Umgebung/Milas, S. 87) – ein empfehlenswerter Abstecher.
- *Essen & Trinken* **Çetinkaya Restorant**, der freundliche Besitzer Kamil Çetinkaya freut sich stets über deutsche Besucher – er selbst hat sein Kochpraktikum bei Köln absolviert. Gute simple Kost zu Dorfpreisen. An der Hauptstraße.

Alabanda: Die Ruinenstätte 9 km westlich von Çine besitzt weder die imposante Lage von Alinda noch sonderlich gut erhaltene Bauwerke. Zwischen Baumwollfeldern und den Häusern des Dörfchens Doğanyurt finden sich neben den Resten eines *Apollotempels* Teile der *Stadtmauer*, der *Agora* und des *Theaters*. Die lebenslustige, wohlhabende Stadt, in der die Straßen voller harfenspielender Mädchen waren – so wenigstens wurde sie vom antiken Geographen Strabo (s. u.) beschrieben – vermag man sich heute nur mit viel Fantasie vorzustellen. Seit 1999 ist ein Ausgrabungsteam des Museums von Aydın am Werk.

- *Anfahrt/Verbindungen* Von der Hauptdurchgangsstraße in Çine ausgeschildert. Nur für Selbstfahrer interessant.
- *Öffnungszeiten* stets zugänglich. Findet Sie der Wärter, müssen Sie 0,90 € Eintritt bezahlen.

Nysa (antike Stadt)

Hoch über dem Mäandertal, oberhalb des Dorfes Sultanhisar, liegen inmitten von Olivenhainen die vergessenen Ruinen des antiken Nysa. Strabo (64 v.–23 n. Chr.), dessen mehrbändige "Geographika" ein großartiges Zeugnis des

Kenntnisstandes der Antike ist, verbrachte hier seine Studienjahre. Die meisten Überreste stammen aus römischer Zeit, als Nysa (gegründet 3. Jh. v. Chr.) zum wohlhabenden Wissenschaftszentrum avancierte.

Den wenigen Besuchern imponiert v. a. das *Theater*, das 12.000 Zuschauern Platz bot, die Überreste des *Stadions*, in das 30.000 Leute passten und ein gut erhaltenes *Bouleuterion*. Die noch nicht ausgegrabene *Bibliothek*, die neben der von Ephesus zu den schönsten der Antike gehörte, erobert die Natur zurück. Beeindruckend ist zudem ein ca. 110 m langer Tunnel (östlich des Theaters), er stammt aus dem 2. Jh. v Chr. und diente als Wasserleitung. Der freundliche Wärter führt Sie für ein kleines Trinkgeld durch das weite, landschaftlich äußerst reizvolle Gelände. Ausgrabungen werden unter Leitung der Universität Ankara weitergeführt.

14 km östlich von Sultanhisar liegt der langweilige Megamarktflecken **Nazilli** (103.000 Einwohner). Wer sich eine Übernachtung in Sultanhisar zu langweilig ist, kann hier unterkommen. Zudem bestehen von Nazilli Busverbindungen in die meisten größeren Städte Westanatoliens sowie Dolmuşverbindungen nach Karacasu (Aphrodisias).

• *Verbindungen/Anfahrt* Regelmäßige **Dolmuşe** nach Sultanhisar von Aydın und Nazilli (Busbahnhof etwas nördlich der Hauptdurchgangsstraße). Von Sultanhisar bis zur Ausgrabungsstätte sind es allerdings noch ca. 3 km den Berg hoch. Nysa ist von der Verbindungsstraße Denizli-Aydın beschildert.

• *Öffnungszeiten* im Sommer tägl. 8–20 Uhr, im Winter kürzer. Eintritt 0,90 €, erm. 0,30 €. Die Sehenswürdigkeiten sind bestens ausgeschildert. Für die weit verstreuten Ruinen sollte man sich einen halben Tag Zeit nehmen.

• *Veranstaltungen* Ende April/Anfang Mai zweitägiges **Nysa-Festival** mit Kunst und Kultur.

• *Übernachten* ****Hotel Metya**, in Nazilli einfach zu finden: direkt am Busbahnhof. Ordentliche Zimmer mit Massivholzmöbeln, Balkon und Klimaanlage. DZ mit Frühstück 14 € (die große Suitevariante kostet nur 2 € extra), EZ 9 €. ✆ 0256/3128888, ℻ 3128891.

******Hotel Nysa**, die einzige Möglichkeit in Sultanhisar, aber zugleich die beste weit und breit. Große Anlage, hoch über dem Ort mit Blick über die gesamte Ebene. 2002 eröffnet. 56 farbenfrohe, komfortable Zimmer mit Balkonen auf bunte Häuser verteilt. Tempelähnliches Restaurant für 600 (!) Pers., Wahnsinnsterrasse mit Barbetrieb, Pool und Tennisplätze. Das DZ mit Frühstück lächerliche 35 € – hoffentlich bleibt's dabei. ✆ 0256/3512222, ℻ 3514344.

Aphrodisias (antike Stadt)

"Stellen Sie sich vor, Sie kommen in eine Stadt, die so reich an archäologischen Schätzen ist, dass Ihnen Skulpturen vor die Füße rollen, Marmorköpfe aus Wänden fallen oder dicht an dicht in Bewässerungsgräben liegen!"

So enthusiastisch äußerte sich der 1990 verstorbene türkische Archäologe Kenan T. Erim, der die Erforschung von Aphrodisias zu seinem Lebenswerk gemacht hatte, im Magazin "National Geographic". Tatsächlich kann Aphrodisias zum unvergesslichen Erlebnis werden. Die Ruinen reichen zwar nicht an Ephesus heran, dafür hält sich aber das Besucheraufkommen noch in Grenzen. Zudem liegt Aphrodisias in einer zauberhaften Hügel- und Berglandschaft am Fuße des *Baba Dağı*. Die höchsten der umliegenden Gipfel sind bis in den

Das Tetrapylon von Aphrodisias

Frühsommer mit Schnee bedeckt. Besonders reizvoll ist die Hochebene des *Geyre Çayı* im Frühling, wenn die Temperaturen noch nicht so schweißtreibend sind und zwischen den Ruinen Blumen blühen.

Aphrodisias war eine der Hauptstätten des Aphroditekults. Die Göttin der Liebe, der Schönheit und der Verführung drückte der Stadt ihren Stempel auf. Der Kult und die ihn begleitenden, z. T. ausschweifenden Festlichkeiten bescherten der Stadt viele Besucher, die massig Geld und gute Laune nach Aphrodisias brachten. Schließlich wurde die Göttin vom Christengott vertrieben, und die Stadt verfiel.

Geschichte

Der nahe Fluss Mäander und sein fruchtbares Tal zogen schon in grauer Vorzeit Menschen an. Erste Spuren einer dauerhaften Ansiedlung auf dem Boden Aphrodisias stammen aus dem 7. Jh. v. Chr. Der Ort war damals ein assyrisches Städtchen namens *Ninoe*. Im 2. Jh. v. Chr. wurde Ninoe durch einen Verwaltungsakt des Römischen Reichs in Aphrodisias umbenannt. Angeblich erhielt der römische Diktator Sulla vom Orakel in Delphi den Rat, der griechischen Göttin der Liebe zu huldigen, die die Römer als Venus verehrten. Von nun an ging es mit Aphrodisias bergauf, zwischen dem 1. Jh. v. Chr. und dem 3. Jh. n. Chr. erlebte die Stadt ihre Blütezeit. Aphrodisias erhielt viele Privilegien, war unabhängig und so heilig, dass es bis ins 4. Jh. n. Chr. keine Stadtmauer benötigte. Doch nicht nur der Aphroditekult machte die Stadt in der späten Antike berühmt. Auch das literarische und wissenschaftliche Leben brachte bedeutende Ergebnisse hervor, zudem verbreitete sich der Ruhm der lokalen Bildhauerschule im ganzen Imperium. Das Rohmaterial, Marmor

Antike Kunst in Aphrodisias

feinster Güte aus einem nahe gelegenen Steinbruch, wurde in der Stadt meisterhaft bearbeitet und überallhin verschickt. Skulpturen aus Aphrodisias wurden im griechischen Olympia wie im afrikanischen Leptis Magna aufgestellt, auch viele Plätze Roms waren mit ihnen geschmückt. Die aphrodisischen Künstler warben erfolgreich mit dem guten Ruf der Stadt, indem sie ihrem jeweiligen Vornamen den Künstlernamen "Aphrodisieus" anfügten.

Die Spaltung des Römischen Reiches leitete den Niedergang von Aphrodisias ein. Unter der Herrschaft von Byzanz wurde die Stadt Bischofssitz. Im 7. Jh. versuchten die Christen, die heidnische Vergangenheit zu übertünchen und tauften die Stadt in *Stauropolis* ("Stadt des Kreuzes") um. Später hieß sie *Karia*, dann *Geyre*. Mit den Eroberungsfeldzügen der Seldschuken im 11. und 13. Jh. sank das bereits vorher von Erdbeben in Mitleidenschaft gezogene Städtchen zur Bedeutungslosigkeit herab.

• *Telefonvorwahl* ✆ 0256.

• *Verbindungen/Anfahrt* **Organisierte Touren** nach Aphrodisias sind oft gekoppelt mit der Besichtigung von Pamukkale. Außerdem bieten Reisebüros von Pamukkale Tagesausflüge nach Aphrodisias an.

Wer mit dem **eigenen PKW** anfährt, zweigt (von Aydın kommend) ca. 16 km hinter Nazilli nach Karacasu ab. Von dort ist der Weg ins 12 km entfernte Aphrodisias ausgeschildert. Vor dem Gelände befindet sich ein bewachter, gebührenpflichtiger Parkplatz.

Gute **Bus**verbindungen von Selçuk und Pamukkale nach Nazilli, von dort weiter per **Dolmuş** nach Karacasu. Von Karacasu verkehren im Sommer jedoch nur 3 x tägl. Dolmuşe nach Aphrodisias.

• *Öffnungszeiten* Ausgrabungsgelände und Museum im Sommer tägl. 8.30–18.30 Uhr, im Winter 8–17 Uhr. Eintritt 3,30 €, Museum 3,30 € extra.

• *Übernachten/Essen & Trinken* Die wenigen Unterkünfte vor Ort genügen nur bescheidenen Ansprüchen und sind dafür unverschämt teuer – besser in Pamukkale oder bei Nazilli (→ Nysa, S. 140) übernachten. Ein paar Adressen für Gestrandete:

Aphrodisias Hotel, bei Geyre (an der Hauptstraße), unter französischer Leitung. Zwar noch die beste Adresse vor Ort, dennoch nichts Besonderes. 25 schlichte Zimmer mit nicht mehr ganz zeitgemäßer Ausstattung. Restaurant unterm Dach, das Menü für 6 €. Haarsträubende Preise für das Gebotene: EZ 20 €, DZ 30 €, Dreibettzimmer 40 €. Campingmöglichkeiten. ✆ 4488132, 📠 4488422.

Pension Chez Mestan, bei Geyre (an der Hauptstraße). Die dem Ausgrabungsgelände am nächsten gelegene Unterkunftsmöglichkeit bietet 7 kleine DZ für 16 € mit Frühstück, die allerdings nicht groß der Rede wert sind. Erwähnenswert ist das Restaurant im Garten, in dem Busgesellschaften ab und zu für Stimmung sorgen. ✆ 4488046, 📠 4488422.

Otogar Moteli, mitten im Busbahnhof von Karacasu, nicht zu übersehen. DZ 4,50 €, die äußerst einfache Variante für gestrandete Busreisende. ✆ 4412318.

• *Camping* **Altınuç Camping**, zwischen Karacasu und Geyre. Einfacher, relativ schattenloser Platz mit einem vernachlässigten Pool. Dafür hübsches, türkisch-authentisches, für Busgesellschaften konzipiertes Restaurant angeschlossen. Wer dort isst, zahlt nichts fürs Campen. ✆ 4412829, 📠 4411342.

Zu den Ausgrabungen: Die Ruinen liegen innerhalb und in der nächsten Umgebung des alten Dorfes **Geyre**, dessen Bewohner in den 1960ern umgesiedelt wurden, weil sie den Ausgrabungen im Wege standen. Erste Ausgrabungen, besser: Plünderungen, unternahm 1904 der französische Eisenbahningenieur und Hobbyarchäologe Gaudin. Die dabei geborgenen Funde sind teils im Museum von İstanbul ausgestellt, teils auf verschlungenen Wegen in die Museen von Boston, Brüssel, Berlin und in andere Winkel der Welt gelangt. 1937 wurden Ausgrabungen unter italienischer Leitung durchgeführt. Stücke des prächtigsten Fundes – der mit geradezu lebensechten Gesichtern verzierte Fries des Tiberius-Portikus – befinden sich sowohl im Museumsgarten von Aphrodisias als auch im Museum von İzmir. Ab 1961 wurde Aphrodisias systematisch von einem türkisch-amerikanischen Team unter Kenan T. Erim erforscht, das jedes Jahr ein paar Säulen aufrichtete und herabgestürzte Kapitelle wieder in ihre alte Position hievte. Das Grab des berühmten Archäologen liegt gleich beim wiedererrichteten Tetrapylon. Die Grabungen werden heute von der New York University mit einem internationalen Team fortgesetzt.

Rundgang

Die Besucher sind gehalten, sich nur auf den angelegten Pfaden zu bewegen. Leider sind die Ruinen oft unnötig weiträumig abgesperrt. Der übliche Rundgang geht entgegen dem Uhrzeigersinn und beginnt, von der Kasse kommend, hinter dem Museum, das zum Schluss besichtigt wird.

Tetrapylon: Es handelt sich vermutlich um einen Teil eines großen, von vier Seiten zugänglichen Zeremonientores aus dem 2. Jh. Insgesamt bestand das Tor aus vier Viererreihen von Säulen, die – soweit möglich – samt Gebälk wieder aufgerichtet wurden. Besondere Aufmerksamkeit verdient die kunstvolle Spiralkannelierung der Säulen, eine Meisterarbeit der örtlichen Steinmetze. Vielleicht war das Tor der Eingang zum heiligen Hain rund um den Aphroditetempel, dessen Säulen links im Hintergrund zu sehen sind.

Stadion: Es gilt als das besterhaltene antike Stadion im Mittelmeerraum und ist zugleich das eindruckvollste Monument von Aphrodisias. Mit einem Fassungsvermögen von 30.000 Menschen kann es mit Bundesligastadien konkurrieren. Die 262 m lange und 59 m breite Anlage schließt an den Enden halbkreisförmig, sodass alle Zuschauer einen guten Blick hatten. Hier liegen auch die völlig intakten Eingangstunnel, durch die die Sportler ins Stadion einliefen. In der Mitte der nördlichen Seite pflegte der Kaiser in seiner Loge Platz zu nehmen.

Ursprünglich überragte eine umlaufende Säulenreihe den oberen Teil des Stadions. In der Arena fanden hauptsächlich athletische Spiele, Gladiatorenkämpfe sowie Ring- und Boxkämpfe statt.

Tempel der Aphrodite: Vom berühmten Aphroditetempel, für Aphrodisias so wichtig wie das Artemision für Ephesus, stehen noch 14 Säulen und eine Stirnwand der Cellamauer. Ursprünglich war die Cella von je 13 Säulen an den Längs- und je 8 an den Schmalseiten umgeben. In byzantinischer Zeit riss man jedoch das Bauwerk nieder, baute an seiner Stelle eine christliche Kirche und ließ nur die umliegende Säulenhalle stehen. Grabungen brachten zudem Funde ans Tageslicht, die auf ein erstes Heiligtum aus archaischer Zeit schließen lassen. Nördlich des Tempels liegen die Trümmer der antiken Bildhauerschule.

Bischofspalast und Odeion: Südwestlich des Aphroditetempels finden sich die Reste eines als Bischofspalast bezeichneten, stattlichen Wohnhauses mit bemerkenswerten Säulen aus bläulichem Marmor. Über das Ostende des Bischofspalastes wurde im 2. Jh. n. Chr. das gut erhaltene Odeion gebaut. Überdauert haben von dem ursprünglich überdachten Gebäude die untersten 9 *Sitzreihen* (die oberen waren aus Holz) mit Löwenfüßen als Symbol der Macht, die *Orchestra* und die schmale *Bühne*. Die Marmorverkleidung, der Mosaikboden und die vielen Skulpturen des Odeions wurden ins Museum gebracht.

Agora: Südlich des Odeions und des Bischofspalastes erstreckte sich die Doppelagora der Stadt, zwei mit Säulenarkaden umgebene Plätze, die das Verwaltungs- und Wirtschaftszentrum von Aphrodisias bildeten. Die 205 x 120 m große nördliche Agora ist bisher nicht ausgegraben. Sie ist wohl der ältere Marktplatz, an den später im Süden ein zweiter, 212 x 69 m messender Platz angefügt wurde. Nach dem ihn einst umgebenden Säulengang, dem *Portikus des Tiberius*, trägt er auch den Namen Tiberiusagora. An seiner Westseite wurde das bekannte *Preisedikt Diokletians* gefunden. Mit überall im Reich öffentlich angeschlagenen Festpreisen versuchte der Kaiser, letztlich erfolglos, die schon damals galoppierende Inflation in den Griff zu bekommen.

Hadriansbäder: Die Thermen im Westen der Agora sind eine typische römische Badeanlage mit großem Kaltwasserbad, Warm- und Heißwasserräumen sowie Sauna. Bemerkenswert die beiden Marmorbecken des *Caldariums* (Heißwasserbad). Das *Agorator* am gegenüberliegenden Ende der Tiberiusagora wurde nach einem Erdbeben im 4. Jh. in ein *Nymphäum* umgebaut. Südlich der Tiberiusagora liegen die Reste einer *dreischiffigen Basilika* aus dem 3. Jh. n. Chr.

Theater: Der Hügel, an den sich das Theater schmiegt, ist ein *Höyük*, eine riesige Abfallhalde aus dem Schutt und den Trümmern uralter, bis 5800 v. Chr. zurückreichenden Siedlungen. Vom Theater (1. Jh. v. Chr.) sind die *Sitzreihen* fast vollständig erhalten, das *Bühnenhaus* ist in einem weniger gutem Zustand. Von seiner Anlage her hellenistisch, wurde das Theater in römischer Zeit mehrmals umgebaut. Der *Zuschauerraum* mit Marmorsitzen wurde größtenteils in den Hang gegraben. Die halbrunde *Orchestra* wurde unter Marc Aurel vertieft und die unteren Sitzreihen abgerissen, um auch Gladiatoren- und Tierkämpfe aufführen zu können, ohne die Zuschauer zu gefährden.

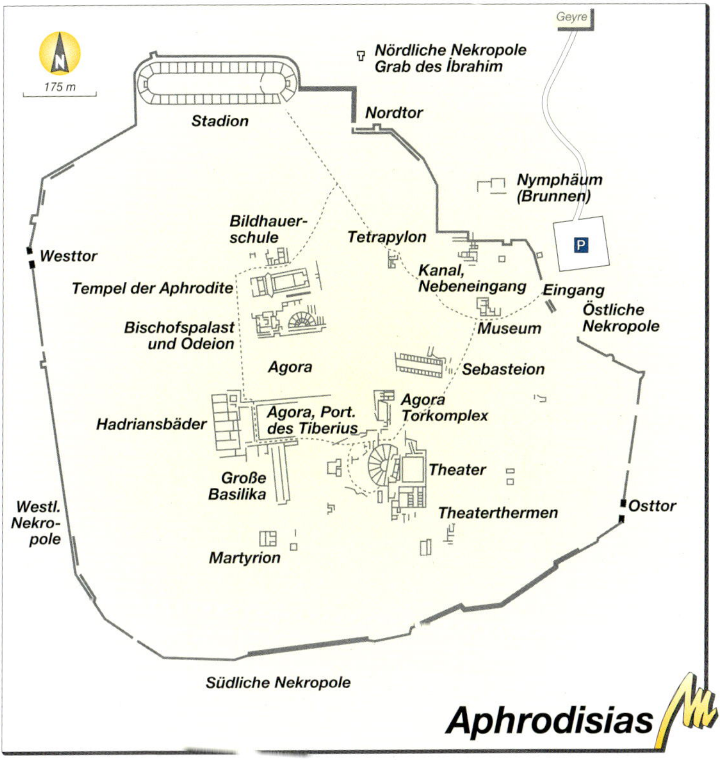

Durch einen Wassergraben konnte die Orchestra nach solchen Kämpfen zur Reinigung geflutet werden. Vor der Bühne errichtete man ein tunnelartiges Gewölbe, in dem Jäger und Gejagte auf ihren Auftritt warteten. Vom Bühnenhaus wurde nur der untere Teil und eine Halbsäulenreihe wieder aufgerichtet.

Tetrastoon und Theaterthermen: Nachdem sich die Aphrodisianer seit dem Beben des 4. Jh. auf ihrer Agora beständig nasse Füße geholt hatten, legten sie vor dem Theater einen neuen Marktplatz an, der auf allen vier Seiten mit einem Säulengang (Tetrastoon) umgeben war und im Süden mit einer älteren, basilikaähnlichen Halle verbunden wurde. An deren Westseite grenzen die bis in byzantinische Zeit benutzten Theaterthermen, deren Mittelpunkt ein bis heute erhaltener, fast 10 m hoher Rundbau war – ein *Caldarium,* der Schwitzraum des Bades.

Sebasteion: Die Architektur dieses Gebäudes am Ostende der nördlichen Agora wird von 80 m langen Säulengängen an den beiden Längsseiten bestimmt. In ihm wurde von Augustus bis Nero den vergöttlichten Kaisern der julianisch-claudischen Dynastie gehuldigt. Im 4. Jh., als das Christentum die Oberhand gewann, wurde die Kulthalle in ein Kaufhaus umgewandelt.

Museum: Im Eingangsbereich des Grabungsgeländes platzt das Museum schier aus allen Nähten. Überall wird deutlich, dass der Ruhm von Aphrodisias nicht zuletzt auf seiner Bildhauerschule gründete. Um den offenen Innenhof gruppieren sich mehrere Räume:

Kaisersaal: Büsten diverser Kaiser, Prinzen und Musen. Im anschließenden Gang stellt ein Relief aus dem 1. Jh. v. Chr. die Ehrung des verdienten Bürgers Zoilos durch die Stadt dar.

Melpomenesaal: Skulpturen der Tragödienmuse Melpomene und die große Apollstatue.

Odeionsaal: Statuen sitzender Dichter und Philosophen, die man im Odeon fand. Im angrenzenden Gang unfertige Skulpturen aus dem Bildhaueratelier.

Penthesileiasaal: Die zentrale Gruppe zeigt Achilles, der die sterbende Amazonenkönigin Penthesileia vom Schlachtfeld trägt. Außerdem zwei Versionen eines Satyrs, der den jungen Dionysos in den Armen wiegt.

Aphroditesaal: Kopie der Kultstatue der Aphrodite (Original nicht gefunden) aus ihrem Tempel. Weitere Skulpturen bedeutender Bürger und Bürgerinnen von Aphrodisias.

Sinterterrassen

Pamukkale/Hierapolis

Eines vorweg: Wer sich nach Pamukkale aufmacht und in den Sinterterrassen Badende erwartet, wird enttäuscht sein. Im Gänsemarsch wandert man auf einem vorgegebenen Pfad durch die Terrassen, und wer Pech hat, kann die wenigen Becken, die mit Wasser gefüllt sind, an den Fingern abzählen.

Obwohl mittlerweile Maßnahmen zur Rettung des Naturphänomens eingeleitet wurden (s. u.), bleibt abzuwarten, wann sich die Terrassen von der Jahrzehnte langen, rücksichtslosen Vermarktung wieder erholen werden. Was immer auch in Zukunft geschehen wird, zur Zeit jedenfalls gehen die Meinungen über den Reiz der Touristenattraktion stark auseinander. Zur Entschädigung gibt es außer den Terrassen auch noch die darüber liegende antike Stätte Hierapolis zu besichtigen.

Die Entstehung der Sinterterrassen beruht auf einer einfachen chemischen Reaktion: Eine warme Quelle (53 °C) enthält große Mengen gelöstes Kalziumbikarbonat, das sich beim Abkühlen an der Oberfläche in Wasser, Kohlendioxyd und Kalziumkarbonat (Kalk) umwandelt. Das Kohlendioxyd entweicht, der Sinterkalk lagert sich ab und verstopft die Abflusskanäle des Wassers, das überquillt und sich fächerartig über die Abhänge ausbreitet und so die weißen Sinterterrassen formt: riesige, übereinander gestaffelte Bassins wie überdimensionale Badewannen. Von unten ähnelt der über 100 m hohe Abhang mit etwas Phantasie einem großen, vereisten Wasserfall.

Unterhalb der Sinterterrassen liegt **Pamukkale Köy**, eine Siedlung aus Pensionen, Hotels, Restaurants und Bars. Die nächstgrößere Stadt ist **Denizli** mit rund 275.000 Einwohnern, eine lebhafte, meist smogverhangene Provinzstadt 18 km südlich von Pamukkale. Für Touristen ist sie eher uninteressant, die historische Bausubstanz wurde durch mehrere Erdbeben zerstört.

Es war einmal ein Weiß...

Pamukkale wird gerne, aber nicht unbedingt richtig mit "Baumwollschloss" übersetzt. Baumwolle ("pamuk") ist hier jedoch als Synonym für "weiß" zu verstehen (wie etwa "Schnee" im Deutschen), so dass man Pamukkale ("kale" = Schloss) sinngemäß am besten mit "schneeweißes Schloss" übersetzt. Mittlerweile steht "Pamukkale" auch in Deutschland als Synonym für reinstes Weiß, insbesondere bei Auto- bzw. Küchengeräteherstellern, die Pamukkaleweiß wie selbstverständlich neben Lindgrün und Rostrot in ihrer Farbpalette führen. Das herrliche Weiß sucht man an vielen Stellen der Terrassen heute allerdings vergebens. Die lange Zeit des respektlosen Umgangs mit dem Naturphänomen hatte Folgen. Zu viele Menschen liefen über die Terrassen, die meisten zogen nicht mal die Schuhe aus, und auch das große Verkehrsaufkommen rund um die Terrassen trug zu deren Verschmutzung bei. Die Hauptschuldigen waren jedoch die Hotels, die sich oberhalb der Terrassen auf dem Plateau angesiedelt hatten: Meist luxuriös ausgestattet, lockten sie Besucher mit hauseigenen Swimmingpools, die direkt aus der Quelle der Terrasse gespeist wurden. Zu viel kostbares Wasser wurde auf diese Weise abgeleitet, das in den Pools abkühlte und danach auf den Terrassen keinen Kalk mehr ablagerte. Zudem reichte die Ausstoßmenge der Quelle nicht mehr aus, um die Terrassen mit genügend Wasser zu versorgen. Das Resultat: Heute sieht man mehr schmutziges Grau als strahlendes Weiß, und stellenweise dominiert sogar Schwärze.

Erst Waschkörbe voller empörter Protestbriefe und der wachsende Druck örtlicher und internationaler Umweltschutzorganisationen haben dafür gesorgt, dass Pamukkale nicht ganz zur "Sehensunwürdigkeit" verkommt. Das gesamte Gebiet rund um die Sinterterrassen ist mittlerweile zum UNESCO-Monument und Nationalpark erklärt worden. Zwei neue Auffahrten ersetzen die alte Straße, die mitten durch die Terrassen führte, das letzte der fünf Hotels oberhalb der Terrassen wurde 2000 geschlossen und dem Erdboden gleichgemacht.

Geschichte

Seit Jahrtausenden kennen und schätzen die umliegenden Einwohner die Heilkraft der Quellen. Hethiter und Phryger errichteten hier Altäre, doch erst der pergamenische König Eumenes II. gründete an der Quelle die Stadt Hierapolis als Gegengewicht zum nahe gelegenen makedonischen Laodikeia. Die Rivalität der beiden Städte, deren Reichtum in der Wollverarbeitung gründete, war so groß, dass sie sich gegenseitig in ihrer Entwicklung behinderten. Erst mit der Eingliederung in die römische Provinz Asia erlangte Hierapolis größere Bedeutung. Im Jahre 60 n. Chr. wurde die Stadt durch ein Erdbeben zerstört, aber kurz darauf wieder aufgebaut. Schon früh hatte sie eine starke christliche Gemeinde, und in byzantinischer Zeit wurde sie sogar Bischofssitz. Mit dem Eindringen der Seldschuken verödete die Stadt. Erste Grabungen unternahm 1887 der Pergamon-Entdecker Carl Humann, systematische Arbeiten führen seit 1957 insbesondere italienische Archäologen durch.

Informationen/Verbindungen/Ausflug

- *Telefonvorwahl* ✆ 0258.
- *Information* Die **Tourist Information** findet man direkt am zentralen Parkplatz (nördliche Zufahrt) oberhalb der Sinterterrassen. Auskünfte nur auf Englisch. Im Sommer tägl. 8.30–12 und 13.30–18.30 Uhr, im Winter bis 17 Uhr, Sa/So geschlossen. ✆ 2722077, 📠 2722882.
- *Anfahrt/Verbindungen* mit dem **eigenen Fahrzeug** zwei Zufahrten. Die bequemere Variante führt von Pamukkale Köy in Richtung Karahayıt, knapp vor diesem Ort rechts hoch und durch die Nekropole zum zentralen Parkplatz oberhalb der Sinterterrassen. Die kürzere Zufahrt führt von Pamukkale Köy direkt zum Parkplatz am Südeingang von Hierapolis; von dort zu Fuß weiter durch das byzantinische Tor aus dem 5. Jh.

Dolmuş: ab Denizli (jede halbe Stunde) und Pamukkale Köy (nahezu alle 10 Min.).

Bus: von Pamukkale Köy und Denizli zu allen größeren Touristenorten der Südküste. Die Busse ab Denizli sind nur unwesentlich preiswerter als die Direktbusse ab Pamukkale.

- *Organisierte Touren* Tagesausflug nach Aphrodisias für 8 € (ohne Eintritt). Mehrere Anbieter in Pamukkale Köy. Fürs gleiche Geld bieten Pensionen und Agenturen auch Ausflüge in die nähere Umgebung an.

Öffnungszeiten/Eintritt/Sonstiges

- *Öffnungszeiten* Das Gelände ist rund um die Uhr geöffnet, die archäologischen Stätten um das Theater werden nachts geschlossen. Museum tägl. (außer Mo) 8.30–12 und 13.30–18 Uhr.
- *Eintritt* Für die Sinterterrassen und das Ausgrabungsgelände Hierapolis werden 3,30 € kassiert, erm. 0,90 €. Das Ticket erlaubt den wiederholten Eintritt am Ausstellungstag. Mit gutem Zureden bekommt man am späten Nachmittag auch ein für den Folgetag noch gültiges Billett. Für das Museum werden 0,90 € Eintritt extra verlangt.
- *Erste Hilfe* Eine kleine Erste-Hilfe-Station befindet sich oberhalb der Sinterterrassen (nur in der Hochsaison geöffnet).

Übernachten/Camping

Vornehmlich auf ausländische Individualreisende eingestellt ist **Pamukkale Köy**. Gab es hier einst über 100 Unterkünfte, hat sich deren Zahl heute geradezu halbiert. Der Grund: Da die Terrassen an Attraktivität eingebüßt haben, kommen weniger Besucher, und die, die noch kommen, schließen sich in erster Linie organisierten Busreisegruppen an und bleiben meist nicht länger als 2–3 Std. vor Ort. Die Quartiere, die es noch gibt, kämpfen ums Überleben. Geld für teils dringend nötige Renovierungen fehlt. Viele Pensionen sind in einem miserablen Zustand. Mit den im Folgenden beschriebenen Unterkünften treffen Sie eine gute Wahl, doch ist es schwierig, bis zu einer von diesen vorzudringen – das Schleppertum ist so ausgeprägt wie fast nirgendwo sonst in der Türkei. Übrigens leitet fast jede Pension das Wasser durch einen Kanal in den eigenen Pool. Luxusherbergen findet man auf der Nordseite des Ruinenfeldes von Hierapolis am Ortsrand von **Karahayıt**.

Club Hierapolis, in Karahayıt. Von Pamukkale Köy kommend am Ortsbeginn rechter Hand. Mit sämtlichen Extras ausgestattetes Thermalresort mit moderner Thermalbadanlage, Nightclub usw. Die HP-Preise liegen bei 30 € pro Person, ✆ 2714100, ✆ 2714143.

Pamuksu Hotel, etwas außerhalb des Ortskerns von Pamukkale Köy in ruhiger Lage. Gepflegter dreigeschossiger Bau mit Natursteinfassade, im Viereck um einen Wintergarten gebaut. Gut ausgestattete Zimmer mit grünem Mobiliar – nicht jedermanns Geschmack. Vorm Haus großer Pool, im Haus kleines Thermalbecken. DZ mit Frühstück 50 €, als EZ 38 €. ✆ 2722818, ✆ 2722190.

Koray Hotel, in Pamukkale Köy. Wirbt damit, dass es in allen Reiseführern erwähnt wird. Ob das Haus deswegen heute noch so voll ist, ist fraglich, denn vornehmlich Busgesellschaften steigen hier ab. Zumindest aber ist hier immer was los. 45 etwas abgewohnte, aber ordentliche Zimmer mit guten Bädern (Badewanne!) und Klimaanlage, alle rund um den angenehm begrünten Innenhof mit Pool. Freundlicher Service. EZ 17 €, DZ 21 € inkl. Frühstücksbuffet, HP 21 € bzw. 29 €. ✆ 2722222, www.korayhotel.com.

Pansiyon Beyaz Kale, die Pension "Weiße Burg" liegt in Pamukkale Köy etwas östlich des Dorfplatzes. Alle Zimmer mit Du/WC, die meisten mit einer eigenen Tür zum Garten mit Pool. Mahlzeiten werden auf der großen Terrasse eingenommen. Leser loben die gute Küche und die Warmherzigkeit der Wirtsleute. DZ mit Frühstück 15 €. ✆ 2722064, ✆ 2722568.

Pansiyon Kervansaray, in Pamukkale Köy, schräg gegenüber der Pension Beyaz Kale. Seit über 10 Jahren von Besitzer Mevlüt Kaya und seiner Familie gut geführt. Von Lesern völlig zu Recht empfohlen. Erheblich bessere Zimmer als die "Weiße Burg", dafür ein kleinerer Pool. Von den Zimmern (alle mit Du/WC, Balkon und Heizung) z. T. Blick auf die Sinterterrassen. Sehr sauber. Gutes Restaurant auf dem Dach, internationales Publikum. DZ 13 €, EZ 7 €, mit HP 18 € bzw. 10 €. Wer diesen Reiseführer zeigt, bekommt 10 % Rabatt. Kostenloser Pickup-Service vom Busbahnhof, auch von Denizli. ✆ 2722209, www.geocities.com/kervansaray2tr.

Pansiyon Aspawa, ebenfalls nahe der "Weißen Burg". Freundlicher Familienbetrieb. 12 saubere Zimmer mit der für den Ort üblichen Teppichbodenstandardeinrichtung, Zentralheizung. Freier Internetzugang, Waschservice, Transfer. DZ mit Klimaanlage 15 €, ohne 12,50 €. Pool. ✆ 2722094, aspawa@mail.koc.net.

• *Camping* Bei vielen Pensionen, die über einen Garten verfügen, sind auch Camper willkommen. Viele davon liegen an der Hauptdurchgangsstraße. Wer es ruhiger haben will, kann im Garten des **Altın Yunuz Motel** sein Zelt aufschlagen. Familiäre Atmosphäre, liebenswürdige Inhaber, die leider keine Fremdsprache beherrschen. Vermietet werden auch schlichte, günstige Zimmer. Pool. ✆ 2722785.

Essen & Trinken/Nachtleben

Dass die meisten Gäste nur einmal in ihrem Leben nach Pamukkale kommen, ist der Gastronomie nicht förderlich. Lästige Türsteher, schleppender Service, kleine Portionen, hohe Preise und auf die Schnelle mit wenig Aufwand zubereitete Gerichte (meist Gegrilltes) bestimmen das Bild.

Restaurant Gürsoy, in Pamukkale Köy, Atatürk Cad. Kein touristischer Schnickschnack, sondern einfach und bescheiden, doch die Küche schmeckt ausgezeichnet. Obendrein freundliches Personal – unsere Empfehlung!

Arzum, in Pamukkale Köy bei der Moschee. Pide, Lahmacun und Gegrilltes, auch zum Mitnehmen. Abseits der Touristenpfade, auch noch von Einheimischen besucht. Für die örtlichen Verhältnisse preiswert.

Can Lokantası, ein paar Häuser weiter. Ähnlich wie das Arzum, ähnlich gut.

• *Nachtleben* Die Diskotheken vor Ort kann man allesamt der Kategorie "kläglich" zuordnen. Beliebt ist die **Bar Harem** in Pamukkale Köy, Atatürk Cad., von deren Terrasse man dem nächtlichen Treiben auf der Straße zuschauen kann.

Badefreuden in einem Quellteich

Sehenswertes

Sinterterrassen – die Sehenswürdigkeit schlechthin. Der total versinterte Abhang ist über 100 m hoch und mehr als 5 km breit. Die Quelle sprudelt nach wie vor kräftig. Ein eigens angestellter Wassermeister reguliert durch Schieber den Wasserlauf in den breiten Kanälen. Jede Terrasse wird angeblich mindestens einmal wöchentlich einen ganzen Tag lang überspült, das Wasser wird unterhalb des Hangs wieder gefasst und den Feldern in der Ebene zugeführt. Einige Becken sind nachts beleuchtet. Ob tagsüber oder nachts, vor dem Spaziergang über die Terrassen gilt: Schuhe ausziehen!

Pamukkale-Therme: Da es mit dem Bad in den Sinterterrassen einstweilen vorbei ist, bietet sich als Entschädigung ein Bad in der Pamukkale-Therme an. Die heutige Hauptquelle liegt im offenen Innenhof des einstigen Pamukkale-Motels. Sie speist einen zwischen Palmen wunderschön angelegten Quellteich, in dem antike Säulen liegen. Das Baden im 35 °C warmen Wasser ist eine wahre Lust.

Öffnungszeiten tägl. 9–20 Uhr, im Winter bis 17 Uhr. Eintritt 4,20 €, erm. 1,70 €.

Hierapolis: Die Sehenswürdigkeiten der Antike liegen weit verstreut auf dem Plateau oberhalb der Sinterterrassen. Unübersehbar an der Straße zur Pamukkale-Therme stehen die Ruinen der *Großen Therme* von Hierapolis, deren wuchtige Gewölbe einst mit Marmor ausgelegt waren. Sie beherbergt heute das kleine, aber schöne und interessante *Archäologische Museum* mit Funden aus Hierapolis und Laodikeia, insbesondere reich verzierte Sarkophage, Statuen und Reliefs. Besuchenswert sind zudem:

Apollontempel und Plutonium: Vom Apollontempel ist nur das 2,5 m hohe Podest mit einer kleinen Freitreppe geblieben, einige Kapitellteile liegen noch verstreut an Ort und Stelle. Nebenan das Plutonium, eine Grotte, die Pluto, dem Gott der Unterwelt, geweiht war. Hier sprudelte ursprünglich die Quelle. In der großen Vorhalle verpesteten giftige Gase die Luft – unbefugte Eindringlinge, Vögel und selbst Ochsen starben. Nur die Priester konnten unbeschadet passieren: Sie krochen am Boden entlang und hielten die Luft an. Die Grotte ist weitgehend verschüttet, nur noch eine Kammer mit überwölbter Tür ist zu sehen. Der Eingang ist versperrt, denn noch immer strömen Schwefelgase aus.

Theater: Gut erhalten ist das nahezu vollständig ausgegrabene Theater (2. Jh. v. Chr.) mit über 100 m Seitenlänge, 20 Sitzreihen im

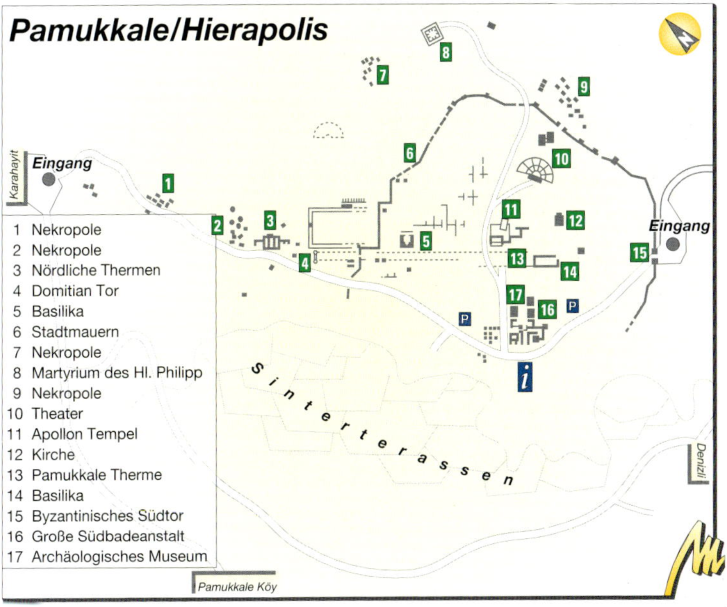

ersten und 25 Sitzreihen im zweiten Rang. Acht Treppen führen nach oben. An die 10.000 Zuschauer fanden hier Platz. Marmorfriese und Statuen am behutsam restaurierten Bühnenhaus geben einen Eindruck von der einstigen Pracht.

Martyrium des Heiligen Philipp: Das Mausoleum des Diakons Philipp liegt 600 m nördlich des Theaters. Ein Grab hat man nie gefunden, und so ist nicht sicher, ob der Heilige hier wirklich bestattet worden war. Das höchst ungewöhnliche Gebäude wurde Anfang des 5. Jh. errichtet und kaum hundert Jahre später durch ein Erdbeben zerstört. Die Wälle sind teilweise noch mannshoch, deutlich ist der quadratische Grundriss auszumachen. An den Außenseiten liegen jeweils acht von außen zugängliche, rechteckige Kammern, die als Herberge für Pilger gedeutet werden. Einen Altar sucht man vergebens, doch die halbrunde Sitzreihe für den Bischof und die Gemeindeältesten ist noch zu erkennen.

Nekropole: Die antike Hauptstraße von Hierapolis führt von der Quelle bzw. der Pamukkale-Therme schnurgerade nach Norden. An den Grundmauern einer Kirche vorbei, passiert man das *byzantinische Stadttor*, die *Säulenstraße* und das unter der Herrschaft Domitians aufgestellte und diesem gewidmete *Domitiantor*. Die sich anschließenden nördlichen *Thermen*, im 5. Jh. zu einer gewaltigen *Basilika* umgebaut, liegen schon auf dem Gelände der Nekropole. Mehr als tausend Gräber aus verschiedenen Epochen sind hier zu finden: Steinsarkophage, Grabhügel, Grabkammern und Tempelchen, einige im Lauf der Zeit bis zur Hälfte in den Sinterkalk eingebettet, andere wie das geborstene Spielzeug eines Riesen regellos verstreut …

Sehenswertes in der Umgebung von Pamukkale

Rote Quelle (Kırmızı Su): Die Rote Quelle sprudelt in Karahayıt ca. 5 km nördlich von Pamukkale Köy. Ihr stark eisenhaltiges Wasser überzieht die Felsen mit einer dunkelroten Ablagerung. Der einstige Weiler Karahayıt ist heute vollkommen kommerzialisiert und bietet außer seiner Quelle lediglich etliche Souvenirshops, Nobelhotels und Einfachstmotels mit angegliederten Pools.

Verbindungen Regelmäßige **Dolmuş**verbindungen von und nach Pammukale Köy.

Laodikeia (antike Stadt): Der im 3. Jh. v. Chr. gegründete Ort entwickelte sich schnell zu einer der reichsten Städte der Region. Mit der Eingliederung ins Römische Reich wurde die Feindschaft mit dem benachbarten Hierapolis beigelegt. Im 6. Jh. n. Chr. wurde der Ort durch ein Erdbeben zerstört. Man baute ihn zwar wieder auf, doch seine ehemalige Bedeutung konnte er nicht zurückgewinnen. Leidlich erhalten ist das *Stadion* (350 m lang und 60 m breit, gebaut unter Vespasian), eines der größten Kleinasiens. Östlich davon erkennt man Reste einer *Thermenanlage*. Von den beiden *Theatern* und der *Akropolis* ist nicht viel übrig geblieben – insgesamt nur für speziell Interessierte einen Besuch wert.

Anfahrt von der Verbindungsstraße Denizli–Pamukkale ausgechildert. Kein Eintritt.

Kaklık-Höhle: Das "unterirdische Pamukkale", ca. 30 km östlich von Denizli, entdeckte man erst 1999. Die schneeweißen Kalksinterterrassen in einer Höhle, eine Art Miniaturausgabe des tatsächlichen Pamukkale, locken bislang nur wenige Touristen an. Zum Zeitpunkt der letzten Recherche planschten gerade ein paar Kinder im schwefeligen Thermalwasser. Jedoch befanden sich davor ein großer Parkplatz, Cafés und ein Swimmingpool im Bau. Sollten einmal ganze Busladungen die Höhle anfahren, ist deren Zauber dahin.

Anfahrt Von Denizli folgt man der Beschilderung nach Afyon. Nach ca. 26 km, kurz vor dem Ortsschild von Kaklık links ab, der Beschilderung "Kaklık Mağarası" bzw. "Father Haydar's Cave" folgen. Eintritt 0,45 €.

Zwischen Selçuk und Çeşme

Landschaftlich reizvoll präsentiert sich die Strecke zwischen Pamucak und Ahmetbeyli: Entlang einer gut ausgebauten und aussichtsreichen Küstenstraße reihen sich einige schöne Badebuchten (→ Selçuk/Baden, S.130), landeinwärts findet man vom Tourismus links liegen gelassene antike Stätten wie *Klaros* oder *Kolophon*. Doch dann folgt ein Küstenstreifen, an dem die türkische Mittelschicht dem schwäbischen Häuslebauer zeigt, was sie kann – ein Triumph des Bauwahns und der Zerstörung ganzer Landstriche. Etwas angenehmer wird erst wieder das Eck um das Fischerdorf *Sığacık*, wo auch die Ruinen von *Teos* zu finden sind.

Klaros und Notion (antike Stätten)

Das antike Klaros war wie Didyma ein Apollonheiligtum. Gegründet wurde es bereits im 7. Jh. v. Chr., zerstört erst in christlicher Zeit durch ein Erdbeben. Heute liegen Säulentrommeln, Kapitelle und andere Architekturfragmente des einstigen Tempels kreuz und quer, darunter auch ein über 3 m langer Arm der einst ca. 8 m hohen marmornen Kultfigur des sitzenden Apollon. Restaurierungsarbeiten leitet seit mehreren Jahren die Ege-Universität İzmir, ein paar Säulen stehen schon wieder.

Aus Inschriften weiß man, dass Pilger aus dem gesamten Mittelmeerraum das Orakel aufsuchten. Dabei stellten sie angeblich keine Fragen, sondern teilten den Priestern nur ihre Namen mit. Diese zogen sich daraufhin zur "Heiligen Quelle" zurück, nahmen einen inspirierenden Schluck und kamen fröhlich orakelnd wieder zurück. Das Wasser war aber vermutlich nicht gesund, denn die meisten Priester starben jung. Die unterirdischen Orakelkammern können – sofern sie nicht unter Wasser stehen – noch heute besichtigt werden, von der einstigen Vorhalle sind sie über Treppen zu erreichen.

Die Pilger, die Klaros aufsuchten, liefen für gewöhnlich mit dem Schiff den Hafen von Notion an, um von dort auf einer heiligen Straße zum Orakel zu wandeln. Die heute spärlichen Überreste der antiken Stadt Notion liegen auf einem Hügel am östlichen Buchtende von Ahmetbeyli verstreut, u. a. das Fundament eines *Athenatempels*, einer *Agora* und eines *Theaters*. Ihre Erkundung versüßt ein Bad am Strand von Ahmetbeyli, ein beliebter Stopp von Ausflugsbooten aus Kuşadası.

• *Anfahrt/Verbindungen* In Ahmetbeyli (zwischen Pamucak und Özdere) der landeinwärts führenden Straße nach Menderes folgen, nach ca. 500 m rechts ab (ausgeschildert). Die Ruinen erreicht man nach weiteren 1,5 km. Mit dem **Dolmuş** am einfachsten von Selçuk (auf die Aufschrift "Gümüldür" achten). Erst in Ahmetbeyli aussteigen (**nicht** am Strand Denizpinarı/Klaros!). Von da aus zu Fuß der Anfahrt folgen.

• *Öffnungszeiten* stets zugänglich. Eintritt 1,80 €, erm. die Hälfte.

Kolophon (antike Stadt)

Oberhalb der Ortschaft Değirmendere, rund 20 km nördlich von Klaros im Landesinneren, liegen die bescheidenen Reste des antiken Kolophon, einst eine Stütze des Ionischen Bundes. Erhalten sind nur ein paar Mauern und die Fundamente mehrerer Türme, die deutsche Archäologen 1886 freilegten. Interessanter als ein Besuch der Ruinen ist die Geschichte der angeblich einst unsagbar reichen Stadt, deren Bewohner sich in parfümierte Purpurgewänder einzuhüllen pflegten. Ihren Namen – und ihr vieles Geld – verdankte die Stadt dem sog. "Kolophonium", einem Harz aus den Pinienplantagen der Umgebung. Berühmt war die Stadt aber auch wegen ihrer Pferdezucht (nur Könige konnten sich die stolzesten Hengste aus Kolophon leisten), wegen ihrer mächtigen Flotte, ihrer schlagkräftigen Armeen und – man mag es kaum glauben – einer gefürchteten Hundemeute. Der antike Geograph Strabo (63 v. Chr.–23. n. Chr.) berichtet von dem Ausdruck "Kolophon darauf nehmen", was im Altertum so viel bedeutete wie "kurzen Prozess machen".

Anfahrt Um nach Değirmendere zu gelangen folgt man von Ahmetbeyli (zwischen Pamucak und Özdere) der landeinwärts führenden Straße Richtung Menderes. Im Zentrum von Değirmendere müssen Sie sich stets bergauf halten, lassen Sie sich den Weg durch die Gassen zeigen. Es geht wirklich steil bergauf, die "Straße" ist für geländeuntaugliche Fahrzeuge nur schwer zu meistern – besser laufen.

Von Özdere bis Ürkmez

Über viele Kilometer ziehen sich nördlich von Ahmetbeyli eintönige Retortensiedlungen die Küste entlang. Totenstill ist es hier in den kalten Monaten, restlos überlaufen zur türkischen Ferienzeit. Özdere, Gümüldür und Ürkmez, mittlerweile so gut wie zusammengewachsen, sind die Sommerfrischen der İzmirer Mittelschicht. Die stark befahrene Küstenstraße bietet keine Abwechslung – wo man hinschaut, ein Apartment- und Ferienhäusermeer. Poseidons Reich davor ist jedoch sauber und wird von langen Sandstränden flankiert. Unterkünfte und einfache Lokale sind vorhanden.

• *Verbindungen* In der Saison regelmäßige **Dolmuş**verbindungen nach İzmir und Selçuk.

• *Übernachten* **Taç Motel**, in Özdere in erster Reihe am Meer. 11 Zimmer, einfach ausgestattet, dafür mit schwäbischer Gründlichkeit geputzt: Der Besitzer wohnt in Tübingen. DZ 12 €. 23 Sok. 41. ✆ 0232/7975992. Buchbar auch in Deutschland über ✆ 07472/41935.

Melis Pansiyon, von Lesern empfohlene Unterkunft in Özdere, landeinwärts gelegen. Pool, Restaurant und Terrassenbar. Ordentliche DZ zu ca. 12 €. Çukuraltı Mah., Selvi Sok. 13, ✆ 0232/7979456. Von Kuşadası kommend kurz nach dem großen Tansaş-Supermarkt links ab, nächste Straße rechts.

Şah Pansiyon, am östlichen Ortsende von Özdere, von der Straße nach Selçuk ausgeschildert. 20 einfache Zimmer mit und ohne Bad, daneben ein Pool und jede Menge Mandarinen- und Olivenbäume. Netter Service und herrliche Terrasse direkt am Meer. DZ ab 8 € mit Frühstück. ✆ 0232/7975087.

Camping **Hippocampus Denizatı**, Campingplatz für Verwöhnte. Riesige, schattige Vier-Sterne-Anlage in einem Pinienhain und mit allem Drum und Dran: 1a-Restaurant, Pool, eigener gepflegter Strandabschnitt, Kinderspielplatz, Disco, Animation usw. Sehr gute Sanitäranlagen. Pro Person 3 €, Zelt 2,30 €, Wohnmobil 3 €. Angenehme Bungalows für 53 € für 2 Pers. mit VP. Am östlichen Ortsausgang von Gümüldür. ✆ 0232/7989191, www.denizati-hv.com.

Sığacık

Der alte Kern des verschlafenen Fischerdorfes liegt zusammengedrängt hinter den Mauern einer genuesischen Festungsanlage. Rund um die beschauliche Hafenfront an der tiefen Bucht findet man ein paar Fischlokale und Pensionen. Selbst in der Hochsaison ist hier immer noch ein Plätzchen frei, denn da es vor Ort an Bademöglichkeiten mangelt, bleiben die Massen aus. Sığacık ist vorrangig Stützpunkt für türkische Urlauber und Ausflügler aus İzmir.

Der nächste Strand, die schöne, von Olivenbäumen gesäumte Bucht von **Akkum**, befindet sich 2 km südwestlich. Hier geht es ebenfalls noch recht gemütlich zu, auch wenn sich hinter dem Strand eine große Clubanlage (vornehmlich französisches Publikum) befindet. Baden kann man auch am **Teos Ekmeksiz Plajı,** einer netten Bucht mit kleinen Sandstrand, gepflegten Sanitäranlagen und Umkleidekabinen, noch etwas weiter südwestlich (Eintritt 0,50 €, Auto mit unbeschränkter Personenzahl 2 €).

• *Verbindungen* häufig **Dolmuşe** ins 9 km entfernte Landstädtchen Seferihisar. Dort umsteigen nach İzmir, Selçuk oder Kuşadası. Keine Direktverbindungen nach Çeşme (über İzmir). Zudem Dolmuşverbindungen zwischen Sığacık und Akkum.

• *Anfahrt nach Akkum* Von der Festung in Sığacık die dem Hafen gegenüber liegende, bergauf führende Straße nehmen, dann immer geradeaus. Der Teos Emeksiz Plajı ist von der Strecke ausgeschildert.

• *Übernachten* **Club Resort Atlantis**, Bungalowanlage auf 10 ha in der Akkum-Bucht. Sehr gepflegt und stilvoll. Großes Sportangebot, u. a. Tennis, Surfen, Wasserski und Tauchen. Restaurants, Kinderbetreuung, Theater, Nightclub etc. Pro Person 59 € mit VP. Ausgeschildert. ✆ 0232/745770, atlantis@ispro.net.tr

Teos Sunset Pension, im Norden von Sığacık zwischen Festungsmauer und Uferpromenade. Freundliche saubere Zimmer (7 davon mit Meeresblick) und gemütliche Gartenterrasse. Internetecke (ein Rechner). DZ mit Frühstück 12 €. Zuvorkommender Service, leider nicht fremdsprachig. ✆ 0232/7457463, 📠 7457882.

Sahil Pansiyon, ebenfalls im Norden von Sığacık. Vom netten Ehepaar Keleş geführt, das lange Jahre in Hamburg lebte. 14 schlichte, aber ordentliche Zimmer, drei davon mit herrlicher Aussicht auf die Bucht vom Balkon. Süßes Gärtchen mit Hühnern, auf Wunsch wird auch lecker gekocht. EZ 4,50 €, DZ 9 €, Frühstück pro Person 1,80 € extra. ✆/📠 0232/7457741.

• *Camping* Schlichte Campingmöglichkeiten bestehen am **Teos Ekmeksiz Plajı.** Campen 2,60 € pro Person, egal ob mit Zelt oder Wohnmobil.

• *Essen & Trinken* **Şadırvan Pide Salonu**, neben all den mehr oder minder gleichartigen Fischlokalen rund um den Hafen von Sığacık ein abwechslungsreicher Tipp. Gemütliche Lokanta um einen alten Brunnen, der nun kitschig beleuchtet sein Gnadenbrot bekommt. Neben Pide sehr gute türkische Dorfküche – probieren Sie Saç Kavurma oder Kiremitte Köfte (Köfte im Tonpfännchen)! Günstig. Nahe der Pansiyon Burg am Hafen.

Teos (antike Stadt)

Die ionische Gründung aus dem 1. Jt. v. Chr. stand immer im Schatten Smyrnas. Lediglich nach dessen Zerstörung (6. Jh. v. Chr.) erlebte Teos eine kurze Blüte. Die damalige Hafenstadt war Geburtsort des Lyrikers Anakreon (ca. 580–495 v. Chr.), der u. a. den Wein und die gleichgeschlechtliche Liebe besang. Passend dazu war Teos berühmt-berüchtigt für seinen Dionysoskult, den hier eine Gilde von Schauspielern und Musikern zu Ehren ihres Schutzgottes feierte.

Die Ruinen der aufgegebenen Stadt wurden als Steinbruch benutzt, sodass vieles verloren ging. Am eindrucksvollsten ist die Ruine des *Dionysostempels* – der größte je gebaute Tempel für den Gott des Weins – mit einigen wieder aufgerichteten Säulenstümpfen. Wer auf dem idyllischen Gelände weiter herumstreift, findet auf dem flachen Hügel nördlich der Anlage, der einst die Akropolis trug, u. a. Reste eines *Theaters*. Von oben genießt man eine großartige Aussicht auf die Olivenhaine, die Überreste der Stadt und die Küste.

• *Anfahrt/Öffnungszeiten* Über Sıgacık (s.o.) zu erreichen. Von der Festung in Sığacık die dem Hafen gegenüber liegende, bergauf führende Straße nehmen und immer geradeaus fahren (alle Rechtsabzweigungen zur Küste hin ignorieren). Das Gelände ist frei zugänglich und kostet keinen Eintritt.

An der Uferpromenade von Çeşme

Çeşme

ca. 22.000 Einwohner

Das ehemalige Fischer- und Handelsstädtchen gehört heute zu den großen internationalen Ferienorten der türkischen Ägäis. Neben seiner schönen Lage auf der Spitze einer Halbinsel locken vor allem die feinsandigen Strände der Umgebung.

Çeşme liegt am zweitwestlichsten Punkt Kleinasiens, nur 10 km trennen es von der griechischen Insel Chios. Wahrzeichen des Städtchens ist die wuchtige, genuesisch-osmanische Festung am Hafen. Drum herum versprühen ein paar pittoreske Gässchen alten Charme. Zu viel erwarten sollte man aber nicht – Çeşme ist ganz ansehnlich, aber bei weitem kein Schmuckkästchen.

Das Treiben spielt sich entlang der Uferpromenade und in der autofreien Shoppingmeile İnkılap Caddesi ab. Hier geben sich türkische Familien und Pauschaltouristen aus den Bettenburgen der Umgebung ein allabendliches Stelldichein. Kommt dann noch eine Fähre aus Italien an und mit ihr Tausende von Deutschtürken auf dem Weg in den Heimaturlaub, ist in Çeşme die Hölle los.

Was Çeşme jedoch überhaupt nicht hat, das sind schöne Sandstrände vor der Haustüre. Damit aber ist die gleichnamige Halbinsel gesegnet. Und so wuchern die Ferienkomplexe dort ungezügelt. Mit dem 6 km entfernte Retortenort Ilıca ist Çeşme mittlerweile fast zusammengewachsen.

Geschichte

Als Hafen der ionischen Stadt *Erythrai*, deren Ruinen heute auf der Karaburun-Halbinsel zu sehen sind (→ S. 166), wurde Çeşme etwa 1000 v. Chr. gegründet. Die ersten Touristen kamen wegen der Thermalquellen der Umgebung bereits unter der Herrschaft Roms (ab 190 v. Chr.). Die heute so imposante Festung ließen Genueser, die ihre wirtschaftlichen Interessen an der Levanteküste mit allen Mitteln verteidigten, im 14. Jh. zur Sicherung der Meerenge zwischen dem Festland und Chios errichten.

1770 waren die Bewohner Çeşmes Augenzeugen eines historischen Ereignisses: In einer Seeschlacht mit der russischen Kriegsmarine wurde die türkische Flotte fast vollständig versenkt. Cezayirli Gazi Hasan Paşa, den Befehlshaber über die osmanischen Schiffe, ehrt man trotz seiner Niederlage noch heute: Ein Denkmal vor dem Eingang zur Burg zeigt ihn in Pluderhosen und Turban zusammen mit einem Löwen, der seines wilden und grausamen Charakter symbolisieren soll.

Bis zum Bevölkerungsaustausch 1923 lebten vornehmlich Griechen in Çeşme – neben ein paar wenigen klassizistischen Häuserfassaden erinnert heute nur noch eine Basilika (→ Sehenswertes) an sie. Ihre türkischen Nachfolger führten die traditionellen Erwerbszweige wie Oliven- und Traubenanbau, Fischfang und Mastixgewinnung (→ Essen & Trinken) fort. Lediglich als Handelshafen für Chios verlor Çeşme an Bedeutung.

Die feinsandigen Strände der Umgebung wurden in der 1960ern und 70ern zunächst von wohlhabenden Familien aus İzmir entdeckt, die sich hier ihre Ferienvillen bauten. Mit dem Beginn des Massentourismus in den 1980ern erlebte Çeşme seinen größten Aufschwung. Noch ist diese Entwicklung nicht abgeschlossen. Seit 1996 verbindet eine sechsspurige Autobahn Çeşme mit İzmir, auf der an Sommerwochenenden ganze Blechlawinen ins Städtchen rasen. Eine Marina mit 400 Liegeplätzen zieht seit 1999 zudem auch betuchtes Seglerpublikum an.

Information/Verbindungen/Ausflüge/Parken

- *Telefonvorwahl* 0232.
- *Information* Bei der Festung am Hafen. Sehr zuvorkommend, je nach Schicht auch Auskünfte in Deutsch. Mo–Fr 8.30–17.30 Uhr, Sa/So 9–17 Uhr. İskele Meydanı 8, ✆/℡ 7126653.
- *Verbindungen* Der **Bus**bahnhof befindet sich 10 Gehminuten südlich des Zentrum nahe dem Turgut Özal Bul. Direktverbindungen nach İstanbul und Ankara, zudem auch zum Busbahnhof von İzmir – für die meisten Zielen im Reisegebiet muss man hier umsteigen. Wer nach İzmir will (halbstündlich, 3 €), muss nicht extra zum Busbahnhof laufen, sondern steigt am oberen Ende der Hauptstraße İnkılap Cad. zu.

Dolmuşe über Çiftlik zum Pırlanta- und Altınkum-Strand, nach Ilıca und Alaçatı starten unterhalb der Festung bei der Tourist Information. Wer nach Dalyan will, steigt in einen der Dolmuşe, die in der Dalyan Cad. nahe der İnkılap Cad. starten.

Taxis stehen am Cumhuriyet Meydanı und am Ende der İnkılap Cad. bereit. Zum Flughafen İzmir 56 €.

- *Schiffsverbindungen* Fähren nach **Chios** in der Hochsaison 1 x tägl., in der Nebensaison mehrmals wöchentl. Fahrtdauer ca. 1 Std., als Tagesausflug machbar, aber insgesamt nicht billig. Infos bei **Ertürk** gegenüber der Tourist Information, ✆ 7126768, info@erturk.com.tr. Person einfach 35 €, retour am gleichen Tag 40 €, offenes Retourticket 50 €. Auto einfach 70–90 €, Motorrad 40 €.

Fähren nach **Italien**: Im Sommer herrscht reger Fährverkehr, die meisten Gesellschaften haben ein Büro entlang dem Turgut Özal Bul. zwischen Hafen und Busbahnhof, für Details → Anreise, S. 15/16.

- *Bootsausflüge* bucht man am besten bei den privaten Schiffseignern an der Mole. Angesteuert werden u. a. die nördlich von Çeşme gelegene "Eselsinsel" (auch Karaada) und die Thermalquellen von Ilıca. Pro Person ca. 9 € mit Lunch.
- *Organisierte Touren* Da in Çeşme-Zentrum zu einem großen Teil Türken Urlaub machen, die über ein eigenes Auto verfügen, ist das Angebot an organisierten Ausflugsreisen gering. Ein Anbieter ist z. B. Ertürk (→ Schiffsverbindungen). Mehr Auswahl im Hotelkonglomerat Ilıca. Tagestouren z. B. nach Ephesus (ca. 40 €) und Pamukkale (ca. 60 €).

• *Parken* Bewachter gebührenpflichtiger Parkplatz südlich der Tourist Information am Hafen, 0,60 €/Std., zudem bewachter und gebührenpflichtiger Parkplatz beim Hotel Kervansaray, 1,20 €/Std.

Adressen

• *Ärztliche Versorgung* **Krankenhaus** nahe der Straße nach İzmir ca. 2,5 km östlich des Zentrums, auch deutschsprachig. ✆ 7120077. Eine **Erste-Hilfe-Station** befindet sich am oberen Ende der İnkılap Cad.

• *Autoverleih* mehrere Anbieter. **Avis** z. B. in der Kutludağ Sok. 14/C. Billigste Modell mit Vollkasko 59 € pro Tag, ab drei Tagen wird's billiger. ✆ 7126706; ℻ 717029. Günstiger sind die lokalen Verleiher, z. B. **Sultan Rent a Car**, İnkılap Cad. 68, ✆ 7127395, ℻ 7128259. Ab 43 € pro Tag inkl. Vollkasko.

• *Geld* **T.C. Ziraat Bankası** mit EC-Automat am Cumhuriyet Meydanı, dem Hauptplatz. Bargeld lässt sich selbst am Wochenende bis spät abends bei **Bamka Döviz** an der İnkılap Cad. 80 tauschen.

• *Polizei* neben der Tourist Information am İskele Meydanı, ✆ 7126627.

• *Post* an der Uferpromenade im Norden der Bucht. Im Sommer bis 24 Uhr geöffnet.

• *Waschsalon* Fehlanzeige, eine Reinigung namens **Aile Kuru Temizleme** befindet sich im "Shoppingcenter" Vakıf İs Hanı nahe dem oberen Ende der İnkılap Cad.

• *Zeitungen* und Zeitschriften in deutscher Sprache verkauft der Kiosk **Kocatürk Kardeşler** im Sommer am Cumhuriyet Meydanı schräg gegenüber dem Rathaus.

• *Zweiradverleih* bei **Sultan Rent a car** (→ Autoverleih) möglich. Scooter (Honda Kinetic) für 20 € pro Tag und Yamaha DT 125 für 24 € pro Tag.

Einkaufen/Sport/Sonstiges

• *Einkaufen* Auch wenn entlang der İnkılap Cad. der übliche Touristenkitsch samt Schmuck, Leder und Teppichen angeboten wird – Çeşme ist kein Einkaufsparadies Besser zum Shoppen nach İzmir ausweichen! Ein bunter **Markt** wird 2-mal wöchentl. (Mi und So) in der Kiste Cad. nahe der İnkılap Cad. abgehalten. Noch ein Extratipp: In der Rumeli Pastanesi, einem kleinen Laden an der İnkılap Cad., kann man sich mit der hiesigen **Harzkonfitüre** (→ Essen und Trinken) eindecken. Zudem noch viele weitere ausgefallene Konfitürevariationen, z. B. aus Feigen, Orangen und Pistazien.

• *Surfen* Die Halbinsel von Çeşme ist ein Eldorado für Surfer – dafür sorgen ständig wehende Winde und die auslaufende Strömung des Schwarzen Meers. Am Strand von Alaçatı haben sich diverse Surfclubs niedergelassen, die Bretter verleihen und Kurse anbieten. Eine gute Adresse ist **Planet Windsurfing** (→ Alaçatı, S. 165).

• *Tauchen* **Blue Bubble**, deutschsprachige Tauchschule in der Tütüncüoğlu Sok 17 nahe dem Hamam. Schnuppertauchgänge für 30 €, CMAS-Anfängerkurse für 120 € (Dauer 2–3 Tage). Für Könner Bootstauchgänge (1 Tag, 2 Tauchgänge, inkl. Essen und Equipment 40 €). Ausfahrten in kleinen Gruppen, max. 12 Leute. Freundlich. ✆/℻ 7121396.

• *Türkisches Bad* (Hamam) Çeşmes historisches Hamam befindet sich nahe dem Hotel Kervansaray in der Beyazıt Cad. Bad mit Massage 14 €. Tägl. 8–3 Uhr.

• *Veranstaltungen* Diverse Konzerte finden den Sommer über im örtlichen Amphitheater südlich der İnkılap Cad. statt. Für das einst beliebte Internationale Musikfestival (Çeşme Uluslararası Festivalı) finden sich seit Jahren keine Sponsoren mehr. Vielleicht sieht das in Zukunft ja wieder einmal anders aus.

Übernachten

Im Zentrum findet man kleine Hotels und Pensionen, hoch über dem Ort an der Straße nach İzmir gesichtslose Mittelklassehotels. Luxushotels gibt es vor Ort nicht, dafür muss man nach Ilıca ausweichen. Wie überall gilt: je näher am Meer, desto teuerer die Unterkunft. Bei der Zimmersuche hilft auch die Tourist Information weiter.

***__Hotel Kerasus (1)__, 2 km nördlich von Çeşme direkt am Meer, ausgeschildert. Mehrstöckige Hotelanlage mit privatem Strand, Pool, Restaurant, Hamam usw. Alle Zimmer mit Klimaanlage, TV und Meeresblick. DZ mit HP (obligatorisch) 83 €, als EZ 53 €. ✆ 7120506, www.kerasus.com.

Hotel Kervansaray (15), die charmanteste Herberge Çeşmes in den Gemäuern einer alten Karawanserei. 40 geschmackvolle Zimmer gruppieren sich um einen gemütlichen Innenhof. Ausstattung und Komfort sehr unterschiedlich, ein DZ kostet zwischen 24 und 59 €. Folklore-Nightclub angegliedert. Neben dem Kastell, ✆ 7127177, ℻ 7126492.

Hera Hotel (4), kleines ordentliches Mittelklassehotel in erster Reihe am Meer im Norden der Bucht. Freundlicher Service. Der Besitzer ist Zahnarzt, seine Frau spricht deutsch. DZ mit Klimaanlage, Meerblick und Frühstück 37 €, ohne Meerblick 32 €. Şaban Kaptan Sok. 4. ✆ 7126177, ℻ 7129198.

Pension Barınak (3), empfehlenswert. Blitzsaubere Zimmer von ausreichender Größe mit privaten Sanitärräumen. Der Hit aber ist die Dachterrasse mit Wahnsinnsblick über die Bucht und ein Treff am Abend. Gemeinschaftsküche. Im Sommer oft ausgebucht. DZ mit Frühstück 21 €. Kutludağ Sok. 62, ✆ 7126670.

Sahil Pension (2), gleich in der Nachbarschaft. Ebenfalls gut geführt und gepflegt. Alle Zimmer mit Fliesen- oder Steinböden sowie eigenem Bad. Leider keine Dachterrasse, dafür alle Zimmer mit Balkon. DZ mit Frühstück 21 €. 3265 Sok. 3, ✆ 7126934.

Yalçın Hotel (14), im Gassengewirr oberhalb der Burg. Deutschsprachiger Familienbetrieb. Manchmal spielt der Chef im Salon auf seinem Keyboard. Von der Frühstücksterrasse schöner Blick über den Hafen. 18 kleine, doch ordentliche Zimmer mit guten Sanitäranlagen. Freundlich. DZ mit Frühstück 15 €, EZ 9 €. Kale Sok. 38, ✆ 7126981, www.yalcinhotel.freeservers.com.

U2 Pansiyon (8), von der Kirche in der İnkılap Cad. ausgeschildert. 4 Apartments, 4 Zimmer, alle neu restauriert. Gemeinschaftsküche und Terrassencafé mit gelegentlich türkischer Livemusik am Abend. Im Sommer oft voll. DZ (ohne Frühstück) 12 €, Apartment (für bis zu 6 Pers.) 30 €. Muharrem Sok., ✆ 7126381.

Yeni Kervan Pansiyon (17), oberhalb der Burg im idyllischen Gassenwirrwarr. Einfaches Haus mit 13 Zimmern (Du/WC), zwei davon mit herrlicher Aussicht. Lediglich die Teppiche sollte man mal austauschen. Nette Besitzer. DZ 12 €. Ahmet Şahinoğlu Sok. 56, ✆ 7128496.

Camping

In Çeşme selbst haben Camper schlechte Karten, dafür wartet die Umgebung mit zwei durchaus empfehlenswerten Plätzen auf:

Tursite, 10 km südwestlich von Çeşme am Altınkum-Strand (→ Baden). Weiter, gepflegter Platz mit angeschlossenem Motelbetrieb. Kinderfreundlich, großes günstiges Restaurant und supergemütliche Strandbar. Selbst in der Hochsaison nicht überlaufen. Leider kein Supermarkt, das Allernötigste kann man sich jedoch bringen lassen. 2 Pers. mit Zelt zahlen 10 €, mit Wohnwagen 13 €. DZ mit Bad und Frühstück pro Person 10 €, mit HP 15 €. April–Okt. ✆/📠 7221292. Am Strand von Altınkum befinden sich zudem weitere, einfachere Campingplätze.

Ve Kamp, ca. 3 km östlich von Ilıca in Richtung Şifne, ausgeschildert. Der größte Platz rund um Çeşme, rund 120.000 qm. Das mit Nadelbäumen und Palmen bewachsene, unübersichtliche Hügelgelände bildet mehrere Viertel. Der Besitzer meint, dass sich die türkische Form der Urlaubsgestaltung mit der europäischen beißt, so sind die Völker auf dem Platz getrennt! Gebadet und gefeiert werden darf jedoch zusammen. Nicht umwerfende, doch erträgliche sanitäre Anlagen, von denen es mehr geben könnte. Eigener Laden, Strand und Thermalbad. Campen pro Person im Zelt 3,30 €, im Wohnwagen 5,30 €. ✆ 7172224.

Essen & Trinken (s. Karte S. 161)

Die teuersten Restaurants befinden sich an der Uferpromenade, jede Menge billige Lokantas und Dönerbuden an der İnkılap Cad. und ihren Nebengassen. Für ein gemütliches Abendessen abseits der Touristenmassen lohnt zudem die Anfahrt nach Dalyan, Alaçatı und Ildır (→ Umgebung).

Körfez Restaurant (10), für viele das beste Restaurant an der Uferpromenade. Riesiges Angebot an leckeren Gerichten im Tontopf, Seafood, außergewöhnlichen Kebabvariationen und Steaks. Wer gut und abwechslungsreich essen will, is(s)t hier richtig. Gediegen-biedere Ausstattung (nicht vom 08/15-Ambiente abschrecken lassen!), aufmerksamer Service. Hauptgerichte 3,50–11 €.

Ebenfalls beliebt in erster Reihe an der Uferpromenade sind die nebeneinander liegenden Fischlokale **Deniz (5)** und **Rıhtım (5)** im Norden der Bucht. Küche bis spät in die Nacht, gehobeneres Preisniveau.

Fatih Pide Pizza Salonu (11), etwas versteckt hinter der Ayios-Haralambos-Kirche. Leckere Fleischspieße (ca. 2,30 €) und Pide (ab 1,20 €). Lauschiges Plätzchen unter Weinreben.

Kale Lokantası (13), hier verbringen die Einheimischen ihre Mittagspause: einfache Lokanta mit guter Auswahl an schmackhaften Topfgerichten. Eine der besten Adressen in der unteren Preisklasse. Ein Abendessen mit Getränk kommt auf ca. 2,30 €. Etwas versteckt in der Beyazıt Cad. gegenüber der Tourist Information. Nicht zu verwechseln mit dem Kale Mangal Restaurant nebenan!

Flamingo Otantik Köy Sofrası (16), wirbt mit authentischer Dorfküche. Fast interessanter jedoch sind die gemütlichen Ottomanen, auf denen man es sich bei Tee und Wasserpfeife so richtig gut gehen lassen kann. Gegenüber dem Hotel Kervansaray in der Beyazıt Cad.

Lezzet Aş Evi (12), billigste Lokanta an der Shoppingmeile İnkilap Cad. Vier Tische draußen, zwei drinnen. Drei bis vier einfachste Topfgerichte zur Auswahl, das war's. Eine Portion 0,60–1,50 €. Die Qualität entspricht zugegebenermaßen auch dem Preis.

Mastix – Harz für den Harem

Rund um Çeşme gedeiht der immergrüne Mastixstrauch, der jenes Harz abgibt, das seit dem Altertum geschätzt wird: Im alten Ägypten verbrannte man es als Weihrauch, Ärzte der Antike behandelten damit Entzündungen und Schlangenbisse, und die Sultane verabreichten es den Haremsdamen als Kaugummi – ihm wird eine aphrodisierende Wirkung nachgesagt. Ob das stimmt, können Sie selbst testen. Örtliche Spezialität ist das *sakızlı dondurma*, Eis mit Mastixharz. Wer will, kann sich zudem noch mit *sakızlı reçel*, nämlich Mastixkonfitüre eindecken (→ Einkaufen). Im Geschmack ähnelt Mastix der harzigen Note des griechischen Retsinas.

Nachtleben

In und um Çeşme urlauben nicht nur Hinz und Kunz aus Deutschland, Holland oder England, sondern auch vergnügungssüchtige Oberschicht-Twens aus İstanbul, İzmir und Ankara. Auf diese anspruchsvolle Klientel hat Çeşme sein Angebot zugeschnitten, das sich sehen lassen kann. Rund um die Çeşme-Halbinsel verteilen sich etliche **Beachclubs**, die heiße Tanznächte am Meer versprechen. Zu den angesagtesten zählten bei unserem Besuch **Fly Inn**, **Barcelona**, **Joy**, **Polo** und **Seaside**, die Fluktuation der Clubs ist jedoch enorm. Für den Eintritt sollte man mit ca. 12 € rechnen, ein Freigetränk ist im Preis inbegriffen. Am besten fährt man mit dem Taxi an.

Beliebteste **Disco** im Zentrum von Çeşme ist der **Club Street (6)** in der İnkılap Cad.: dröhnende Musik querbeet bis auf die Straße. Kleiner Eingang, große Location. Die Zeit davor kann man sich bei ein paar Bier im **Moby Dick (9)** vertreiben, einer lustigen kleinen Kneipe hinter der Ayios-Haralambos-Kirche.

Baden

Çeşme selbst verfügt nur über einen kleinen Ministrand ganz im Norden der Bucht. Er gehört zum schicken Beachclub Coffeeco. Dieser kostet zwar offiziell keinen Eintritt, dafür zahlt man satte 3 €, um sich auf die coolen Kissen am Strand setzen zu dürfen. Für bessere Bademöglichkeiten muss man eine kleine Anfahrt (gute Dolmuşverbindungen zu allen Stränden) auf sich nehmen. Wirkliche Einsamkeit darf man leider nirgendwo auf der Çeşme-Halbinsel erwarten. Aufgrund des kühlen Schwarzmeerwassers, das durch die Dardanellen ins Mittelmeer strömt, ist das Meer um die Halbinsel übrigens recht frisch. Die Thermalquellen vor der Küste erwärmen es nur unwesentlich.

Altınkum-Strand: Der "Goldsand"-Strand zwischen Dünen und Meer ca. 10 km südwestlich von Çeşme ist der schönste und längste Strand der Halbinsel, zudem kaum bebaut. Tret- und Paddelbootverleih, einige einfache Kneipen. Anfahrt: Von Çeşme die breite Straße am Fährterminal vorbei Richtung Çiftlik nehmen, ca. 2 km nach Çiftlik mit "Tursite Altınkum" ausgeschildert. Gebührenpflichtiger Parkplatz am Strand (2,90 €).

Pırlanta-Strand, noch vor dem Altınkum-Strand. Beliebt bei all denjenigen, die kein großes Strandangebot zum Badeglück brauchen. Unverbauter, nicht überlaufener Kiessandstrand mit Volleyballfeld und Bar. Vorteile sind die Wellen und das etwas wärmere Wasser in der kleinen Bucht, nachteilig die immer wieder auftretende, im Prinzip vermeidbare Verschmutzung durch zurückgelassenen Müll. Anfahrt: Der Strand ist selbst nicht ausgeschildert. Von Çeşme die breite Straße am Fährterminal vorbei nach Çiftlik nehmen, knapp 2 km nach Çiftlik an einer Gabelung rechts ab (der Beschilderung zum Feriendorf "Meltem Tatil Köyü" folgen).

Weitere Bademöglichkeiten bestehen an den kinderfreundlichen Stränden von Boyalık und Ilıca (→ S. 164), in Dalyan (→ S. 165) und auf der Karaburun-Halbinsel (→ S. 165). Ein Tipp für Surfer ist zudem die Bucht von Alaçatı (→ S. 165).

Sehenswertes

Die wenigen Sehenswürdigkeiten Çeşmes sind schnell abgelaufen. Die in der Blütezeit des Osmanischen Reichs errichtete *Karawanserei* aus dem 16. Jh. kann man leider nur noch von außen bewundern: Nach einer umfassenden Restauration beherbergt sie heute ein charmantes Hotel (→ Übernachten). Bei einem Spaziergang durch die Stadt fallen zudem die vielen osmanischen *Brunnen* auf, nach denen Çeşme (dt. Brunnen) seinen Namen erhielt. Sie wurden von lokalen Würdenträgern gestiftet und werden größtenteils noch heute genutzt. Allerdings muss man seit einigen Jahren mit Tankwagen aushelfen, um den immens gewachsenen Wasserverbrauch der eigentlich wasserreichen Halbinsel zu gewährleisten.

Kastell: Alles beherrschend liegt das Wahrzeichen Çeşmes direkt am Hafen. Die Festung in Hanglage, von den Genuesern im 14. Jh. erbaut, wurde Anfang des 16. Jh. unter Sultan Beyazıt II. vergrößert, mit neuen Türmen versehen und mit einer kleinen Burgmoschee ausgestattet. Das Museum darin besitzt eine archäologische Sammlung mit Funden aus *Erythrai* (→ S. 166), zudem eine Ausstellung über Grabsteine, -platten und -stelen. Als Dreingabe zum Besuch bekommt man noch eine schöne Aussicht über die Bucht. Die Freilichtbühne im oberen Teil der Burg wird seit Jahren restauriert, ein Abschluss der Arbeiten ist erst für 2005 geplant. In der Anlage lädt ein hübsches schattiges Café zum Verweilen ein.

Öffnungszeiten im Sommer tägl. (außer Mo) 8.30–19 Uhr, im Winter nur bis 17.30 Uhr. Eintritt 1,80 €, erm. 1,20 €.

Ayios-Haralambos-Kirche: Jahrzehntelang stand die einzige Erinnerung an die griechische Bevölkerung von Çeşme leer und verfiel. Heute ist die Kirche aus dem 19. Jh. notdürftig geflickt. Der kahle Innenraum – ein trauriger Anblick – wird als Kunsthandwerksbasar, für Ausstellungen und Veranstaltungen genutzt. Adresse: İnkılap Cad.

Abkühlung am Altınkum-Strand

Umgebung von Çeşme

Aus der einst kaum bevölkerten Çeşme-Halbinsel wurde in den letzten beiden Jahrzehnten ein Urlaubsziel aus der Retorte mit riesigen Hotelanlagen und vielen Feriendörfern. Mit Zahlen lässt sich das am einfachsten belegen. Wo im Winter gerade einmal 30.000 Menschen leben, quetschen sich im Sommer 350.000 Erholungssuchende. Doch auch hier findet sich noch das eine oder andere schöne Plätzchen. Attraktive Ziele sind z. B. die beschauliche Altstadt von *Alaçatı* oder die Bucht von *Dalyan* mit ihren vielen Fischlokalen.

Boyalık und Ilıca

Boyalık und Ilıca, einige Kilometer östlich von Çeşme, erinnern in nichts an die Türkei, umso mehr an die Teutonenstrände von Bibione oder Rimini. Die Buchten sind zubetoniert mit Hotelanlagen und Feriensiedlungen. Dazwischen schlendert man durch künstliche Marktstraßen, ersteht Luftmatratzen, Schwimmflossen oder ein gefälschtes Lacoste-Hemd und isst abschließend beim "Düsseldorfer Ahmet". Hier wohnen die meisten Urlauber, die aus dem Katalog gebucht haben. Das Plus der beiden nur durch eine kleine Halbinsel getrennten Touristenzentren sind ihre langen feinsandigen Strände. Aus den unterseeischen Thermalquellen von İlica (und übrigens auch weiter östlich in Şifne) sprudelt 40–50 Grad heißes Wasser, das gegen Rheuma, Leber-, Nieren- und Hauterkrankungen helfen soll – ein Badevergnügen der besonderen Art. Viele Hotels besitzen zudem Thermalpools, die auch Nichtgästen gegen Gebühr zugänglich sind.

Verbindungen Regelmäßige **Dolmuş**verbindungen von und nach Çeşme.

Dalyan

Das beschauliche, ehemalige Fischerdorf liegt 4 km nördlich von Çeşme. Vornehme Jachten säumen die Uferfront, die von Turgut Reis, dem großen osmanischen Seefahrer aus dem 16. Jh., überblickt wird. In den vielen Fischlokalen am Wasser lassen es sich vor allem Türken schmecken. Größter Beliebtheit erfreut sich dabei das "Dalyan Restaurant Cevat'ın Yeri" – bester Fisch der gehobeneren Preisklasse. Auf dem kleinen Strand von Dalyan, eingekesselt von Ferienanlagen und Beachclubs, drängen sich in der Hochsaison die Gäste.

Verbindungen Regelmäßige **Dolmuş**verbindungen von und nach Çeşme.

Alaçatı

Alaçatı, 11 km südöstlich von Çeşme im Landesinneren, ist ein gemütlicher Ort, der seiner Ursprünglichkeit wegen so gar nicht auf die Halbinsel passen will. In dem unverändert griechisch geprägten Dorf mit seinen traditionellen Erkerhäuschen und kopfsteingepflasterten, grün überrankten Gässchen rinnt die Zeit vor sich hin: In den Teehäusern sitzen alte Herren bei einer Partie Tavla, auf dem Gemüsemarkt wird gemächlich gefeilscht, und selbst die eine oder andere Urlaubergruppe kann der Postkartenidylle kaum etwas anhaben.

Über dem Ort thronen vier abgetakelte Windmühlen. Ihre Zeit ist vorbei, der starke Wind gehört heute ganz allein den Scharen von Surfern, die sich in der tiefen *Bucht von Alaçatı* austoben. Diese liegt ganze 3 km südlich des Ortes. Der Strand mit seinen vielen Surfschulen und einem hässlichen Hotelklotz gehört leider nicht zu den schönsten der Halbinsel. Wer jedoch weiter nach Westen fährt, hat nach ca. 4 km, wenn die Straße ihre Teerschicht verliert, Zugang zu einsameren Buchten. Auf dem Weg liegen zudem zwei attraktive Beachclubs.

- *Verbindungen/Anfahrt* **Direktdolmuşe** von Çeşme nur bis Alaçatı-Dorf. Wer weiter zum Strand will, muss hier umsteigen. Alaçatı ist von der alten Straße nach İzmir ausgeschildert.
- *Übernachten/Essen & Trinken* **Sailors Otel**, ein Tipp in Alaçatı-Dorf. 5 liebevoll eingerichtete Zimmer: helle Dielenböden, warme Farben. Hübsches Café im Tavernenstil angegliedert. DZ mit Frühstück 35 €. Zentral in der Kemalpaşa Cad. 66, ✆ 7168765, sailors@alacati.com.

OEV Gourmet, ebenfalls in Alaçatı-Dorf und ebenfalls ein Tipp. Ausgefallene französisch-türkische Haute Cuisine im idyllischen Gärtchen eines mit viel Stil restaurierten griechischen Steinhauses. Pool! Für ein Hauptgericht sollte man mit 10–18 € rechnen – es lohnt sich! Nur im Sommer geöffnet. In der Kemalpaşa Cad. nahe dem Sailors Hotel.

- *Surfen* **Planet Windsurfing**, renommierter Surfclub in der Alaçatı-Bucht. Surfbrettverleih, zudem Kurse. 4- bis 5-tägiger Anfängerkurs inkl. Campingmöglichkeit 175 €. Deutschsprachig, sehr freundlich. ✆ 7166611. Infos in Deutschland über planet allsports AG, ✆ 0881/9277117, c.b@planetallsports.com.

Halbinsel Karaburun

Die Halbinsel der Halbinsel bestätigt, was wir als Kinder schon in der Schule lernten: Der Westen ist besser als der Osten. Zu entdecken gibt es gemütliche Buchten und, als Schmankerl, die Ruinen des antiken Erythrai.

50 km lang und bis zu 20 km breit ist die Halbinsel Karaburun, die sich weit in Richtung Norden zieht und den Golf von İzmir abgrenzt. Bis 1922 war sie überwiegend von Griechen besiedelt. Viele ihrer Bergdörfer sind heute verfallen,

Alte griechische Bergdörfer prägen das Innere der Karaburun-Halbinsel

die Natur erobert sie zurück. Im Süden der Halbinsel, besonders an der Ostküste, begegnet man den unausweichlichen uniformen Feriensiedlungen, doch das soll niemanden davon abhalten, das gebirgige "Schwarze Kap" (türk. *kara burun*) zu umrunden.

Als Einstieg bietet sich **Ildır** an, ein ursprünglich griechisches Dörfchen im Südwesten der Halbinsel. Die 22 km von Çeşme, eine fast nahtlose Aneinanderreihung von Urlaubsorten aus der türkischen Retorte, bringt man am besten schnell hinter sich. Oberhalb von İldır liegen die Ruinen des antiken *Erythrai*, ein beliebtes Ausflugsziel. Erythrai war eine der 12 Städte des Ionischen Bundes und erlebte ihre Blüte im 7. Jh. v. Chr. Aber noch im Neuen Testament wurde sie als lebendige, moderne Stadt erwähnt. 5 km lang soll einst die Stadtmauer zum Schutz der 30.000 Einwohnern gewesen sein. Von all dem ist recht wenig erhalten bzw. ausgegraben. Dazu haben Häuslebauer aus dem Steinarsenal der antiken Stadt geschöpft. So zieren in Ildır klassische Säulen schlichte Hauseingänge oder antike Reliefs die Fassade eines Ziegenstalls. Das, was übrig blieb, schlummert unaufgeräumt in der Hitze, und auf der *Agora* wachsen Tomaten, Melonen und Sesam. Zu sehen sind noch Relikte des *Theaters*, Teile der alten *Stadtmauer* und auf dem höchsten Punkt der Akropolis die Überbleibsel eines *Tempels* (stets zugänglich, Eintritt 1,80 €, erm. die Hälfte).

An der Westseite der Halbinsel führt eine schmale Straße, teils in recht schlechtem Zustand, weiter gen Norden Richtung **Küçükbahçe,** einem ebenfalls ursprünglich griechischen Dorf. Entlang der Steilküste passiert man mehrere kleine schöne Badebuchten mit kristallklarem Wasser. Des Weiteren bietet die einsame Berglandschaft imposante An- und Ausblicke.

Karaburun ist mit rund 3.000 Einwohnern der größte Ort der gleichnamigen Halbinsel. Sein altes Zentrum liegt abseits des Meeres imposant am Berghang. Mittwochs wird hier ein farbenprächtiger Gemüsemarkt abgehalten – beste Zeit für einen Besuch. Rund um die winzigen Sand- und Kiesbuchten unten am Meer findet man neben den typischen Feriendörfern auch einige Hotels.

Kaynarpınar, ein Fischerdorf und das schönste Örtchen an der Ostküste, bietet nur eine einzige Pension (→ Übernachten), einen gemütlichen Teegarten und einen handtuchbreiten Strand, der den paar Gästen jedoch allemal genügt. Das alte Dorf **Mordoğan Köyü** liegt etwas abseits des Meeres im Landesinneren. Erst in den letzten Jahrzehnten bekam es einen Ableger an der Küste, der sich rund um den Hafen und Strand nun als recht verbaut präsentiert. Einfache Campingplätze und einladende Badebuchten, zu denen man z. T. noch ein Stück laufen muss, weisen den Weg nach **Balıklıova**. Ein schmales Sträßlein führt von hier quer über die Insel zurück nach Ildır.

• *Verbindungen* Unregelmäßige **Dolmuş**verbindungen von Çeşme lediglich nach Ildır. Ansonsten lässt sich nur die Ostseite der Halbinsel von İzmir mit Dolmuşen anfahren. Diese fahren über Mordoğan nach Karaburun-Stadt.

• *Übernachten* Das schmale Angebot konzentriert sich auf Karaburun.

***__Astoria__, in Karaburun. Leicht abgewohnter, dennoch recht gemütlicher Hotelkomplex mit 40 Teppichboden-Standardzimmern. TV, Föhn, Zentralheizung und Meerblick von jedem Zimmer. Tolles Restaurant direkt am Meer, ein schöner Strand ist eine Fußminute entfernt. Disco und Hamam im Haus. Viel belgisches Publikum, netter Service. Ganzjährig geöffnet. DZ 35 € mit HP. Bodrum Koyu 44, ✆ 7312075, www.astoria-otel.com.

Hotel Narcissus, ebenfalls in Karaburun. Großer Mittelklasseklotz mit einem Touch Plastik-Antike. Schöne, dominante Lage an einem Felsstrandabschnitt. Pool, Sauna, Disco usw. DZ mit Klimaanlage und Balkon 35 €. ✆ 7312810, ℻ 7312718.

Pansiyon Kalyon, Billigunterkunft in Karaburun, als Mangel an Alternativen aufgeführt. Nur wenn's sein muss. 7 einfache Zimmer mit noch einfacheren Bädern und einem Hygieneanspruch, der jede deutsche Hausfrau zu Tode erschrecken ließe. DZ ohne Frühstück 6 €. ✆ 7313443.

Marina Pansiyon, typisch türkische Familienpension in der idyllischen Bucht von Kaynarpınar. 15 einfache Zimmer mit Teppichböden, tolle Terrasse. DZ mit Frühstück nur erstaunliche 5,50 €! ✆ 7381042.

• *Camping* An der Ostküste befinden sich einige äußerst spartanische Plätze. Einer davon ist der gemütliche, direkt am Meer gelegene **Huzur Kamp** (Mobiltelefon 0542/7852759) nördlich der Ortschaft Balıklıova. Hier kommt das Wasser noch aus dem Brunnen. Frauenlose Männer werden abgewiesen – sie könnten dem Nachwuchs der türkischen Familienclans zu nahe kommen. 2 Pers. mit Zelt 2,70 € pro Tag. Nur Juni bis Mitte Sept.

• *Essen & Trinken* Für ein opulentes Fischessen abseits des großen Touristenstroms eignet sich vor allem Ildır. Vor und hinter dem Ortskern finden sich einige Restaurants direkt am Wasser. Empfehlenswert ist das **İldır Balık Lokantası** kurz vor dem Ortsanfang (von Çeşme kommend). Einfaches Lokal ohne Schnickschnack, Wert wird auf guten Fisch gelegt. Die Tische stehen direkt am Meer.

Eine schöne Adresse ist zudem das **Dostlar Café** im Zentrum Karaburuns (kaum zu verfehlen). Spektakuläre Aussicht, knatschblaue Stühle unter schattigen Bäumen und ein bisschen Griechenlandflair. Kleine Auswahl an Speisen.

Ausflug auf die Insel Chios (Griechenland)

***Sakız*, Mastix, nennen die Türken Chios, eine der reichsten griechischen Inseln. Ihren Wohlstand verdankt sie bis heute dem Harz des Mastixstrauches. Als Ferieninsel spielt Chios hingegen eine untergeordnete Rolle, erstaunlich, zumal ihre Landschaft, so heißt es, alle griechischen Landschaften vereinigt. Dafür aber ist die Insel touristisch nicht überlaufen.**

Chios, die fünftgrößte griechische Insel und fast in Schwimmnähe zum türkischen Festland, gehörte von 1566 bis 1912 zum Osmanischen Reich. In guter Erinnerung haben die Inselbewohner die Türken jedoch nicht. 1822 richteten diese nach einem gescheiterten Umsturzversuch ein entsetzliches Blutbad an, das als

"Massaker von Chios" in die Geschichte einging und Künstler wie Delacroix und Hugo inspirierte.

Der türkische Einfluss ist im Inselhauptort Chios-Stadt (24.000 Einwohner), der auch Chora genannt wird, noch immer gegenwärtig – doch erst auf den zweiten Blick, denn am Hafen prägen gesichtslose, moderne Betonblocks das Bild. Schlendert man aber durch die Straßen und Gassen dahinter, sieht man inmitten des griechischen Kleinstadtlebens die Kuppel einer Moschee in den Himmel ragen, entdeckt man turbangeschmückte Grabsteine oder Brunnen mit arabischen Inschriften.

Die Altstadt Kastro, umgeben von den mächtigen Mauern und Türmen eines ursprünglich byzantinisch-genuesischen Kastells, ist das schönste Eck von Chios-Stadt. Unter dem Zeichen des Halbmonds durfte übrigens kein Grieche innerhalb der Festungsmauern wohnen. Für gewöhnlich betritt man das Viertel durch die *Porta Maggiore*. Hinter dem Torbau führen Stufen zu einem spätgotischen Palast, der das kleine aber feine *Museum Giustiniani* mit byzantinischer Kunst beherbergt (Di–So 9–15 Uhr, Eintritt 1,50 €).

Treffpunkte sind die *Platía Plastira* etwas westlich des Hafens und selbstverständlich die Hafenstraße, die *Prokymaía*.

Information/Verbindungen/Sonstiges in Chios-Stadt

• *Telefonvorwahl* internationale Landesvorwahl für Griechenland ✆ 0030.

• *Information* **EOT Chios Tourist Office**, in der Kanari-Str. 18, einer Querstraße zwischen Hafen und Platía Plastira. Sehr hilfreich. Mo–Fr 7–14.30, in der Hochsaison zudem 19.30–21 Uhr, Sa/So 10–13 Uhr. ✆ 2241044389.

• *Verbindungen auf Chios* Die blauen Busse verkehren nur innerhalb von Chios-Stadt. Zu den Ausflugszielen fahren grüne Busse von einer Seitenstraße beim Stadtpark ab. Häufige Verbindungen nach Karfas, nach Pyrgí 7-mal tägl., 5-mal davon über Emporió. Zudem fahren in der Hochsaison mehrmals wöchentl. Ausflugsbusse zum Kloster Néa Moní.

• *Fährverbindungen in die Türkei* → Çeşme/Verbindungen, S. 158.

• *Touristenpolizei* Neorion-Straße 37, am Hafen unterhalb des Kastells. ✆ 2241044427.

• *Auto- und Zweiradverleih* diverse Anbieter, z. B. **Chios Rent a Car**, Kountouriotou 2, südöstlich des Hafens, ✆ 2241021793. **Bois** bietet funktionstüchtige Zweiräder. Ladis 11, neben der OTE, ✆ 2241041578.

Übernachten/Essen & Trinken in Chios-Stadt

Hotel Kyma, traditionsreiches Haus am südlichen Ende des Hafens. Freundliche Atmosphäre, gemütlicher Frühstücksraum mit Deckenfresko. Viele Zimmer mit Meerblick. DZ 35–45 €, ✆ 2241044500.

Hotel Filoxenia, relativ ruhig im Gassengewirr zwischen Hafen und Platía Plastira gelegen. Schöne Bausubstanz, luftige Architektur, Zimmer leider etwas veraltet. DZ mit Bad 20–25 €, ohne Bad etwas günstiger. Ecke Voupalou/Roidou, ✆ 22410 22813.

Pension Rooms Alex, von einem ehemaligen Kapitän geführte, kleine, freundliche Pension. Gemütliche Dachterrasse mit internationalem Publikum. DZ je nach Ausstattung (mit oder ohne Bad) ab ca. 20 € aufwärts. Südlich des Hafens, Livanou-Str. 48, ✆ 2241027433.

Hotel Perivoli, in Kámpos, einige Kilometer südlich der Stadt, von der Straße nach Neochori/Kallimasia beschildert. Viel Flair, in einem ehemaligen Herrenhaus. DZ ab 45 €. Odos Argenti 9–11, ✆ 2271031513.

• *Essen & Trinken* **Restaurant Marine Club,** im Gebäude des städtischen Jachtclubs. Wenig Charme, aber immer gut besucht. Die Küche gilt als die beste der Stadt. Terrasse. Zu suchen am südlichen Ende der Livanou-Straße.

Taverne O Hotzas, gemütliche Taverne mit lauschigem Garten; Essen traditionell und nicht teuer. Das Lokal ist nicht leicht zu finden: Folgen Sie von der Platía Plastira der Einkaufsstraße Aplotarias bis ans Ende, an der Gabelung halb rechts, dann geradeaus bis zu einer Kreuzung, hier rechts, nach 30 m auf der linken Seite. Sonntag Ruhetag.

Die schönsten Ausflugsziele der Insel

Auf Chios gibt es so gut wie keine langen Sandstrände, dafür eine Vielzahl kleiner Buchten. Wer gerne wandert, kann sich insbesondere im kargen einsamen Nordteil der Insel einsame "Bays" erobern.

Karfas: Bislang noch ein überschaubarer Badeort mit schönem Sandstrand 7 km südlich der Inselhauptstadt. Neu entstandene größere Hotels weisen jedoch den Weg der künftigen Entwicklung. Karfas wird vor allem von Griechen besucht. Weitere kleine Strände gibt es bei *Megas Limonas* (2 km nach Thymiana, Asphaltstraße zum Strand).

Die Mastixdörfer im Süden: Kaum anderswo in Griechenland findet man solch urwüchsige Dörfer. Ein Muss ist der Besuch von **Pyrgí**. Wie ein grauer Fleck liegt das Dorf in einer kargen, eintönigen Gebirgslandschaft, aus der Vogelperspektive gleicht es einem kubistischen Gemälde. Wer Pyrgí betritt, verliert schon nach wenigen Metern die Orientierung. Enge Straßen, Sackgassen, Winkel – ein Labyrinth. Nicht zuletzt wegen seiner Sgraffiti, einer Technik, die mit aufgeritztem Mörtel und weißer Farbe Mosaiken an Häuserwänden entstehen lässt, ist Pyrgí ein architektonisches Kleinod. Im Schatten der *Kimisis-Kirche* aus dem 17. Jh. wird die *Platía* von den schönsten Häusern umrahmt. Am gegenüberliegenden Ende des zentralen Platzes führt ein schmaler Durchgang zu einer weiteren, im 13. Jh. entstandenen Kirche mit schönen Fresken. Wenige Meter von der Platía liegt der *Fluchtturm*: Die Mastixdörfer wurden immer wieder überfallen, deshalb befestigte man sie seit dem 14. Jh.: Die Häuser am Dorfrand wurden miteinander zu einer Stadtmauer verbunden, die winkligen Gassen sollten die Angreifer verwirren und der Fluchtturm war die letzte Verteidigungsbastion.

Nicht nur Pyrgi, auch die ebenfalls sehenswerten Nachbardörfer **Olymboi** und **Mesta** sind nach diesem Schema angelegt. Ein Ausflug zu den Mastixdörfern lässt sich auch mit einem Badeaufenthalt kombinieren. Schwarze Kieselsteine statt weißem Sand bietet der Küstenort **Emporió** 5 km südlich von Pyrgí. Der dunkle Strand erinnert an die vulkanische Vergangenheit der Insel.

Nea Moni: 9 km westlich von Chios-Stadt liegt das über 900 Jahre alte Kloster. Mit seinen wundervollen Fresken und Mosaiken zählt es zu den schönsten Kirchenbauten byzantinischen Stils in der Ägäis. Am Eingang überrascht eine Vitrine voller Totenschädel – Erinnerung an das Massaker von Chios. Gegenüber zeigt ein kleines Museum sakrale Kunst. Im inneren Narthex der Klosterkirche beeindrucken meisterhaft ausgeführte Mosaike (Mo–Sa 9–13 und 16–20 Uhr, So nur zur Messe geöffnet).

İzmir

ca. 3–4 Mill. Einwohner

İzmir ist ein türkisches Superlativ, überaus modern und zudem geschichtsträchtig. An die "Perle der Levante", wie man die Stadt noch zu Beginn des 20. Jh. nannte, erinnert jedoch wenig.

İzmir, nach İstanbul und Ankara die drittgrößte Stadt der Türkei, wuchert wild am *İzmir Körfezi*, dem 54 km langen und bis zu 24 km breiten Golf. Auf eine Ausdehnung von über 30 km hat es die Stadt bereits gebracht. Allein im letzten Jahrhundert hat sich die Einwohnerzahl weit mehr als verzehnfacht. Wie viele Menschen heute in İzmir leben, weiß keiner so genau.

İzmir
Stadtplan S 177

Spaziergang am Kordon

İzmir ist Sitz des NATO-Hauptquartiers Südost. Raffinerien, Papierwerke und chemischen Kombinate sowie einer der umschlagstärksten Häfen der Türkei machen die Stadt zu einem bedeutenden Wirtschaftsstandort. Die wichtigste Industriemesse der Landes geht hier alljährlich über die Bühne. Boomtown İzmir verdankt ihren Aufschwung nicht zuletzt den vielen billigen Arbeitskräften, insbesondere Zuzüglern aus Inner- und Ostanatolien. Sie leben draußen in den Armutsgürteln der Stadt, ihre Tageseinnahmen entsprechen oft nur dem Betrag, mit dem andere in den mondänen Restaurants an der Uferpromenade die Rechnung aufrunden.

İzmir, das alte *Smyrna*, ist seit je her ein bedeutendes Handelszentrum. Doch an die Geburtsstadt von Homer und Aristoteles Onassis erinnert nicht mehr viel. Kriege und Brände haben ihre historische Substanz fast vollkommen zerstört. İzmir ist heute eine durch und durch türkische Großstadt mit Smogglocke, Verkehrslärm, Pressluftgehämmer und pausenlosem Sirenengeheul.

Doch es gibt auch adrette Ecken im Gewirr der Straßen, Plätze und Boulevards, und von Jahr zu Jahr werden es mehr. Die Stadtverwaltung restauriert alte Gassen und richtet von Palmen gesäumte Fußgängerzonen ein. Ein Ausflug in die Millionenmetropole verheißt ein abwechslungsreiches Erlebnis: Hier lässt sich türkischer Großstadtalltag erfahren – egal ob beim Shoppen auf dem Basar oder bei einem kalten Getränk in einer der gemütlichen Bars an der Uferpromenade.

Wohin im Moloch İzmir – zur Orientierung: Das Zentrum der Metropole bilden die Stadtteile Konak, Basmane und Alsancak samt den dazwischen liegenden Vierteln.

Das Herz von **Konak** ist der gleichnamige Platz, der *Konak Meydanı*, benannt nach dem *Hükümet Konağı*, dem Gebäude der Provinzregierung. Er ist einer der Dreh- und Angelpunkte İzmirs, zu allen Tageszeiten herrscht hier reges Leben. All zu schön ist der Platz jedoch nicht. Blickfang ist der *Saat Kulesi*, ein verspielter Rokoko-Uhrturm. Er wurde 1901 für Sultan Abdül Hamit II. anlässlich seines 25-jährigen Thronjubiläums errichtet – mit Geldern von dessen Amigo Kaiser Wilhelm II. In der Nähe des Turms erblickt man die hübsche kleine *Konak-Moschee* (s. u. Sehenswertes). Des Weiteren findet man rund um den Platz die *Konak İskelesi* (Schiffsanlegestation), das *Kaufhaus Karamürsel* (eines der bekanntesten der Türkei), das *Rathaus (Belediye)*, und das *Atatürk-Kulturzentrum* (*Atatürk Kültür Merkezi*), ein gewagter Zweckbau mit Konzertsaal, Opernbühne und Konservatorium.

Vom *Konak Meydanı* verläuft die viel befahrene Atatürk Caddesi, auch *Kordon* genannt, in nördliche Richtung zum *Cumhuriyet Meydanı* ("Platz der Republik"), dem Renommierplatz İzmirs. Als großes Reiterstandbild blickt Atatürk hier auf die Büros der internationalen Fluggesellschaften und einige der teuersten Hotels der Stadt.

Vom Cumhuriyet Meydanı wiederum führt der *Kordon*, die abends für den Verkehr gesperrte Flaniermeile, weiter gen Norden in den Stadtteil **Alsancak**, ein nobles, modernes Eck mit teueren Boutiquen, Cafés, Bars und Restaurants. Hier lebt, wer zu İzmirs Upperclass gehört und nicht in einer Villa am Stadtrand wohnt. Hauptstraßen Alsancaks sind neben dem Kordon der *Cumhuriyet Bulvarı* und die *Kıbrıs Şehitler Caddesi*. Von Letzterer gehen einige Bilderbuchgassen mit alten Holzerkerhäuschen ab.

Schwenkt man vom *Konak Meydanı* landeinwärts, gelangt man entlang der Anafartalar Caddesi in das **Basarviertel**, das sich bis nach Basmane erstreckt. Ein Bummel durch das Labyrinth der kleinen Läden gerät zum bilderreichen Streifzug durch die quirlige Welt orientalischen Verkaufsalltags. Im Basarviertel befindet sich auch die restaurierte *Kızlarağası-Karawanserei* aus dem 18. Jh. Einst diente sie Kaufleuten als Herberge und Warenlager, heute wird darin allerlei Orientkitsch feilgeboten.

Das Zentrum von **Basmane** bildet der gleichnamige Bahnhof. Rund um ihn findet man preiswerte Hotels und Restaurants. Nördlich davon schließt der *Kulturpark* (→ Sehenswertes) an.

İzmir Stadtplan S. 177

Geschichte

Keramikfunde im Stadtteil Bayraklı, ca. 7 km nordöstlich des Zentrums, lassen darauf schließen, dass die Bucht von İzmir bereits im 3. Jt. v. Chr. besiedelt war. Aber erst im 11. Jh. v. Chr. erfolgte an jener Stelle die Gründung *Smyrnas* durch äolische Siedler. Drei Jahrhunderte später wurde diese von ionischen Griechen erobert. Smyrna stieg zu einer wohlhabenden Stadt auf. Irgendwann zwischen 750 und 650 v. Chr. soll sie auch die Heimat Homers, des ersten epischen Dichters des Abendlandes gewesen sein. Ihm schreibt man die Epen "Ilias" und "Odyssee" zu.

575 v. Chr. nahmen die Lydier Smyrna ein und zerstörten es. Erst 334 v. Chr. ließ Alexander der Große die Stadt Smyrna auf dem Pagusberg neu aufbauen. Aus jener Zeit stammt die *Kadifekale*, die "Samtburg" auf der Spitze des İzmirer Hausbergs. Unter griechischer und römischer Herrschaft entwickelte sich Smyrna zu einem wichtigen Handelszentrum, im 2. Jh. zählte es bereits über 100.000 Einwohner. Mit der Verlandung des Hafens von Ephesus gewann Smyrna zudem an Bedeutung. Im 7. Jh., unter Byzanz, trotzte die Stadt noch erfolgreich den Arabereinfällen, danach aber wurde sie zum Zankapfel zwischen Seldschuken und Kreuzfahrern.

1426 gelang es den Osmanen, die Stadt in ihr Reich einzugliedern. Aus Smyrna wurde İzmir, die Bevölkerung aber blieb größtenteils griechisch. Kaum ein Jahrhundert sollte vergehen, ohne dass sie unter Erdbeben, der Pest oder Feuersbrünsten zu leiden hatte. Dennoch erfuhr die Stadt nach jeder Katastrophe einen umso größeren Aufschwung; İzmir entwickelte sich zum wichtigsten Handelstor gen Westen. 1915 schrieb der Völkerkundler Ewald Banse über İzmir: "Hier herrscht der Grieche mit dem Europäer, und von den rund 250.000 Einwohnern glaubt die Hälfte orthodox, betet nur der vierte Teil in den Formeln des Koran, und in den Rest teilen sich Spaniolen und Armenier, Levantiner und Europäer." Die Sitten waren in etwa so streng wie in Paris oder im Berlin der goldenen Zwanzigerjahre.

Das Gesicht der Stadt änderte sich bald darauf grundlegend. Mit der Zerschlagung des Osmanischen Reiches 1918 wurde İzmir von griechischen Truppen besetzt. Die türkische Befreiungsarmee unter Atatürk eroberte die Stadt 1922 zurück: Weit über 100.000 Griechen und Armenier verließen in Panik ihre Häuser und versuchten auf Schiffen zu entkommen. Ganze stadtviertel wurden in diesen schrecklichen Tagen ein Raub der Flammen. Nach den Weltkriegen erlebte İzmir einen wirtschaftlichen Aufschwung wie nur wenige Städte des Landes. Heute gehört es zu den bedeutendsten Metropolen der Türkei.

Information/Verbindungen/Ausflüge/Parken

• *Telefonvorwahl* 0232.

• *Information* am Gazi Osmanpaşa Bul. 116 nahe dem Hilton. Sehr informiertes Personal. Auskünfte auf Englisch. Mo–Fr 8.30–18.30 Uhr, Sa/So 9–17 Uhr. ✆ 4457390, 📠 4899278.

• *Verbindungen* İzmirs **Flughafen Adnan Menderes** liegt ca. 20 km südlich der Stadt. Wer hier landet, hat (bevor er den Zoll passiert) noch die Möglichkeit, einen Duty-free-Einkauf zu tätigen; die Zigarettenpreise liegen erheblich unter denen deutscher Duty-free-Shops. Im internationalen Terminal, 200 m vom nationalen entfernt, finden Sie im Ankunftsbereich Geldwechselmöglichkeiten, EC-Automaten, Zweigstellen diverser Autoverleiher, eine Post und eine Tourist Information (tägl. 8.30–17.30). Mehrmals am Tag Flüge zu diversen deutschen und türkischen Städten.

Transfer vom und zum Flughafen: Um ins Zentrum zu gelangen, stehen verschiedene Möglichkeiten zur Auswahl: Teuerste und unkomplizierteste Variante ist das Taxi (ca. 15 €). Lässt man sich nur bis zur nächsten Bushaltestelle bringen, kommt man auf ca. 3 €. Bequem gelangt man für 3 € auch mit den Havaş-Bussen ins Zentrum. Sie fahren ca. 12-mal tägl. (immer zu den Ankunftszeiten der THY-Maschinen). Wer vom Zentrum auf diese Weise zum Flughafen möchte, steigt vor der Tourist Information zu. Nur ein paar Schritte weiter befindet sich am Gazi Osmanpaşa Bul. 1/F das THY-Büro, ✆ 4841220, 📠 4836281. Des Weiteren besteht die theoretische Möglichkeit, mit dem Zug vom Zentrum (Alsancak) zum Flughafen (Bahnsteig auf dem Flughafengelände) bzw. andersrum zu gelangen. Leider fahren nur äußerst selten Züge diese Strecke, zum Zeitpunkt der Recherche 1-mal morgens und 1-mal abends.

Bus/Dolmuş: İzmir hat 3 Busbahnhöfe, der wichtigste *(Yeni Otogar)* befindet sich ca. 12 km nordwestlich des Zentrums. Von dort fahren mehrmals tägl. Überlandbusse in alle größeren Städte der Türkei. Tickets kauft man am besten bei den Buchungsbüros am Basmane-Bahnhof oder rund um den Cumhuriyet Meydanı bzw. in den davon abgehenden Straßen. Zweigstellen der Busgesellschaften Pamukkale, Ulusoy oder Varan finden Sie z. B. am Gazi Osmanpaşa Bul. Varan bringt Sie übrigens auch nach Deutschland.

Vom Yeni Otogar gelangt man am einfachsten mit einem Dolmuştaxi ins Zentrum (0,60 € pro Person, Dauer ca. 15 Min., im Busbahnhof der Beschilderung "Dolmuş" folgen und dann nach Taxis mit der Aufschrift "Otogar-Basmane" Ausschau halten). Etwas langwieriger ist die Fahrt mit B 50 oder 54 (0,35 €, Dauer ca. 45 Min.). Die Abfahrtsstelle der Stadtbusse zum Otogar befindet sich im Zentrum am Halit Ziya Bul. Wer mit größeren Busgesellschaften an- oder abreist, gelangt mit deren Servicezubringern ins Zentrum bzw. zum Busbahnhof.

Busse nach Çeşme und auf die Karaburun-Halbinsel fahren vom Busbahnhof am F. Altay Meydanı im Stadtteil Üçkuyular, 4 km westlich von Konak, ab. B 169 fährt von Alsancak über den Cumhuriyet Bul., den Cumhuriyet Meydanı und Konak dorthin. Die Verbindung zwischen Yeni Otogar und Çeşme-Terminal stellt B 605 her.

Dolmuşe nach Gümüldür oder Özdere (regelmäßig bis 21 Uhr) starten am Busbahnhof Gaziemir einige Kilometer südöstlich des Zentrums. Von Konak fährt B 152 nach Gaziemir.

Zug: Wer mit dem Zug ankommt, steigt für gewöhnlich am Basmane-Bahnhof aus. Auf türkischen Fahrplänen und an den Bahnsteigen wird Basmane stellvertretend für İzmir angegeben. Züge nach Aydın oder Afyon – die beiden Hauptlinien – fahren 4-mal tägl. vom Basmane-Bahnhof ab. Von dort zudem 1-mal tägl. über Bandırma und weiter mit der Fähre nach İstanbul, 1-mal tägl. nach Ankara und Konya, 4-mal tägl. nach Eskişehir und Denizli. Informationen unter ✆ 4848638. Der Alsancak-Bahnhof dient vorrangig dem Lokalverkehr.

Schiff: Die Anlegestelle der großen Fähren befindet sich in Alsancak. Ein Schiff der Turkish Maritime Lines bedient von April–Okt. 1-mal wöchentl. die Strecke İzmir-İstanbul (meist So, Dauer ca. 20 Std.). Das TML-Büro befindet sich am Fährhafen in Alsancak, Atatürk Cad. 95, ✆ 4648864, ℻ 4647834. Deckpassage 19 €, Kabine 17–36 € pro Person, Motorrad 9 €, Auto 22 €, Wohnmobil 30–35 €.

Im Sommer 2002 gab es keine Fähren von und nach Italien. Sollte es sie wieder einmal geben, legen sie für gewöhnlich auch in Alsancak an bzw. ab.

Tipp: Um der Hektik und Hitze der Stadt zu entfliehen, bietet sich ein Ausflug mit der Fähre nach Karşıyaka an. Dabei durchquert man die weite Bucht von İzmir und genießt deren Skyline von See aus. Die Fähren legen von Konak, vom Cumhuriyet Meydanı (Pasaport İskelesi) und von Alsancak ab. Dauer einfach ca. 20–30 Min., Preis retour ca. 1 €.

• *Stadtverkehr* Das **innerstädtische Bussystem** funktioniert gut, geringe Wartezeiten, allerdings volle Busse, die nur selten einen Sitzplatz bieten. Eine Fahrt kostet 0,35 €. Bustickets, die beim Einstieg in einen Behälter beim Fahrer geworfen werden, kauft man an den Ticketschaltern der großen Bushaltestellen oder (etwas teurer) bei Privatleuten an den Stopps.

Seit 2001 verfügt İzmir zudem über eine stetil saubere, wenig benutzte **Metro**, die rund um die Uhr in Betrieb ist. Die einzige Linie führt vom Kazım Bekir Meydanı südlich des Zentrums über den Konak-Platz sowie die Stadtteile Çankaya und Basmane nach Nordosten. Eine Fahrt kostet 0,35 €.

Im Stadtteil Balçova ca. 7 km südwestlich des Zentrums gibt es auch eine **Seilbahn** *(teleferik)*. Von den dortigen Thermen (→ Baden) führt sie auf ein Plateau mit schönen Ausblicken samt Picknickplätzen und Teehäusern – ein netter Ausflug.

• *Organisierte Touren* Da nur wenige Touristen mehrere Tage in İzmir verweilen, hält sich auch die Anzahl der Anbieter in Grenzen. Man findet sie rund um den Cumhuriyet Meydanı und den Gazi Osmanpaşa Bul. **Yurttturu** am Şehit Nevresbey Bul. hat z. B. 2- und 3-Tagesausflüge nach Fethiye (95 €), Marmaris (85 €), Bodrum (90 €) und Antalya (100 €) im Programm, ✆ 4649599. Ein weiterer Anbieter ist **Opal Travel Agency** am Gazi Osmanpaşa Bul. 1–1/B neben der Tourist Information, ✆ 4456767, www.opalturizm.com.tr: Tagesausflüge nach Ephesus (55 €), Pamukkale (70 €) oder Pergamon (60 €). Anmeldung ein paar Tage im Voraus erforderlich, Fahrten finden nur statt, wenn größere Gruppen zusammenkommen.

• *Parken* Wer mit dem Auto ins Zentrum fahren möchte, folgt der Beschilderung in einen der genannten Stadtteile. Die sonst in der Türkei übliche "Şehir Merkezi"-Beschilderung (=Zentrum) fehlt. Bewachte und gebührenpflichtige Parkplätze *(Otopark)* findet man in diversen Baulücken. Ein Parkhaus befindet sich hinter dem Konak-Platz in der Milli Kütüphane Cad.

Adressen

• *Ärztliche Versorgung* **Ege Sağlık Hastanesi**, privates Krankenhaus in Alsancak mit deutsch- und englischsprachigem Personal. 1399 Sok., ✆ 4637700.

• *Autoverleiher* finden Sie in großer Anzahl in den vom Cumhuriyet Meydanı abgehenden Straßen. Die folgenden Agenturen verfügen auch über Zweigstellen am Flughafen. **Europcar**, Şehit Fethi Bey Cad. 122, ✆ 4415141, ℻ 4830031, **Avis**, Şair Eşref Bul. 18/D, ✆ 4414417, ℻ 4414420, **Budget**, Şair Eşref Bul. 22/1, ✆ 4419224, ℻ 4419375. Die preiswertesten Fahrzeuge der international renommierten Verleiher liegen bei rund 37 €

İzmir Stadtplan S. 177

Blick über eine Millionenmetropole

pro Tag inkl. Vollkaskoversicherung, die der lokalen Anbieter rund 20 % darunter.

• *Diplomatische Vertretungen* **Deutschland** (Generalkonsulat), Atatürk Cad. 260, Alsancak, ✆ 4216995, 📠 4637990. **Österreich** (Honorarkonsulat), Şehit Fethi Bey Cad. 41, Erboy İşhanı, ✆ 4254564, 📠 4848127. **Schweiz** (Konsulat), 1380 Sok, Alyans Apt. B. Blok K:3 D:6, ✆ 4214239, 📠 4220259.

• *Geld* Banken mit EC-Automat insbesondere rund um den Cumhuriyet Meydanı. Am Wochenende lässt sich Bargeld z. B. in der Wechselstube **Odak Döviz**, Gazi Bul. Ecke Gazi Osmanpaşa Bul. tauschen.

• *Polizei* am Konakplatz, ✆ 4890112.

• *Post* Hauptpost am Cumhuriyet Meydanı, rund um die Uhr geöffnet.

• *Reisebüro* **Opal Travel Agency** am Gazi Osmanpaşa Bul. Flüge innerhalb der Türkei, nach Deutschland und in alle Welt. Adresse → "Organisierte Touren".

• *Türkischkurse* Beste Adresse ist **Tömer**, das Sprachlehrzentrum der Universität Ankara. Kurse finden fast das ganze Jahr über statt, 4-Wochen-Kurse ab 240 €. Die Filiale İzmir befindet sich in der Kıbrıs Şehitler Cad. 55, ✆ 4640544, www.tomer.ankara.edu.tr.

• *Zeitungen* und Zeitschriften in deutscher Sprache finden Sie im **Altı Bookstore**, Cumhuriyet Bul. Ecke 1378 Sok.

Einkaufen

Verglichen mit vielen Küstenstädtchen, wo das Angebot in erster Linie den Bedürfnissen nach Markenimitaten gerecht wird, ist İzmir ein Shoppingparadies. In der Millionenmetropole bekommt man einfach alles. Gute Preise, gute Auswahl.

• *Basarviertel* Der İzmirer Basar rund um die Anafartaler Cad. ist einer der schönsten Basare der Türkei. Die Läden sind z. T. nach Warengruppen zusammengefasst, es wird lautstark gefeilscht, geflucht, präsentiert und demonstriert. Die Werkstätten liegen oftmals direkt hinter den Verkaufsständen. Eine gute Adresse ist hier **İlhan Nargile İmalathanesi**, die berühmteste Wasserpfeifenmanufaktur der Westküste. Sie befindet sich in Nachbarschaft der Kızlarağası-Karawanserei in der 906 Sok. 31. Die hier angebotenen *Nargiles* sind nicht nur Dekorationspfeifen – keine Kunststoffschläuche, sondern echtes Lammleder! Da der Zwischenhandel wegfällt, kauft man hier günstig, kleine Exemplare schon ab 17 €. Für Goldschmuck sucht man im Basarviertel den **Eski Çarşı (26**, "Alter Basar") in der 1313 Sok. auf. So sind die Geschäfte übrigens geschlossen.

• *Sevgi Yolu* nennt sich ein gepflegtes, kopfsteingepflastertes und mit Palmen bestücktes Marktsträßchen nahe dem Hilton. An den Ständen werden vornehmlich CD-Raubkopien, Schmuck, Bücher und Alternativ-Accessoires verkauft – ein schöner Spaziergang.

• *Noch zwei Adressen für Feinschmecker* **Üzüm Şarap Evi (11)**, nach alten Holzfässern riechender Weinladen mit gängigen und weniger gängigen Tröpfchen aus der Türkei. Im Angebot sind u. a. zuckersüße Fruchtweine wie Kirsch oder Granatapfel. Şair Eşref Bul. 47, Alsancak.

Pierre's Gourmet Store (10), feine Teesorten, Weine von der Ägäis, allerlei Raucherbedarf etc. Auf einer kleine Terrasse kann man probieren. 1389 Sok., Alsancak.

Baden/Sport/Kultur

• *Baden* **İnciraltı** nennt sich der Hausstrand von İzmir im Südwesten der weiten Bucht, ca. 10 km vom Zentrum entfernt. Viele Restaurants, viel Rummel und an Sonntagen hoffnungslos überlaufen. Die Wasserqualität hat sich zwar verbessert, lässt aber dennoch zu wünschen übrig. Besser an die Sandstrände der Çeşme-Halbinsel ausweichen. Vom F. Altay Meydanı fahren Busse und Dolmuşe zum İnciraltı-Strand.

Empfehlenswerter sind die **Agamemnon-Thermen** (Agamemnun Kaplıcası) im Stadtteil Balçova ca. 7 km südwestlich des Zentrums. Das 30–40° warme Wasser soll bei Nierenleiden helfen. Baden kann man im Balçova Termal Center, einem staatlichen Hotelkomplex mit Hallenbad, das für 4,40 € (am Wochenende 5,90 €) auch Nichtgästen offen steht. Ein Ausflug dorthin lässt sich zudem mit einer Seilbahnfahrt verbinden (→ Verbindungen). Busse nach Balçova fahren vom F. Altay Meydanı ab.

• *Fußball* Die Anhänger von **Altay İzmir** sind die Schalker der türkischen Liga. Gute Fußballstimmung ist also im Eintrittspreis enthalten. Gespielt wird im Stadion von Alsancak an der Şehitler Cad. Eintrittskarten über die Tourist Information. Man sollte sich bereits einige Tage vorher darum kümmern, da die Spiele oft ausverkauft sind.

• *Türkisches Bad (Hamam)* Als eines der besten Hamams der gesamten Türkei gilt das **Karataş Hamamı** in der Mithatpaşa Cad. 360 nahe dem Karataş Lisesi im gleichnamigen Stadtteil (ca. 1,5 km südwestlich des Konak-Platzes). Eintritt ca. 6 €, tägl. 6.30–23.30 Uhr. B* 169 bringt Sie vom Cumhuriyet Meydanı dorthin. Beliebt ist zudem das **Basmane Hamamı** nahe dem Bahnhof in der Anafartalar Cad. Gleicher Preis.

• *Kultur* Das **Atatürk-Kulturzentrum**, unübersehbar an der Mithatpaşa Cad. südlich des Konak-Platzes, ist Dreh- und Angelpunkt des städtischen Kulturlebens. Es bietet eine breite Palette an Veranstaltungen, Infos dazu in der Tourist Information.

Die **Staatsoper** (İzmir Devlet Opera) steht an der Milli Kütüphane Cad. östlich des Konak-Platzes. Geboten wird alles zwischen Theater, Jazzkonzerten und Flamencoabenden, und zwar vor allem an Wochenenden. Kartenvorverkauf im Haus, ✆ 4845445.

• *Veranstaltungen* Das **Internationale Filmfestival** im April bietet gute Möglichkeiten, junge sozialkritische Filme aus der Türkei zu sehen. Das **Internationale İzmir-Festival** findet jährlich von Juni–Aug. statt. Zu sehen und zu hören sind Theatervorstellungen, Konzerte usw. Schauplatz ist neben der Burg Kadifekale auch das Theater von Ephesus. Die **Industriemesse** Ende August/Anfang September wird von kulturellen Rahmenveranstaltungen begleitet.

Übernachten (s. Karte S. 177)

Viele Hotels auf hohem Niveau für Geschäftsleute und viele Absteigen auf niederem Niveau für Arbeiter und Händler. Dazwischen gibt es wenig, da nur selten Touristen in der Stadt übernachten. Nette Pensionen wie in den Ferienorten an der Küste fehlen in İzmir. Hotelschwerpunkte sind der Gazi Osmanpaşa Bul., der obere Teil des Fevzipaşa Bul. (Richtung Bahnhof) und die Anafartalar Cad. mit ihren Seitengassen. Preiswerte Hotel findet man insbesondere in Basmane.

*****__Hilton Izmir (19)__, ein grober Klotz, der die Skyline İzmirs dominiert und im Inneren tausendmal besser ist als die äußere Erscheinung verspricht. Sämtlicher Luxus, den man bei einem DZ-Preis für 290 € erwarten kann. Restaurant und Bar im 31. Stock mit tollem Blick über das abendliche Lichtermeer sind auch Nichtgästen zugänglich. Gazi

İzmir Stadtplan S. 177

Osmanpaşa Bul. 7, ✆ 4976060, izmhitwsal@hilton.com.

******Ege Palas (7)**, sehr gepflegtes, stilvolles, mit viel Marmor ausgestattetes Haus im Herzen des modernen İzmirs. 109 Zimmer und 3 Suiten mit jeglichem Komfort. Nichtraucheretage, österreichische Patisserie, Fitnesscenter und Pool auf dem Dach. DZ (mit Meeresblick) 99 €, als EZ 79 €, an Wochenenden Preisnachlässe bis 40 %. Cumhuriyet Bul. 210, Alsancak, ✆ 4639090, egepalas@egepalas.com.tr.

******Otel Marla (18)**, schon über 10 Jahre alt, doch dank guter Pflege immer noch bestens in Schuss. Gehobenes Haus mit interessanter Architektur. 68 Zimmer mit rosa (!) Möbeln und Türen. Freundlicher Service, für das Gebotene sehr günstig. EZ 41 €, DZ 47 €, Suite 61 €. Kazım Dirik Cad. 7, ✆ 4414000, ℻ 4411150.

Otel Antik Han (27), das einzige kleine stilvolle Haus der Stadt. Ein osmanischer Bau aus der Mitte des 19. Jh. Gemütlicher Innenhofbereich. Teils recht geräumige, stets komfortabel ausgestatte Zimmer. DZ 27 €, EZ 22 €. Nahe der Agora in der Anafartalar Cad. 600. ✆ 4892750, ℻ 4835925.

*****Hotel Hisar (25)**, neunstöckiges Haus nahe dem Basmane-Bahnhof. 63 möchtegernschicke Standardhotelzimmer mit Klimaanlage und TV. Laute Straße vor der Tür, dafür isolierte Fenster. Fazit: Drei-Sterne-Niveau für extrem wenig Geld: DZ 24 €, EZ 15 € inkl. gutem Frühstück. Fevzipaşa Bul. 153, ✆ 4845499, www.hotelhisar-izmir.com.tr

****Otel Kaya (21)**, ähnlich wie das Hotel Hisar, auch wenn ein Stern (kein Grund ersichtlich) und ein Stockwerk weniger. Ebenfalls laute Straße vor der Tür. Am besten sind die Zimmer in der obersten Etage: Balkon und weniger Lärm. Freundlicher Service, gleiche Preise wie das Hisar. Gazi Osmanpaşa Bul. 45, ✆ 4839771, ℻ 4839773.

****Avşar Otel (23)**, 2001 eröffnet. Gepflegte Zimmer, moderne Bäder, jedoch billig gebaut. Für die nächsten 2 bis 3 Jahre sicherlich noch ein Tipp, da für das Gebotene äußerst günstig. DZ mit Klimaanlage und Frühstück 17 €, als EZ 10 €. 1364 Sok 8, Basmane, ✆ 8135422, ℻ 8133514.

Otel Çağla Pınar (1), eine der wenigen preiswerten und noch einigermaßen empfehlenswerten Adressen in Alsancak, das mit guten und günstigen Unterkünften alles andere als gesegnet ist. 16 abgewohnte Zimmer mit Teppichen, die anscheinend nur selten einen Staubsauger sehen. Dafür TV, Klimaanlage, Bar und Frühstücksraum auf der Galerie im ersten Stock. Nette Leitung. EZ 9 €, DZ 18 €. 1478 Sok. 3, ✆ 4639223, ℻ 4641028.

Çiçek Palas Oteli (22), buntes Haus nahe dem Basmane-Bahnhof. Weiße Decken, gelbe Wände, rosa Böden und Gänge. Kleine Zimmer, aber sauber und okay. DZ mit Bad 9 €, als EZ 6 €. 1368 Sok 10, ✆ 4469252.

Otel Işık (20), ebenfalls einfach und sauber, im Vergleich etwas farblos, dafür deutschsprachig. DZ mit Bad und abgetretenen Teppichböden 9 €, ohne Bad 6,50 €. 1364 Sok 11, Basmane, ✆ 4831029.

Huzur Oteli (24), billiger geht es kaum: EZ ab 3,50 €, DZ ab 6 €. Und dabei nächtigen Sie in einem alten, morbid-charmanten Stadtpalais unter 5 m hohen Decken. Einen Haken hat die Sache nicht, auch wenn es sehr spartanisch zugeht. Etagentoilette. Fevzipaşa Bul. 77, Çankaya, ✆ 4841065.

• *Camping* In İzmir selbst keine Möglichkeit, → Karaburun-Halbinsel (S. 167) oder Gümüldür (S. 155).

Essen & Trinken

Viele gute und preiswerte Lokantas, Döner- und Pidesalons rund um den Bahnhof Basmane und in der Kıbrıs Şehitler Cad. in Alsancak. Eine Vielzahl gehobenerer Fischlokale an der Uferpromenade von Alsancak – am Abend sehr gemütlich, wenn der Kordon für den Verkehr gesperrt ist. Je nach Lokal sollten Sie hier jedoch mindestens 30–50 € für ein Abendessen für zwei Personen inkl. Getränke einplanen. Preiswerter und legerer geht es in den Restaurants und Kneipen auf Höhe des Pasaport-Fähranlegers nahe dem Cumhuriyet Meydanı zu. Eine Reihe netter Tee- und Biergärten mit dem Über-Blick findet man rund um die Burg Kadifekale. Zu den Spezialitäten der Stadt gehören *Çipura* (Goldbrasse) und *İzmir Köfte* (Bouletten in Tomatensauce).

Deniz Restaurant (13), gilt als das beste und stilvollste Fischrestaurant der Stadt. Gediegenes Ambiente mit Korbmöbeln, unaufdringlicher, erstklassiger Service. Rechnen Sie mit 10–18 € für ein Abendessen (ohne Wein). Ebenfalls empfehlenswert ist gleich

ssen & Trinken
2 Punta
3 Viran Gönüller
4 Kemal'ın Yeri
5 Kybele
6 Big Boss
8 Otantik/Mavi Bar
9 Sevinç Pastanesi
2 La Sera
3 Deniz Restaurant
4 Vejetaryen
5 Alibaba
6 Smyrna Restaurant
7 Saklı Bahçe
Übernachten
1 Otel Çağla Pınar
7 Ege Palas
18 Otel Marla
19 Hilton Izmir
20 Otel Işık
21 Otel Kaya
22 Çiçek Palas Oteli
23 Avşar Otel
24 Huzur Oteli
25 Hotel Hisar
27 Otel Antik Han
Einkaufen
10 Pierre's Gourmet Store
11 Üzüm Şarap Evi
26 Eski Çarşı
28 Kaufhaus Karamürsel
Fährhafen
200 m
Bayraklı, Yeni Otogar
Atatürk Cad.
ALSACAK
Şehitleri Cad.
1478 S.
1469 S.
1453 S.
Bahnhof Alsancak
Karşıyaka
Deutsches Generalkonsulat
Tömer-Sprachschule
Alsancak-Stadion
Kıbrıs
Atatürk-Museum
Talatpaşa Bulvarı
Ali Çetinkaya
Ziya Gökalp Bulvarı
Plevne Cad.
Cumhuriyet Bulvarı
Dr. Mustafa Enver Cad.
Vasıf Çınar Bulvarı
Altı Bookstore
Atatürk-statue
THY-Büro
Kültürparkı
Yurttur
Opal-Travel Agency
Europcar
Sevgi Yolu
Hürriyet Bulvarı
Şair Eşref Bulvarı
Budget
Kazım Dirik Cad.
Halit Ziya B.
St. Polykarp
(Kordon)
Atatürk Cad.
Österreichisches Honorarkonsulat
Gazi Bulvarı
Bahnhof Basmane
Bozkurt Cad.
Busse zum Yeni Otogar
Fevzi Paşa Bulvarı
Gaziler Cad.
27 Mayıs Meydanı
Ödak Döviz
ÇANKAYA
BASMANE
Basmane Hamamı
Hisar-Moschee
Kızlarağası-Karawanserei
Gazi Osmanpaşa Bulvarı
Anafartalar Cad.
Kemal Sahil Bulvarı
Konak Iskelesi
Polizei
Basarviertel
Rathaus
Uhrturm
KONAK
Agora
Konak Meydanı
Mithatpaşa Cad.
Millikütüphane
KONAK
Staatsoper
Atatürk-Kultur-Zentrum
BUS
Varyant
Gaziemir, Flughafen
Kadifekale-Burg
Asansör, Üçkuyular, Balçova, Inciraltı-Strand, Çeşme und Karaburun-Halbinsel
Archäologisches und Ethnographisches Museum
Eşrefpaşa Cad.
İzmir

gegenüber das Restaurant **La Sera (12)** mit gigantischer Außenbestuhlung. Atatürk Cad. Ecke Vasıf Çınar Bul.

Smyrna Restaurant (16), ganz in Blau gehaltenes, gemütliches Lokal mit Griechenlandflair. Fast jeden Abend Livemusik. Ein Portion Goldbrasse mit Salat, Wein und Musik ca. 6 €. Leider ohne Terrasse, lediglich ein paar Tische draußen direkt an der verkehrsreichen Straße. Cumhuriyet Bul. Ecke 1346 Sok.

Kemal'ın Yeri (4), ebenfalls eine empfehlenswerte Adresse für Fisch und Meeresfrüchte der mittleren Preisklasse. Außenbestuhlung, eher einfaches Ambiente. 1453 Sok., Alsancak.

Vejetaryen (14), in İzmirs einzigem "vegetarischen" Restaurant zählt auch Hühnchen zur fleischlosen Küche. Ansonsten interessante Speisekarte mit ökologisch korrekter Kichererbsensuppe, Sojagerichten, Falafel u.ä. Auch Diätkost. Rauchverbot. Hauptgerichte schon ab 1,60 €! 1375 Sok. 11, Alsancak.

Tipp: In der **1444 Sokak**, einer hübschen Nebengasse der Kıbrıs Şehitler Cad. in Alsancak, reiht sich ein kleines Fischlokal ans nächste. Hier speisen Sie um einiges billiger als in den Fischrestaurants am Kordon. Eine Portion Fisch, Salat und ein Bier ab 3,50 €.

Alibaba (15), eines von mehreren kleinen Lokantas in der 1379 Sok. in Alsancak, die auf *Kumpir*, lecker gefüllte Riesenkartoffeln, spezialisiert sind. Eine davon (ab 0,90 €) kann ein komplettes Essen ersetzen. Zudem frisch gepresste Fruchtsäfte.

Biergarten/Cafés **Saklı Bahçe (17)**, gemütlicher einfacher Biergarten mit den auch bei uns üblichen Sitzgarnituren, jedoch unter Palmen inmitten des Businesszentrums. Stadtpreise. Gazi Osmanpaşa Bul. Ecke Sevgi Yolu.

Otantik Café (8), mehrstöckiges Café mit alternativer Einrichtung: Räucherstäbchen, bunte Decken, zusammen gewürfelter Asia-Kitsch. Worldmusic. 1448 Sok., Alsancak.

Viran Gönüller (3), das Café "der gebrochenen Herzen". Gemütlicher Studententreff im ersten Stock. Versuchen Sie, einen Platz am Erkerfenster mit Blick auf die trubelige Fußgängerzone unter Ihnen zu ergattern. Kıbrıs Şehitler Cad. Ecke 1453 Sok. (leicht zu übersehen), Alsancak.

Sevinç Pastanesi (9), auch wenn es nicht danach aussieht, ist dies eine weit über die Grenzen İzmirs hinaus bekannte und beliebte Konditorei mit besten Kuchen und Torten, leckerem Eis und süßen Teilchen jeder Art. Talatpaşa Bul. Ecke Kıbrıs Şehitler Cad., Alsancak.

Nachtleben

Das Nachtleben spielt sich in den Clubs und Kneipen in Alsancak ab, genauer gesagt in den Seitengassen der Kıbrıs Şehitler Cad. Lebendig und vielseitig ist es im Winter, beschaulich im Sommer, da viele In-Clubs und mit ihnen die Nachtschwärmer dann auf die Çeşme-Halbinsel, nach Kuşadası oder Bodrum umziehen. Was gerade angesagt ist, erfährt man am besten von der Szene selbst. In den hier aufgeführten Adressen werden Sie schlauer. Wem der Sinn eher nach türkischer Livemusik und Varieté-Programmen steht, kann eines der *Gazinos* im Kulturpark aufsuchen. Abzuraten ist von den schmierigen, halbseidenen Amüsierbetrieben rund um den Basmane-Bahnhof.

Punta (2), ein Klassiker der Clubszene. Geht über mehrere Stockwerke samt Dachterrasse. Gelegentlich Livebands. 1469 Sok 26, Alsancak.

Mavi Bar (8), gemütliche Bierkneipe in Blau. Hin und wieder Partys und Livemusik (z. B. Salsa). Im Sommer eher langweilig, da man sich auf den dazu gehörenden Club in Bodrum konzentriert. Ecke Cumhuriyet Bul./1448 Sok., Alsancak.

Kybele (5), efeubewachsenes Haus in einer gemütlichen kopfsteingepflasterten Gasse. Livemusik, Außenbestuhlung – idealer Platz zum Peoplewatching. 1453 Sok., Alsancak.

Big Boss (6), eine der vielen Partyadressen am Kordon. Hier geht die Disco schon am Nachmittag los, da das Hauptpublikum, aufgedonnerte Girlies, früher nach Hause muss. Einfach lustig. Alsancak.

Sehenswertes

Es gibt zwar viel zu besichtigen, aber wenig, was man unbedingt gesehen haben muss. Ein Bummel durch den Basar, eine Fahrt mit dem Linienschiff nach Karşıyaka oder mit der Seilbahn über die Dächer von Balçova sind für viele Besucher schönere Erlebnisse als das Abklappern der aufgeführten Sehenswürdigkeiten. Diese lassen sich zudem als Rundgang schlecht kombinieren.

Kadifekale ("Samtburg"): Sie erhebt sich auf dem Pagusberg im Süden der Stadt und wurde Im 4. Jh. v. Chr. unter Lysimachos, einem Feldherrn Alexanders des Großen, erbaut. Die Mauerreste der Burg sind wenig spektakulär, die Aussicht von ihr aber ist beeindruckend – insbesondere zum Sonnenuntergang, wenn die Millionen Lichter der Stadt zu flackern beginnen. Sofern der Smog es zulässt, überblicken Sie die gesamte Bucht von İzmir. Cafés, Biergärten und Freiluftrestaurants haben sich innerhalb und außerhalb der Mauern angesiedelt. Nach Sonnenuntergang sollte man von einem Spaziergang auf dem Gelände absehen, die Viertel drum herum zählen zu den ärmsten der Stadt.

Anfahrt/Öffnungszeiten B 33 (Abfahrt von der Bushaltestelle Varyant südlich des Konak-Platzes) bringt Sie zur Kadifekale. Die Burg ist rund um die Uhr frei zugänglich. Eine Taxifahrt vom Zentrum kostet ca. 2 €.

Agora: Im Stadtteil Namazgah nahe dem Basar liegt die Agora, der in hellenistischer Zeit angelegte Markt- und Versammlungsplatz. Die heutigen Überreste stammen aus römischer Zeit; Marc Aurel ließ die Markthalle 178 n. Chr. nach einem Erdbeben neu errichten. Zu sehen gibt es auf der Westseite 13 gut erhaltene korinthische Säulen . Die Marmorfiguren des Poseidon und der Demeter, die die Agora einst schmückten, befinden sich im Archäologischen Museum (s. u.). Gegenüber dem Eingang (im Norden) stehen zudem noch die Überreste einer 160 m langen, dreischiffigen Basilika.

Adresse/Öffnungszeiten Ca. 150 m südlich der Anafartalar Cad., von dort ausgeschildert. Tägl. (außer Mo) 8.30–17.30 Uhr. Eintritt 1,80 €, erm. die Hälfte.

Im Archäologischen Museum von İzmir

Archäologisches Museum: Es zählt zu den bedeutendsten Museen der Westküste. Die Sammlung umfasst vor allem Funde aus Klaros, Milas, Sardes, Pergamon, Milet, Ephesus und Didyma. Schwerpunkt des obersten Stockwerks sind Gefäße aus Ton und Terrakotta, darunter Exponate aus dem 3. Jt. v. Chr., zwei besonders schöne Tonkrüge aus hellenistischer Zeit (300–250 v. Chr.)

İzmir Stadtplan S. 177

Sonntägliches Grillen auf dem Hügel Balçova oberhalb der Metropole: Entspannung für gestresste Großstädter

und diverse byzantinische Teller. Des Weiteren beherbergt die Etage eine (nicht immer zugängliche) Abteilung mit Goldschmuck und Münzen. Im Erdgeschoss beeindrucken Skulpturen wie die archaischen Statuen Koren und Kuroi aus Klaros (5. Jh. v. Chr.) und ein schlafender Eros aus Ephesus (2. Jh.). Im Untergeschoss finden Sie neben Sarkophagen u. a. die Statue des liegenden Flussgottes Kaystros (ebenfalls aus Ephesus).

Adresse/Öffnungszeiten Am Birleşmiş Milletler Yokuşu, der Serpentinenstraße direkt oberhalb des Konak-Platzes. Tägl. (außer Mo) 8.30–17 Uhr. Eintritt 2 €, erm. die Hälfte. Achtung: Es gibt Pläne, das Museum in den Kültür Parkı zu verlegen!

Ethnographisches Museum: Es ist in der einstigen Quarantänestation für Pestkranke untergebracht. Fotos erinnern an das alte Smyrna. Traditionelle, z. T. ausgestorbene Handwerksberufe werden anschaulich vorgestellt, so z. B. die Produktion von *Boncuk*, den blauen Glasperlen, die vor dem "Bösen Blick" schützen sollen. Zudem erhält man Einblicke in großbürgerliches Familienleben osmanischer Zeit. Zu bewundern sind u. a. auch ein Nachbau der ersten türkischen Apotheke, das Modell eines Kamels in traditioneller Kampftracht und eine Waffensammlung.

Adresse/Öffnungszeiten gleich neben dem archäologischen Bruder. Gleiche Öffnungszeiten und Eintrittspreise.

Kulturpark: Zwischen den Stadtteilen Basmane und Alsancak erstreckt sich der *Kültür Parkı*, der Tivoli İzmirs, nach 1922 auf den Trümmern des abgebrannten griechischen Viertels angelegt. Er umfasst 335.000 qm Grünfläche und beherbergt u. a. einen Lunapark mit Riesenrad, einen Aussichtsturm, einen kleinen Zoo mit den gängigsten Tierarten, einen Botanischen Garten, einen See zum Tretbootfahren, Sportplätze sowie viele Teegärten und Restaurants. Im Westteil des Parks befinden sich die Ausstellungshallen des Messebezirks. Die größte Messe der Stadt, die Industriemesse, zählt jährlich mehrere hunderttausend Besucher.

Öffnungszeiten tägl. 7–24 Uhr. Eintritt 0,30 €.

Moscheen und Kirchen: Die leichtfertige Griechenstadt Smyrna war nie ein religiöses Zentrum. Unter den vielen Moscheen der Stadt ist keine wirklich sehenswert; am schönsten sind noch die 1598 erbaute *Hisar-Moschee (Hisar Camii)* im Basarviertel und die 1754 vollendete und mit Fayencen aus Kütahya geschmückte *Konak-Moschee (Konak Camii)* am gleichnamigen Platz.

Auch die wenigen verbliebenen Kirchen lohnen kaum einen Besuch. Am interessantesten ist die *Kirche St. Polycarp*, etwas versteckt am Gazi Osmanpaşa Bul. nahe dem Hilton. Sie gehörte einst zu jenen sieben Kirchen, die in der Apokalypse des Evangelisten Johannes erwähnt wurden. Benannt ist sie nach dem ersten Bischof İzmirs, der im Jahre 155 als Märtyrer starb. Der heutige Bau stammt weitgehend aus dem 19. Jh. Sonntags werden hier katholische Messen abgehalten.

Atatürk-Museum: 13-mal besuchte der Staatsgründer İzmir, und stets bezog er dabei jenes Haus, in dem heute das Museum eingerichtet ist. Wie in nahezu allen Atatürk-Museen des Landes erinnern auch hier ein paar persönliche Habseligkeiten an den Vater der Türken, darunter einige Handtücher, eine Seife und sein privater Friseursalon.

Adresse/Öffnungszeiten Atatürk Cad. 248. Tägl. (außer Mo) 9–12 und 13–17 Uhr. Eintritt frei.

Asansör: Der Stadtteil ca. 1,5 km südwestlich von Konak beherbergt das alte jüdische Viertel mit ein paar herrlich restaurierten Gassen. Die schönste ist die Dario Moreno Sokağı, an deren Ende sich der *Asansör* befindet, ein im 19. Jh. gebauter Aufzug (frz. Ascenseur), der dem Stadtteil seinen Namen gab. Wie der Elevador Santa Justa in Lissabon zählt er zu den Wahrzeichen der Stadt. Er verbindet zwei übereinander liegende Straßen, der Höhenunterschied beträgt 51 m. Auf der Terrasse am höchsten Punkt befindet sich ein beliebtes schickes Café, das herrliche Ausblicke bietet.

Anfahrt/Öffnungszeiten mit B 169 vom Cumhuriyet Meydanı zu erreichen, beim Karataş Lisesi aussteigen. Tägl. 10–21 Uhr, der Fahrpreis für den Asansör beträgt 1 €.

Bayraklı/Tepekule: Etwa 7 km nördlich des Zentrums liegt der Stadtteil Bayraklı. Hier entdeckten türkische und englische Archäologen die Reste einer ionischen Siedlungsanlage aus dem 7. Jh. vor Chr, *Alt-Smyrna* genannt. Bei den Grabungen stieß man auch auf Funde, die auf eine Besiedlung der Gegend bis ins 3. Jahrtausend vor Chr. schließen lassen. Was spannend klingt, muss vor Ort nicht spannend anzusehen sein: Lediglich die Grundrisse von Rundbauten und die spärlichen Reste eines Tempels können besichtigt werden. Die Ausgrabungsstätte wird im Türkischen "Tepekule" genannt.

Anfahrt/Öffnungszeiten Am einfachsten mit dem Taxi zu erreichen (ca. 6 €). Wer den Bus vorzieht, steigt in Konak oder Alsancak in einen der Busse nach Karşıyaka ein und verlässt diesen an der Fähranlegestelle (İskele) von Bayraklı. Von dort ca. 400 m landeinwärts, durchfragen. Tägl. 9–17 Uhr. Kein Eintritt.

Im Hinterland von İzmir

Manisa

ca. 200.000 Einwohner

Prächtige osmanische Moscheen neben schnell hochgezogenen Apartmentblocks, das ist Manisa. Die moderne Provinzhauptstadt liegt reizvoll am Fuße des über 1.500 m hohen Spil Dağı.

Manisa befindet sich nur 40 km nordöstlich von İzmir, aber Manisa und İzmir sind zwei Welten – quirlige Küstenmetropole versus verschlafene Provinzhauptstadt. Manisa, von İzmir durch einen 675 m hohen Pass getrennt, nennt man auch die "Stadt im Grünen": Zu ihren Füßen schlängelt sich der Fluss *Gediz* durch eine weite und fruchtbare Ebene, in ihrem Nacken steigt der bewaldete *Spil Dağı* steil an. Die Erträge des Umlands werden donnerstags auf dem farbenfrohen Wochenmarkt verkauft. Antike Bauten sind nicht erhalten, dafür umso mehr osmanische Moscheen, die schönsten und größten Gebetshäuser der Ägäis. Moscheen sind aber nicht jedermanns Sache und so verirren sich nur wenige Touristen nach Manisa.

Geschichte

Dass schon Hethiter in der Gegend siedelten, bezeugt ein rund 4.000 Jahre altes Felsrelief 7 km östlich von Manisa (→ S. 186). Doch bis zur Gründung von *Magnesia am Sipylos (*vermutlich um 1100 v. Chr.) sollten noch Jahrhunderte verstreichen und gar erst 190 v. Chr. machte die Stadt erste Schlagzeilen: Vor ihren Toren ereignete sich jene Epochenschlacht, bei der die Römer mit Unterstützung der Pergamener den syrischen König Antiochos III. besiegten. Unter Rom erlebte Magnesia schließlich seine erste kleine Blüte. Große Zeugnisse sind aus jener Zeit nicht erhalten, lediglich ein paar Kleinfunde können im Museum von Manisa besichtigt werden.

Nach den Römern tut sich ein tausendjähriges Loch in der Stadtchronik auf. Das ändert sich erst wieder im 13. Jh.: Der byzantinische Kaiser Johannes Dukas III. machte Magnesia vorübergehend zu seiner Residenz. 1313 nahmen Ziegen und Seldschuken die Stadt bei einem nächtlichen Angriff ein. Um ein größeres Heer vorzutäuschen, hatte Seldschukengeneral Saruhan eine gewaltige Ziegenherde gesammelt, auf den Hörnern der Tiere brennende Kerzen befestigt und sie gegen die Stadt getrieben. Angesichts der vermeintlichen Übermacht gaben die Verteidiger auf.

1390 hielten die Osmanen Einzug. Sultansfamilien förderten durch großzügige Stiftungen den Bau prächtiger Moscheen. Mit dem Schicksal des Osmanischen Reiches eng verknüpft, versank Manisa Ende des 19. Jahrhunderts jedoch wieder in die Bedeutungslosigkeit. Beim Rückzug der Griechen wurde die historische Substanz der Stadt 1922 weitgehend zerstört. Lediglich die Moscheen konnten erhalten werden. Drum herum dominiert heute trister Zweckbau.

Der "Fall Manisa"

Ein als "Fall Manisa" in die Akten eingegangener Vorfall findet sich im Bericht der EU-Kommission zur Beurteilung türkischer Europareife: Im Dezember 1995 landeten 15 Schüler/innen und ein Lehrer auf der Polizeiwache von Manisa. Unter dem Verdacht, Mitglieder verbotener linker Gruppierungen zu sein, wurden sie dort mehr als eine Woche lang festgehalten, mit Elektroschocks traktiert, mit Gummiknüppeln vergewaltigt und geschlagen. Nach langwierigen Prozessen wurden die "Manisa-Kinder" freigesprochen, gaben sich damit jedoch längst nicht zufrieden. Sie klagten gegen die Beamten, die sie gefoltert hatten. Der Prozess ging durch diverse Instanzen und jedes Gericht bestätigte die Folter. Mittlerweile wurden gegen 10 Beamte sogar Haftstrafen von bis zu 11 Jahren verhängt, doch sie alle sind noch immer auf freiem Fuß – ein Einspruch beim höchsten Berufungsgericht steht noch aus. Dort muss das Urteil bis Juni 2003 bestätigt werden, sonst verjährt der Fall.

Eine Politik der Nulltoleranz gegenüber der Folter hat der türkische Wahlsieger Tayyıp Erdoğan versprochen. Die Aussicht auf EU-Beitrittsverhandlungen werden diesbezüglich hoffentlich etwas bewegen. Denn es gibt viel zu tun: Die Menschenrechtsorganisation *Amnesty International* dokumentierte allein für das erste Halbjahr 2002 60 neue Fälle von Folterungen – die Dunkelziffer liegt erheblich höher.

Information/Verbindungen

• *Telefonvorwahl* 0236.

• *Information* Versteckter geht es nicht. Wer den Weg findet, wird jedoch äußerst zuvorkommend beraten – mit etwas Glück vom liebenswerten Direktor Müslüm Oğuz, einem Schriftsteller mit rudimentären Englischkenntnissen. Mustafa Kemalpaşa Cad., im 6. Stock des Bürogebäudes Vakıf İs Hanı (kein Hinweisschild), ✆ 2312541, ✆ 2327423.

• *Verbindungen* **Bus**: Busbahnhof in Laufnähe nordöstlich des Zentrums an der Fernstraße İzmir-Bursa. Häufige Verbindungen nach İzmir, Bursa (über Balıkesir), Afyon und Denizli, zudem nach İstanbul, Ankara, Sart (Sardes) und Salihli.

Zug: Bahnhof ca. 1 km nördlich des Zentrums. Mehrmals tägl. nach İzmir, seltener nach Balıkesir und Afyon.

Adressen/Einkaufen/Veranstaltung

• *Ärztliche Versorgung* Staatliches Krankenhaus **Devlet Hastanesi** in der Şehitler Cad. nordöstlich des Zentrums, ✆ 2314586.

• *Einkaufen* Zu einem Erlebnis für Ausflügler von der Küste kann das lebhafte **Basarviertel** werden, dass sich von der Muradiye-Moschee gen Osten zwischen Murat Cad. und Çarşı Bul. erstreckt. Gourmets halten sich hier an die Weintrauben bzw. Rosinen der Gegend, die türkeiweiten Ruf besitzen. Stöberer finden ein paar unterhaltsame **Trödelläden** bei der Çeşnigir-Moschee im Osten des Basarviertels.

- *Geld* Mehrere Banken mit EC-Automat entlang der Mustafa Kemalpaşa Cad.
- *Polizei* am Cumhuriyet Bul.etwas nördlich des Zentrums, Tel 2314601.
- *Post* Hauptpost etwas südlich der Mustafa Kemalpaşa Cad. im Geschäftsviertel.
- *Veranstaltung* → Kasten "Sirup fürs Volk...".

Übernachten/Essen & Trinken (s. Karte S. 183)

****Hotel Büyük Saruhan (1)**, komfortabelste Adresse rund um Manisa. Ca. 2 km außerhalb des Zentrums an der Straße nach İzmir, ausgeschildert. Alles, was vier Sterne bieten können, u. a. Pool, mehrere Restaurants, Sauna, Fitnesscenter, Sportmöglichkeiten etc. 84 Zimmer, das DZ zu 45 €, das EZ 35 €. ✆ 2330272, 📠 2332648.

Arma Oteli (2), erste Adresse im Zentrum. 53 angenehme, freundliche und 1999 neu renovierte Zimmer. Sehr sauber. EZ mit Frühstücksbuffet 13,50 €, DZ 20 €. Doğu Cad., ✆ 2311980, 📠 2324501.

Günaydın Oteli (3), Billigabsteige im Zentrum, aber für kurze Zeit erträglich. Ähnlich verhält es sich mit dem **Hotel Basran (3)** gleich nebenan. DZ ca. 12 €. Sinema Park Cad. 14, ✆ 2312095.

- *Essen & Trinken* Örtliche Spezialität ist der *Manisa Kebap*, ein mit viel zerlassener Butter angereicherter Fleischberg. Kosten kann man ihn in den unzähligen Kebabsalons im Zentrum.

Gülcemal Kebap (4), ein Geheimtipp unter den Einheimischen. Beste Kebabs in einfachem Ambiente. Banka Sok. (nahe der Tourist Information).

Tarihi Borsa Kahvesi (5), unsere Empfehlung. Das traditionelle Kaffeehaus wurde 2001 zu einer für Manisa schon fast mondänen Lokalität umgewandelt. Eines der letzten Beispiele osmanischer Zivilarchitektur der Stadt. Altes, geschmackvolles Mobiliar und eine noch rudimentär erhaltene Schattenspielbühne. Serviert werden traditionelle Gerichte und Getränke, u. a. *Şira*, eine Art Traubenmost. Mittlere Preisklasse. Borsa Cad.

Sehenswertes

Liebhaber sakraler osmanischer Architektur können Tage in Manisa verbringen, alle anderen langweilen sich recht schnell. Die im Folgenden beschriebenen bedeutendsten Sehenswürdigkeiten lassen sich – mit Ausnahme des Niobekopfes – bequem nacheinander ablaufen.

Große Moschee (Ulu Cami): Der gedrungene seldschukische Bau ganz im Süden der Altstadt ist die älteste Gebetsstätte Manisas. Im Jahre 1366 wurde sie nicht nur an der Stelle einer byzantinischen Kirche errichtet, sondern z. T. auch mit deren Bausubstanz, wie im Arkadenhof zu erkennen ist. Vom schönen Teegarten nebenan genießt man einen tollen Blick über Manisa.

Muradiye-Moschee: Die Moschee an der Murat Cad. ist über einen Treppenweg von der Ulu Cami erreichbar. Sie gilt als schönste Gebetsstätte der gesamten Westküste. Der große osmanische Baumeister *Sinan*, damals schon über 90 Jahre alt, konnte die Moschee 1583 noch entwerfen, nicht aber vollenden. Ihr Inneres ist überaus sehenswert: Für den Ornamentschmuck wurden 12 kg Gold verwendet, für das farbenprächtige Fliesendekor zeichnete die Manufaktur von İznik verantwortlich. Beachtung verdienen zudem der reich verzierte Mihrab und die kostbaren und mit größter Sorgfalt gepflegten Teppiche.

Museum: Das örtliche Museum ist stilvoll in Nebengebäuden der Muradiye-Moschee untergebracht. Die *archäologische Abteilung* in der Armenküche zählt zu den besseren Adressen der Türkei. Sie zeigt interessante Funde der Umgebung, u. a. große Mosaikstücke aus Sardes, Statuen (die ältesten von 3000 v. Chr), Gefäße,

Schmuck und Grabsteine aus hethitischer, griechischer, römischer und byzantinischer Zeit. In der *ethnologischen Abteilung* (in der ehemaligen Medrese) sieht man u. a. gut erhaltene Teppiche aus dem 17. und 18. Jh., mit viel Liebe zum Detail ausgearbeitete Koranbände und eine kleine Waffensammlung.

Öffnungszeiten Das Museum war zum Zeitpunkt der Recherche wegen Restaurierung geschlossen, eine Wiedereröffnung war für 2003 geplant.

Sultan-Moschee: Der Stiftungskomplex schräg gegenüber der Muradiye-Moschee wurde 1522 im Auftrag von Ayşe Hafsa Sultan (→ Kasten "Sirup fürs Volk...") erbaut. Besonders gelungen sind die Vorhalle mit den fünf Spitzbögen und die Gebetsnische in ihrem Inneren. Zudem beherbergt die Moschee sog. "Drehsteine", die bei statischen Unruhen in Bewegung geraten – ein geniales Erdbebenwarnsystem. Das Hamam des Komplexes, zu dem auch Armenküche, Hospital und Koranschule gehörten, ist noch heute in Betrieb. Die Moschee ist Schauplatz des alljährlichen Mesir-Festes.

Sirup fürs Volk – das Mesir-Fest

Das Mesir-Fest hat seine Ursprünge im 16. Jh. Damals erkrankte Ayşe Hafsa Sultan, die Frau Sultan Selims I., so schwer, dass kein Arzt in Stambul ihr helfen konnte. Als letzte Hoffnung galt Merkez Efendi, der Spitalleiter des von ihr in Manisa gestifteten Moscheenkomplexes. Aus 41 Kräuterchen mixte er der Kranken einen Sirup, die sog. Mesir-Paste und siehe da, sie erholte sich wieder. Nach ihrer Genesung ordnete Ayşe Hafsa Sultan an, die Wunderpaste einmal jährlich gratis an das Volk zu verteilen. Diese Tradition besteht bis heute und lockt alljährlich Ende März/Anfang April Scharen von Besuchern an. Vor der Sultan-Moschee wirft dann der Hoca eine zähe Süßigkeit unters Volk. Wer eines dieser Bonbons erwischt und isst, so heißt es, bleibt ein ganzes Jahr lang von Krankheiten, Insekten- und Schlangenbissen verschont.

Hatuniye-Moschee: Man erreicht sie nach einem gemütlichen Spaziergang durch das Basarviertel am östlichen Ende des Çarşı Bulvarı. Die Moschee aus dem späten 15. Jh., die durch ihre verglaste Vorhalle recht modern wirkt, mag nur noch Moscheenfreaks interessieren. Alle anderen werden ein kühles Getränk in einem der hübschen Teegärten davor vorziehen. Und wer gar nicht genug haben kann: In den Gassen südlich der Hatuniye-Moschee versteckt sich die **Çeşnigir-Moschee**, ein kleiner verspielter Bau –ähnlich einer byzantinische Kirche – aus dem Jahre 1474.

Kopf der Niobe: Die Felsformation erinnert mit Phantasie an einen Frauenkopf in Trauerstellung, angeblich die zu Stein gewordene Niobe. Die Legende dazu – tausendmal interessanter als der Fels selbst – lautet so: Niobe war die Tochter des Königs Tantalos von Phrygien (dessen Qualen jedem Lateinschüler ein Begriff sind) und stolze zwölffache Mutter. Hochmütig verspottete sie die Göttin Leto, die nur zwei Kinder geboren hatte, immerhin jedoch die Zwillinge Apollon und Artemis. Im Namen ihrer beleidigten Mutter übten die olympischen Geschwister grausame Rache und töteten alle Kinder der Niobe. Aus Verzweiflung verwandelte sich Niobe in Stein, untrennbar verbunden mit zumindest einem ihrer Kinder: Der hinter dem Felsblock aufsteigende Berg wurde nach Niobes Sohn *Sipylos* benannt.

Anfahrt Vom Stadtzentrum ausgeschildert. Der Felsen liegt auf dem Weg zum Spil-Daği-Nationalpark (s. u.).

Umgebung von Manisa

Relief der Kybele (Taş Suret): Das hethitische Felsrelief wurde ca. 2000 v. Chr. in eine senkrechte Felswand geschlagen. Mit Phantasie lässt sich eine sitzende Frau erkennen. Wahrscheinlich handelt es sich um die anatolische Muttergöttin *Kybele*, die von hier aus das Gediz-Tal überblickt und ihm Fruchtbarkeit schenken soll.

Anfahrt Das Relief befindet sich ca. 7 km östlich von Manisa an der Straße nach Salihli beim "Dorf" Akpınar. Mit "Kybele" ausgeschildert, allerdings nur in Fahrtrichtung Salihli. Beim Schild (nahe einem geschlossenen Freizeitpark) anhalten und von dort den Berg ca. 200 m steil nach oben klettern.

Spil-Dağı-Nationalpark (Milli Parkı): Er erstreckt sich rund um den gleichnamigen, 1517 m hohen Berg, den die alten Griechen *Sipylos* nannten. Ein See, ausgedehnte Wälder und kühle, grüne Täler machen den Park zu einem optimalen Wandergebiet. Die schönsten Tulpen der İstanbuler Sultansgärten, die sog. *Spil-Tulpen*, wurden übrigens von hier importiert. Am Berg fleuchen und kreuchen u. a. Falken, Adler, Geier und Schakale. Auf der herrlichen Panoramastraße nach oben (man überwindet fast 1.200 Höhenmeter) passiert man mehrere Aussichtspunkte –an klaren Tagen ein Erlebnis.

• *Anfahrt* Der Eingang zum Nationalpark (ausgeschildert) liegt 24 km südlich von Manisa. Öffentliche Verkehrsmittel verkehren nicht dorthin, Trampen ist an Sommerwochenenden jedoch möglich. Im Park gibt es 2 oft geschlossene Cafés. Eintritt 0,60 €, Auto 0,90 €.

• *Übernachten/Camping* Die Parkverwaltung vermietet einfache **Holzhütten** für 4–8 Pers. Unter der Woche 8,80 € pro Hütte, Sa/So 12 €. Reservierung nötig! ✆ 0236/ 2371065, ✆ 2371542. Zudem befindet sich im Nationalpark ein schlichter **Campingplatz**. 2 Pers. mit Zelt oder Wohnmobil 2,50 €-3,50 €. Denken Sie an warme Kleidung, auch in den Sommermonaten!

Sardes (antike Stadt)

Sardes besitzt eine Geschichte voller Geschichten: Hier wurde das Geld erfunden, hier verwandelte sich alles, was König Midas berührte, zu Gold, und hier ging König Krösus dem Orakel von Delphi auf den Leim.

Die Ruinen der antiken Metropole liegen rund um das Landstädtchen *Sart*. Umgeben von Feldern, Wäldern und schroffen Felsspitzen sind sie auch nach über 2.000 Jahren noch außerordentlich reizvoll – nicht zuletzt deswegen, weil man hier im Gegensatz zu Pergamon oder Ephesus meist allein ist. Die nächstgrößere Stadt, **Salihli** mit 83.000 Einwohnern, liegt 8 km östlich. In dem zu groß geratenen Provinznest findet man mehrere Hotels und gute Restaurants.

Geschichte

Die Historie von Sardes steckt voller Legenden. Die erste berichtet von König Gyges (680–652 v. Chr.), der Sardes zu einer aufstrebenden Hauptstadt des Lydischen Reiches machte. Auf den Thron kam er durch die Ermordung seines Vorgängers Kandaulus. Aber nicht Machtstreben hatte ihn zu dieser Tat veranlasst. Heimlich hatte er Kandaulus' bezaubernde Frau bei der Abendtoilette beobachtet. Als sie dies bemerkte, stellte sie ihn vor die Wahl, entweder ihren Mann umzubringen und sie zur Frau zu nehmen oder selbst zu sterben – was mit Sicherheit der Fall gewesen wäre, hätte Kandaulus von dem Vorfall erfahren.

Gyges' Nachfolger bauten Macht und Stadt konsequent aus, wobei ihnen insbesondere die immensen Goldvorkommen im Fluss Paktolos *(Sart Çayı)* zugute kamen.

Den Grund für das viele Gold im Paktolos erklärt eine andere Legende: Demnach hatte der phrygische König Midas einst von den Göttern die Gabe erbeten, dass alles, was er berühre, zu Gold würde. Der Olymp nahm ihn beim Wort. Auf die große Freude folgte Entsetzen, denn selbst jedes Stück Brot verwandelte sich in Midas' Fingern zu Gold. Schließlich erhörten die Götter die Klagen des Hungernden, und Midas durfte sich durch ein Bad im Paktolos von dem Fluch rein waschen –was dem Fluss neben Wasser pures Gold verlieh. Bei soviel Gold wundert es nicht, dass man in Sardes schon früh mit der Prägung von Münzen begann, die sogar erstmals "staatlich" gestempelt wurden.

Das Bad-Gymnasion von Sardes

Auf dem Höhepunkt des Lydischen Reiches bestieg König Croisos (Krösus) den Thron in Sardes, jener Herrscher, der noch heute in einem Atemzug mit Reichtum genannt wird. 546 v. Chr. befragte er das Orakel von Delphi nach den Chancen eines Feldzugs gegen die Perser. "Wenn Du die Grenze überschreitest, wirst Du ein großes Reich zerstören!" lautete die Antwort. Krösus zog los und zerstörte tatsächlich ein großes Reich – sein eigenes. Der Angriff auf das benachbarte Persien schlug fehl, im Gegenzug eroberte der persische König Kyros II. Sardes. Und auch dazu gibt es eine Legende: Nach der Einnahme der Stadt wollte der persische König den Krösus auf dem Scheiterhaufen verbrennen. Doch kaum loderten die Flammen, hatten die Götter Einsehen und schickten einen Platzregen.

Lydien war von der Weltbühne abgetreten, doch die Ex-Königsstadt Sardes, nun Sitz eines persischen Satrapen, florierte. Sie wurde Endpunkt der berühmten persischen Königstraße, einer 2.500 km langen befestigten Ader aus dem Herz des Reiches. Bis 334 v. Chr. konnten die Perser Sardes halten, dann zog Alexander der Große ein. Seine Nachfolger verloren die Stadt 188 v. Chr. an Pergamon. 17 n. Chr. wurde Sardes, nun römisch, durch ein mächtiges Erdbeben zerstört.

In byzantinischer Zeit entwickelte sich hier eine der ersten christlichen Gemeinden Kleinasiens. Nach mehreren Brandschatzungen im frühen Mittelalter verödete Sardes. Amerikanische Archäologen entdeckten 1910 den Artemistempel. Seit 1958 graben und restaurieren Teams der Harvard und der Cornell University. Neuere Fundstücke besitzt das Archäologische Museum in Manisa.

• *Anfahrt/Verbindungen* Sart liegt nahe der Hauptverbindungsstraße İzmir–Afyon und ist von dieser ausgeschildert. Um zum Artemisheiligtum zu gelangen, folgt man zuerst der Beschilderung "Sardes" und fährt in Sart an der "großen" Kreuzung bei der Moschee geradeaus weiter. Um zum Bad-Gymnasion und zur Synagoge zu gelangen, hält man sich bei der Kreuzung links.

Um per Bus **Sardes** anzusteuern, wählt man einen, der die Strecke Salihli-İzmir fährt und steigt unterwegs in Sart aus. In der Regel verlässt man den Bus an der Abzweigung von der Schnellstraße, von dort noch gut 15 Min. bis ins Dorf. Von Manisa fahren Dolmuşe direkt ins Dorf. Zudem bestehen mehrmals tägl. **Zug**verbindungen von und nach İzmir. Der Bahnhof von Sart befindet sich ca. 1 km nördlich der Fernstraße.

• *Öffnungszeiten* tägl. 8–18 Uhr. Eintritt für Artemistempel und Bad-Gymnasion jeweils 0,60 €, erm. die Hälfte.

• *Übernachten/Essen & Trinken* Die nächste Möglichkeit besteht in Salihli. Beste Adresse vor Ort ist das **Otel Berrak** nahe dem Busbahnhof (2 Sterne, sehr gepflegt, DZ 42 €, ✆ 0236/713145). In der Nähe auch billigere Unterkünfte wie z. B. schräg gegenüber das **Yener Oteli**, (einfach, aber okay, DZ 9 €). Mit der **Mithatpaşa Cad.** im Zentrum nahe dem Busbahnhof verfügt das Landstädtchen übrigens über eine ausgesprochen gute "Fressgasse". Spezialität sind *Odun Köfte*, lecker zubereitete Hackfleischbällchen.

Sehenswertes

Das griechische Sardes mit dem Artemistempel liegt getrennt vom römischen Sardes, repräsentiert von Gymnasion und Synagoge (→ Anfahrt/Verbindungen). Wer mehr als die hier beschriebenen Sehenswürdigkeiten entdecken möchte, findet an der alten Straße nach Salihli noch Reste eines römischen *Stadions*, einer *Agora*, einer *Basilika* und eines *Theaters*. Auf dem Weg zum Artemis-Tempel passiert man zudem *Pyramidengräber* (ausgeschildert).

Artemistempel: Man vermutet, dass mit dem Bau des imposanten Tempels kurz nach der Eroberung von Sardes durch Alexander den Großen begonnen wurde. Die Pläne sahen vor, dass er den monumentalen Tempeln von Ephesus und Didyma in nichts nachstehen sollte. Mit seinen fußballplatzgroßen Maßen (100 x 48 m, das Pantheon 31 x 70 m) reiht er sich noch heute unter die sieben größten aller griechischen Tempel. Die gut erhaltene Säulenreihe an seiner Ostseite – zwei Säulen stehen in voller Höhe (17,3 m) – lässt seine einstige Größe noch immer erahnen. Doch wie die Anlage von Didyma wurde auch dieser Tempel, der anfangs neben dem Artemiskult vermutlich auch der Zeusverehrung diente, nie vollendet.

Im 4. Jh. n. Chr., als der Tempel schon im Verfall begriffen war, errichtete man an seiner südwestlichen Ecke eine kleine byzantinische Kirche. Im 9. Jahrhundert verschwand der Tempel unter den Schlamm- und Gesteinsmassen eines riesigen Erdrutsches, der sich von der weiter östlich gelegenen Anhöhe löste. Auf dieser befand sich einst auch die Akropolis. Der Burghügel war dreifach ummauert und galt als uneinnehmbar – aber nicht als unvergänglich. Die paar Reste, die es noch gibt, lohnen nicht einmal der Konservierung. Wer den Aufstieg nicht scheut, wird mit einer herrlichen Aussicht belohnt.

Bad-Gymnasion und Synagoge: Das Bad-Gymnasion war ein Prachtexemplar antiker Körper- und Ertüchtigungsanstalten, ein typischer Prunkbau der späten römischen Kaiserzeit, vollendet 211 n. Chr. Rekonstruiert ist der 36 m breite Marmorhof, die sog. *Kaiserhalle*. Man betritt sie für gewöhnlich durch eine korinthische Säulenreihe und verlässt sie durch ein 8 m hohes Tor in der wieder aufgerichteten, etwa 25 m hohen Monumentalfassade. Dahinter lag der Kaltbaderaum, dessen Bassin noch samt hineinführenden Stufen erhalten ist.

Rund um das Bad-Gymnasion befanden sich einst kleine Geschäfte, die ehemalige *Palästra* (Übungsplatz der Ringkämpfer) und eine *Synagoge*, sehenswert wegen ihrer feinen Ausgestaltung. Die Mosaiken sind zwar nur Kopien (Originale in Manisa), aber das tut der Sache keinen Abbruch. Das quadratische Peristyl ist mit einem krugartigen Brunnen in der Mitte und einer umlaufenden Säulenreihe geschmückt. Die Synagoge wurde übrigens nie als solche gebaut, sondern entstand zusammen mit dem Bad-Gymnasion und war für andere Zwecke bestimmt. Irgendwann übernahm die jüdische Gemeinde von Sardes die Räumlichkeiten und gestaltete diese neu.

Auf der Akropolis von Bergama

Zwischen İzmir und Ayvalık

Die Nationalstraße 550 führt von İzmir gen Norden zuerst durch das fruchtbare *Gediz-Delta,* zugleich ein kleines Vogelparadies, bevor es in den gemütlichen Ferienort *Foça* abgeht. Zum Baden lädt der buchtenreiche Küstenabschnitt bis *Yenifoça* ein. Etwas weiter nördlich verschandelt und verschmutzt das Industriestädtchen *Aliağa* mit chemischen Fabriken und einer Ölraffinerie Landschaft und Meer. Dafür entschädigen zwischen *Çandarlı* und *Bademli* schöne Badebuchten mit Blick auf die griechische Insel Lésbos. Wie lange es sie noch gibt, ist angesichts des hiesigen, alles zerstörenden Bauwahns fraglich. Auf Höhe des wenig attraktiven Badeortes *Dikili* empfiehlt sich ein kleiner Abstecher ins Landesinnere – die Ruinen der antiken Stadt *Pergamon* sind ein kunsthistorisches Highlight. Nördlich von Dikili verschwindet das Meer aus dem Blickfeld. Durch eine weite, baumlose Schwemmlandebene, die landwirtschaftlich intensiv genutzt wird, erreicht man *Ayvalık.*

Foça

ca. 15.000 Einwohner

Das griechisch geprägte Foça ist ein herausgeputztes und gemütliches Städtchen. Das Leben spielt sich entlang seiner zwei natürlichen Häfen ab. Einst wurden hier stolze phokäische Schiffe für die lange Fahrt getakelt, heute dümpeln Fischerboote, Jachten und Ausflugsschiffe einträchtig nebeneinander.

Foça, etwa 70 km nordwestlich von İzmir, lebt vom Fischfang und dem Geschäft mit der schönsten Jahreszeit. Aber verhältnismäßig wenige Ausländer kommen bislang hierher, es scheint fast, als wisse nur der "Club Mediterranée" die Lage an der zerklüfteten Küste zu schätzen. Überwiegend Wochenendausflügler aus İzmir und betuchtere Türken zieht es in das halbwegs ruhige Fleckchen abseits des Trubels der international etablierten, ägäischen Badeorte. Was dort fast vergessen ist, ist in Foça noch zu finden: die sprichwörtliche türkische Gastfreundschaft.

Das Städtchen zieht sich entlang einer weiten Bucht, die durch eine schmale Landzunge in zwei kleinere unterteilt wird. Die nördliche nennt sich *Küçükdeniz* (Kleines Meer). Sie ist die malerischere von beiden: Ankerplatz kleiner Fischer- und Ausflugsboote, und gesäumt von einer Uferpromenade, die vorbei an unzähligen Restaurants zum Flanieren einlädt. In dem bunten Gassengewirr dahinter liegt Foças kleines Basarviertel. Die südliche und größere Bucht heißt *Büyükdeniz* (Großes Meer). Auch hier findet man Restaurants und Hotels, aber ohne den repräsentativen Charakter von Küçükdeniz.

Die Landzunge zwischen Büyük- und Küçükdeniz ist der älteste Siedlungsraum Foças. Fotogen stehen auf ihr die Reste einer mit Zinnen bestückten Festungsmauer samt zweier Türme namens *Beşkapılar* (Fünftore). Einst erhob sich hier ein Athene-Tempel. Heute wird die Landzunge von der *Fatih-Moschee* gekrönt, die älteste islamische Gebetsstätte des Ortes (15. Jh.).

Geschichte

Das heutige Foça, auch *Eskifoça* ("Altes Foça") genannt, liegt an der Stelle des antiken Phokäa, das im 8. Jh. v. Chr. gegründet wurde. Auf Anraten des Orakels von Delphi begannen die Phokäer im ausgehenden 7. Jh. v. Chr. mit ihren Schiffen das Mittelmeer zu erkunden und neue Siedlungen zu gründen. Eine davon wurde *Massilia,* heute bekannt unter dem Namen Marseille. Als Phokäa 540 v. Chr. nach erbittertem Widerstand der Bevölkerung persisch wurde, verließ das Gros der Bewohner die Stadt. In hellenistischer Zeit unterstand Phokäa erst den syrischen Seleukidenkönigen und später dem Königreich von Pergamon. Die Römer plünderten die Stadt und läuteten so deren Niedergang ein. Während der byzantinischen Epoche lagen die einst so stolzen Wälle von Phokäa schließlich in Schutt und Asche.

Im 11. Jh. gelangte Phokäa, zu jener Zeit nichts anderes mehr als eine heruntergekommene Siedlung, in den Besitz Genuas, das hier eine Handelsniederlassung gründete. In großem Stil begannen die Genueser in der Umgebung Alaunsalz abzubauen, ein im Mittelalter in der Färberei und Medizin begehrter Stoff. Die Genueser gründeten auch Yenifoça ("Neues Foça"), ca. 22 km nördlich der alten Stadt. 1455 eroberten die Osmanen den genuesischen Stützpunkt, fortan teilte er das Schicksal des großen Reiches. Nach dessen Untergang folgte 1923 die Zwangsumsiedlung der griechischen Einwohner, die bis dato die Mehrheit der Bevölkerung gestellt hatten.

Neben Touristen bevölkern heute vorrangig Soldaten die Straßen Foças. Das türkische Militär schult in der Gegend den Nachwuchs zu Wasser (Marine) und zu Land (Jandarma). Über 100 Mann sind rund um Foça stationiert.

Information/Verbindungen/Ausflüge

• *Telefonvorwahl* 0232.

• *Information* **Foça Turizm Danışma Müdürlüğü**, nahe dem Busbahnhof zwischen Küçük- und Büyükdeniz. Freundlich und hilfsbereit. Mo–Fr 8.30–12 und 13–17.30 Uhr. ✆/℻ 81212 22.

• *Verbindungen* **Bus**: Busbahnhof zwischen den beiden Buchten. Busse alle halbe Stunde nach İzmir (*Yeni Otogar*). Wer weiter nach Norden, z. B. nach Bergama oder Ayvalık will, muss in Menemen umsteigen.

Dolmuş: Dolmuşe nach Yenifoça alle 2 Std., zum Hanedan-Strand (→ Baden) regelmäßig bis mitternachts alle 30 Min. Die Dolmuşe starten vom Busbahnhof.

Taxi: Taxis stehen am Busbahnhof parat. Nach Yenifoça z. B. 9 €.

In der Küçükdeniz-Bucht

• *Bootsausflüge* Es dominieren Fahrten zu den vorgelagerten Inseln, zur Badeinsel İncir Adası und/oder zu den Inseln der Sirenen. Preise inkl. Lunch 6 € pro Person. Im Angebot aber auch Mondscheinschippern, Zweitagesausflüge etc. Infos direkt bei den Ausflugsschiffen an der Promenade in der Küçükdeniz-Bucht.

• *Organisierte Touren* bietet z. B. **Kayar Turizm** in der 210 Sok. Tagesfahrten für 1–4 Pers. kosten nach Bergama z. B. 53 €, nach Ephesus 88 € und nach İzmir 29 €. Die Agentur offeriert zudem Flughafentransfers nach İzmir (ebenfalls 29 €). ☏/℻ 8122288.

Adressen/Einkaufen/Sonstiges

• *Ärztliche Versorgung* Das örtliche **Krankenhaus** liegt an der Kücük Deniz Sahil Cad. nördlich des Zentrums, ☏ 8121429.

• *Autoverleih* **1bir**, einer der wenigen professionellen Verleiher vor Ort. Billigste Fahrzeuge ab 35 € inkl. Vollkasko. Im Zentrum in der Kıbrıs Şehitleri Cad. 45/3. ☏ 8125050.

• *Einkaufen* In der Antike hatte **Keramik** aus Phokäa einen guten Ruf und war im gesamten Mittelmeerraum geschätzt. Heute ist diese insbesondere auf den türkischen Urlaubergeschmack ausgerichtet. Neben viel Kitsch kann man aber auch ein paar nette Stücke erstehen.

• *Festivals* Das einst weit über die Grenzen des Ortes bekannte **Festival Foça Akdeniz Foku ve Çevre** wurde mangels Sponsoren eingestellt. Seit 2000 gibt es jedoch das **Rastkele-Festival**, ein Festival im Zeichen der Schifffahrt und Fischerei., das von diversen Aktivitäten begleitet wird.

• *Geld* **T.C. Ziraat Bankası** mit EC-Automat direkt an der Küçükdeniz-Bucht.

• *Polizei* an der Uferpromenade auf der Landzunge südlich der Festungsmauern, ☏ 8121150.

• *Post* im Zentrum nahe der Tourist Information.

• *Türkisches Bad (Hamam)* **Belediye Hamamı**, in der 115 Sok. 22. Auf Touristen eingestellt, bedient auch gemischte Gruppen. Tägl. 8–24 Uhr. Eintritt mit allem Drum und Dran 10 €.

• *Waschsalon* **Doğan çamaşir ve ütü evi**, mehr Reinigung und Bügelsalon, wäscht aber auch alles. Stückpreise. 190 Sok.7.

• *Zweiradverleih* **Göçmen**, nahe dem Hamam. Viel Schrott, der erstaunlicherweise noch fährt. Wer früh kommt, hat noch Chancen auf eines der neueren Räder. Pro Tag Fahrräder 3 €, Mopeds 9 €. ☏ 8123743.

Auf dass die See nicht vor die Hunde geht...

Fok heißt im Türkischen "Seehund" und in den Gewässern vor Foça tummelt er sich seit Urzeiten. Schon die Phokäer kannten ihn und räumten ihm einen Platz auf ihrem Stadtwappen ein. Biologisch genau genommen handelt es sich dabei um die Mittelmeerrobbe *(Monachus monachus)*, eine Unterart der Mönchsrobbe *(Monachinae)*, die wiederum zur Familie der Hundsrobben gehört, deren lateinischer Begriff – und hier haben wir wieder eine Verbindung zu den Phokäern – Phocidae ist.

Ihr Bestand wird heute auf gerade noch 400 Exemplare geschätzt. Die Säugetiere sind 2–3 m groß, vereinzelt werden sie bis zu 4 m lang. Ihr Gewicht liegt bei 200–300 kg. Nach ungefähr 5 Jahren sind sie geschlechtsreif, die Schwangerschaft dauert bis zu 11 Monate. Neugeborene haben eine Größe von 80–110 cm, ihr Gewicht beträgt rund 20 kg. Seehunde sind Raubtiere, sie ernähren sich von Fischen, insbesondere Tintenfischen und Krustentieren, und tauchen dafür bis zu 200 m tief. Arg viel mehr weiß man bislang nicht über sie, doch das soll sich ändern.

Um die Robbe zu schützen, zu beobachten und zu erforschen, wurde Anfang der 1990er das "Foça Pilot Projekt" (FPP) mit Beihilfe des WWF gegründet, einer der ersten Vereine dieser Art in der Türkei. Heute ist der Küstenabschnitt zwischen Foça und Yenifoça Naturschutzgebiet. Hier darf nicht geankert, gefischt, gejagt und getaucht werden. Wildcampen ist an den Stränden verboten. Man ist stolz auf seine Robbe, wirbt gar mit ihr und setzt ihr Denkmäler.

Übernachten/Camping

Der Standard der meisten Hotels und Pensionen im Zentrum ist recht hoch, kaum eine Unterkunft, die nicht zu empfehlen wäre. Exklusive Hotelanlagen findet man am Ortsrand ganz im Norden Foças.

******Club Phokaia**, beste Adresse der Gegend, ca. 3 km außerhalb Foças an der Straße nach Yenifoça. Gepflegtes, komfortables Haus. Interessante Architektur, bei der moderne und antike Elemente verschmelzen. 172 Zimmer mit allem Drum und Dran. Zudem mehrere Bars und Pools, eigener Strandabschnitt, Animationsprogramm, Sportmöglichkeiten, Babysitting usw. DZ 118 € mit HP, EZ 88 €. ✆ 8128080, ℻ 818090.

Hotel Melaike (4), freundlicher Familienbetrieb ein Stück landeinwärts in der Küçükdeniz-Bucht. 22 sehr freundliche, kleine aber helle Zimmer mit Balkon, Klimaanlage und Dusche/WC. Von den Obergeschossen z. T. Meeresblick. Terrasse, Bar, Frühstücksraum. 24-Stunden-Zimmerservice. DZ mit Frühstück 25 €. 200 Sok. 20, ✆ 8122414, ℻ 8123117.

Hotel Amphora (7), 18 Zimmer, z. T. mit Balkon. Gutes Mobiliar aber weniger gute Teppichböden. Dennoch eine empfehlenswerte Adresse in dieser Preisklasse, schon allein wegen des Pools im Garten. DZ 24 €, EZ 15 €. 208 Sok. 7, ✆ 812806, focatamer@superonline.com.

Ak İzmir (9), unterhalb der Festungsmauern auf der Spitze der Landzunge. Von innen besser als von außen. 9 gepflegte Zimmer, 5 davon mit Balkon und tollem Meeresblick (als DZ 24 €) und daher auch ein Tipp. Die rückseitigen sind zwar billiger, aber ihr Geld im Vergleich zu anderen Unterkünften nicht mehr wert. Aşiklar Yolu 9, ✆ 8127102.

Sempatik Otel Güneş (6), in zweiter Reihe in der Küçükdeniz-Bucht. 16 ordentliche Zimmer mit Ventilator und Balkon (nur z. T. mit Meeresblick). Freundlicher Service, deutschsprachig. Ganzjährig geöffnet. DZ mit Frühstück 23 €, EZ 16 €, Dreier 33 €. 163 Sok. 10, ✆/℻ 8121915.

Fokai Pansiyon (1), an der Promenade in der Küçükdeniz-Bucht etwas stadtauswärts. 6 schlichte Zimmer mit Dusche/WC (4 davon mit Balkon), Küche und gemütliche Terrasse auf dem Dach. Der Besitzer übt sich fleißig in der deutschen Sprache. DZ 15 €. Kein Frühstück. 139 Sok., ✆ 8121765.

İyon Pansiyon (2), der Tipp unter den Billigunterkünften. Das gastfreundliche, pensionierte Lehrerehepaar Hüseyin und Barış Tutar vermieten mehrere sehr einfache, aber saubere Zimmer rund um ein idyllisches Gärtchen mit Mandarinenbäumen. Lockere Atmosphäre und nettes Publikum, saubere Gemeinschaftsdusche und -toilette. Man spricht Deutsch und Englisch. DZ 9 €, Frühstück pro Person 1,50 € extra. 198 Sok. 8, ✆ 8121415.

Siren Pansiyon (5), gemütliche Pension in zweiter Reihe in der Küçükdeniz-Bucht. Geführt wird sie von dem liebenswürdigen, hilfsbereiten und zugleich deutschsprachigen Herrn Dikbay. 14 angenehme Zimmer mit gutem Mobiliar, Dusche/WC. Jede Etage besitzt eine Küche mit Kühlschrank. Sonnige Dachterrasse. Pro Person 6 €. Frühstück 1,50 € extra. Auf Wunsch werden Besichtigungstouren und Bootsausflüge organisiert. 161 Sok. ✆ 8122660, ✆ 8126220.

İyigün Pansiyon (3), einfach, doch ordentlich und sehr sauber in vorderster Promenadenfront an der Küçukdeniz-Bucht. 12 Zimmer mit Dusche/WC und Balkon. Küche und beliebte Terrasse. DZ 14 €, EZ die Hälfte. 155 Sok. 1, ✆ 8121182.

• *Außerhalb* **Club Pollen**, ca 15 km nördlich von Foça an der Straße nach Yenifoça. Vermietet werden einfache, schnuckelige Bungalows mit kleiner Terrasse auf einem hübschen, gepflegten Gelände mit privatem Strand. Gemütliche Frühstücksterrasse und Restaurant mit toller Aussicht. Privatdolmuşe nach Foça und Yenifoça bei Bedarf. Gutes Preis-Leistungs-Verhältnis. DZ 15 €, Dreier 21 €, Vierer 27 €. ✆ 8251025.

• *Camping* Ein gutes Campingeck ist Foça samt Umgebung nicht. Nahezu alle Plätze präsentieren sich als lieblose, funktionale Areale mit schlichten Sanitäranlagen. Am empfehlenswertesten sind noch **DIBA – Camping** an einer freundlichen Bucht, ca. 5 km nördlich des Städtchens an der Straße nach Yenifoça, und **Açar Camping**, ein paar Kilometer weiter, ebenfalls an einer netten Bucht samt Strandbar. Allen Plätzen gemein ist das niedrige Preisniveau: 2 Pers. zahlen mit eigenem Zelt oder Wohnmobil rund 3 €. Der Açar Camping vermietet auch Zelte für 6 €.

Essen & Trinken/Nachtleben (s. Karte S. 193)

Rote und graue Meeräsche, Seebarsch und –brasse zählen zu den kulinarischen Spezialitäten Foças. Eine Vielzahl von Fischrestaurants finden Sie an der Uferpromenade in der Küçükdeniz-Bucht. Die Qualität der Restaurants ist durchgehend gut.

Fokai Balık Restaurant (12), das beste der vielen Fischrestaurant in erster Reihe am Meer rund um die Festungsmauern. Stets bestens besucht, Reservierung empfohlen (✆ 8122186). Meze ab 0,90 €, Hauptgerichte 3,50–5,50 €. Büyükdeniz-Bucht, Sahil Cad 25.

Bilgehan (13), untergebracht in historischem Gemäuer mit viel Atmosphäre. Tägl. wechselnde Gerichte, die stets frisch zubereitet werden. Keine Speisekarte. Niveauvolle türkische Musik, ab und zu auch live. Höheres Preisniveau, dem stilvollen Ambiente entsprechend. Tägl. ab 17 Uhr, Mo Ruhetag. 189 Sok. 2-B.

Kenya & Leylek (14), etwas versteckt nahe der Fatih-Moschee auf dem Burghügel. Fischlokal abseits der Uferpromenade mit 1a-Meze. Übrigens geht der Name des Lokals auf die Spitznamen der jungen Betreiber zurück: Leylek (dt. Storch) ist der größere und schlankere von beiden, Kenya hat die dunklere Hautfarbe. 121 Sok.8.

Yosun Restaurant (20), 10 Gehminuten vom Zentrums entfernt, am südlichen Ende der Büyükdeniz-Bucht. Sehr gemütlich, ein paar Tische direkt am Wasser unter einem Strohdach. Leckere Fleisch- und Fischgerichte vom Holzkohlegrill, gut und verhältnismäßig günstig. Der freundliche Inhaber Necati Demir war 30 Jahre in Deutschland.

Emek Pide Salonu (15), wirbt mit dem Slogan "Serving is an art, tasting is a happiness." Zu Recht: Hier kommt die beste Pide und der beste Lahmacun Foças auf den Tisch, und das seit mittlerweile 2 Jahrzehnten. Faire Preise. Sollte die von Efeu überdachte Terrasse voll sein: Auch das **Doyuran-3** gleich nebenan ist eine empfehlenswerte Lokantaadresse. Es bietet leckere Kebabgerichte rund um die Uhr. Zentral an der die beiden Buchten verbindenden Hauptstraße im Inland.

Küçük Deniz Sofrası (11), hinter der Promenade im Gassenwirrwarr der Küçükdeniz-Bucht. Grundehrliche türkische Hausmannskost in einfachem Ambiente. Kommen Sie mittags – abends ist die Vitrine meist schon leer geräumt. 187 Sok.

• *Cafés* Herrlich und dazu noch vor historischem Gemäuer sitzt man beim **Foça Öğretmenevi (8)** nahe den Ausflugsbooten in der Küçükdeniz-Bucht. Charme besitzt auch das terrassenförmig angelegte **Anficafé** in der Büyükdeniz-Bucht. Die beste Adresse für Süßes ist **Özsüt**. Kalorienzähler sind hier völlig fehl am Platze. Unser Tipp: Karamellpudding. Im Zentrum an der Kücük Deniz Sahil Cad.

• *Nachtleben* Eine Diskothek besaß Foça zum Zeitpunkt der letzten Recherche nicht mehr, das kann sich aber wieder ändern. So war im Sommer 2002 der konkurrenzlose Treff der amüsierwilligen Jugend und jung gebliebenen Kneipengänger die **Crocodile Bar (19)** (22–4 Uhr) in der Nähe des Busbahnhofs. Etwas gediegener geht es in der **Classik Bar (18)** neben der Jandarmastation in der Büyükdeniz-Bucht zu. Gelegentlich gibt es hier Livemusik. Weitere angesagte Adressen sind zudem die gemütliche Cafébar **Kybele (6)** beim Hotel Sempatik Güneş sowie die nahe beieinander liegenden Bars **Neco (10)** (zapft Miller) und **Keyif (10)** (mit Pizza und Fastfood) an der Küçükdeniz-Bucht.

Baden

Die Strände vor Ort sind nicht die tollsten – schmal, kiesig und besonders in der Hochsaison überlaufen. Schöner sind die Buchten der tief eingeschnittenen Küstenlandschaft nahe der Straße nach Yenifoça. Leider sind viele von Clubhotels oder Feriensiedlungen umrahmt, an manchen haben sich auch Campingplätze angesiedelt. Bei Letzteren darf man gegen eine Gebühr an den Strand, bei Erstgenannten nicht immer. Es gibt auch noch ein paar "einsame Buchten", nur hält dort auch niemand den Strand sauber. Die beliebtesten und schönsten Strände an diesem Küstenabschnitt sind problemlos mit dem Dolmuş zu erreichen:

Hanedan: 4 km nördlich von Foça gegenüber der Sireneninsel. Stets gut besucht, zumal Ferienanlagen den feinen Kiesstrand säumen. Trotzdem selten überlaufen. Gebührenpflichtig (0,60 €, Auto 1,80 €). Dafür bekommt man auch einen Sonnenschirm, findet Duschen und WCs.

Kosava-Bucht: ca. 1,5 km weiter, kurz hinter dem Club Mackerel Holiday Village, kein Schild macht auf sie aufmerksam. Beliebtes Ziel von Ausflugsbooten. Auch die darauf folgende **Garderesi-Bucht** ist einladend, von der Straße gelangt man auf schmalen Pfaden zu ihr hinab.

Alternativ dazu bietet sich auch ein Bootsausflug an (s. u. Verbindungen). Auf die Badeinsel **İncir Adası** gelangt man auch von der Landzunge namens *İngiliz Burnu* nordwestlich der Küçükdeniz-Bucht. Winken (oder grölen) Sie von dort zur Insel hinüber. Sieht bzw. hört sie Ferdı, der Chef des Inselcafés, so holt er Sie gegen eine kleine Gebühr ab.

Badespaß bei Foça

Sehenswertes

An die wechselvolle Geschichte der Stadt erinnert auf dem Gemeindegebiet Foças heute nur noch wenig. Und das Wenige ist so unspektakulär, dass es eine Überschrift "Sehenswertes" eigentlich gar nicht verdient. Ein paar Tipps für alle, die nach ein paar Strandtagen dennoch den Spuren der Phokäer oder Genueser folgen wollen:

Nahe der Ausfallstraße nach İzmir (Foça–İzmir Karayolu) findet man die kümmerlichen Überreste eines **antiken Theaters**. Es soll zwar zu den ältesten Anatoliens gehören, mehr als ein paar Sitzreihen wurden bislang jedoch nicht ausgegraben. Auf dem Hügel darüber liegen die Fundamente mehrerer **Windmühlen** und die Reste eines **Heiligtums**, das, so nimmt man an, der Fruchtbarkeitsgöttin Kybele gewidmet war. In den vielen Nischen standen vermutlich Öllämpchen und Statuen. Ein ähnliches Heiligtum, das ebenfalls der Kybele zugeschrieben wird, liegt unmittelbar an der Uferpromenade auf der Landzunge.

Die **Festungsmauern** dort, von Römern, Byzantinern, Genuesern und Osmanen verstärkt, sind Überreste der einst 5 km langen Stadtmauer des alten Phokäa. Weitere Abschnitte wurden zwischen Busbahnhof und osmanischem Friedhof ausgegraben – leider nicht im geringsten spannend. Weit außerhalb des Zentrums, auf einer Landspitze südwestlich der Stadt, ist die **genuesische Festung Dışkale** aus dem Jahre 1678 ganz nett anzusehen. Leider befindet sie sich heute in militärischem Sperrgebiet.

Schließlich besitzt Foça auch noch ein **Teufelsbad (Şeytan Hamamı)**. Mit einem Bad hat das Felsgrabmal aus dem 4. Jh. jedoch nichts zu tun. Es besteht aus einem 6 m langen Korridor und zwei Grabkammern. Sie können es zum Zeitvertreib am Hang über den Häusern im Süden der Büyükdeniz-Bucht suchen.

Wer brachte die Sirenen zum Heulen?

In der Antike bekannt und gefürchtet waren Sirenen, vogelartige Frauen, die so süß sangen, dass Schiffsbesatzungen, die ihre betörenden Stimmen vernahmen, an Land gingen und ewig – bis zum Tode – lauschten. Weiß sollen die Felsen gewesen sein von den bleichen Gebeinen der Seeleute.

Nur zwei Schiffen gelang es antiken Mythen zufolge, an Sirenen vorbeizusegeln. Das eine war jenes von Orpheus, der mit seiner Mannschaft selbst so lautstark zu singen begann, dass er die Gesänge der Sirenen übertönte. Das andere war das von Odysseus, der sich an den Mast seines Schiffes binden und die Ohren seiner Besatzung mit Bienenwachs vollaufen ließ. Beide sollen ihre Abenteuer aber nicht an der Ägäisküste, sondern in der Straße von Messina bestanden haben. Zur Strafe mussten sich in beiden Fällen die Sirenen heulend ins Meer stürzen, wo sie ertranken.

Von den Sirenenfelsen (*Siren Kayalıkları*), vor der Küste Foças auf Höhe des Clubhotels Phokaia gelegen, kehren heutige Bootsbesatzungen klaren Verstandes und ohne ein Singsang in den Ohren zurück. Somit stellt sich die Frage, welche Heldengestalt denn die Sirenen von Foça heulend ins Verderben schickte. Und wie? Vielleicht haben Sie eine Idee. Schreiben Sie uns – aber bitte nicht mehr als 10 Zeilen, der phantasievollste Einfall soll in der nächsten Auflage veröffentlicht werden.

Umgebung von Foça

Taşkule: Hinter diesem Namen (dt. Steinturm) verbirgt sich ein 6 m hohes Grabmonument, das aus einem Felsen gearbeitet wurde. Es wird auf das 4. Jh. vor Christus datiert. Ein wenig verloren steht es nahe der Straße nach İzmir in der Gegend. Die Bauweise zeigt lykische und lydische Elemente, zudem persischen Einfluss. Wer darin beigesetzt wurde, ist unbekannt.

Anfahrt Halten Sie ca. 7,5 km hinter dem Ortsschild von Foça an der Straße nach İzmir linker Hand nach dem Grabmal Ausschau. Es ist von der Straße aus zu sehen, kein Hinweisschild. Das Gelände ist umzäunt und mit türkisch-englischen Hinweistafeln versehen. Ein Taxi zum Taşkule kostet ca. 2,50 €.

Yenifoça: Die Küstenstraße dahin passiert einladende Badebuchten. Der Ort selbst ist weniger schön. Zwar erinnern im alten Kern ein paar Häuser an die Zeit, als Yenifoça noch ein verträumtes griechisches Küstendorf war. Doch sein Charme verblasst mittlerweile unter den mehreren tausend Ferienhäusern drum herum. Yenifoça ist zum Billigableger Foças geworden, in dem vornehmlich Türken der Mittelschicht Urlaub machen. Man findet einige Teegärten, mehrere einfache Lokale und einen Strand, der für die vielen Erholungssuchenden kaum mehr ausreicht. Das schönste Eck ist noch der Hafen.

Verbindungen ca. alle 2 Std. ein **Dolmuş** nach Foça.

Çandarlı

Çandarlı liegt auf einer schmalen Landzunge, beherrscht von einem fünftürmigen genuesischen Kastell aus der Zeit um 1300. Zum behäbigen westanatolischen Alltag

Strand von Çandarlı

im Örtchen gesellt sich zwischen Mai und September der Badetrubel. Der 5 m breite Ortsstrand auf der Westseite Çandarlıs ist dann restlos überlaufen. Abends gehen parallel dazu die vorrangig türkischen Urlauber aus den umliegenden Feriendörfern ihrer Lieblingsbeschäftigung nach, dem Promenieren. Von der "Masti Bar", einer beliebten Kneipe dort, hat man das Völkchen gut im Blick. Im Oktober finden hier Ölringkämpfe statt, wo sich lokale Aufschneider den Meistern aus Edirne stellen – ein sehenswertes Spektakel.

• *Verbindungen* Regelmäßige **Bus**verbindungen nach İzmir, zudem **Dolmuşe** nach Dikili und Bergama. Busbahnhof am Ortseingang (von Aliağa kommend) nahe dem Oststrand.

• *Übernachten* **Hotel Emirgan**, 36-Zimmer-Haus am Weststrand. Deutschsprachig, eigener Strandabschnitt und luftige Terrasse. Schönere Dreibett- als Zweibettzimmer, alle aber mit Balkon und Meeresblick. DZ mit HP (obligatorisch) 35 €. ✆ 0232/6732500., ℻ 6733277.

Philippi Pansiyon, in erster Reihe auf der Westseite, recht ruhige Lage nahe dem Hafen. 13 gepflegte Zimmer, 5 davon mit Meeresblick, 2 mit eigenem Bad, alle freundlich mit Massivholzmöbeln ausgestattet. Terrasse. Pro Person 12,50 €. ✆ 0232/6733053.

Bademli

Bademli ist ein natürliches, bildhübsches Dorf mit niedrigen, weiß gekalkten Häusern wie es an der Nordägäis nur noch wenige gibt. Den Badetourismus nimmt man mit, ansonsten leben die rund 20 Einwohner traditionell von ihren Olivenhainen, die die Gegend prägen. Im gemütlichen Zentrum rund um die Dorfmoschee geht alles seinen gemächlichen Gang, die Teehäuser gehören Tavla spielenden Altherrenrunden. Hauptanziehungspunkt ist im Sommer der rund 1 km entfernte Strand, Schilder wie "Plajlar" oder "Sahile gider" weisen den Weg. Der von simplen Campingplätzen gesäumte Strand gehört zwar nicht zu den schönsten der Ägäis, Badefreunde der Gegend schwören jedoch auf die angenehmen Wassertemperaturen.

Selbstfahrern sei die idyllische, bei Wildcampern beliebte Badebucht **Hayıt Limanı** einige Kilometer südlich von Bademli auf dem Weg nach Denizköy empfohlen (kleines Hinweisschild).

• *Verbindungen* Regelmäßige **Dolmuş**verbindungen zwischen Dikili und Bademli. Die Dolmuşe starten in Bademli am Strand.

• *Übernachten* Von der Küstenstraße führt 1 km nördlich von Bademli ein holpriger Schotterweg zum Meer (ebenfalls 1 km). An seinem Ende liegen zwei empfehlenswerte Unterkünfte für absolut Ruhebedürftige:

Pension Hannover, direkt am Strand (sehr schöner Abschnitt). Freundlicher deutschsprachiger Besitzer, schöner, blumiger Garten, nette Terrasse und viel deutsches Publikum. Geboten werden 17 äußerst gepflegte Zimmer, jedes davon mit Balkon. Pro Person 17 € mit HP, Kinder die Hälfte. Ostern bis Ende Okt. geöffnet. ✆ 0232/6778432, in Deutschland über ✆ 0511/6061447 buchbar, www.ozer.de.

Ohh Bee, direkt daneben, die einfachere Version für weniger Geld. 9 € pro Person inkl. HP. Ebenfalls freundlich. ✆ 0232/6778089.

• *Camping* Die Einfachstcampings am Ortsstrand von Bademli sind eng und schattenlos – insgesamt ein Graus. Unsere Empfehlung ist **Çam Camp** neben der Pension Ohh Bee (s.o.), ein idyllischer und sympathischer, aber recht einfacher Platz unter schattigen Pinien. Terrassenförmig angelegt. Nichts für große Gefährte. 2 Pers. mit Zelt zahlen ca. 3,50 €.

• *Essen & Trinken* Knapp 1 km südlich von Bademli an der Straßen nach Çandarlı liegt das idyllische Fischrestaurant **Sunar**. Schöne Terrasse direkt am Meer mit Blick auf eine vorgelagerte Halbinsel. Grillengezirpe zum Dinner. Fischgerichte 3–6 €.

Dikili

In osmanischer Zeit war Dikili der Ausfuhrhafen von Bergama, heute machen hier in erster Linie Kreuzfahrtsschiffe für den Landgang "Pergamon" fest. Ansonsten ist das 120-Einwohner-Städtchen fest in der Hand türkischer Urlauber. Dikili ist gepflegt, aber gesichtslos. Nicht nur der im Sommer gnadenlos überfüllte, wenig aufsehenerregende Stadtstrand, der sich vom Hafen gen Westen zieht, lässt an eine türkische Ausgabe von Jesolo oder Caorle denken. Auf der breiten Uferpromenade reiht sich Café an Café und in den recht schattigen Straßen dahinter ersteht man Luftmatratzen und Sonnenschirme. Eine Prise Orient vermag nicht einmal der dienstägliche Obst- und Gemüsemarkt zu verschaffen.

• *Verbindungen* **Bus**bahnhof in Hafennähe. Gute Anschlüsse nach Ayvalık, Richtung İzmir und nach Bergama, zudem **Dolmuşe** nach Çandarlı und Bademli. Achtung: Viele Busse auf der Strecke Ayvalık–İzmir lassen ihre Passagiere an der Fernstraße ca. 4 km nordöstlich des Zentrums aussteigen. Erkundigen Sie sich am besten im Voraus, welche Busgesellschaften Dikili direkt ansteuern.

• *Übernachten* Von der einfachen Pension bis zum Vier-Sterne-Hotel ist alles vorhanden, Unterkünfte mit Flair sind nicht darunter. Unsere Adresse für "Gestrandete":

Antur Motel, große Anlage mit 60 Bungalows. Lassen Sie sich einen in erster Reihe mit Terrasse direkt am Strand geben. Die Bungalows selbst sind leider nicht mehr auf dem neuesten Stand: z. T. zwar noch schön geflieste Böden, aber schon weniger schön geflieste Bäder. Eigener Parkplatz. DZ 15 €, Dreier 21 €. Direkt am zentralen Kreisverkehr nahe dem Busbahnhof, ✆/℻ 0232/6714103.

Auf dem weiteren Weg gen Ayvalık verläuft die Nationalstraße 550 in größerem Abstand zur Küste. Nach ca. 25 km passieren Sie das Landstädtchen Altınova. Folgt man dort der Beschilderung "Sahil sitelerine gider", gelangt man in die Feriensiedlung **Tatlısu**. Deren Sandstrand ist zwar kilometerlang, die bis zu 30-reihigen Apartmentblocks dahinter aber leider noch länger. Keine Dolmuşanbindung.

Mit Japanern zu Besuch im Asklepieion

Pergamon/Bergama

Alltägliches versus Prunk, Provinznest versus Weltstadt, Gegenwart versus Antike – alles vereinigt in Bergama, dem einstigen Pergamon.

Rund 600 Einwohner zählt Bergama, eine Provinzstadt mit reizvollem Marktviertel. Sie liegt inmitten der fruchtbaren Ebene des *Bakır Çayı* auf den Ruinen des römischen Pergamon und zu Füßen jenes Berges, von dessen Akropolis die Attaliden zuvor ein Weltreich regierten. Die meisten Besucher sind Tagestouristen. In Bergama kann man dank einiger guter Unterkünfte aber auch längere Zeit verweilen. Wer alle Sehenswürdigkeiten auf eigene Faust entdecken will, braucht mindestens einen Tag. Pergamon ist kein kleines kompaktes Ausgrabungsgelände, die Highlights liegen kilometerweit verstreut.

Orientierung: Wer von der Westküste nach Bergama fährt, gelangt über die İzmir Caddesi geradewegs ins Zentrum. Die Straße ist zugleich auch die Hauptachse des Städtchen, nahezu alle öffentlichen Einrichtungen liegen an ihr oder sind von ihr ausgeschildert. Sie ist mehrere Kilometer lang, das Zentrum beginnt auf Höhe des *Archäologischen Museums*. Etwas weiter nördlich ändert die İzmir Caddesi ihren Namen in Bankalar Caddesi. Sie endet in der geschäftigen Altstadt um die riesige Ruine der *Kızıl Avlu (Rote Halle)*. Hier schmiegen sich windschiefe Backsteinbauten eng aneinander, durch die verschlungenen Gassen passen oftmals nur noch Mopeds.
Die zwei größten Attraktionen Pergamons liegen außerhalb des Zentrums: das *Asklepieion* im Südwesten der Stadt (ca. 30 Gehminuten vom Archäologischen Museum, ausgeschildert), die *Akropolis* in entgegengesetzter Richtung (zu Fuß auf den Burgberg bedarf es mindestens 90 Min.). Es gibt keine öffentlichen Verkehrsmittel zur Akropolis oder dem Asklepieion. Den Transport besorgen Taxis, zur Akropolis 4,10 €, zum Asklepieion 2,40 €, eine 2- bis 3-stündige Tour zu beiden Sehenswürdigkeiten 15 €.

Geschichte

Funde bezeugen, dass die Umgebung Pergamons bereits seit der Bronzezeit besiedelt ist. Erste Befestigungen auf dem Burgberg, übrigens ein alter Vulkanschlot, entstanden vermutlich im 7–6. Jh. v. Chr. Geschichte begann Pergamon jedoch erst nach dem Tod Alexanders des Großen zu schreiben. Dessen bedeutendster Feldherr Lysimachos hatte sich in Thrakien und Kleinasien einen eigenen Herrschaftsbereich geschaffen und aus vielen Eroberungszügen ein Vermögen von rund 90 Talente angeeignet. 1 Talent entsprach einem 20 kg schweren Silberbarren – Lysimachos saß also auf einem Berg Silber von rund 1800 kg! Bevor Lysimachos in die Schlacht gegen den Syrerkönig Seleukos zog, ließ er den Schatz nach Pergamon bringen und dort von seinem Eunuchen Philetairos bewachen. Lysimachos kam nie aus der Schlacht zurück – er fiel 281 v. Chr.

Der reich gewordene Eunuch Philetairos schwang sich zum Herrscher von Pergamon auf – die Geburtsstunde eines neuen Reiches. Seinem Adoptivsohn Eumenes gelang es, durch die siegreiche Schlacht gegen die Syrer bei Sardes 262 v. Chr. den Herrschaftsbereich weiter auszudehnen. Dessen Nachfolger, sein Neffe Attalos, triumphierte über die Kelten in der Schlacht bei den Kaikos-Quellen 230 v. Chr. Daraufhin nahm er den Königstitel an und wurde als Attalos I. erster Regent des pergamenischen Königshauses. Pergamons Ruhm verbreiteten sich daraufhin im ganzen hellenistischen Kulturraum. Es folgte der Bau der berühmten *Bibliothek*, des *Athenatempels* und etlicher Denkmäler.

Attalos I. schloss zudem eine Allianz mit Rom. Seinem Sohn Eumenes II. gelang mit Hilfe des mächtigen Verbündeten 190 v. Chr. in der Schlacht von Manisa (→ S. 182) ein weiterer Sieg gegen die Syrer. Nach dem Motto "Divide et impera!" ("Teile und herrsche!") überließen ihm die Römer den größten Teil der neu gewonnenen Gebiete. Während seiner Regierungszeit avancierte Pergamon zur Weltstadt. Die Akropolis wurde mit einer Stadtmauer versehen, das *Gymnasion* gebaut, die *Theaterterrasse*, die *Untere Agora* und der berühmte *Zeusaltar*. Intellektuelle und Künstler aus der ganzen antiken Welt zog es auf den Burgberg.

133 v. Chr. starb Attalos III., der letzte König von Pergamon. Er soll ein sonderbarer Mann gewesen sein, der seinen Palast aus Verfolgungswahn selten verließ und sich vorrangig dem Studium von Giftpflanzen widmete, die er an Verbrechern testete. Der schnell aufeinander folgende Tod seiner Mutter und seiner Frau brach ihm schließlich das Herz. In seinem Testament zeigte er jedoch wie seine Vorgänger politische Weitsicht: Um einer stabilen Politik willen vermachte er sein ganzes Reich den Römern.

So kam einer der menschenreichsten und wohlhabendsten Landstriche der damals bekannten Welt als *Provinz Asia* zu Rom und aus dem Reich wurde ein Imperium. Die Stadt selbst profitierte davon und erlebte ihre größte Blüte. Vom Burgberg bis in die weite Ebene dehnte sie sich nun aus, die Einwohnerzahl stieg auf 1500 an. Unter dem Arzt Galenos entwickelte sich das *Asklepieion* zu einer der berühmtesten Heilstätten der Antike. Zudem besaß Pergamon aufgrund seiner großen christlichen Gemeinde auch noch eine der sieben apokalyptischen Kirchen.

Nach dem Goteneinfall 262 n. Chr. begann Pergamons Stern zu sinken. In byzantinischer Zeit verlor die Stadt so an Bedeutung, dass sich die Einwohnerzahl auf 80 reduzierte. Das Stadtgebiet verlagerte sich wieder auf den Burghügel, wo man sich besser gegen einfallende Turkstämme schützen konnte. Erst als die Osmanen im 14.

Jh. den Landstrich eroberten, verließen die Bewohner den Burgberg wieder. Am Fuß des Hügels legten sie, über den Ruinen der römischen Blütezeit, den Grundstein zum heutigen Bergama.

1873 entdeckte der deutsche Ingenieur Carl Humann nahe Bergama im Stroh eines Ochsenkarrens eine mit Reliefs verzierte Marmorplatte. Er kaufte sie dem Bauern für einen Pfennigbetrag und schickte sie an jenes Museum in Berlin, das heute als *Pergamon-Museum* bekannt ist. Fünf Jahre danach begannen unter Humanns Leitung die Ausgrabungen der antiken Weltstadt Pergamon. Die wertvollsten Fundstücke verschwanden schnell in Berlin, so der einzigartige *Fries des Zeustempels*. Humann ließ sich übrigens nahe dem einstigen Zeustempel bestatten. Heute leitet das Deutsche Archäologische Institut İstanbul die Ausgrabungen vor Ort.

Stumme Zeugen

In den letzten Jahren machte Bergama vor allem durch den Widerstand lokaler Bauern gegen den Abbau von Gold mit hochgiftigem Zyanid Schlagzeilen. Über Gerichtsentscheidungen zu Gunsten der Goldabbaugegner setzte sich die türkische Regierung immer wieder hinweg. In diesen Konflikt gerieten 2002 auch die deutschen Konrad-Adenauer-, Friedrich-Ebert-, Friedrich-Naumann- und Heinrich-Böll-Stiftungen sowie das Deutsche Orient-Institut in İstanbul. Die türkische Staatsanwaltschaft ermittelte wegen Spionageverdachts und Geheimbündelei. Als "Tarnadressen des BND" sollen die Stiftungen Vertreter der örtlichen Bürgerinitiative unterstützt haben. Es kam zum Strafprozess, einem mysteriösen Mord in den Reihen der Staatsanwaltschaft und im März 2003 zum Freispruch für die parteinahen Stiftungen. Europäische Diplomaten sehen in dem Prozess einen Versuch türkischer EU-Gegner, die deutsch-türkischen Beziehungen zu belasten.

Information/Verbindungen

- *Telefonvorwahl* 0232.
- *Information* An der Hauptdurchgangsstraße, ausgeschildert. So inkompetent, dass selbst das Herausfinden der eigenen Telefonnummer 10 Min. dauert. Mo–Fr 8.30–17.30 Uhr. Yeni Hükümet Konağı, B Blok Zemin Kat., ✆/℻ 6312851.
- *Verbindungen* **Bus**: Der Busbahnhof liegt an der İzmir Cad, ca. 500 m südlich des Zentrum in einem neueren Stadtteil Bergamas. Von hier bestehen Direktverbindungen nach Ayvalık, Dikili, İzmir und Bursa, zudem ein Nachtbus über Bursa nach İstanbul. **Achtung**: Nicht alle Busse auf der Strecke Çannakale–İzmir steuern den Busbahnhof an, manche lassen ihre Fahrgäste an der

Schnellstraße bei der Abzweigung nach Bergama aussteigen. Von dort gelangen Sie mit dem Dolmuş ins Zentrum, mit dem Taxi darf die Strecke nicht mehr als 3 € kosten. Erkundigen Sie sich am besten vorher, ob die jeweilige Busgesellschaft Bergama direkt anfährt.

Adressen/Einkaufen/Sonstiges

- *Ärztliche Versorgung* **Krankenhaus** nahe dem Museum, ausgeschildert. ✆ 6323990.
- *Einkaufen* **Teppiche** aus Bergama zählen zwar zu den besten der Türkei, Qualitätsstücke aber werden als Auftragsarbeiten fast ausschließlich in İstanbul oder Europa verkauft. **Onyx**, der in Bergama bearbeitet wird, kann problemlos in jeder Menge erworben werden. Souvenirs und diversen Krimskrams bekommt man im **Kapalı Çarşı**, dem Gedeckten Basar. Ein großer bunter **Wochenmarkt** findet stets Mo im alten Zentrum statt.
- *Festival* **Bergama Festival** stets Anfang Juni. 7 Tage volles Programm mit türkischen Folkloregruppen und Schlagergrößen, dazu Paraden, archäologische Konferenzen, Tagungen etc.
- *Geld* Etliche Banken entlang der Bankalar Cad., darunter auch die **T.C. Ziraat Bankası** mit EC-Automat.
- *Türkisches Bad (Hamam)* **Çarşı Hamamı** in der Bankalar Cad. nahe dem Gedeckten Basar. Das angeblich schönste Bad der Stadt ist so besonders auch nicht. Normalerweise nur für Männer, bei Touristengrüppchen macht man Ausnahmen. Tägl. 7–21 Uhr. Eintritt ohne Massage 1,80 €.
- *Polizei* nahe der TI an der Hauptdurchgangsstraße, ✆ 6312908.
- *Post* im Zentrum an der Hauptstraße.

Übernachten

Pension Athena (1), unser Pensionstipp in Bergama. Angenehme Unterkunft in einem alten restaurierten osmanischen Haus. Zufriedenes Publikum, und das aus guten Gründen: freundliche hilfsbereite Inhaber (englischsprachig), gemütliche relaxte Atmosphäre, dazu ein kleiner Innenhof zum Frühstücken, Trinken und Plaudern. Waschmaschine. DZ mit Bad und 5-Sterne-Frühstück 15 €, ohne Bad 12 €. İmam Çıkmazı 5 (von der Hauptdurchgangsstraße im Norden des Zentrums ausgeschildert). ✆ 6333420, www.athenapension8m.com.

Anil Hotel (9), eine gute Option im Zentrum. Lila gestrichenes, 2000 eröffnetes Haus, dementsprechend gut in Schuss. 12 Zimmer, bei denen mit Farben nicht gespart wurde, alle mit Klimaanlage, TV und Föhn. Schöne Dachterrasse, auf der im Sommer gegrillt wird, freundlicher Service. EZ 37 €, DZ 50 €, Dreier 65 €. Hatuniye Cad. 4, ✆ 6311830, www.anilhotel.com.

*****Hotel Berksoy (12)**, der Sternenzahl nach das bislang beste Haus der Stadt, ca. 3 km außerhalb des Zentrums an der Straße nach İzmir. 60 freundliche Zimmer mit TV und leicht ausgefransten Teppichböden. Zentralheizung, Tennisplatz und Swimmingpool. DZ inkl. Frühstücksbüffet 40 €, EZ 30 €. ✆ 6329609, ℻ 6335346.

Böblingen Pension (10), nach der Partnerstadt von Bergama benannt, am Abzweig zum Asklepieion. Sehr gepflegte Zimmer mit und ohne Bad, größtenteils mit Stein- oder Dielenböden. Restaurant, lustige Cafébar unterm Dach, schöne Terrasse zum Frühstücken. Die nette Wirtsfamilie spricht Deutsch. Lesertipp. DZ ab 12 € inkl. Frühstück. Asklepion Cad. 2, ✆ 633 2153.

Pergamon Pension (8), ein 150 Jahre altes Haus an der Hauptstraße. Einfachste Zimmer mit schmuddeligen braunen Teppichböden, rosa Wänden, grüner Decke, z. T. mit Stuck. Empfehlenswertes Restaurant angeschlossen (s. u.). DZ 12 €. Bankalar Cad. 5, ✆ 6334343.

Acroteria Pension (7), nahe dem Hamam und ebenfalls sehr einfach. Großer Innenhof, Dachterrasse. DZ mit Bad 12 €, ohne Bad 8,50 €. Bankalar Cad. 10, ✆ 6332469, ℻ 6331720.

- *Camping* **Bergama Caravan Camping (11)**, 3 km außerhalb des Zentrums an der Straße nach İzmir. Rasengelände, das mit jedem Jahr etwas schattiger wird, und ein Swimmingpool mittendrin. Sehr ordentliche Sanitäranlagen – Warmwasserduschen, sauberer Waschraum, Waschmaschine. Restaurant mit "türkischer Küche zum Camperpreis", so der gut Deutsch sprechende Besitzer. 2 Pers. zahlen mit Auto und Zelt 5,30 €. ✆ 6333902, ℻ 6331792.

Das Hotel **Berksoy** (s.o.) bietet ebenfalls einige Stellplätze. Nachteil: Das ständige Kommen und Gehen der Bustouristen, die für ein Mittagessen oder eine Nacht bleiben. 2 Pers. mit Zelt zahlen 10 €.

Essen & Trinken

Pergamon Restaurant (8), eine der gemütlichsten Adressen der Stadt. Mit Geschmack eingerichtetes, dennoch einfaches Restaurant mit Steinboden, Säulen und Brunnen in der Mitte. Ab und zu Livemusik. Auf der Karte stehen Meze und Gegrilltes zu gemäßigten Touristenpreisen. Bankalar Cad. 5.

Bergama Balık Evi (4), besseren Fisch bekommt man im Landesinneren selten. Einfaches Ambiente, gute und billige Sardinen. Ein Fisch im Brot kommt auf 0,60 €! Nahe dem Dolmuşbahnhof in der Eski Elektrik Fabrikası Cad.

Meydan Restaurant (3), nahe der Pension Athena an einer Verbreiterung der Hauptstraße. Ordentliches Kleinstadtrestaurant für Einheimische und Touristen. Hervorragende Meze und gute Grillgerichte zu vernünftigen Preisen. İstiklal Meydanı 4.

Sarmaşık Lokantası (6), freundliche einfache Lokanta im alten Zentrum. Gute Auswahl an leckeren Topfgerichten, eine Empfehlung auch für Vegetarier. Am besten mittags kommen, schließt abends früh. Bankalar Cad.

Pala (5), das älteste Restaurant Bergamas. Beste Adresse für Köfte und *Piyaz* (Salat aus weißen Bohnen). Ums Eck vom Sarmaşık in einer Seitengasse.

Arzu (2), hier serviert man die beste Pide der Stadt. Einfaches Ambiente. Nahe dem Restaurant Meydan.

Die Akropolis von Pergamon – Rundgang durch die Oberburg

Eine 6 km lange Straße windet sich in Serpentinen vom Zentrum Bergamas an der *Roten Halle* (s. u.) vorbei zur Akropolis. Oben angekommen, genießt man eine grandiose Aussicht auf das rote Dächermeer der Provinzstadt.

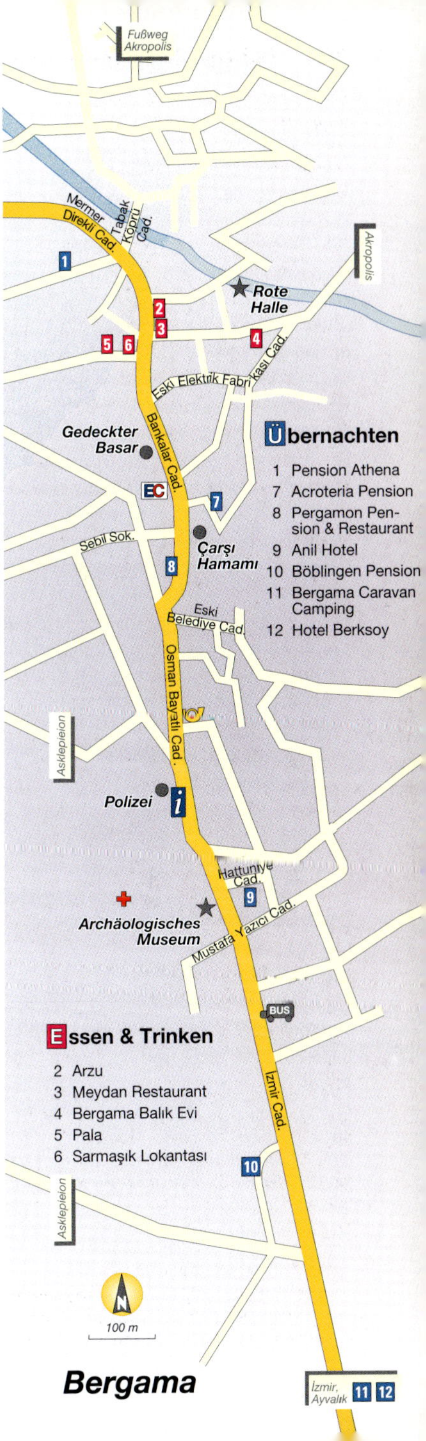

Hinweis Der hier beschriebene Rundgang durch die Oberburg führt Sie zu den wichtigsten Ausgrabungen. Er beginnt auf der Akropolis. Das Taxi brauchen Sie nicht warten lassen, da man von der Oberburg durch die Unterstadt nach Bergama absteigen kann. Eine Besichtigung in entgegensetzter Richtung ist zwar möglich, aber im Sommer überaus schweißtreibend.

Vom Kassenhäuschen am Parkplatz führt ein Weg bergauf zum einstigen **Burgtor**, von dem nur noch spärliche Reste erhalten sind. Dabei passiert man das **Heroon** (linker Hand). Es war ein großer, um einen Säulenhof angelegter Kultbau zu Ehren der pergamenischen Könige. In römischer Zeit war das Innere des Gebäudes ganz mit weißem Marmor ausgekleidet.

Hinter dem Burgtor lag linker Hand der **Heilige Bezirk der Athena**. Doch an den ältesten Tempel Pergamons, der der siegreichen Stadtgöttin geweiht war, erinnert nur noch das Fundament. Das Bauwerk war flankiert von je sechs Säulen an den Schmal- und zehn an den Längsseiten. Reliefs und Statuen verherrlichten den siegreichen Kampf gegen die Gallier.

Steigt man hinter dem Burgtor weiter bergauf, reihen sich zur Rechten die niederen Mauerreste mehrerer **Königspaläste** aneinander. Es waren recht bescheidene Gebäude mit einem Innenhof, der von einer Säulenreihe (Peristyl) umgeben war.

Wieder linker Hand lag die berühmte **Bibliothek** von Pergamon. Sie soll einen Bestand von 2000 Bänden gehabt haben. Zum Schutz vor Feuchtigkeit waren die Räume mit kostbaren Hölzern getäfelt. Der große Lesesaal war über 5 m hoch und mit einer fast genauso hohen Athena-Statue geschmückt.

Aus der Not geboren – das Pergament und das Buch

Als die Bibliothek von Pergamon die von Alexandria zu überflügeln drohte, verboten die ägyptischen Könige kurzerhand die Ausfuhr von Papyrus. Die Einwohner von Pergamon (Pergament!) besannen sich darauf auf die alte ionische Kunst, Schreibmaterial aus dünn geschabten Tierhäuten herzustellen. Da sich diese jedoch nicht wie das Papyrus rollen ließen, schnitt man sie zu Seiten und band sie in einem ledernen Deckel zu einem Buch.

Schräg über der Bibliothek erhebt sich das **Trajaneum**, heute die imposanteste, vor Ort zu sehende Ruine Pergamons – ein Triumph römischer Baufertigkeit und moderner Restaurationskunst. Der Tempel, ganz aus weißem Marmor errichtet, entstand für den vergöttlichten Kaiser Trajan. Zu römischer Zeit prägte er das Bild des Burgberges. Teile der Säulenhallen wurden wieder aufgerichtet, besonders aber zieht eine wieder erstellte, korinthische Giebelecke den Blick auf sich. Der Platz um den Tempel wurde gen Südwesten hin künstlich auf gewaltigen Stützmauern und Gewölben geschaffen. Von dort blickt hinab auf das Theater (s. u.).

Verlässt man das Trajaneum an seiner Nordostecke bei einem Torso über eine Treppe, und steigt von da weiter zu einem grauen Häuschen auf (ein ehemaliger Feuerausguck), gelangt man zu einer vollständig erhaltenen Zisterne, von einem Eisengeländer umringt. Sie gehörte zu einem der Königspaläste. Heute dient sie als **Glücksbrunnen**, der Wünsche in Erfüllung gehen lässt, sofern Sie in der Lage sind, hintereinander drei Münzen so auf die darin "versenkte Säule" zu werfen, dass sie oben liegen bleiben. Der Wunsch muss übrigens zuvor festgelegt werden.

Ein markierter Pfad führt von hier durch einen recht verwilderten Abschnitt der Akropolis zu einem Mauerdurchbruch und weiter hinaus auf einen schmalen Vorsprung am Nordende der Burg. Dort liegen die Reste der **Arsenale**, fünf längliche Baracken, in denen 900 steinerne und bleierne Kugeln gefunden wurden, die einst von katapultartigen Schleudern auf nahende Feinde abgeschossen wurden. Eindrucksvoll ist hier auch der Blick auf die **Nordostmauer**, die noch heute aus 32 Quaderschichten besteht. Sie stammt aus hellenistischer Zeit, war früher viel höher und wurde von Zinnen abgeschlossen.

Das Trajaneum von Pergamon

Aber auch der Fernblick ist imposant. Im Tal wird der Flusslauf des *Bakır Çayı* gestaut, um die Wasserversorgung Bergamas sicher zu stellen. Dort lassen sich auch Reste eines römischen **Aquädukts** (2. Jh. n. Chr.) ausmachen. Eine künstliche Trinkwasserversorgung hatte Pergamon aber schon rund 400 Jahre früher. Dabei wurde von dem 45 km nördlich gelegenen Berg *Madra Dağı* Wasser über eine dreisträngige, aus 2400 Einzelteilen gefertigte Tonrohrleitung in eine Kammer auf den Bergrücken gegenüber der Burg geleitet. Von dort gelangte es in einer unterirdisch verlegten Druckleitung aus Blei mit bis zu 20 atü auf den Burgberg. So wurde ein Höhenunterschied von über 200 m nur durch Eigendruck, ohne eine einzige Pumpe überwunden. Von den Arsenalen verläuft außerhalb der Burgmauern gen Süden ein Pfad auf die Terrasse des Trajaneum. Im Südwesten führen Stufen hinab zu dessen imposantem Unterbau.

Kurz darauf steht man oberhalb des **Theaters**, auf dessen Ränge man über einen Treppenschacht gelangt. Das Theater war das kulturelle und gesellschaftliche Zentrum Pergamons. Über der ersten Querreihe lag, ganz aus Marmor, die königliche Loge. Die Sitzreihen der restlichen 100 Plätze aus vulkanischem Andesit wurden in den Hang gebaut. Die Bühne bestand ganz aus Holz und wurde nur zu den Festspielen aufgebaut. Die restliche Zeit sollte die Theaterterrasse frei bleiben, damit der kleine **Dionysostempel** direkt daneben auch optisch zur Geltung kam. Einige lange Säulentrommeln und wunderschöne Kapitelle sind von ihm erhalten.

Die 250 m lange **Theaterterrasse** war – heute kaum mehr zu erahnen – Pergamons Einkaufszentrum und Flanierstraße. Die extreme Hanglage machte auf der Talseite die Errichtung einer bis zu 12 m hohen, dreistöckigen Stützmauer erforderlich, gekrönt von einer durchgehenden Säulenhalle. Auf beiden Seiten der Straße gab es Läden und fliegende Händler. Am Südende der Terrasse lag einst die **Obere Agora**, der mit Säulenhallen umgrenzte Marktplatz Pergamons. Viel erhalten blieb nicht.

Was hier einst stand, befindet sich heute in Berlin

Darüber markieren heute zwei prächtig gewachsene Pinien den Standort des riesigen **Zeusaltars** (34 x 34 m). Nur noch seine Fundamente sind vorhanden. Den Rest kann man als Nachbau mit den Originalfriesen im Berliner *Pergamon-Museum* bewundern. Ohne Zweifel wäre er hier schöner platziert – zu Recht wird die Rückgabe gefordert. Steigt man nun weiter bergauf, gelangt man am Heroon vorbei wieder zum Parkplatz. Wer mag, kann aber auch durch die Unterstadt nach Bergama absteigen – einfach wieder ein paar Schritte zurück zur Oberen Agora und los kann es gehen.

Öffnungszeiten im Sommer tägl. 9–19 Uhr, im Winter tägl. 8.30–12 und 13–17.30 Uhr. Eintritt 3,50 €, erm. 0,90 €. Die Orientierung auf dem Gelände fällt leicht, zumal mehrsprachige Schautafeln vor allen wichtigen Ausgrabungen zusätzliche Informationen vermitteln.

Durch die Unterstadt nach Bergama

Von der Oberen Agora führt ein markierter Weg auf einer antiken Straße, deren Pflaster z. T. noch zu erkennen ist, an den Grundmauern eines **römischen Bades** vorbei zur sog. **Stadtgrabung**. Unter Leitung des deutschen Archäologen Wolfgang Radt versuchte man hier, Einblicke in die Lebensweise des einfachen Volkes zu erhalten.

Man stieß auf eine kleine **Garküche** und einen **Verkaufsladen** für Wein und Öl, erkennbar an den halbrunden Löchern, in denen die großen Tongefäße eingelassen waren. Neben schiefen, aus unbehauenen Steinen errichteten Wohnhäusern fand man auch Reste repräsentativer Bauten, die mit denen der Akropolis jedoch nicht konkurrieren können. Dazu gehörte z. B. ein **Heroon** für Diodoros Pasparos, ein Wohltäter der Stadt. Es bestand aus einem Kultsaal und einem Odeion mit gemeinsamer Vorhalle. Leider ist es nicht zugänglich – wie so viele Ausgrabungen dieses Komplexes. Das Gleiche gilt bislang auch für den sog. **Bau Z**, einst ein Peristylhaus.

Pergamon

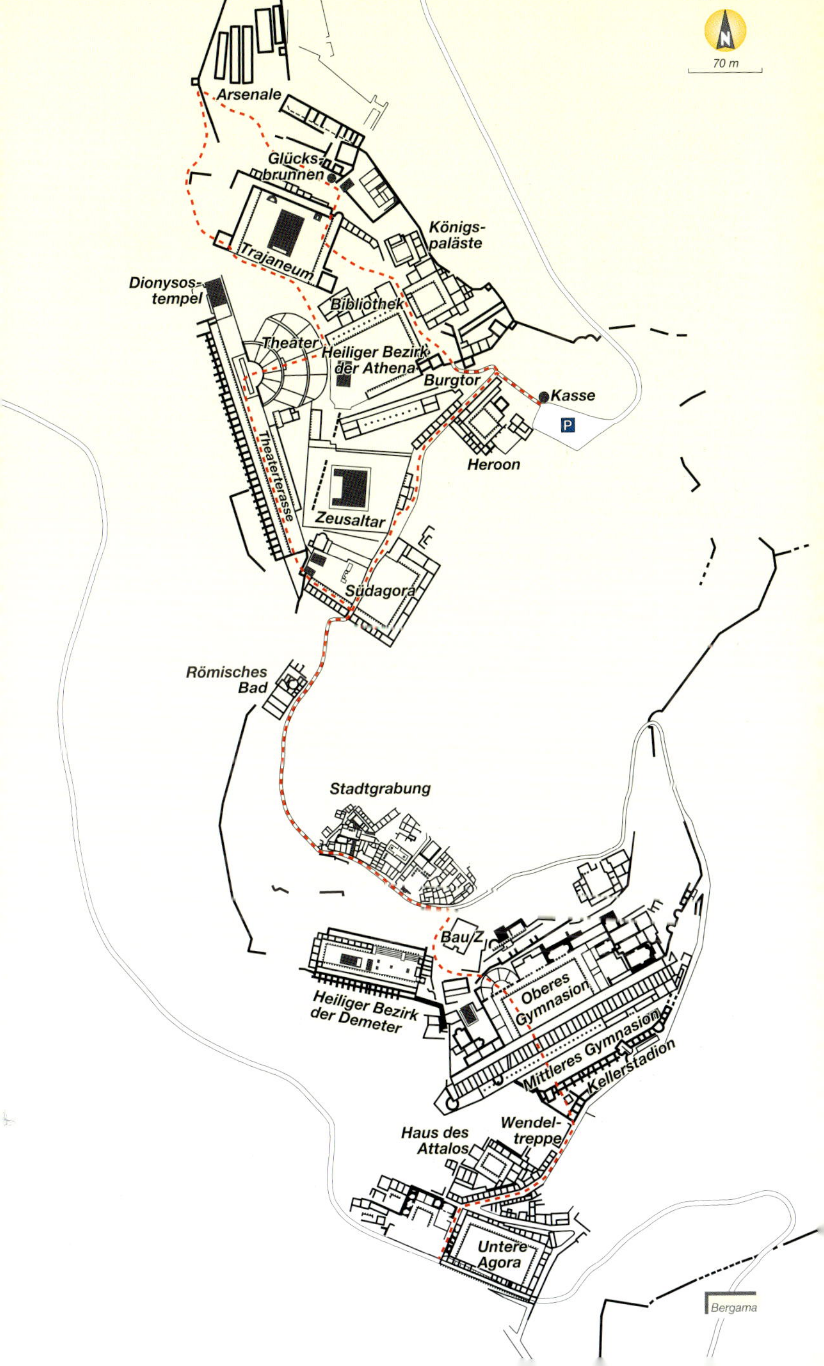
70 m
Arsenale
Glücks-brunnen
Königs-paläste
Trajaneum
Dionysos-tempel
Bibliothek
Theater
Heiliger Bezirk der Athena
Burgtor
Kasse
P
Heroon
Theaterterasse
Zeusaltar
Südagora
Römisches Bad
Stadtgrabung
Bau Z
Oberes Gymnasion
Heiliger Bezirk der Demeter
Mittleres Gymnasion
Kellerstadion
Wendel-treppe
Haus des Attalos
Untere Agora
Bergama

Vermutlich beherbergte es das Prytanaion, wo der Rat der Stadt tagte. Die drei Mosaiken darin zählen zu den prächtigsten, die je in der Türkei entdeckt wurden. Nach Fertigstellung des Schutzdaches sollen sie der Öffentlichkeit zugänglich werden.

Der markierte Weg führt weiter zum nahe gelegenen **Heiligen Bezirk der Demeter**, eine 100 x 45 m große Terrassenanlage, bestehend aus Tempel, Altar, Säulenhallen, einem Opferschacht für den Hades und einer neunstufigen Tribüne. Bei nächtlichem Fackelschein feierten hier Priesterinnen Kultfeste zu Ehren der Göttin der Feldfrüchte, die zu Fruchtbarkeit und einem Leben nach dem Tode verhelfen sollten.

Dem Demeterbezirk gegenüber lag der riesige Komplex des **Gymnasions**, die größte weltliche Anlage Pergamons, die sich über drei Terrassen erstreckte. Der Gebäudekomplex der obersten Terrasse, der Jugendlichen über 16 Jahren vorbehalten war, war der schönste. Er besaß einen theaterförmigen Saal für Vorträge und Konzerte, einen Ehrensaal und eine Badeanlage. Auf der mittleren Terrasse für pubertierende Epheben befand sich eine Rennbahn, das sog. Kellerstadion (210 m lang), das heute offen zutage liegt. Die unterste Terrasse war eine Art Spielplatz für Kinder. Über eine noch vollständig erhaltene, überdachte Wendeltreppe gelangt man nun hinab zum **Haus des Attalos**, ein typischer Peristylbau (mit Säulenhallen um einen Hof), dessen schöne Mosaiken heute mit einem Schutzdach gesichert sind. Es gehörte einst einem römischen Konsul.

Es folgt die **untere Agora**, von der weniger als nur spärliche Reste erhalten sind. Einst waren hier Inschrifttafeln aufgestellt, die u. a. über Gesetze des öffentlichen Lebens informierten (z. B. zum Wege- und Hausbau oder zur Pflege der Zisternen).

Asklepieion

Am westlichen Stadtrand von Bergama liegt, inmitten einer weitläufigen Kasernenstadt (z. T. Fotografierverbot!), das Ruinenfeld des Asklepieions, das neben Epidauros auf der Peleponnes eines der berühmtesten Heilstätten der Antike war. Im 4. Jh. v. Chr. wurde es gegründet, in römischer Zeit erlebte es unter dem Arzt Galenos (129–199) seine größte Blüte, selbst Kaiser suchten es auf.

Zum Asklepieion gelangte man früher über die *via tecta*, eine knapp 1 km lange Basarstraße, beidseitig von Arkaden und Geschäften gesäumt. Noch heute führt auf

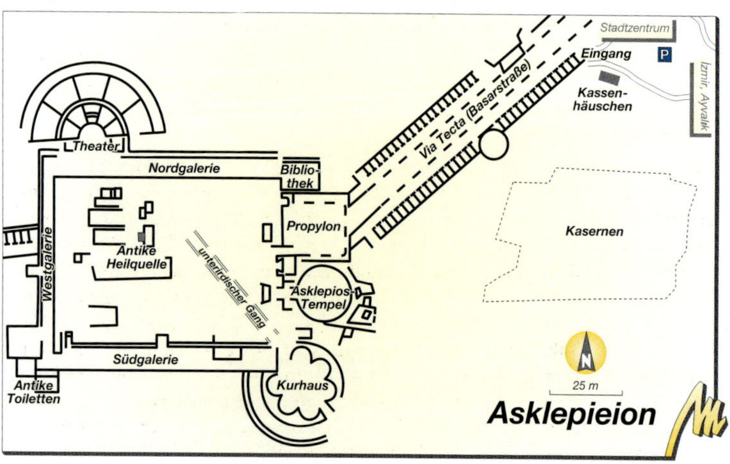

ihr der Weg vom Ticketschalter zum Asklepieion, nur zieren die einstige Prachtkolonnade lediglich Säulenstümpfe. An ihrem Ende führten Stufen durch ein Tor hinab zum Propylon; hier wurden die Patienten feierlich empfangen.

Asklepios und die antiken Behandlungsmethoden

Asklepios, Sohn von Apollon und Koronis, war in der Antike der Gott der Heilkunst. Seinen Tod bewirkte Zeus, der ihn mit einem Donnerkeil erschlug, weil er es gewagt hatte, Tote lebendig zu machen. Schlangen waren dem Asklepios heilig, und man sagte, er habe sich in ihnen verkörpert. Auf Asklepios geht der Askuläpstab zurück. Mit einer um einen Stab gewickelten Schlange symbolisiert er den ärztlichen Stand.

Das Asklepieion von Pergamon war in der Antike nicht das einzige seiner Art, es gab mehr als 200 solcher Stätten. Sie waren keine reinen Kultorte, sondern eine Art Kurbad mit Tempel, Wohn- und Krankenkomplex, Theater, Bibliothek u.v.m. Die Heilsuchenden verbrachten hier im Schnitt mehrere Monate. Behandelt wurden Leib und Seele gleichermaßen. Grundlage der Diagnose war oft die Inkubation (Schlaf im Tempel) bzw. die darauf folgende Traumdeutung durch Priester und Ärzte. Dementsprechend empfahlen sie dann Diäten, Bäder-, Honig- oder Kräuterkuren, körperliche Übungen, das Trinken von verdünntem Schierlingssaft, Kreidebrei o. Ä. Vieles über die Behandlungsmethoden weiß man aus den Aufzeichnungen von Galenos, dem nach Hippokrates wohl berühmtesten Arztes der Antike. Noch heute sind von Galenos, der u. a. auch Leibarzt Marc Aurels war, rund 180 Schriften erhalten. Der gute Arzt erreichte übrigens für die damalige Zeit das hohe Alter von 70 Jahren.

Etwas weiter macht rechter Hand ein Schild auf die **Bibliothek** aufmerksam – ohne dieses würde man die spärlichen Reste glatt übersehen. Von der Bibliothek führt die über 120 m lange **Nordgalerie**, einst eine Säulenhalle von fast 10 m Höhe, zum Theater. Einige wieder aufgerichtete Säulen lassen die einstige Pracht des Komplexes erahnen. Aufführungen in dem noch gut erhaltenen **Theater**, das annähernd 40 Zuschauer fasste, sollten für Zerstreuung sorgen und neue Lebensgeister wecken. Noch heute wird es gelegentlich für Veranstaltungen genutzt.

Von der **Westgalerie** steht nicht mehr viel und an die einst doppelstöckigen **Südgalerie** erinnert so gut wie nichts mehr. In der Ecke, wo sich beide trafen, gab es übrigens, mit viel Phantasie noch zu erkennen, nach Geschlechtern getrennte Toiletten mit Wasserspülung.

Etwa in der Mitte des von den Galerien umrahmten Platzes plätschert bei einer großen Platane Wasser aus einem Metallrohr. Das angeblich einst heilwirksam Wässerchen hilft, so Untersuchungen aus neuerer Zeit, heute keiner Seele mehr. Wie dem auch sei – Sie können ruhig einen Schluck nehmen. In der Nähe davon führen Stufen hinab in einen 80 m langen unterirdischen Gang, in den durch Luken gespenstisches Licht einfällt. Er endet beim **Kurhaus**, gleichzeitig ein Tempel, in dem Wasserbehandlungen vorgenommen wurden. Treppen führen ins Obergeschoss, in jenen Trakt, wo die Patienten zum Träumen schliefen. Gleich daneben lag einst der Haupttempel des Bezirks, der **Asklepios-Tempel** – ohne ein Hinweisschild würde man auch dessen spärliche Reste kaum mehr ausmachen.

Adresse/Öffnungszeiten Von der İzmir Cad. im Süden des Zentrums ausgeschildert. Im Sommer tägl. 9–19 Uhr, im Winter 8.30–12 und 13–17.30 Uhr. Eintritt 3,50 €, erm. 0,90 €.

Weitere Sehenswürdigkeiten in Bergama

Kızıl Avlu (Rote Halle): Der Monumentalbau (60 x 60 m) aus roten Ziegeln, unter Kaiser Hadrian im 2. Jh. errichtet, diente der Verehrung des ägyptischen Gottes Serapis. Er enthielt eine 12 m hohe Kolossalstatue Serapis' und war ursprünglich komplett mit farbigen Marmorplatten verkleidet. In byzantinischer Zeit wurde die Halle in eine dreischiffige Johannesbasilika umgebaut und mit einer Apsis versehen – daher wird sie auch als "rote Basilika" bezeichnet. Zwei turmartige Rundbauten flankieren sie, in einem davon befindet sich heute eine Moschee.

Adresse/Öffnungszeiten An der Straße zur Akropolis, ausgeschildert. Im Sommer tägl. 9–19 Uhr, im Winter 8.30–12 und 13–17.30 Uhr. Eintritt 1,80 €, erm. 0,60 €.

Archäologisches Museum: Es wurde zwar neu restauriert, die Sammlung fällt im Vergleich zum Pergamon-Museum in Berlin dennoch etwas bescheiden aus. Wer aber noch nie im Berliner Museum war, kann hier zumindest ein kleines, etwas plump ausgefallenes Modell des Zeusaltars besichtigen. Zu den schönsten Exponaten gehören eine Kolossalstatue Hadrians aus der Bibliothek des Asklepieions und ein prächtiges Bodenmosaik mit einem Medusenkopf aus hellenistischer Zeit (beide im Hauptraum). Angegliedert ist eine ethnographische Sammlung.

Adresse/Öffnungszeiten İzmir Cad. Im Sommer tägl. 9–19 Uhr, im Winter 8.30–12 und 13–17.30 Uhr. Eintritt 1,80 €, erm. 0,60 €.

Ayvalık

ca. 30.000 Einwohner

Das Schönste liegt nicht selten im Verborgenen: Im Gegensatz zu manch anderem Ägäisort zeigt Ayvalık seine Reize nicht direkt an der Uferfront, sondern im chaotischen Gassenwirrwarr dahinter. Wie vor 100 Jahren klappern dort noch Pferdefuhrwerke über das Pflaster.

Ayvalık liegt an einer zerlappten Küstenlandschaft, eingerahmt von duftenden Pinienwäldern. Das hört sich schön an, doch fährt man in das Städtchen, wirkt es auf den ersten Blick ein wenig enttäuschend. Ayvalıks Charme versteckt sich abseits seiner Durchgangsstraße, der lauten und nüchternen *İnönü Caddesi*. Ziel- und orientierungslos lässt es sich dort herrlich bummeln. Glauben Sie dabei nur keinem Stadtplan. Kreuz und quer kriechen die engen krummen Pflastergässchen wie Regenwürmer durch das alte Zentrum den Hang hinauf. Farbenfrohe klassizistische Stadtpalais mit leprösen Fassaden und hohen Portalen wechseln mit niederen einfachen Wohnhäusern und Werkstätten ab – stumme Zeugen der griechischen Vergangenheit.

Neben seiner pittoresken Altstadt bietet Ayvalık 23 vorgelagerte Inseln mit paradiesischen Buchten. Nur unmittelbar vor Ort fehlt es an Bademöglichkeiten. Kein Wunder also, dass Ayvalık für viele Urlauber lediglich abendliches Ausflugsziel ist. Die touristischen Zentren findet man südlich des Städtchens, z. B. im ursprünglich 4 km entfernt gelegenen Dorf *Çamlık*, das durch eine Vielzahl an Pensionen und Hotels heute mit Ayvalık fast zusammengewachsen ist. Noch 3 km weiter wurde am langen Strand von *Sarımsaklı* gar ein riesiges gesichtloses Hotelkonglomerat aus dem Boden gestampft. Keine Angst – die zerklüftete Küste um Ayvalık bietet zum Glück auch noch Badeplätzchen für ruhige Naturen.

Geschichte

Das heutige Ayvalık liegt im Siedlungsgebiet des antiken *Kydonia*, von dem spärliche Reste auf der nahen Insel Alibey ausgegraben wurden. Kydonia machte keine

Am Hafen von Ayvalık

großen Schlagzeilen in der Geschichte, Ayvalık tat es ihm nach. In dem durch und durch griechisch geprägten Küstenort lebte man Jahrhunderte lang vom Fischfang und der Olivenölproduktion, zudem vom Handel mit der Insel Lésbos. Das brachte den Einwohnern neben Piraten – die vorgelagerten Inselchen boten genügend Verstecke – einen beachtlichen Wohlstand. Durch einen *Ferman* (Sultanserlass) verfügte Ayvalık als einzige osmanische Stadt im 18. Jh. über eine Kommunalverfassung mit weitgehender Autonomie. Bereits Anfang des 19. Jh. besaß die Stadt eine Akademie, eine Druckerei und florierende Industriebetriebe wie Gerbereien oder Raffinerien. Die wirtschaftliche Entwicklung Ayvalıks wurde 1821 für einige Jahre unterbrochen, als eine aufgebrachte Menge, durch den griechischen Freiheitskampf emotionalisiert, zwei türkische Schiffe vor der Küste kaperte und in Brand setzte. Zur Strafe wurden die Bewohner fast vollständig ins anatolischen Hochland verbannt.

Nach dem Ersten Weltkrieg mussten die griechischen Einwohner im Rahmen des Bevölkerungsaustauschs ihre Heimatstadt verlassen. Viele von ihnen siedelten nach Lésbos über, Türken aus Kreta übernahmen ihre Häuser. Auch wandelten sie christliche Gotteshäuser in islamische Gebetsstätten um. Daran erinnern im Gassendschungel noch heute die *Çınarlı Cami* (ehem. *Agios-Yorgis-Kirche*) und die *Saatli Cami* (ehem. *Agios-Yanis-Kirche*), die "Uhrenmoschee", deren Kirchenglocke seit einem Erdbeben im Jahre 1944 schweigt. Lediglich die *Taxiyarchis-Kirche* aus dem 19. Jh. bekam nie ein Minarett aufgeklebt. Zum Zeitpunkt der Recherche fanden umfangreiche Restaurierungsarbeiten an ihr statt, nach der Wiedereröffnung wird man im Inneren auf Fischhaut gemalte Bilder bewundern können.

Die ersten Jahrzehnte unter türkischer Regie waren von Armut geprägt, schleichend verfiel die alte griechische Bausubstanz. Heute kehrt sich das Blatt langsam wieder. Ayvalık ist ein aufstrebender Küstenort, ohne jedoch an die Blüte von einst anknüpfen zu können. Zu den alten Erwerbszweigen Fischerei und Olivenölproduktion

Fast wie vor 100 Jahren – Gasse in Ayvalık

(rund 70 t jährlich) gesellt sich der Fremdenverkehr. Die Stadtverwaltung hat das touristische Potential der alten griechischen Stadthäuser erkannt, mittlerweile wird fleißig restauriert.

Information/Verbindungen/Ausflüge

- *Telefonvorwahl* 0266.
- *Information* Kiosk für knappe Auskünfte nahe den Ausflugsbooten am Hafen. Informativer ist die **Tourist Office** stadtauswärts Richtung Çamlık auf der linken Seite, leicht zu übersehen. Leider ohne Fremdsprachenkompetenz. Mo–Fr 8.30–18 Uhr, Sa 10–16 Uhr. ✆/℻ 3122122.
- *Verbindungen* **Bus**bahnhof 1,5 km nördlich des Zentrums an der Durchgangsstraße. Über Burhaniye nach Edremit alle 20 Min., nach İzmir oder Çanakkale etwa stündl., mehrmals tägl. nach Balıkesir und Bursa. Gute Verbindungen zudem nach İstanbul und einige Male pro Tag nach Ankara. Buchungsbüros befinden sich rund um den Cumhuriyet Meydanı.

> **Achtung Anreise**: Nicht alle Busse, die entlang der Küste unterwegs sind, steuern den Busbahnhof von Ayvalık an. Manche Gesellschaften lassen ihre Fahrgäste mehrere Kilometer landeinwärts an der Fernstraße İzmir–Çanakkale/Abzweigung Ayvalık aussteigen. Von dort gelangen Sie mit dem Dolmuş ins Zentrum. Erkundigen Sie sich diesbezüglich am besten vorm Kartenkauf.

Stadtbus/Dolmuş: Stadtbusse verbinden den Busbahnhof mit dem Zentrum und fahren bis nach Çamlık, zudem besteht eine Stadtbusverbindung vom Zentrum zur Alibey Adası (Abfahrt vom Cumhuriyet Meydanı). Die Minibusse nach Sarımsaklı (6–23 Uhr) und am Abend zur Şeytan Sofrası starten einige hundert Meter südlich des Cumhuriyet Meydanı beim Tansaş-Supermarkt. Die Minibusse nach Bergama (tagsüber im Stundentakt, 2 €) fahren noch weiter südlich nahe der Marina ab.

Taxi: Standort am Cumhuriyet Meydanı. Auf die Alibey Adası (Hauptort) 7 €, nach Bergama (Tagestour) 60 €.

• *Schiffsverbindungen* **Boote zur Alibey Adası** starten tagsüber jede volle Stunde am Kai zwischen Infokiosk und Fischmarkt. Für die drei Seemeilen brauchen die Schiffchen knapp 30 Min.

Fähren nach Lésbos: 2 Gesellschaften bedienen die Strecke. Im Sommer nahezu tägl. Verbindungen, im Winter mehrmals wöchentlich. Abfahrt in Ayvalık meist nachmittags, zurück kommt man erst am nächsten Tag. Pro Person 40 € einfach (retour 50 €), Auto 40–60 € (retour 70–90 €), Motorrad 25 € (retour 40 €). Dauer je nach Schiff 90–120 Min. Für die Rückfahrt werden in Griechenland 9 € Hafensteuer erhoben. Reservierung ein Tag im Voraus. Nähere Infos bei **Jale Ferry Boat Agency**, Gümrük Cad. 24, ✆/℻ 3122740 oder **Yeni İstanbul**, Gümrük Meydanı 9/7, ✆ 3126123.

• *Bootsausflüge* Tagestouren mit Badestopps zu den Stränden der vorgelagerten Inseln, pro Person mit Mittagessen 4,50 €. Verhandelt wird am Kai nahe dem Infokiosk. Abfahrt i.d.R. um 10 Uhr.

• *Organisierte Touren* Wenig Auswahl, da in Ayvalık vorrangig Türken Urlaub machen. Tagesausflüge nach Pergamon, Troja, Bursa oder Ephesus können dennoch in diversen Reisebüros im Zentrum gebucht werden. Die Preise sind von der Gruppengröße abhängig.

• *Parken* Entlang der Durchgangsstraße herrscht Parkverbot. Parkplätze sind mit "Otopark" ausgeschildert. Suchen Sie besser nicht auf eigene Faust einen Platz in den Gässchen abseits der Uferstraße – dort geht es verdammt eng zu.

Adressen/Einkaufen

• *Ärztliche Versorgung* **Krankenhaus** auf Höhe der Marina an der Straße nach Çamlık. Englischsprachig. ✆ 3121744.

• *Autoverleih* Ein Büro von **Avis**, dem einzigen Internationalen Anbieter in Ayvalık, befindet sich in der Talatpaşa Cad. 677/B, ✆ 513353, ℻ 5119496. Inkl. Versicherungen ab 50 € pro Tag. Günstiger die zahlreichen lokalen Anbieter entlang der Durchgangsstraße, das preiswerteste Fahrzeug ist hier ab 30 € (allerdings ohne Vollkaskoversicherung) zu bekommen.

• *Einkaufen* Tägl. am Hafen Fisch- und, überdacht im Zentrum, Gemüsemarkt. Großer **Wochenmarkt** zudem jeden Do im Zentrum. Die Auswahl an Leder-, Teppich- und Schmuckgeschäften ist beschränkt. Das lokale Olivenöl zählt zu den besten der Ägäis.

• *Geld* **T.C. Ziraat Bankası** mit EC-Automat an der İnönü Cad. 25.

• *Polizei* in der Mareşal Çakmak Cad. nahe dem Zoll (Gümrük), ✆ 3129500.

• *Post* an der İnönü Cad., der Hauptdurchgangsstraße.

• *Waschsalon* Einen Self-Service-Waschsalon gibt es nicht. Eine **Reinigung** (Kuru Temizleme) befindet sich in der Barbaros Cad. 1 Sok. Abgerechnet wird nach Stückzahl.

• *Zweiradverleih* Obwohl die Umgebung dazu einlädt, mit dem Fahrrad oder Moped erkundet zu werden, existiert kein Zweiradverleih in Ayvalık. Der nächste Anbieter befindet sich in Sarımsaklı: **P&M Motorbike**, Atatürk Bul. 36/A, ✆ 3246445.

Übernachten/Camping (s. Karte S. 215)

Große sternengeschmückte Hotels gibt es in Ayvalık nicht, es überwiegen einfachere Quartiere, darunter jedoch einige wirklich schöne Pensionen. Die vielen Hotels an der Straße nach Çamlık sind laut und daher auch nicht zu empfehlen. Für weitere Unterkünfte in der Umgebung → Alibey Adası, S. 216.

Kaptan Otel (3), kleines Hotel nahe der Post, von der Durchgangsstraße ausgeschildert. Ordentliche Standardzimmer, DZ mit Klimaanlage 27 €, ohne 21 €. Schöne Terrasse direkt am Meer, eigener Parkplatz. Balıkhane Sok. 7, ✆ 3121271, ℻ 312118.

Pansiyon Bonjour (2), etwas versteckt in einem schönen alten Steinhaus im engen Gassenwirrwarr hinter der Uferstraße. Eingangsbereich mit Antiquitäten, die 7 Zimmer nicht mehr ganz so prunkvoll, aber mehr als okay. Schöner Innenhof, Gemeinschaftsküche. DZ mit Frühstück 20 €. Çeşme Sok. 5, ✆ 3128085. Ab der Post beschildert.

Chez Beliz (6), eine charmante Unterkunft, geführt von der liebenswerten ehemaligen Filmschauspielerin Beliz İşlek, ebenfalls im Gassenwirrwarr hinter der Uferstraße. Vermietet werden 5 einfache, aber sehr freundliche Zimmer, zudem 3 Bungalows. Hübsches Gärtchen, tolles Frühstücksbüfett und auf Wunsch ein herrliches Abendessen von Beliz höchstpersönlich (8 €). Saubere Gemeinschaftsbäder, Waschservice, Fahrradverleih. EZ ab 10 €, DZ ab 20 €, Dreier ab 28 €. Mareşal Çakmak Cad.28, ✆ 3124897, chezbeliz@hotmail.com. Von der Post zunächst der Beschilderung zur "Pansiyon Bonjour" folgen, dort rechts halten. Etwas weiter dann beschildert.

Pansiyon Taksiyarhis (5), Topptipp unter den Billigunterkünften. Stilvoll restauriertes Haus, mit viel Liebe eingerichtet. Gemütliche Zimmer (meist mit mehreren Betten), sehr saubere Gemeinschaftsbäder. Gärtchen mit Hängematte, Terrasse mit Wahnsinnsblick, jede Menge Bücher, Waschmaschine und Internet. Obwohl 95 % der Gäste aus dem Ausland kommen, spricht das nette Wirtsehepaar leider keine Fremdsprache. Die Übernachtung kostet pro Person ohne Frühstück 8 €. Maraşal Çakmak Cad. 71, ✆ 3121494, ✆ 3122661. Anfahrt wie bei Chez Beliz.

Yalı Pension (1), in Postnähe. Nur durch die hauseigene Gartenterrasse (herrlich!) vom Meer getrennt. 8 einfache Zimmer mit hohen Wänden in einem über 200 Jahre alten Gebäude. Etagentoilette. Pro Person 9 € inkl. Frühstück. PTT arkası 25, ✆ 3122423.

Kıyı Motel (4), akzeptable Billigunterkunft, 8 sterile kleine Zimmer, die ein bisschen rosa Stuck auflockert. Private Sanitärs, 2 Zimmer mit Meeresblick. Pro Person keine 3 €. Gümrük Meydanı 8, ✆ 3126677.

• *Außerhalb* ****Ayvalık Beach**, ca 8 km südlich von Ayvalık an der Straße zur Şeytan Sofrası. Gepflegte Bungalowclubanlage direkt am Meer in einem Pinienwald. Pool und eigener Strandabschnitt. DZ 100 €, EZ 75 €. ✆ 3245300, ✆ 3245304.

• *Camping* **Çamlık Camping**, ca. 200 Stellplätze auf einem terrassierten Hügel nahe der Straße nach Sarımsaklı, ca. 4 km südlich von Ayvalık. Schöner Platz mit viel Schatten, einfacheren sanitären Anlagen und Bungalowvermietung. 2 Pers. mit Zelt und Auto zahlen 3,50 €, Bungalows 6–7,50 €. ✆ 3122286. Ein weiterer Platz namens **Çamlık Orman İçi Dinlenme Yeri** befindet sich auf dem Weg von Çamlık zur Şeytan Sofrası. Einfacher, aber nicht viel billiger.

Essen & Trinken/Nachtleben

Gute und schattige Straßenlokantas findet man nördlich der Mareşal Çakmak Cad., fast alle schenken auch Bier aus. Die Fischrestaurants nahe der Atatürkstatue sind allesamt gut, aber auch nicht billig – wählen Sie am besten das mit dem schönsten freien Tisch. Preiswerten Fisch (auch als Snack im Brot) bekommt man in den Imbisslokalen beim Fischmarkt. Äußerst beliebt sind übrigens auch die Fischlokale auf der Alibey Adası (→ Umgebung Ayvalık, S. 217). Zahlreiche Pide- und Kebabsalons findet man entlang der Durchgangsstraße und ihren Seitengassen

Canlı Balık Restaurant (10), bietet neben Fisch auch eine große Auswahl an Topfgerichten und Meze. Für ein Abendessen sollte man mit rund 15 € pro Person rechnen. Bei der Atatürkstatue an der Uferfront.

Ayvalık Şehir Kulübü (9), am Rande des großen Trubels. Gemütliche Terrasse am Wasser. Über 30 verschiedene Meze zur Auswahl – der ideale Ort für einen längeren Abend mit viel Rakı. Hervorragende Fisch- und Fleischgerichte. Preislich okay, Hauptgerichte 2–4 €. Belediye Sok.

Osmanlı Mutfağı (8), einfaches, aber stets gut besuchtes Restaurant mit einer großer Auswahl an Topfgerichten, zudem Pide und leckere Spieße vom Grill. Preiswert. Die Adresse für mittags! Talat Paşa Cad.

• *Außerhalb* **Cennet Koyu Şahin**, in Çamlık gleich neben dem Çamlık Camping an der Straße nach Sarımsaklı. Gepflegte Lokalität in einem kleinen apricotfarbenen Bau abseits des Trubels und direkt am Meer. Geboten werden originelle Meze, auch mit Meeresfrüchten (0,90–2,40 €), und Gegrilltes zu 1,50–3,50 €.

Belediye Gazinosu, in Çamlık an der Durchgangsstraße nach Sarımsaklı. Urgemütliche, von Pinien beschattete Mischung aus Teegarten und Restaurants. Nur einfache Gerichte wie Gözleme, Köfte oder Suppe, sehr preiswert.

• *Nachtleben* Mit international renommierten Ferienorten wie Bodrum oder Kuşadası kann Ayvalıks Nightlife selbstverständlich nicht mithalten, ein paar nette Anlaufpunkte hat man zwischen Hafen und Fährhafen

dennoch. Einer davon ist die **Sokak Bar (7)** in der Gazinolar Sok. 11, eine lustig-verspielt eingerichtete Knoipe mit kleiner Terrasse am Meer und gelegentlicher Livemusik. Getanzt wird gleich nebenan im **Kytaro Club**.

Baden/Tauchen

• *Baden* Wie bereits gesagt, gibt es Ayvalık selbst keine Bademöglichkeiten. Am besten per Bootsausflug zu den Badebuchten der vorgelagerten Inseln. Strände findet man ferner auf der **Alibey Adası** (→ Umgebung Ayvalık, S. 216) und in **Çamlık.** Der Knoblauchstrand von **Sarımsaklı** (türk. *sarımsak* = Knoblauch) ist rund 7 km lang und 200 m breit, im Siedlungsbereich allerdings mit Sonnenschirmen und Liegestühlen vollgepflastert und teilweise von den anliegenden Hotels reserviert.

• *Tauchen* **Körfez Diving Center**, eine der wenigen Tauchbasen in der ganzen Region. Bietet Ausfahrten für erfahrene Taucher und Kurse. 2 Bootstauchgänge mit Equipment ca. 35 €. Bei den Ausflugsbooten am Hafen. ✆ 0532/22663589 (mobil).

Umgebung von Ayvalık

Alibey Adası (Insel Alibey): Insel oder Halbinsel – der Status ist nicht ganz klar, da das Eiland rund 8 km nordwestlich von Ayvalık über Brücke und Damm trockenen Fußes erreicht werden kann. Die früheren Bewohner, Griechen, nannten ihre Heimat "Insel des Duftes". Heute zieht vor allem der Duft der zahlreichen Fischbratereien

Auf der Insel Alibey

• *Verbindungen* Regelmäßige **Bus**- und **Boot**sverbindungen (→ Ayvalık/ Verbindungen, S. 212).

• *Bootsausflüge* gleiches Angebot wie in Ayvalık.

• *Einkaufen* **Günaydın Tekel**, in dem lustigen kleinen Laden im Zentrum von Alibey-Dorf (notfalls fragen) wird bizarrer Wein verkauft, z. B. mit Schokoladen- oder Bananengeschmack – eine Adresse für Aspirinfreaks.

• *Übernachten* ***Ortunç**, ganz im Westen der Insel, rund 4 km von Alibey-Dorf entfernt. Laut Prospekt ein "verstecktes Paradies", und dem kann man nur zustimmen. Gemütliche, von einem Pinienhain umgebene Bungalowanlage abseits jeglichen Trubels. Sehr gepflegt, der Rasen hat Golfplatzniveau. Eigener Strand. Betreiber Orhan Tunç ist übrigens ein ehemaliger Opernsänger. Pro Person 31 € inkl. Frühstück.

des Hauptortes über die Insel – allabendlich lädt die dortige Uferpromenade mit ihren vielen Fischlokalen zum Schlemmern und Flanieren ein. Tagsüber wirkt der beschauliche 20-Seelen-Ort mit seinen alten griechischen Häusern wie ausgestorben. Mit Schlagseite legen am Vormittag die Ausflugsboote ab, erst am späten Nachmittag kommen sie von der Badetour zurück. Eine kleine Attraktion ist die im Verfall begriffene, nur noch als Skelett existierende *griechisch-orthodoxe Kirche.*

Den Reiz der Insel entdecken seit Jahren mehr und mehr wohlhabende Türken – alte Häuser werden herausgeputzt, neue gebaut. So ist leider auch Alibey Adası, schlicht "Cunda" genannt, von uniformen Ferienhaussiedlungen nicht verschont geblieben. Doch finden sich abseits des Hauptortes noch etliche ruhige Fleckchen und nette, von Pinienwäldern umrahmte Sandbuchten. Bei kleinen Wanderungen kann man zudem Ruinen alter Klöster entdecken. Tipp: Hinauf zu den Buchten im recht unberührten Norden der Insel! Dahin aber gelangt man nur zu Fuß oder mit einem Mietfahrzeug.

✆ 3271120, ℻ 3272082. Nicht mit öffentlichen Verkehrsmitteln zu erreichen.

Altay Pansiyon, im Zentrum von Alibey-Dorf ein paar Reihen hinter dem Meer. Empfehlenswert. Vermietet werden 9 blitzeblanke Zimmer auf äußerst hohem Niveau: Fliesenböden, Kühlschrank, Ventilator und Föhn im Bad. Leider etwas hellhörig. Gemeinschaftsküche und kleiner Hinterhof zum Frühstücken. Ein Swimmingpool ist in Planung. DZ mit Frühstück 18 €. ✆ 3271024, ℻ 3125438.

Atün Pansiyon, einfache, aber ordentliche Unterkunft in zweiter Reihe nahe der Anlegestelle für Ausflugsboote in Alibey-Dorf. Das alte, rot-weiße Steinhaus schlägt z. T. das Niveau so mancher Unterkunft in der ersten Reihe und kostet nicht einmal die Hälfte. DZ mit Bad und ohne Frühstück 12 €. ✆ 3271554.

Camping **Ada Camping**, rund 4 km westlich des Inselhauptortes. Großer Familienplatz in ruhigster Lage zwischen Olivenbäumen. Einfache, saubere Sanitäranlagen, Camperküche, Minimarkt. Eigener Kiesstrand in einer kristallklaren Bucht. Gutes Terrassenrestaurant. Jan. und Febr. geschlossen. Pro Person 3 €, Auto oder Motorrad 1,20 €, Zelt je nach Größe 1,20–3,50 €. Wer nur den Strand benutzen will, bezahlt 2,50 €. ✆ 3271211, 📠 3272065. Beschildert, nicht mit öffentlichen Verkehrsmitteln zu erreichen.

• *Essen & Trinken/Nachtleben* Alibey besitzt um die 20 gute Fischlokale am Hafen, wo man angeblich aus 118 Sorten Fisch (!) wählen kann. Das **Saki Kaptan** gilt als eines der besten in der höheren Preisklasse. Gleich in der Nähe befindet sich der **Dinosaur Club** für den Absacker hinterher. Gemütliche Kneipe mit niederen Tischen in altem Natursteingemäuer, regelmäßig Livemusik.

Stelldichein beim Teufel: Şeytan Sofrası

Şeytan Sofrası: Der Beelzebub bittet zu Tisch. Şeytan Sofrası ("Teufelstafel") nennt man eine tischförmige Gesteinsformation auf der Sarımsaklı-Halbinsel rund 10 km südwestlich von Ayvalık. Hier kann man den Teufel bestechen und eine Münze in einen Spalt am Tischrand werfen – jeder Wunsch geht so in Erfüllung, heißt es. Der Grund für die allabendlichen Massenversammlungen zum Sonnenuntergang ist jedoch weniger das Loch im Felsen als die traumhafte Aussicht über die zerklüftete Küstenlandschaft. Ein paar Lokale laden hier zum Sundowner der Extraklasse ein.

• *Anfahrt/Verbindungen* Die Şeytan Sofrası ist auf dem Weg von Çamlık nach Sarımsaklı ausgeschildert. **Dolmuşe** (stets überfüllt) fahren nur am Abend dorthin (→ Ayvalık/Verbindungen). Man kann jedoch auch ein Dolmuş nach Sarımsaklı nehmen und von dort loswandern – schöne Ausblicke sind garantiert.

Orientalisch angehaucht: Hafenansicht der Inselhauptstadt Mytilíni

Ausflug auf die Insel Lésbos (Griechenland)

Vor dem Golf von Edremit liegt Lésbos, die drittgrößte Insel Griechenlands. Vom Massentourismus blieb das Eiland bislang weitestgehend verschont und damit auch seine vielen abgeschiedenen Buchten. Im Sommer bestehen regelmäßige Fährverbindungen von Ayvalık.

Eines vorweg: Wer sich zu den schönen Buchten aufmachen will, sollte einen mehrtägigen Lésbos-Aufenthalt einplanen. Die Insel ist groß, die Küstenlänge beträgt 370 km. Leider lädt genau der Küstenabschnitt rechts und links des Hauptortes Mytilíni, wo die Fähre anlegt, zum Baden weniger ein. Dafür aber hat die lebendige, moderne und im innergriechischen Vergleich fast großstädtisch wirkende Hafenstadt einiges an kulturhistorischen Sehenswürdigkeiten zu bieten. Dazu gehört eine weitläufige *byzantinisch-genuesische Festung (Kástro)* am Stadtrand auf einem pinienbewachsenen Hügel; viele der hohen, zinnenbekrönten Mauern stehen noch (Di–So 8.30–15 Uhr; Eintritt 3 €, über einen holprigen Pflasterweg von der Odós 8. Noemvriou zu erreichen). Aber auch Museen laden zu einem Besuch ein, wie z. B. das *Museum byzantinisch-sakraler Kunst* mit einer sehenswerten Ikonensammlung (Mo–Sa 9–13 Uhr, Eintritt 2 €, gegenüber der *Kirche Ágios Therápon,* an ihrer silberglänzenden Kuppel leicht zu erkennen). Die archäologischen Schätze der Insel sind gleich auf zwei Museen verteilt: auf das *Alte Archäologische Museum,* untergebracht in einer klassizistischen Villa auf der Rückseite des Fährhafens, und das *Neue Archäologische Museum* nicht weit vom Eingang des Kastells (für beide: Di–So 8.30–15 Uhr, Eintritt 3 €). Farbenfroh und herrlich zum Durchschlendern ist der *Odós Ermoú,* die Basarstraße der Stadt.

Information/Verbindungen/Sonstiges in Mytilíni

- *Telefonvorwahl* internationale Landesvorwahl für Griechenland ✆ 0030.
- *Information* **Directorate of Tourism**, unweit des Fährhafens. Hilfreich. Mo–Fr 9–13 Uhr. Tzeims Aristarchou, ✆ 2251042511.
- *Verbindungen auf Chios* Die **Stadtbusse** (z. B. nach Variá) fahren küstennah im südlichen Stadtgebiet ab (durchfragen, im Sommer alle 30 Min.). Die **Überlandbusse** starten an der Südostecke des Stadtparks. Mehrmals tägl. nach Plomári, Mólivos, Pétra Kalloní, Agiássos, Kalloní-Eressós, Políchnitos und Mandámados (z. T. weiter nach Skála Sikaminéas).
- *Fährverbindungen in die Türkei* → Ayvalık/Verbindungen, S. 213.
- *Auto- und Zweiradverleih* Zweiräder sind teuer und nicht gerade zahlreich vorhanden. Autos verleihen **Europcar**, Kountouriótou-Str. 87 (beim Hotel Blue Sea), ✆ 2251043431, und **Egeon**, klein und zuverlässig in einer Seitengasse der Prokymaía nahe der Sappho-Statue, Chiou-Str., 2251029820.
- *Touristenpolizei* an der Nordwestseite des Fährhafengebäudes. ✆ 2251022776.

Übernachten/Essen & Trinken in Mytilíni-Stadt

- *Übernachten* **Hotel Lesvion**, mitten im Trubel. Bäder etwas eng, sonst okay. Bar mit Hafenblick im 1. Stock. DZ (größtenteils mit Klimaanlage) 55–65 €. Kountouriotou-Str. 27, ✆ 2251028177, lesvion@otenet.gr.

Hotel Erato, im südlichen Stadtbereich. Ein optisch unschöner Kasten an einer lauter Kreuzung, Zimmer aber recht gut. Freundliches Personal und angenehme Atmosphäre. DZ/Bad 40–55 €. Vostaní-Str. 2, ✆ 2251041160, 📠 2251047656.

Domátia Vazakas Bajakas, solider Privatvermieter im Zentrum, recht ruhig. Freundliche Familie, 10 blitzsaubere, moderne Zimmer. DZ/Bad 25–35 €. Bizaniou-Str. 17, ✆ 2251026360. Etwas versteckt: Etwa in der Mitte der Odós Ermoú östlich in die Ágios Theodorou-Str. einbiegen, dann nochmals rechts.

- *Essen & Trinken* **Psarotavernas**, das halbe Dutzend Fischtavernen an der Südseite des Südhafens liegt etwas abseits der Hektik der Hafenstraße und ist somit der angenehmste Platz, um in Mytilíni im Freien zu essen. Bei allen gibt es nicht nur Fisch, sondern auch Fleisch und Standardgerichte; die Preise liegen in erträglichem Rahmen.

Restaurant Achiwada, außerhalb, im Nobelvorort Variá. Das Restaurant an der Uferstraße ist das Nobelrestaurant Mytilínis. Exzellentes Essen und gehobene, aber noch bezahlbare Preise.

Die schönsten Ausflugsziele der Insel

Gemäldesammlungen von Variá: Zwei Gemäldesammlungen, wie man sie auf Lésbos kaum erwarten würde, begeistern im 5 km südlich von Mytilíni gelegenen Nobelvorort Variá: Das *Theophilos-Museum* zeigt über 100 Gemälde des lokalen Malers, dessen Themenbogen von der griechischen Götterwelt bis zum Alltag seiner Landsleute reichte (Di–So 9–17 Uhr, Eintritt 1,50 €). 1934 starb Theophilus, der erst posthum Anerkennung und den Weg ins Louvre fand. Entdeckt wurde er von dem Kunstkritiker und Verleger Teriade (1897–1983), dessen Werk ebenfalls ein Museum gewidmet ist. In den "Grand Livres" publizierte Teriade Texte bekannter Autoren mit Illustrationen nicht minder bekannter Künstler (Miró, Chagell, Picasso, Matisse, Le Corbousier, Gris usw.; Di–So 9–14 Uhr, Eintritt 2 €). Die Museen sind in Variá ausgeschildert.

Skála Sikaminés: Schon die Anfahrt zu der reizvoll gelegenen Hafensiedlung ganz im Norden der Insel ist ein Erlebnis: In vielen Kehren windet sich die Straße hinab. Rund um den kleinen Hafen findet man ein paar gemütliche Tavernen, zudem werden Zimmer vermietet. Empfehlenswert ist das *Hotel Gorgona* (DZ mit Marmorboden 30–40 €, ✆/📠 2253055400). Etwa eine Viertelstunde Fußweg östlich liegt der Kiesstrand *Kagia*, die beste Bademöglichkeit in dieser Ecke weit und breit.

Agiássos: Am 968 m hohen Olympos liegt das romantische Bergdorf mit engen Pflastergassen gesäumt von erkergeschmückten alten Steinhäusern. In so manchen sind noch traditionelle Handwerksbetriebe ansässig. Mittelpunkt des Städtchens ist die *Wallfahrtskirche der Panagia* (Gottesmutter) aus dem frühen 19. Jh. Hier verehren die Gläubigen eine Marienikone, die angeblich aus Jerusalem stammt. In einem Nebengebäude sind sakrale Kunst und skurrile Pilgergeschenke (u. a. Elefantenstoßzähne) ausgestellt (tägl. 9–19 Uhr, Eintritt 0,50 €). Auch der *Olympos* selbst lohnt einen Ausflug: Der Ausblick von oben ist großartig.

Plomári und Umgebung: Plomári, mit ca. 40 Einwohnern das zweitgrößte Städtchen der Insel, ist in ganz Griechenland für seinen Oúzo berühmt. Vier Destillerien gibt es hier, in denen man auch preiswert einkaufen kann. Der Ortskern ist freundlich, Unterkünfte sind vorhanden, nur sind die Strände unmittelbar vor Ort nicht die schönsten. Baden lässt es sich besser im 6 km westlich gelegenen Weiler *Melínda* (Kiesstrand), drei Tavernen vermieten dort auch Zimmer. Einen sehr gepflegten Strand findet man zudem im 3 km östlich gelegenen Ferienort *Ágios Isídoros*, dazu auch Bars, Diskotheken und viele Skandinavier.

Vaterá: Bei Vaterá erstreckt sich der rund 10 km lange und damit längste Strand der Insel. Er ist zwischen 40 und 50 m breit, Ferienhäuser säumen ihn. Auch im landeinwärts gelegenen Políchnitos kann man baden: in radioaktiven Thermalquellen. Die Kuranlagen sind mit "Hot Springs" ausgeschildert.

Moní Limonos: Im grünen Inselinnern nahe Kalloní und umgeben von 13 Millionen Olivenbäumen – so viele gibt es nämlich auf Lésbos – liegt das interessanteste Kloster der Insel. Im 16. Jh. wurde es gegründet, heute beherbergt es verschiedene soziale Einrichtungen. Sehenswert sind die *Klosterkirche* (für Frauen nicht zugänglich) und das *Klostermuseum* mit einer wertvollen Bibliothek.

Pétra: Gute Strände bringen Touristensegen, weshalb aus dem freundlichen, einst verschlafenen Städtchen im Nordwesten der Insel ein Ferienzentrum wurde. Wahrzeichen des Ortes ist die auf einem Felsklotz stehende *Kirche Panagía Glykofiloúsa* (18. Jh.) – 114 Stufen führen hinauf. Sehenswerter aber ist die kleine *Ágios-Nikoláos-Kirche* (unweit der Platía) mit gut erhaltenen Fresken aus dem 16. Jh. Von den Stränden bei Pétra ist der ruhigste der *Ambélia* (5,5 km westlich).

Mólivos (Mithimna): Nur ein paar Kilometer von Pétra entfernt liegt Mólivos, ein pittoreskes, wunderschönes Küstenstädtchen. Kein Neubau stört das Bild, seit den 1950ern steht der Ort unter Denkmalschutz. Und weil alles so malerisch ist, ist Mólivos zugleich das meistbesuchte Städtchen der Insel, dessen Gassenwirrwarr zum Verlaufen einlädt. Gekrönt wird der Ort von einem gut erhaltenen *Kastell*, das in byzantinischer Zeit entstand und unter den Genuesen erweitert wurde (Di–So 8–15 Uhr, Eintritt 2 €). Der beste Badeplatz in der Nähe ist der *Eftaloú-Strand* (Kies) etwa 4 km östlich.

• *Übernachten* **Hotel Olive Press**, Schmuckstück am Ortsstrand. Die ausgediente Ölmühle ist stilvoll restauriert, Service und Ambiente sind vom Feinsten. DZ/Bad 65–90 €. ✆ 2253071205, ℻ 2253071647.

Hotel Sea Horse, hübsches Steinhaus mit 13 Zimmern am malerischen Hafen, z. T. mit Balkon. Auf der Vorderseite schöner Blick, aber auch laut. DZ/Bad 50–60 €. ✆ 2253071630, tekes@otenet.gr.

• *Essen & Trinken* **The Captains's Table**, Restaurant der Australierin Melinda. Offeriert wird griechische Küche mit Schwerpunkt Fisch, auch einige vegetarische Gerichte. Flinker Service. An der Tavernenmeile am Hafen.

Taverne To Chtapodi, in einem alten Steinhaus, 1978 gegründet. Das "Oktopus" ist eine der urigen Kneipen am Hafen.

Skála Eressoú: Skála Eressoú im kargen Westen der Insel lohnt vor allem wegen des kilometerlangen Strandes einen Besuch. Zugleich ist der Ort seit über zwei Jahrzehnten ein Wallfahrtsort der auf Sapphos Spuren wandelnder Frauenwelt. Obwohl architektonisch nicht gerade schön, eignet sich Skála Eressoú dennoch für ein paar Strandtage.

Übernachten **Hotel Galini**, mitten im Ort, ein paar Gassen landeinwärts der Platia, östlich der Zufahrtsstraße. Recht komfortables Quartier mit 20 Zimmern (Klimaanlage und Balkon). DZ/Bad 40–50 €. ✆ 2253053138, galinogr@otenet.gr.

Lésbos – Insel der Sappho

Die legendäre Sappho, geboren 612 v. Chr. auf Lésbos, ist noch heute, mehr als 2.500 Jahre nach ihrem Tod, lebendig. Fährschiffe, Denkmäler und Straßen werden nach ihr benannt. Sie gilt als die erste Lyrikerin der Geschichte, und für Plato war sie die zehnte Muse. In Versfragmenten überliefert ist ihre Neigung zu Frauen, die der lesbischen Liebe ihren Namen gab.

Sígri/Versteinerter Wald: Am westlichsten Zipfel Lésbos liegt das kleine Küstendorf Sígri inmitten einer rauen, fast baumlosen Felslandschaft. Es ist ein ruhiger, in sich gekehrter Ort. Individualisten mit Sinn für wilde Romantik werden die einst rein türkische Siedlung lieben. Oberhalb der Straße nach Sígri thront, trutzig auf einem Vulkankegel, das *Kloster Moní Ipsiloú*. Es bietet herrliche Ausblicke und ein kleines Museum mit Ikonen, alten Handschriften, Priestergewändern usw. (Eintritt frei). Wegen dem nahe gelegenen Militärstützpunkt ist zu fotografieren verboten.

5 km südlich des Klosters kann man den sog. *Steinernen Wald* besuchen. Für das in Europa einmaliges Naturphänomen ist ein Vulkanausbruch vor 15–20 Mio. Jahren verantwortlich. Die Wälder von Lésbos versanken damals unter einem Ascheregen. Das Wasser heißer Quellen tränkte die Stämme mit Mineralien, die Zelle um Zelle ersetzten. Im Laufe der Zeit verwandelte sich so die Holzstruktur zu Stein (ausgeschildert mit "Petrified Forest", tägl. 8–16 Uhr, Eintritt 1,50 €).

Der schönste Strand bei Sígri liegt übrigens rund 3 km nördlich, fragen Sie nach dem Weg zum *Faneroméni-Strand*.

Malerischer Ort im Inselnorden: Mólivos

Altherrenrunde in Yeşilyurt

Der Golf von Edremit

Der Golf von Edremit, eine riesige Einbuchtung des Ägäischen Meeres, war in der Antike von Seeleuten wegen seiner wechselnden Winde gefürchtet. Der Wind hat sich gedreht: Heute ist der Golf überaus beliebt, insbesondere bei türkischen Urlaubern.

Der Golf von Edremit wird wegen der endlosen, silbrig-grün schimmernden Olivenhaine, die die Region prägen, auch gerne als die "Olivenriviera" bezeichnet. Leider haben vielerorts an der Küste: gigantische Ferienkonglomerate die einst herrliche Landschaft ihres Charmes beraubt. Schöne Ecken findet man insbesondere abseits der Küste in den *Kaz Dağları*, dem antiken Idagebirge (→ Kasten), das die Region von der kühleren Marmaragegend abschirmt. Hier erwarten Sie neben einer intakten Natur alte griechische Dörfer mit herrlichen Unterkünften. Schön kann man jedoch auch an der Küste wohnen – insbesondere im ruhigen Abseits rund um Assos.

Nationalpark Kaz Dağları – Mythologie trifft Natur

Der über 21.000 ha große Nationalpark *Kaz Dağları* ("Gänseberge") erstreckt sich im Norden des Golfes von Edremit. Seine höchste Erhebung ist der *Sarıkız Tepesi* ("Berg des Blonden Mädchens") mit 1.767 m. Die Namen von Gebirge und Gipfel sind eng mit einer Legende verknüpft: Demnach fand ein armer Bauer nach der Rückkehr von einer Pilgerreise seine blond gelockte Tochter im Techtelmechtel mit der Dorfjugend vor. Um sie von dieser fernzuhalten, brachte er sie in die Berge, wo sie Zeit ihres Lebens Gänse hütete und übernatürliche Fähigkeiten entwickelte. Eine Statue von ihr kann man an der Uferpromenade von Akçay bewundern.

Als "Idagebirge" war der Höhenzug in der Antike bekannt, und auch die Mythologie kennt eine Geschichte dazu. Sie erzählt von der ersten Misswahl aller Zeiten, die hier ausgetragen wurde. Den Wettbewerb inszenierte Paris, der schöne Sohn des trojanischen Königs Priamos. Als Siegerin ging die Göttin der Liebe hervor: Aphrodite. In Anlehnung daran findet noch heute alljährlich im August eine Beautycontest in den Kaz Dağları statt.

Erst seit neuestem versuchen geschäftstüchtige Reiseveranstalter in den Küstenorten des Golfes von Edremit, Profit aus ihrem grünen, gebirgigen Hinterland zu schlagen. Tiefe Täler und Canyons laden zu ausgiebigen Wandertouren ein. Hinzu kommen idyllisch gelegene Picknickplätze wie **Pınarbaşı** (ca. 6 km nordöstlich von Akçay) und romantische Forellenlokale wie jenes am kleinen **Sütuven-Wasserfall** (von der Küstenstraße zwischen Akçay und Edremit ausgeschildert). Um das Leben der Bergbevölkerung zu dokumentieren, hat man im Dorf Tahtakuşlar zudem ein **Ethnographisches Museum** eingerichtet (Richtung İdaköy Çiftlik Evi, dann ausgeschildert).

Wandern Am besten nimmt man sich einen örtlichen Führer, den z. B. die Tourist Information in Akçay oder die Parkverwaltung unter ✆ 0266/ 3731480 vermittelt. Achtung: Für die Besteigung des Sarı-Kız-Gipfels ist eine spezielle Genehmigung erforderlich, die ebenfalls die Parkverwaltung erteilt. Organisierte Trekkingtouren und Jeepsafaris ins Gebirge bietet das Reisebüro Demre Tour in Akçay (s.o.) an.

Übernachten **İdaköy Çiftlik Evi**, im Bergdörfchen Çamlıbel, ca. 7 km nordwestlich von Akçay. Ein Tipp für alle, die absolute Ruhe dem Strandtrubel vorziehen. In einem gemütlichen Landhaus vermietet der pensionierte, englischsprachige Anwalt İskender Azatoğlu zusammen mit seiner Frau Sema sieben schlichte aber freundliche, blitzsaubere Zimmer mit Dielenböden, fünf davon mit eigenem Bad. Schöne Terrasse, Dorfidylle drum herum. Im Zimmerpreis inbegriffen sind (auf Wunsch) professionelle Trekkingtouren, Kulturfahrten in die Umgebung und Diaabende, zudem klassische Musik statt Fernseher und gutes Essen mit Produkten der Region. Rauchverbot. Reservierung erforderlich. DZ mit HP 47 €. ✆/📠 3873393, www.idakoy.com. An der Küstenstraße zwischen Akçay und Altınoluk ausgeschildert.

Ören

Die gepflegte, mit Villen durchsetzte Ferienkolonie besitzt einen herrlich-langen und breiten Sandstrand, der zu den schönsten der nördlichen Ägäis gehört. Eine Riesenrutsche führt dort ins kristallklare Wasser. Wer einen ruhigen Badeurlaub mit Kindern verbringen will, ist in Ören bestens aufgehoben. Gepflegte Blumenbeete, schattige Teegärten und ein parkähnlicher Küstenbereich lassen vergessen, dass man sich in einem künstlich angelegten Ferienresort befindet. Einen alten Ortskern sucht man vergebens, auch irgendeine Form von orientalischem Flair, selbst auf dem donnerstäglichen Wochenmarkt. Dafür bietet sich ein Ausflug ins 5 km entfernte Landstädtchen **Burhaniye** an. Der 27.000-Einwohner-Ort mit seinem freundlichen Zentrum ist Umschlagplatz eines bäuerlichen, wohlhabenden Einzugsgebiets. Nicht erschrecken – die Küste südlich und nördlich von Ören ist nahezu komplett verbaut.

Information/Verbindungen/Ausflüge

- *Telefonvorwahl* 0266.
- *Information* Ein kleines Büro in Ören-Mitte. Mo–Fr 8.30–12.30 Uhr und 13.30–17.30 Uhr. Auch deutschsprachig. Ören Mah. Karakol Yanı, ✆ 4163500, 📠 4165674.
- *Verbindungen* Intercity-Busbahnhof im 5 km entfernten Burhaniye (Verbindungen z. B. nach İzmir oder Edremit). Von dort

Dolmuşe nach Ören. In Ören starten die Dolmuşe nahe der Tourist Information.

Im Sommer mehrmals tägl. **Bootsfähren** über die Bucht von Edremit nach Akçay (Dolmuşprinzip, einfache Fahrt ca. 1,50 €). Abfahrt unterhalb der Post am Holzsteg am Strand.

Taxis findet man am Hauptplatz. Eine Fahrt nach Burhaniye kostet 4,20 €.

• *Bootsausflüge* zu den vorgelagerten Inseln vom Vorort İskele, ca. 2 km. südlich von Ören, dahin keine Dolmuşverbindung. Tagestour pro Person mit Mittagessen ca. 6 €.

• *Organisierte Touren* Anbieter mit improvisierten Ständen findet man am Hauptplatz: Preisbeispiele von **Zefira Tour**: Assos und Troja 14 €, Ephesus und Kuşadası 15 €, Kazdağı-Gebirge 10 €, Pamukkale 21 €. ✆ 4125205, zefira@ixir.com.

Übernachten/Camping/Essen & Trinken

Das Gros der Urlauber wohnt in Motels und Apartmenthäusern am Strand südlich und nördlich des "Zentrums". Viele einfache Pensionen, meist auf türkische Familien zugeschnitten, findet man in dritter und vierte Reihe rund um die Tourist Information. Hier gibt es auch hübsche Ferienhäuser mit Gärten zu mieten (auf die Beschilderung "Kıralık yazlık" achten). Camper aufgepasst: In Ören befindet sich der wohl schönste Platz der Nordägäis!

Altın Camp/Park Motel, von der Straße Burhaniye-Ören vor Ören rechts ab (beschildert). Ein weites Gelände und eine wahre grüne Oase mit aufwendigen Blumenanlagen und viel Schatten direkt am schönen Sandstrand. Tennis, Tischtennis, Volleyball, Ruderboote. Mehrsprachige Rezeption, SB-Restaurant, gute Sanitäranlagen, Camperküche, trinkbares Hahnenwasser. Das gibt eine zufriedene Stammkundschaft (z. T. schon seit 25 Jahren). Das angeschlossene **Park Motel** bietet zudem 18 große freundliche Zimmer mit gepflegten Bädern, Balkon oder Terrasse. DZ mit HP 48 €, Dreier 63 €. Campen (Rabatte für Müller-Leser!) für 2. Pers. mit Zelt 8,50 €, mit Wohnmobil 11 € inkl. Strom. Ganzjährig geöffnet. ✆ 4163732, www.altincamp.com.

Hotel Club Orient, gemütliche Bungalowanlage am nördlichen Ortsende von Ören, direkt am Strand neben dem Altın Camp (ausgeschildert). Rühriges, deutsch-türkisches Management. Kinderbetreuung, großer Pool, Tennisplatz, Kanus, Mountainbikes, Surfschule und -verleih. Apartments für bis zu 5 Pers., pro Person mit HP (obligatorisch) 35 €, Kinder bis 12 Jahre frei. ✆ 4163445, www.club-orient.de.

Club Hotel Fiord, beim Hauptstrand nahe der großen Rutsche (ausgeschildert). Freundliche Anlage, sattes Grün rund um die ockerfarbenen Unterkunftsbauten. 56 recht einfache Zimmer mit Balkon und Meeresblick. Eigener Strandabschnitt mit Bar, zudem Pool. Pro Person 24 € mit HP. ✆ 4163879, ℻ 4163318.

Pekcan Motel, in zweiter Reihe, aber keine 3 Min. zum Strand. Vermietet werden 6 ordentliche, saubere Zimmer, das DZ zu 18 € mit Frühstück. Schöne Terrasse. Die Vermieter sprechen nur türkisch. Bahar Sok. 11, ✆ 4163180.

• *Essen & Trinken* **Selina Restaurant**, in erster Reihe oberhalb des Strandes nahe der Wasserrutsche. Gepflegtes Restaurant mit ebensolcher Terrasse, wo die Tische auf einer fein rasierten Wiese aufgestellt sind. Meze, Gegrilltes und Fisch, empfehlenswert in erster Linie jedoch wegen der herrlichen Lage.

İda Çörük Çadırı, gemütlich-provisorisches Restaurant unter schattigen Bäumen. Strohballen, Polster und alle möglichen Accessoires, um ein wenig türkische Dorfstimmung aufkommen zu lassen. Zu essen gibt es in erster Linie *Gözleme*, die türkische Pfannkuchenvariante. In Strandnähe südlich des Hauptplatzes.

Edremit

Das 55.000-Einwohner-Städtchen inmitten einer fruchtbaren Schwemmlandebene ist das wirtschaftliche Zentrum des gleichnamigen Golfes. Außer Oliven werden hier vor allem Mais, Getreide und Feigen geerntet. Was sonst noch auf den Feldern gedeiht, erfährt man mittwochs auf dem großen Wochenmarkt, der im Zentrum mit seinen traditionellen, leider recht heruntergekommenen Holzhäusern statt findet. An allen anderen Tagen geht es in dem Städtchen recht geruhsam zu, wenn nicht gerade der Muezzin vom Minarett der *Kurşunlu Cami,* einer Seldschukenmoschee aus dem frühen 14. Jh., zum Gebet ruft. Sehenswertes gibt es außer der Moschee nur wenig: Von der antiken Vorgängersiedlung *Andramytteion* ist nichts erhalten. Wer will, kann am Rande des schönen Stadtparks noch das 2001 eröffnete, liebevoll eingerichtete *Ethnographische Museum* besichtigen: Trachten, ein paar Waffen aus dem Befreiungskrieg und natürlich Teppiche sind die wesentlichen Exponate (Di–So 8.30–12 Uhr und 13.30–17.30 Uhr, Eintritt 0,30 €). Meist jedoch sind Sie der einzige Besucher. Das Meer ist rund 10 km entfernt und die meisten Urlauber kommen nur für einen kurzen Einkaufsbummel nach Edremit. Lediglich zum Olivenfestival im August, einer Gemeinschaftsveranstaltung mit der Gemeinde Akçay, sieht der Sachverhalt anders aus.

Mit dem Klapprad unterwegs

• *Verbindungen* **Busbahnhof** 5 Fußminuten westlich des Zentrums. Da Edremit Verkehrsknotenpunkt der Region ist, bestehen Verbindungen in alle Richtungen. **Dolmuşe** nach Akçay (regelmäßig bis spät in die Nacht) und Zeytinli (Sütuven-Wasserfall, selten) fahren nahe dem Busbahnhof ab, lassen Sie sich die Stelle zeigen. Südlich der Stadt liegt der einzige zivil genutzte **Flughafen** der Nordägäis. Momentan fliegen ihn nur THY-Maschinen an, es gab aber auch schon Charterflüge. Das Terminal ist winzig, Verbindungen bestehen nur mit dem Taxi.

• *Essen & Trinken* Der traditionsreiche, günstige **Cumhuriyet Kebap Salonu** im Zentrum steht für die besten Fleischberge am Golf von Edremit. Jeder wird Ihnen den Weg weisen können.

Akçay

Gleich vorweg: Für Lido-di-Jesolo-Atmosphäre, wie ihn der 8.000-Einwohner-Ort bietet, braucht man nicht extra bis in die Türkei zu fahren. Auch die Strände vor Ort, ein Kies-Sand-Stein-Gemisch, sind wenig attraktiv. Da hilft auch nicht, dass das Meer davor eine kleine Überraschung bietet: sprudelnde Süßwasserquellen! Ein altes Sprichwort besagt gar, dass der, der beim Trinken von Akçay-Wasser ein schönes Mädchen erblickt, für immer von ihr verzaubert sein wird.

Insbesondere Familien aus dem versmogten İstanbul und İzmir machen Akçay allsommerlich zu einem Hotspot. Sie genießen die hiesige Luft, die durch die bewaldeten Berghänge im Hinterland extrem sauerstoffhaltig ist. Zur türkischen

Hafen von Küçükkuyu

Ferienzeit sind das Strandband (Eintritt 0,30 €) und die lang gezogene Uferpromenade mit ihren schattigen Teegärten hoffnungslos überlaufen. Die wenigen ausländischen Touristen, die von hier Ausflüge in die Kaz Dagları unternehmen, fallen kaum auf.

Information/Verbindungen/Ausflüge

- *Telefonvorwahl* 0266.
- *Information* Kleines Büro am Barbaros Meydanı, dem zentralen Platz. Mit Fremdsprachen hapert's meist. Mo–Fr 8.30–12.30 Uhr und 13.30–17.30 Uhr. ✆/℻ 3841113.
- *Verbindungen* **Bus**bahnhof ca. 2 km außerhalb des Zentrums nahe der Fernstraße Çanakkale-İzmir. Büros der Busgesellschaften, oft mit Zubringerservice, findet man im Zentrum bei der Moschee. Gute Verbindungen nach İzmir und Çanakkale.

Dolmuşe nach Edremit (ständig) und Zeytinli (Sütuven-Wasserfall, seltener) fahren an der Ausfallstraße zur Fernstraße ab, **Minibusse** nach Altınoluk und Küçükkuyu direkt an der Fernstraße.

Im Sommer vom Steg am Hauptplatz nahezu stündlich **Boot**sverbindungen über die Bucht von Edremit nach Ören, 1,50 €. Dort werden auch ganztägige Bootsfahrten in den Golf von Edremit offeriert, mit Lunch ca. 6 €.

- *Organisierte Touren* bucht man am besten bei **Demre Tour**. Sahnebonbon des Angebots ist eine Jeepsafari in die Kaz Dağları, bei der man auch in Berggebiete kommt, die auf eigene Faust nur schwer erreichbar sind. Pro Person 18 € inkl. Lunch und Getränke. Organisiert werden zudem Ausflüge nach Bergama (15 €), Assos und Troja (ebenfalls 15 €) sowie Trekkingtouren (18 €, Minimum 10 Pers.). Nahe dem Hotel Öge, einem unübersehbaren Kasten östlich des Hauptplatzes. Memiş Kaptan Meydanı 2, ✆ 3848586, demretour@hotmail.com.

Übernachten/Essen & Trinken

Zahlreiche Unterkünfte, insbesondere Hotels der unteren Mittelklasse, Apartments sowie Pensionen über Pensionen. Leider hebt sich so gut wie nichts aus der Masse ab.

Yavuz Otel, ca. 200 m östlich des Hauptplatzes. Gepflegtes Haus direkt am Meer. 15 schlichte, aber anständige Zimmer, alle mit Terrasse. In den nächsten Jahren sollen noch mehr hinzukommen. DZ 21 € mit Frühstück, EZ 12 €. Leman Akpınar Cad. 3, ✆/℻ 3843380.

Sahra Motel, ca. 150 m östlich des Hauptplatzes, ebenfalls direkt am Meer. 1994 eröffnet, 2002 erweitert. 17 Zimmer – im neuen Bereich sehr sauber und angenehm, im alten Bereich mit Terrasse zum Meer. Pro Person 9 € inkl. Frühstück. Leman Akpınar Cad., ✆ 3847814.

• *Essen & Trinken* Eine der besseren Adressen Akçays ist das **Dost Restaurant** östlich des Hauptplatzes nahe dem Sahra Motel. Schön am Meer gelegen, reichliche Vorspeisenauswahl, zivile Preise. Hinzu kommt eine kleine Kuriositätensammlung im Restaurant.

Bauwahn am Meer: "Türkischer Traum" oder Alptraum?

Viele Buchten der türkischen Nordägäisküste erinnern an ein Monopoly-Spielbrett im späten Stadium – völlig zugebaut. Extrem betroffen ist der Küstenabschnitt zwischen Akçay und Küçükkuyu, vor allem rund um die Retortensiedlung Altınoluk. Mitauslöser für diesen Bauwahn war die galoppierende Inflation der 1990er. In einer Zeit, in der die Lira von Woche zu Woche weniger wert war, galt die Immobilie als verfallsichere Kapitalanlage. Zudem war und ist ein Ferienhaus am Meer in der Türkei nicht nur eine Investition, sondern auch ein Statussymbol. Jeder, der es sich irgendwie leisten kann, versucht sich den Traum vom Zweitwohnsitz an der Küste zu verwirklichen.

So entstanden tausende kolonieartige Feriendörfer. Als Bauherren traten meist Kooperativen auf, in die man solange einzahlte, bis das Kapital für den Erwerb eines Grundstückes und für den Baubeginn zusammen war. Leider ging mancher Kooperative auch mal das Geld aus, wie viele traurige Rohbauruinen beweisen.

Der große Ferienhausboom ist mittlerweile abgeflaut, nicht zuletzt wegen der schlechten wirtschaftlichen Situation des Landes. Der eindeutige Gewinner war die Bauindustrie – verloren hat die türkische Küstenlandschaft.

Küçükkuyu

Herrlich ist das Hinterland von Küçükkuyu, in der Umgebung warten romantische, ehemals griechische Bergdörfchen, die langsam für den Fremdenverkehr aufbereitet werden. Küçükkuyu selbst, von Apartment- und Ferienhäusern umzingelt und dazu noch direkt an der Fernstraße Çanakkale-İzmir gelegen, wirkt hingegen wenig einladend. Dennoch, der Kern des 3.000-Seelen-Ortes rund um den sauber herausgeputzten Hafen ist ganz nett. Hier schaukeln mehr Fischtrawler als Ausflugsboote. Auf der rund 400 m langen Promenade dahinter flaniert die urlaubende türkische Mittelschicht zwischen behördlich angelegten Blumenrabatten, Restaurants und Teegärten. Freitags findet in zweiter Reihe der großer Wochenmarkt statt.

Auch ein kleines Museum besitzt das Städtchen, ein Museum im Zeichen der Olive. Es ist das *Adatepe Zeytinyağı Müzesi* an der Straße nach Edremit (tägl. 9–19 Uhr, Eintritt frei). Hier kann man alte Gerätschaften zur Gewinnung des grünen Öls bestaunen und darüber hinaus auch einkaufen: Olivenöl natürlich und alles, was man darin einlegen kann.

Schöne Badeplätze findet man entlang des Küstensträßchens nach Assos. Der Hausstrand von Küçükkuyu ist hingegen recht felsig und wenig einladend; das Gleiche gilt für den kilometerlangen, streckenweise recht verschmutzten Sand-Kies-Strand parallel zur Straße nach Altınoluk.

Verbindungen/Übernachten/Essen & Trinken

- *Telefonvorwahl* 0286.
- *Verbindungen* Alle **Dolmuşe** und **Busse** halten an der Durchgangsstraße, der Fernstraße Çanakkale-İzmir. Mehrmals tägl. Busverbindungen nach Çanakkale und İzmir. Ständig Dolmuşe die Küste entlang nach Edremit. Direkter Minibus zudem mehrmals tägl. nach Assos, selten nach Adatepe.
- *Bootsausflüge/Organisierte Touren* können an der Promenade gebucht werden. Preise und Angebote wie in Akçay (→ S. 226).
- *Übernachten/Camping* Vor Ort nur wenig Ansprechendes. Stilvoll wohnt man in den Bergdörfchen Adatepe und Yeşilyurt (→ Umgebung). Camper finden einfache, aber nette Plätze am Küstensträßchen Richtung Assos, meist mit einem schmalen Kiesstrand oder Stegen ins Meer. Entscheiden Sie sich für eine Anlage, auf der noch ein Plätzchen direkt am Wasser zu haben ist.

Cengizhan Motel, in Küçükkuyu direkt am Hafen. Sehr sauber. 12 freundliche Zimmer mit Bad/WC und Klimaanlage. Gemütliche Cafebar mit Korbstühlen auf dem Dach. DZ 24 € inkl. Frühstück. ✆ 7525468.

Hamburgplatz Motel & Camping, ca. 14 km westlich von Küçükkuyu, der schönste und gepflegteste der über 10 Campingplätze auf der Strecke nach Assos. Freundlicher Service, man spricht Deutsch. Viel Schatten, sauber. 2 Pers. mit Auto und Zelt bezahlen 6 €. Vermietet werden auch Zimmer (für max. 4 Pers.) in einer Bungalowreihe mit eigener kleiner Terrasse, für 2 Pers. mit HP 36 €, Kinder frei. ✆ 7640156, www.einfachurlaub.de.

- *Essen & Trinken* Eine der besten Adressen für Fisch ist in Küçükkuyu das **Fora Balık Restaurant**, an der Uferpromenade. Unter der strohgedeckten, schattigen Veranda isst man an hübsch gedeckten Tischen. Gute Auswahl an Meeresfrüchten für günstige 2–3,50 €. Etwas einfacher, aber ebenfalls gut ist das **Yengeç Balık Evi** etwas weiter westlich an der Promenade. Ebenfalls schöne Terrasse, täglich frischer Fisch, auch Muscheln.

Umgebung von Küçükkuyu

Adatepe: Das malerische Bergdorf an den Ausläufern der *Kaz Dağları.* liegt ca. 5 km nördlich von Küçükkuyu. Als alternativ-komfortable Ferienadresse ist Adatepe vor allem bei jungen Intellektuellen aus İstanbul populär. Viele der alten, restaurierten griechischen Häuser sind heute Hotels oder zu Ferienapartments ausgebaut. Die ehemalige Dorfschule dient Sommerseminaren zu philosophischen, literarischen und kunsthistorischen Themen. Am Dorfeingang macht ein Schild auf den "Zeus Altarı" (Zeusaltar) aufmerksam, ein 10-minutiger Fußweg führt von dort zu einem sarkophagähnlichen Relikt aus römischer Zeit. Wie der Göttervater von hier bis nach Troja geblickt und den Kämpfen zugesehen haben soll, ist mehr als fraglich. Einen herrlichen Blick über den Golf von Edremit hatte er in jedem Falle.

- *Verbindungen/Anfahrt* Schlechte **Dolmuş**verbindungen mit Küçükkuyu. Selbstfahrer folgen von der Küstenstraße zwischen Altınoluk und Küçükkuyu der Beschilderung zum "Zeus Altarı" landeinwärts.
- *Übernachten* **Hünnap Han**, 16 äußerst geschmackvoll und individuell eingerichtete Zimmer mit Dielenböden in einem 250 Jahre alten Landsitz. In der Mitte ein gemütlicher Garten. Vom Dorfplatz ausgeschildert. DZ mit HP 60 €. Reservierung empfohlen, ✆ 7526581, ℻ 7522066.

Pansiyon Eliz, direkt am Dorfplatz. Kleine Drei-Zimmer-Pension in einem alten Steinhaus mit gemütlichem Innenhof. Die Zimmer sind einfach, aber sehr freundlich eingerichtet. Gemeinschaftsküche und -bad. Ganzjährig geöffnet. 15 € pro Person mit Frühstück. ✆ 7526588, elizpans@hotmail.com. .

Yeşilyurt: Das Dörfchen ca. 3 km nordwestlich von Küçükkuyu ist mindestens so idyllisch wie Adatepe, dabei etwas größer und zum Bummeln besser geeignet. Auch Yeşilyurt, das sich rühmt, die sauerstoffreichste Luft der Welt zu haben, ist seit einigen Jahren niveauvolles Rückzugsgebiet wohlhabender Großstädter. In holprigen Pflastergassen gibt es ein paar stilvolle Cafés, ein Lädchen und jede Menge restaurierte Natursteinhäuser, von denen übrigens noch einige zu kaufen sind. Die Kirchen der einst vornehmlich griechischen Einwohner sind leider recht verfallen.

- *Anfahrt/Verbindungen* Von Küçükkuyu der Straße nach Ayvacık folgen, dann ausgeschildert. Mit dem Dolmuş leider kaum zu erreichen.
- *Übernachten* **Öngen Country Hotel**, eines der schönsten Beispiele des in der Türkei langsam erwachenden "Ökotourismus". Wie ein Adlernest sitzt dieses feine Hotel am oberen Ortsende Yeşilyurts. Ebenfalls herrliche Terrasse, ebenfalls sehr angenehme Zimmer in Naturtönen, zudem ein paar Haustiere und eigenes Gemüsegärtchen. Im Ort ausgeschildert, extrem holprige Anfahrt. DZ mit HP 81 . ✆ 7522434, ✆ 7522436.

Manici Kasrı, im Dorf ausgeschildert, 2002 eröffnet. In dem feudalen Landsitz werden zehn komfortable Zimmer vermietet. Terrasse mit dem Über-Blick auf die bizarre Berglandschaft. Ein eigener Beachclub an der Straße nach Assos. Im Sommer oft ausgebucht, besser reservieren. DZ mit HP unter der Woche 59 €, am Wochenende 88 €. ✆ 7521731, www.manicikasri.com.

Am Hafen von Assos

Assos/Behramkale

Assos, gekrönt von einer mächtigen Akropolis, wurde bereits in der Antike gerühmt. Heute lockt der Ort zwischen Ruinen und kristallklarem Wasser die türkische Highsociety an.

Assos, der Name einer längstens untergegangenen Stadt, steht noch immer für ein hübsches Dorf hoch über der Küste, das heute eigentlich *Behramkale* heißt. Wegen der noch relativ intakten Dorfstruktur gehört es zu den schönsten Standorten der nordägäischen Küste. Nicht umsonst zählt der Ort heute rund 80 deutsche Residenten. Spektakulär ist die Aussicht vom Burgberg in luftiger Höhe über das hügelige Hinterland und über das tiefblaue Meer hinüber nach Lésbos. Abgesehen vom noch heute gewaltigen Stadtwall sind die verbliebenen Ruinen der antiken Stadt in und um Behramkale wenig Aufsehen erregend.

Assos steht aber auch für einen malerischen Hafen *(İskele)*, durch ein 1,2 km langes, steiles Sträßlein mit Behramkale verbunden. Zahlreiche zu touristischen Zwecken umfunktionierte Natursteinhäuschen kleben dort wie Vogelnester an den Felsen. Im Sommer ist er eine bevorzugte Adresse türkischer Großstadt-Schickimickis, denn hier macht Erholung Spaß: gepflegte Unterkünfte, gepflegtes Essen und türkisblaues Wasser direkt vor der Haustür. Wem der Strand zu schmal ist, der kann zur schönen Badebucht *Kadırga* 4 km weiter östlich ausweichen. Rund um Assos begeistern zu dem noch ein paar im touristischen Abseits gelegene Unterkünfte.

Geschichte

Bereits in der Bronzezeit war die Gegend rund um Assos besiedelt. Die Stadtgründung erfolgte jedoch erst zwischen dem 7. und 9. Jh. v. Chr., aus Lésbos verdrängte Äolier zeichneten dafür verantwortlich. Im 4. Jh. v. Chr. wurde Assos zu einem geistigen Zentrum. Fürst Hermias, ein Schüler Platons, ermutigte Aristoteles zur Gründung einer philosophischen Schule – der große Denker blieb drei Jahre und heiratete Hermias Adoptivtochter. Doch im gleichen Maße wie das neu gegründete *Alexandria Troas* (→ S. 234) zur Metropole aufstieg, rutsche Assos in dessen Schatten ab. Der Besuch des Apostel Paulus im Jahre 58 bei seiner großen Missionsreise sollte das letzte erwähnenswerte Kapitel der Stadtchronik werden. Im Römischen Reich (ab dem 2. Jh.) konnte sich Assos noch behaupten, im Byzantinischen nicht mehr: es verkam zum Dorf – was es bis heute blieb.

Verbindungen/Baden/Sonstiges

- *Telefonvorwahl* 0286.
- *Verbindungen* Im Sommer stündl. **Dolmuşe** nach Ayvacık sowie ca. 7-mal tägl. nach Küçükkuyu, Dolmuşverbindungen zudem zwischen Dorf und Hafen. **Bus**verbindungen entlang der Westküste nur von Ayvacık und Küçükkuyu.
- *Baden* Assos selbst verfügt nur über einen kleinen Kiesstrand am Hafen, auf Holzstegen gelangt man ins Wasser. Beliebter ist die weit geschwungene, schöne Bucht von **Kadırga** ca. 4 km östlich von Assos. Den Sand-Kies-Strand säumen einige Hotels und Campingplätze. Unregelmäßige Dolmuşverbindungen, jedoch auch zu Fuß von Assos-Hafen zu erreichen.
- *Einkaufen* Auf dem Weg zur Burg wird *Macun* verkauft, ein klebriges Zuckergelee in verschiedenen Geschmackssorten. Es gilt als Glücks- und Energiebringer, zudem als Aphrodisiakum. Fr wird im 19 km entfernten Ayvacık ein bunter **Wochenmarkt** abgehalten.
- *Geld* Achtung – keine Bank und keine Geldwechselmöglichkeit in Assos!
- *Veranstaltung* **Internationales Kulturfestival** mit Theatervorstellungen, Workshops etc. im Sept.

Übernachten/Essen & Trinken

Assos' Hafen ist vom Geheimtipp zum oft ausgebuchten Wochenendtreffpunkt vermögender İstanbuler avanciert. Stilvolle gehobene Hotels liegen unten am Hafen, hinzu kommen einige überteuerte Pensionen – am Wochenende wird ein Zuschlag von rund 10 % verlangt. Ruhiger und günstiger wohnt man am Burgberg, meist in restaurierten Natursteinhäusern. Camper finden Plätze am Hafen, zudem viele einfache Anlagen an der Straße nach Küçükkuyu (s. dort) und in der Bucht von Kadırga.

- *Am Hafen* **Nazlıhan Hotel**, eine empfehlenswerte Adresse für stilvolles Wohnen in erster Reihe. 40 sorgfältig dekorierte Zimmer, handbemalte Fliesen in den Bädern. Alle Zimmer mit Klimaanlage, Föhn, Minibar. Zudem diverse Wassersportangebote und eigener Parkplatz. Pro Person mit HP 41 €. ✆ 7217385, www.assosedengroup.com.

Plaj Pansiyon, bei den Campingplätzen östlich der Hotelansammlung. Vermietet werden 6 einfache, äußerst kleine Holzhütten mit eigenen Bädern. Herrliche Terrasse direkt am Meer. Das DZ mit HP kostet 30 €. ✆ 7217193.

Dr. No Antik Pansiyon, im Zentrum der Häuseransammlung am Hafen. Einfache 7-Zimmer-Pension, das DZ zu 30 € mit obligatorischer HP. Den Meerblick ersetzt ein Fernseher im Zimmer. ✆ 7217101.

• *Am Burgberg* **Eris Pansiyon**, im ruhigen Abseits, ausgeschildert. Geführt von einem New Yorker Ehepaar, das zuvor in İstanbul gelebt hatte. Schöne luftige Terrasse, auf der zum Nachmittagskaffee hausgemachter Kuchen serviert wird. 4 sehr saubere Zimmer (mit Heizung). DZ 35 €, Vierer 50 € mit großem Frühstück. ✆ 7217080, www.assos.de/eris.

Timur Pansiyon, im oberen Dorfbereich von Behramkale nahe dem Athenatempel. Terrasse mit dem gigantischsten Ausblick, den man in Assos haben kann – schon allein deswegen äußerst empfehlenswert. Verwinkelte kleine Anlage, gutes Restaurant angegliedert. Das gemütliche kleine DZ mit Bad kostet 21 €. ✆ 7217449 www.assos.de/timur-pansiyon.

Tekin Pension, am Ortseingang von Behramkale. 2001 eröffnet – alles noch recht neu und gut in Schuss. 8 DZ mit Bad, Ventilator und Frühstück für 15 €. Jedes Zimmer mit Terrasse. ✆ 7217099

Sidar Pension, preiswerteste Unterkunft vor Ort, gleich neben der Tekin. 16 ordentliche Zimmer mit gefliesten Böden und privaten Badezimmern, gespart wird mit Handtüchern und Klopapier. Große Dachterrasse. Organisiert werden auch Ausritte zu Pferd in die Umgebung. DZ mit Frühstück 12 €. Für die Hälfte der Zimmer ist Klimatisierung geplant, ✆ 7217047.

• *Außerhalb* **İmbat Motel**, 22 km westlich von Assos, mitten im Nirgendwo. Herrliche Lage am Wasser, traumhafter Uferbereich mit zwei Holzstegen ins Meer, Liegestühle. Schöne Terrasse mit Blick auf Lésbos. 20 ordentliche Zimmer ohne Schnickschnack. DZ mit Klimaanlage und HP 47 €, ohne Klimaanlage 41 €. Gute Küche. Überwiegend jung gebliebenes, intellektuelles Publikum. April bis Sept. ✆ 7370101, ✆ 7370102. Ca. 800 m westlich des Dorfes Bademli ist die Abzweigung zum Motel ausgeschildert. 5 km geht es von dort auf einer steilen, gerade noch zumutbaren Schotterpiste hinab zum Meer.

Troas Motel, ca. 4 km östlich von Assos. Herrliches Plätzchen abseits jeglichen Trubels. Einziges Motel in einer stillen Bucht. 18 sehr freundliche, rustikal eingerichtete Zimmer in einem alten Natursteinhaus direkt am Meer. Schöne Terrasse und eigener Strandabschnitt. Alle Zimmer mit Heizung, ganzjährig geöffnet. DZ mit HP im Juli u. Aug. 21 € pro Person, sonst 18 €. Büyükhusun Koyu Altı, ✆ 7640279, ✆ 7640281. Von der Straße Assos-Küçükkuyu ausgeschildert, ab der Abzweigung noch ca. 700 m auf einem Schotterweg.

Bei Assos: Steg statt Strand

Hotel Berceste, ca. 10 km westlich von Assos in ländlicher Einsamkeit – ein Tipp für absolut Ruhebedürftige. 1999 eröffnetes, märchenschlossartiges Gebäude mit herrlichen Ausblicken auf die hier noch weitestgehend unverbaute nordägäische Küste. Neun angenehm warm eingerichtete Zimmer (viel Holz) und eine Terrasse zum Träumen. Ca. 2 km weiter ein kleiner Fischerhafen mit unspektakulärem Kiesstrand. Ganzjährig geöffnet. Pro Person mit HP 15 €, zum Abendessen wird u. a. frischester Fisch serviert. Netter Service. ✆ 7234616, www.assos.de/berceste. An der Straße von Assos nach Gülpınar im Dörfchen Bektaş ausgeschildert. Die letzten 2,5 km sind unbefestigt, aber zu bewältigen.

• *Camping* Von den einfachen Campingplätzen östlich der Hafens kann der **Assos Camping** auch mit Wohnmobilen angesteuert werden. Wie die meisten anderen Plätze terrassenartig angelegt, etwas Schatten, Restaurant. Campen pro Person (mit eigenem Zelt oder Wohnmobil) 3 €, mit gemietetem Zelt 4,40 €. ✆ 7217013.

• *Essen & Trinken* Romantisch und recht teuer isst man unten im Hafengelände, rustikaler und billiger oben in Behramkale, wo mehrere einfache Etablissements den Gaumen bedienen. Unser Tipp dort: **Öğretmenin Yeri Restaurant**, am kleinen schrägen Platz am Burgberg. 7 Tische unter einem Strohdach. Spezialität ist *Mantı*, eine türkische Ravioli-Variation. Freundlich, die glückliche Lage am Touritrampelpfad zur Burg mündet nicht in Nepp. Hauptgerichte 1–2,70 €.

Sehenswertes

Steigt man im Dorf Behramkale stets bergauf, erreicht man automatisch den Eingang zum Ausgrabungsgelände. Nahebei steht eine imposante frühosmanische *Moschee*, die u. a. aus Steinquadern einer byzantinischen Basilika erbaut wurde (an der Oberschwelle des Eingangsportals ist ein Christusmonogramm zu erkennen). Etwas unterhalb dem höchsten Punkt der *Akropolis* (228 m) liegen die Ruinen des gegen 530 v. Chr. errichteten *Athenatempels*, des einstigen Haupttempels von Assos. Teile des reliefverzierten Architravs schlummern heute in Museen von İstanbul, Paris und Boston. Ein paar dorische Säulen (ursprünglich sechs auf der Breit- und zwölf auf der Längsseite) wurden wieder aufgerichtet. Sie sind ganz nett anzusehen. Grandios aber ist der Gesamtanblick der Tempelruine in dieser einmalig schönen Lage, den Burgberg dominierend und mit dem Meer im Hintergrund – ein herrlicher Ort für einen rotweingeschwängerten Sonnenuntergang.

Schäferstündchen

Die antike Stadt Assos lag zu Füßen des Tempels, zur Seeseite hin. Wer bergab steigt, findet in dem Ruinenfeld die insgesamt spärlichen Reste einer *Agora*, eines *Gymnasions*, eines *Bouleuterions*, eines *Theaters* und von *Thermen*. Die dicken Mauern und Türme der hellenistischer *Befestigungsanlage* – ein einstmals ca. 3 km langer kreisförmiger Wall, der das 2,5 qkm große Stadtareal umgab – haben die vielen Jahrhunderte am besten überstanden.

Als weiteres schönes, noch gut erhaltenes Bauwerk liegt eine osmanische *Bogenbrücke* (14. Jh.) ca. 1 km außerhalb von Assos an der Straße nach Ayvacık.

Öffnungszeiten im Sommer tägl. ab 8 Uhr bis zum Sonnenuntergang, im Winter 9–17 Uhr. Eintritt 1,80 €, erm. 0,60 €. Neben dem Eingang auf der Akropolis gibt es noch einen zweiten Eingang am einstigen Westtor an der Straße zum Hafen. Ohne einen großen Höhenunterschied bewältigen zu müssen, besichtigt man von dort die Stadtgrabungen.

Papaz Plajı bei Yeniköy

Die Troas

Weitestgehend einsame Landschaften, vergessene Strände, kleine Dörfer und immer wieder Ruinenreste. Der Kalte Krieg hatte hier etwas Gutes: Bis 1992 waren weite Abschnitte der Troas militärisches Sperrgebiet – so sind monotone Feriensiedlungen eher die Ausnahme.

Troas nennt sich die fruchtbare, nur mit wenigen Kleinstädten und Dörfern durchsprenkelte Region zwischen Assos und Troja westlich der Fernstraße Çannakale-İzmir. Das kaum frequentierte Küstensträßlein ist eng und holprig, im nördlichen Abschnitt um das Kap Kum Burun gar nur noch eine Schotterpiste. Tomatenplantagen und goldene Weizenfelder wagen sich nahe ans Meer heran, Kiefernwälder säumen die Hügel, und Wiesen voller wilder Blumen machen einen Ausflug vor allem im Frühjahr erlebnisreich. Um die liebliche Landschaft zu genießen, ist ein eigenes Fahrzeug empfehlenswert, Dolmuşe fahren die Strecke nur äußerst selten ab.

Zwar hat der unkontrollierte Ferienhausbau mittlerweile auch die Troas erreicht, doch steht er hier noch in keinem Vergleich zu manch anderen türkischen Ägäisabschnitten. Immer wieder führen Stichstraßen, oft nur holprige Feldwege, zu versteckten Buchten – gehen Sie fröhlich schaukelnd auf Entdeckungsfahrt. Schöne, leicht erreichbare Sandstrände findet man bei Tavaklıiskele, bei Yeniköy sowie zwischen Dalyan und Oduniskelesi. Wer hier unterkommen will, muss in der Regel auf einen der unzähligen einfachen Campingplätze ausweichen. Mancherorts werden auch schlichte Zimmer vermietet. Neben Badefreuden bietet die Gegend das alte Piratennest *Babakale* und selbstverständlich diverse antike Ruinen.

Gülpınar: Das unspektakuläre Örtchen liegt an der Stelle des antiken *Chrysa*, das bekannt für seinen Apollonkult war. Am unteren Ortsrand (ausgeschildert) sind Reste des ionischen *Apollon-Smintheius-Tempels* aus dem 2. Jh. v. Chr. zu sehen – für den Laien insgesamt aber wenig spannend (tägl. 8.30–19 Uhr, Eintritt 1,80 €, erm. die Hälfte). Anders aber das 9 km lange Sträßlein von Gülpınar zum gemütlichen Fischerdorf *Babakale* – eine tolle Strecke.

Babakale: Das Dorf mit seinem kleinen Fischerhafen liegt fotogen über dem Meer, garniert von den bröseligen Mauern einer alten Festung, die einst den westlichsten Punkt der kleinasiatischen Küste sicherte. Erst im 17. Jh. konnte das Osmanische Reich das Piratennest erobern. Rund um den staubigen Dorfplatz herrscht die Stille eines vergessenen Fleckchens Erde, die sich am angenehmsten im "Teegarten" am Hafen genießen lässt. Ein paar einfache Unterkünfte und ein kleiner Kiesstrand sind vor Ort vorhanden.

Verbindungen Bis zu 3-mal tägl. **Dolmuşe** von Gülpınar nach Ayvacık, regelmäßige Verbindungen zwischen Gülpınar und Babakale.

Alexandria Troas (antike Stadt): Die noch nicht ausgegrabene antike Stadt wurde um das Jahr 310 v. Chr. vom Diadochen Antigonos gegründet. Ursprünglich hieß sie auch *Antigoneia*, wurde jedoch später zu Ehren Alexanders des Großen umbenannt. Die Ruinen der einst bedeutenden Hafenmetropole, in der Apostel Paulus auf seiner zweiten Missionsreise predigte und die Kaiser Konstantin im 4. Jh. gar zu seiner Hauptstadt machen wollte, dösen verborgen zwischen Feldern, Gestrüpp und Steineichen.

Viel der einstigen Bausubstanz wurde in byzantinischer und osmanischer Zeit abgetragen, angeblich sollen Steine aus Alexandria Troas auch beim Bau der Blauen Moschee in İstanbul verwendet worden sein. Zu den wichtigsten Ruinen gehören einige Abschnitte der *Stadtmauer*, Teile des *Theaters* und Reste der *Thermen*. Vor Ort finden Sie einen Orientierungsplan, zudem Hinweisschilder auch mit deutschen Legenden. Einen Extratrip sind die Ruinen Alexandria Troas nicht wert, eine atmosphärische Pause in der Einsamkeit aber allemal.

Apropos Thermen: Rund 3 km südlich von Alexandria Troas befindet sich das kleine, etwas schmuddelige *Thermalbad Kestanbol Kaplıcaları* mit über 70°C warmem Wasser (Eintritt 1,20 €). Es soll Rheuma, Frauen- und Nierenkrankheiten lindern.

• *Anfahrt* Die Ruinen von Alexandria Troas liegen nahe dem Dörfchen Dalyan neben der Küstenstraße. Ausgeschildert.

• *Camping* An der Küstenstraße südlich von Alexandria Troas befinden sich mehrere, meist sehr einfache Campingplätze und Pensionen, besonders in Tavaklıiskele, das einen schönen Sandstrand besitzt. Am schönsten ist **Camping Akkaya II** in Tavaklıiskele direkt am Meer. Der Platz, der z.Z. der Recherche leider verkauft werden soll, erfüllte bislang so ziemlich alle europäischen Normen: Sanitäranlagen für Behinderte, Rampe für Rollstuhlfahrer, Minimarkt, Restaurant. Angeschlossen ein Motel. Bleibt der Platz standardgleich, ist er ein guter Tipp.

Sehr schlichte Campingplätze finden Sie zudem nördlich von Alexandria Troas, zwischen Dalyan und Odunıskelesi, meist direkt an der Straße mit terrassenartig angelegten Stellplätzen.

Vor Troja noch ein Sprung ins Meer gefällig? *Papaz Plajı*, eine herrliche unverbaute Bucht mit einem langen Sandstrand, befindet sich 2 km westlich des Örtchens Yeniköy (von dort beschildert). Den Strand teilen Sie sich in erster Linie mit Schulkindern, die von Papa mit dem Traktor abgeholt werden.

Bozcaada (Insel)

Eine Insel, ein Städtchen, beide beschaulich und ursprünglich. Ein großes Tohuwabohu wird hier für Urlauber nicht inszeniert, eine ausreichende touristische Infrastruktur ist dennoch vorhanden.

Das Leben auf der nur 6 km langen, überaus reizvollen Insel ist beschaulich. Exakt 2.536 Einwohner hat das Eiland. Die Freundlichkeit der Insulaner, die vorrangig als Fischer und in den Weinbergen ihre Brötchen verdienen, sucht ihresgleichen. Unter ihnen leben noch heute einige ältere Griechen – Bozcaada, das alte *Tenedos*, kam erst 1923 zur Türkei, seine damaligen Bewohner wurden vom Bevölkerungsaustausch ausgenommen. Noch immer ist die Insel unverkennbar griechisch geprägt, im einzigen Ort Bozcaadas säumen schneeweiße Erkerhäuschen blumenprächtige Pflastergassen. Neben jungen Bohemiens aus İstanbul zieht es mittlerweile auch den einen oder anderen Ausländer in die Idylle – erst 1993 wurde eine lästige Genehmigungsprozedur für ausländische Touristen eingestellt.

Ein Aufenthalt auf der Insel steht ganz im Zeichen der Erholung und des Strandurlaubs. Anzuschauen gibt es lediglich eine wuchtige *mittelalterliche Festung*, die aussieht, als wäre sie erst gestern errichtet worden. Sie ist heute als Museum zugänglich, auf dem Gelände kann man u. a. alte Werkstätten, Kasernen, das Lazarettgebäude und eine Moschee besichtigen (tägl. 10–13 und 14–19 Uhr, Eintritt 0,60 €).

Ankunft auf Bozcaada

Verbindungen/Ausflüge

- *Telefonvorwahl* 0286.
- *Verbindungen* **Fähren** vom Festland legen in Yükyeri İskelesi ab, ca. 5 km westlich von Geyikli, mit "Bozcaada" ausgeschildert. Von Çannakale fahren **Dolmuşe** nach Geyikli, dort muss man auf ein Dolmuş zum Fährhafen umsteigen. Abfahrt der Fähren im Sommer (Stand 2002): Hinfahrt 10, 14, 19 und 21 Uhr (Fr–So auch 24 Uhr), Rückfahrt 7.30, 12, 17.30 und 20 Uhr (Fr–So auch 23 Uhr). Pro Person retour 1,70 €, Auto 4,70 €, es wird

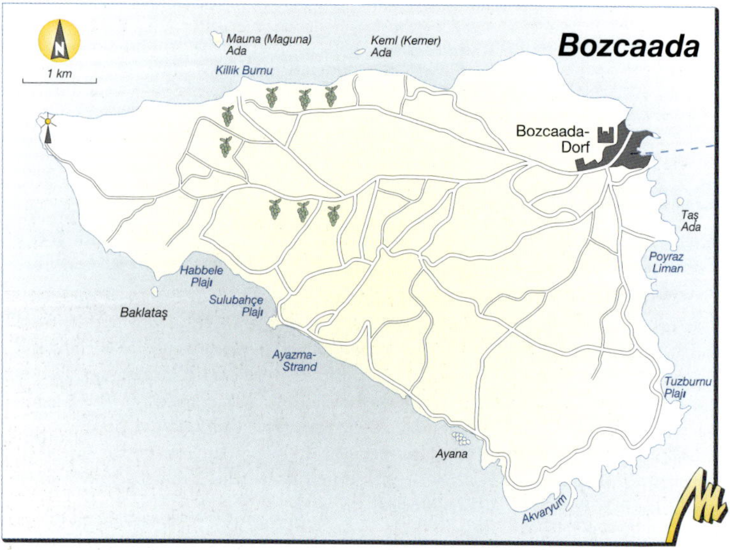

nur bei der Hinfahrt kassiert.

• *Bootsausflüge* Touren rund um die Insel bietet das **Restaurant Kandilli** am Hafen. Halbtagestrip mit Fischessen 10,50 €.

Adressen/Einkaufen/Sonstiges

• *Ärztliche Versorgung* Eine **Krankenstation** befindet sich etwas zurückversetzt vom Hafen an der 20 Eylül Cad., ✆ 6978129.

• *Baden* Schönster Strand des Eilands ist der **Ayazma** im Inselsüden. Zu erreichen alle 30 Min. mit dem Dolmuş ab dem Hauptplatz.

• *Einkaufen* **Wein**! Die Insel besitzt drei Winzereien, von denen jede behauptet, die größte zu sein: Ataol, Talay und Çamlıbağ. Der Wein ist schlicht und okay, Flaschenpreis 1,50 €–4,10 €. Die Verkaufsstellen der Winzereien sind im Ort bei einem Spaziergang nicht zu verfehlen.

• *Geld* Geldwechsel in der **T.C. Ziraat Bankası** am Hauptplatz möglich. Achtung: Es gibt auf der Insel keine Bankomaten, die ausländische Karten akzeptieren. Der nächste EC-Automat befindet sich in Ezine ca. 18 km östlich der Fähranlegestelle Yükyeri İskelesi.

• *Polizei* an der Straße von der Fähranlegestelle zum Hauptplatz, ✆ 6978010.

• *Post* am Hauptplatz.

• *Veranstaltungen* Ehemalige griechische Inselbewohner und ihre Nachkommen treffen sich alljährlich in der letzten Juliwoche beim **Ayazma-Fest**. Das **Weinlesefest Bağ Bozumu Festivalı** steigt Ende August.

• *Zweiradverleih* Fahrräder leiht man im **Ada Café** am Hauptplatz nahe der T.C. Ziraat Bankası. Pro Std. 1,90 €, pro Tag 4,40 €.

Übernachten/Essen & Trinken

Die meisten Unterkünfte befinden sich im Hauptort. Zimmeranbieter und Pensionsbesitzer machen teils schon bei Ankunft der Fähre auf sich aufmerksam. Das Angebot ist gut, dennoch kann es an Sommerwochenenden zu Engpässen kommen. Noch ein Tipp fürs Essen: Der vor Ort gefangene Fisch gilt als einer der besten der Ägäis. Kosten Sie ihn in einem der Lokale rund um den Hafen, allesamt gemütlich und empfehlenswert.

Hotel Kaikias, eine der schönsten Adressen der Insel. Stilvolles kleines Hotel im Gassenwirrwarr nordwestlich der Festung. Große, ockerfarben gestrichene Räume, dunkler Dielenboden, Himmelbett mit Moskitonetz. 16 Zimmer, pro Person 21 € inkl. Frühstück. ✆ 6970250, www.kaikias.com

Lüfer Pansiyon, über dem gleichnamigen Restaurant direkt am Hafen. Nur 3 Zimmer, 2 davon mit Balkon und schöner Aussicht auf das Treiben am Hafen. Gemütlich und freundlich eingerichtet, Dielenböden. Für die Lage zahlt man mit, pro Person 15 €. Yalı Cad. 8, ✆ 6970415.

Rengigül Konakevi, in einem romantischen alten Stadthaus nordwestlich der Fähranlegestelle. Vermietet werden 6 liebevoll eingerichtete, dennoch schlichte Zimmer. Ein tolles Frühstück für alle wird am großen Tisch im herrlichen Gärtchen serviert. Galerie angegliedert, sehr freundliche, familiäre Atmosphäre. DZ 24 €. Emniyet Sok. 24, ✆ 6978601. Kein Schild am Eingang, Erkennungszeichen sind trompetende Engel in einem gusseisernen Herzen.

Tuna & Deniz Pansiyon, einfaches Haus, das durch einen idyllischen, lauschigen Garten und eine äußerst liebenswürdige Wirtin besticht. Viel junges Publikum aus İstanbul. Simple Zimmer mit und ohne Bad, das DZ ab 18 € mit Frühstück. Lale Sok. 20, ✆ 6978262.

Vielen nur ein Gähnen wert – die Reste von Troja

Troja (Truva, antike Stadt)

Troja ist die bekannteste türkische Ausgrabungsstätte. Doch auf 5.000 Jahre Geschichte treffen hier alljährlich Millionen enttäuschte Besucher.

Grund für die weltweite Berühmtheit Trojas ist Homers Epos "Ilias". Dem gewaltigen Werk mit 16.000 Versen entsprang der Mythos des Trojanischen Krieges, der seit der Antike Einfluss auf Dichtung und bildende Kunst genommen hat. Ob es jedoch jemals einen Kampf um Troja gab, und wenn ja in welcher Form, ist nicht nachgewiesen. Genauso wenig weiß man, ob der gewaltige Achilles, der mächtige Agamemnon, der listenreiche Odysseus, der vor Gram gebeugte Priamos oder die schöne Helena jemals reale Personen waren. Selbst die Existenz Homers ist umstritten.

Einer, der die "Ilias" las und an der Existenz des Kriegsschauplatzes Troja keine Zweifel hatte, war der deutsche Kaufmann und Abenteurer Heinrich Schliemann (1822–1890). Er vermutete unter dem Ruinenhügel Hisarlık den sagenhaften "Schatz des

Troja – für den Laien eher eine Enttäuschung

Priamos". Zu jener Zeit war das Interesse der Weltöffentlichkeit an der Archäologie gering, die Feldforschung steckte gar noch in den Kinderschuhen. Schatzsucher Schliemann sorgte dafür, dass sich das änderte, auch wenn er an wissenschaftlichen Grabungstechniken nicht interessiert war. 1870 begann er den Hügel mit Sondierungsgräben so gründlich zu zerpflügen, dass ganze Generationen nachfolgender Ausgräber entnervt Schippchen und Hacke ins Feld warfen.

Schliemann fand, was er suchte, bzw. was er dafür hielt – mit der Datierung und Einordnung von Funden nahm man es damals noch nicht so genau. Den Schatz brachte er illegal nach Berlin, wo sich ihn die Russen am Ende des Zweiten Weltkrieges schnappten. Jüngst zog Schliemanns Schatz als erfolgreiche Wanderausstellung durch die großen Museen der Welt und nährte so weiter die Faszination am Mythos Troja. Traurig, aber wahr: Im Gegensatz zu dieser Exposition versetzt das Ruinengelände vor Ort außer Archäologen so gut wie niemanden ins Staunen. Kein Hauch von Achilles. Ein plumpes 20 m hohes, für einen Fernsehfilm nachgebautes Holzpferd ist der einzige Blickfang. Vom ruhmreichen Troja Homers zeugen nur spärlichste Reste.

Und von allen anderen Trojas auch. Es gab nicht weniger als neun an der Zahl, alle übereinander, da auf den Trümmern der jeweils älteren Stadt immer wieder eine neue erbaut wurde. Archäologen versehen sie zur einfacheren Unterscheidung mit römischen Zahlen. **Troja I**, die unterste, eine von einer Wehrmauer umfasste Siedlung, datiert aus den Jahren 2920–2600 v. Chr. Darauf folgte **Troja II** (2600–2450 v. Chr.), mittlerweile ein Fürsten- oder Königssitz, der mehrmals durch Brände verwüstet wurde. In jener Siedlungsschicht entdeckte Schliemann seinen "Schatz des Priamos" – nur trennten Troja II noch über 1.000 Jahre von dem angeblichen Troja des Priamos.

Denn zunächst kommen noch **Troja III–V** (2450–1700 v. Chr.), in deren Verlauf sich das Siedlungsgebiet auf 18.000 m² ausdehnte. Während **Troja VI** (1700–1250 v. Chr.) wurde daraus eine bedeutende Handelsstadt mit Palästen und hohen Befestigungsmauern, die jedoch ein Erdbeben zerstörte. Erst jetzt machte sich das glorreiche, sagenumwobene Troja breit, das mit Priamos und Homers Trojanischem Krieg enden sollte – **Troja VIIa** (1250–1150 v. Chr.), nachweislich immerhin durch einen Brand zerstört.

Was nach **Troja VIIb** (bis Anfang des 10. Jh. v. Chr.) passierte, weiß man nicht – es gibt Annahmen, dass die Stadt aufgegeben wurde. **Troja VIII** (700–85 v. Chr.) war vermutlich eine Neugründung der Äoler, die die Stadt nun *Illion* nannten. 547 v. Chr.

verleibte sie der Perserkönig Kyros in sein Reich ein, danach Alexander der Große. Ilion war berühmt für seinen Athenatempel, das Fundament existiert noch heute.

Zuletzt garnierten die Römer den Hügel mit Prunkbauten, **Troja IX** nennt sich ihr Überguss. Troja profitierte zu jener Zeit von dem Ruf, die Vaterstadt des Romgründers Aeneas zu sein. Mäzenhaft wurde sie gefördet, 40.000 Menschen lebten vermutlich innerhalb der Stadtmauern. Der späten Blüte setzten die Goten 262 n. Chr. ein Ende. Zurück blieb ein gigantischer Schutthaufen, über den nur noch der Wind pfiff, bis Schliemann zu buddeln begann.

Und so steht in der brettflachen Küstenebene heute ein zerfledderter Grabungshügel aus neun Siedlungsschichten, von dem Archäologen mehr als fasziniert sind. Wo sonst lassen sich 3.000 Jahre Geschichte mit der Schaufel peu à peu abtragen? Für den Laien ist dessen Anblick jedoch enttäuschend: Da eine Mulde mit ein paar Quadern aus Troja VI, daneben eine kniehohe Mauer aus Troja II usw. Das Weltkulturerbe Troja kann zwar begeistern, niemals aber bei einem kurzen Besuch.

Hinweis Die Überreste Trojas gleichen nicht im Ansatz denen von Ephesus oder Pergamon, wo man auch als Laie vieles erkennen kann. Je spärlicher die Reste, desto mehr Informationen bedarf es, um einen spannenden Rundgang zu erfahren. Kein Reiseführer kann diese aus Platzgründen liefern – auch wenn es viele versuchen. Wir verweisen daher ausdrücklich auf den hilfreichen **"Führer durch Troja"**, verfasst von der Grabungsleitung unter Prof. Dr. Manfred Korfmann (Universität Tübingen 2001). Er ist in deutscher Sprache vor Ort erhältlich, bebildert und mit Plänen versehen. Am Eingang zum Grabungsgelände wird zudem über den aktuellen Stand der allsommerlich stattfindenden Grabungsarbeiten informiert. Unterstützt werden diese u. a. durch die Daimler Chrysler AG – Kultursponsoring einmal anders.

• *Anfahrt/Verbindungen* Troja liegt beim Dorf Tevfikiye, von der Nationalstraße 550 ausgeschildert. Regelmäßige **Dolmuş**verbindungen von Çanakkale nach Tefvikiye. Mit dem **Taxi** geht es wesentlich schneller, ist aber entschieden teurer (40 € retour).

• *Öffnungszeiten* im Sommer tägl. 8–19 Uhr, im Winter 8–17 Uhr. Eintritt 6 €, erm. 2,40 €.

• *Organisierte Touren* Das Reisebüro **Troy-Anzac Tours** (→ Çanakkale/Organisierte Touren, S. 241) in Çanakkale hat die meiste Erfahrung mit Trojaführungen.

• *Übernachten* Am besten übernachtet man in Çanakkale oder Güzelyalı. Vor Ort bestehen nur bescheidene Möglichkeiten: Das **Hisarlık Otel** gleich beim Eingang zum Gelände bietet anständige, jedoch überteuerte Zimmer mit Terrasse. DZ 30 €, Dreier 45 €. ✆ 0286/2830026. Die **Deniz Pansiyon** im Ortskern von Tevfikiye (ausgeschildert) genügt nur sehr bescheidenen Ansprüchen. Ein Zelt kann man für 3 € pro Person im Hinterhof des **Restaurants Priamos** nahe dem Hisarlık Otel aufschlagen. Steinharter Boden, alles andere als idyllisch. Wer hier sein Wohnmobil parkt, bekommt Wasser und Strom für das gleiche Geld.

Çanakkale

ca. 80.000 Einwohner

Die Provinzmetropole an der engsten Stelle der Dardanellen ist eine bedeutende Fährstation und zugleich ein guter Standort für Ausflüge zum 30 km entfernten Troja und auf die Halbinsel Gallipoli. Charme besitzt Çanakkale jedoch wenig.

Nur 1.244 m trennen Çanakkale von Thrakien, dem europäischen Teil der Türkei. Am Fährhafen, dem Herz der Stadt, spucken dickbauchige Schiffe im Stundentakt Blechlawinen aus und warten Autos, Busse und LKWs in langen Reihen aufs Einschiffen.

In den Gassen von Çanakkale

Sehenswürdigkeiten gibt es wenige, romantische alte Viertel ebenfalls nicht, dafür sorgte ein Erdbeben im Jahre 1912. Neben viel Beton bietet die junge und moderne Stadt jedoch auch ein paar nette Ecken. Der Jachthafen nördlich der Fähranlegestelle gab Anlass zum Bau einer ausgedehnten Uferpromenade mit Cafés und Restaurants. Zum Schlendern laden auch die kleinen Gassen rund um den *Saat Kulesi Meydanı* ein, einen kleinen Platz südöstlich des Fährhafens. Er wird von einem osmanischen *Uhrturm* aus dem frühen 20. Jh. beherrscht, dem Wahrzeichen der Stadt. Im dortigen Einbahnstraßenchaos verlieren ortsunkundige Selbstfahrer leicht die Nerven.

Çanakkale ist alles andere als ein Urlaubsort für mehrere Wochen. Touristen gibt es dennoch viele. Es sind überwiegend Australier und Neuseeländer – Pilger auf den Spuren eines der traurigsten Kapitel ihrer Geschichte (→ Kasten, S. 246).

Geschichte

Die Gegend rund um Çanakkale war seit eh und je ein bedeutender Brückenkopf zwischen Europa und Asien, zudem strategisch wichtig, um den Schiffsverkehr zwischen der Ägäis und dem Marmarameer zu kontrollieren. Um seine Heere über die Meerenge schicken zu können, ließ der persische König Xerxes 480 v. Chr. gar zwei riesige Brücken bauen. Alexander der Große hatte rund 150 Jahre später solchen Respekt vor der Meerenge, dass er Wein aus goldenen Bechern ins Meer kippen ließ, um Poseidon gütig zu stimmen.

Lange Zeit war die Gegend Zankapfel verschiedener Königreiche, zudem stets bedroht von Piraten. Die Siedlung an der Meerenge wurde aber auch regelmäßig von all jenen geplündert, die mit ihren Schiffen in feindlicher Absicht gen Byzanz und später Konstantinopel segelten. Erst als im 15. Jh. unter den Osmanen mächtige Festungen gebaut wurden, wurde das Leben an den Dardanellen sicherer; die Stadt begann sich zu entwickeln. Den Namen Çanakkale ("Topfburg") erhielt der Ort wahrscheinlich aufgrund seiner Keramikproduktion, die noch heute ein kleines Standbein der lokalen Wirtschaft ist. Im Ersten Weltkrieg waren die Dardanellen Schauplatz blutigster Auseinandersetzungen, als die Alliierten den Durchstoß durch die Meerenge zu erzwingen suchten (→ Kasten, S. 246).

Heute lebt die Stadt vom Fährgeschäft und einer florierenden Lebensmittelindustrie, die Produkte des bäuerlichen Hinterlandes verarbeitet. Auch die auffallend vielen Kasernen des Militärs zur Sicherung der Meerenge tragen zum Wohlstand bei. Sonntags scheint die Bedrohung geringer – das Straßenbild Çanakkales wird dann von unzähligen Marinesoldaten geprägt, die ihren freien Tag in der Stadt verbringen.

Mythos Dardanellen

Die Meerenge zwischen dem europäischen und dem türkischen Teil der Türkei war von der Antike bis ins Mittelalter als *Hellespont* bekannt. Ihren heutigen Namen hat sie von Dardanos, einem Sohn des Zeus, der hier der Mythologie nach eine Stadt gegründet hatte. Die Türken nennen die Meerenge übrigens einfach *Çanakkale Boğazı*, "Schlund von Çanakkale."
Zahlreiche Legenden ranken sich um die angeblich Verderben bringende Meerenge. Wohl die bekannteste ist jene von Hero und Leander, die sich nur nächtens sehen konnten, da ihre Liebe geheim gehalten werden musste. So durchschwamm Leander von der asiatischen Seite stets in der Dunkelheit die Meerenge, um zu seiner Hero nach Europa zu gelangen. Zur Orientierung stellte sie ihm eine Kerze ans Fenster. In einer stürmischen Winternacht ging die Kerze aus, Leander ertrank und Hero stürzte sich aus dem Fenster. Das Thema des unglücklichen Paars wurde von Ovid und anderen Dichtern verewigt.
Von Leanders Tod bis 1807 galt das Durchschwimmen der Meerenge als unmöglich. Erst der englische Dichter Lord Byron, ein zu jener Zeit durch unorthodoxe Ansichten berühmt-berüchtigter Exzentriker, bewies das Gegenteil. Seitdem finden sich immer wieder Nachahmer.

Information/Verbindungen/Ausflüge

- *Telefonvorwahl* 0286.
- *Information* **Tourist Information**, freundlich, hilfsbereit und kompetent, je nach Schicht Auskünfte in Englisch oder Deutsch. Im Sommer Mo–Fr 8–19 Uhr, Sa/So 10.30–18.30 Uhr, im Winter am Wochenende geschlossen. Beim Fährhafen, İskele Meydanı 67, ✆/℻ 2171187.
- *Verbindungen* **Bus**: Busbahnhof 1 km östlich des Zentrums an der Atatürk Cad. Häufige Verbindungen nach İstanbul und gen Süden Richtung İzmir.

Dolmuş: Dolmuşe nach Güzelyalı, Dardanos und Troja starten südöstlich des Zentrums an der Atatürk Cad. bei der Brücke über den Sarı Çay.

- *Schiffsverbindungen* rund um die Uhr nahezu stündl. **Fähren nach Eceabat** am gegenüber liegenden Dardanellenufer (Dauer ca. 30 Min.). Pro Person 0,50 €, Motorrad 0,90 €, Auto 4,10 €, Wohnmobil 8,80 €. **Fähren zur Festung Kilitbahir** einige Kilometer südlich von Eceabat ebenfalls tagsüber nahezu stündl., ähnliche Preise. **Fähren zur Insel Gökçeada** (Dauer ca. 4 Std.) fahren im Sommer tägl. um 17 Uhr (Stand 2002). Pro Person 1,80 €, Auto 9,50 €.
- *Organisierte Touren* **Troy-Anzac Tours**, Saat Kulesi Meydanı 6, ✆ 2175849, ℻ 2170196. Die Spezialisten (englischsprachig) in Sachen Führungen durch Troja (pro Person ca. 15 €) und Besichtigungstouren auf die Halbinsel Gallipoli (pro Person ca. 20 €).

Adressen/Baden/Sonstiges

• *Ärztliche Versorgung* Privatkrankenhaus **Özel Çanakkale Hastanesi** an der Atatürk Cad. südöstlich des Zentrums, ✆ 2177461.

• *Autoverleih* **Gezgin Rent a Car**, nahe dem Cumhuriyet Meydanı in der Tekke Sok. Preiswertester Wagen ab 35 € pro Tag. ✆ 2128392.

• *Baden* Vor Ort schlechte Karten. Besser, aber auch nicht der Hit, sind die Strände des rund 15 km entfernten Retortenferienorts **Güzelyalı**.

• *Einkaufen* Fr **Wochenmarkt** am großen Marktgelände an der Atatürk Cad. östlich des Zentrums. Kunsthandwerk bekommt man im **Yalı Han** (→ Essen & Trinken).

• *Geld* EC-Automaten und Geldwechselmöglichkeiten an der Fähranlegestelle.

• *Polizei* an der İnönü Cad., ✆ 2175260.

• *Post* neben der Polizei an der İnönü Cad.

• *Tauchen* zwischen Schiffswracks vor der Halbinsel Gallipoli ist in den letzten Jahren recht populär geworden. Zwei Tauchgänge kosten rund 80 €, vermittelt werden diese z. B. über **Troy-Anzac Tours** (s.o.).

• *Türkisches Bad (Hamam)* **Yalı Hamamı**, das historische Bad im Zentrum ist leider etwas schmuddelig, getrennte Eingänge für Männer und Frauen. Eintritt 1,80 € ohne Massage. Çarşi Cad.

• *Veranstaltungen* Viel Tanz, Musik und kulturelle Veranstaltungen jeder Art bringt das einwöchige **Çanakkale Truva Festivalı** Mitte August. Zum Platzen voll und zu meiden ist die Stadt rund um den historischen **Anzac Day** (→ Kasten, S. 246) am 25. April, wo Nepper und Schlepper sich schlagartig vermehren und Hotelpreise astronomisch ansteigen.

Übernachten/Camping

In Çanakkale findet man Unterkünfte für jeden Geldbeutel. Wirklich schöne sind nicht darunter, das Gros ist lediglich zweckmäßig. Achtung: Für die Tage um den *Anzac Day* (25. April) ist eine Reservierung, am besten schon Monate vor der Reise, unumgänglich.

****Hotel Akol (13), das Tophotel der Stadt, ein Kasten nördlich des Hafens. Kühler Marmor in der klimatisierten Empfangshalle, Swimmingpool, Wäscherei, Disco, Bar und Restaurant. 138 der Sternenanzahl entsprechende Zimmer mit allem Komfort, aber ohne Flair. EZ 60 €, DZ 90 €. Kordonboyu, ✆ 2179456, ✆ 2172897.

***Hotel Truva (14), an der Promenade nördlich des Fährhafens. Gepflegtes Mittelklassehotel, das auch einen Stern mehr haben könnte. 66 ordentliche Zimmer mit guten Bädern (Badewannen!), davon rund die Hälfte mit Balkon. DZ 60 €, EZ 48 €. Akif Ersoy Cad. 2, ✆ 2171024, ✆ 2170903.

**Hotel Anafartalar (9), großes Hotel direkt am Hafen. Altbacken ausgestatte Zimmer, auf der Vorderseite aber mit tollem Blick auf die Meerenge . Sauber und für den Preis durchaus okay: DZ 32 €, EZ 18 € mit Frühstück. İskele Meydanı, ✆ 2174455, ✆ 2174457.

*Hotel Temizay (12), für ein Ein-Sterne-Haus überraschend gut. Sehr kitschiges Dekor. 43 akzeptable Standardzimmer mit TV, nur ganz wenige mit Balkon. Leider an einer recht befahrenen Straße. EZ 12 €, DZ 21 €. Cumhuriyet Meydanı 15, ✆ 2128760, ✆ 2175885.

Yellow Rose Pension (11), 50 m vom Uhrturm entfernt. Travellerabsteige junger Aussis und Kiwis mit Bookexchange, Laundryservice, Infos über Gallipoli, Tischtennis usw. Ruhige Lage, nette Terrasse. Leider klitzekleine, teils recht muffige Zimmer, dafür mit Dusche/WC. Pro Person 6 €, Frühstück 1,50 € extra. Yeni Sok. 5, ✆ 2173343, www.yellowrose.4mg.com.

Anzac House (10), ebenfalls eine Travellerabsteige, ebenfalls winzige Zimmer, jedoch auf besserem Niveau als die der Yellow Rose Pension. Laundryservice, Internetecke. Organisiert werden Ausflüge nach Gallipoli (21 €) und Troja (14 €). DZ mit Bad 12 €, ohne Bad 9 €. Cumhuriyet Meydanı 61, ✆ 2315969, www.anzachouse.com

Hotel Kervansaray (6), schönes altes Haus mit einem idyllischen, hübsch begrünten Innenhof. Jedoch spartanische Zimmer (mit und ohne Bad) für Anspruchslose. Alkohol verboten! DZ mit Bad (ohne Frühstück) 12 €, ohne Bad 9 €. Fetvane Sok. 13, ✆ 2178192.

Avrupa Pansiyon (6), typisch türkische Stadtpension ohne besonderes Flair. Dafür saubere Zimmer mit Balkon. Mitten im Zentrum und zugleich nur 50 m vom Meer. DZ 9 € ohne Frühstück. Matbaa Sok., ✆ 286244084.

• *Außerhalb* IDA Kale Resort Hotel, in Güzelyalı ca. 14 km südlich von Çanakkale. Ein guter Standort für Ausflüge nach Troja, zudem liegt ein netter Strand direkt vor der Tür. Gepflegte Anlage mit 80 sehr gut ausgestatteten (Klimaanlage, Minibar, TV usw.), aber etwas biederen Zimmern auf 7 Gebäude verteilt. Einladender Pool. Ausgeschildert. DZ 52 €, ✆ 2328332, ✆ 2328832.

• *Camping* An der Meerenge südlich von Çanakkale findet man eine ganze Reihe von Campingplätzen, zu hohe Ansprüche sollte man aber an keinen von diesen stellen. Ganz akzeptabel ist noch **Sun San Camping** in Dardanos, rund 11 km südlich von Çanakkale (von der Nationalstraße 550 ausgeschildert). Eigener Sandstrand, Restaurant und recht schattig. 2 Pers. mit Zelt oder Wohnmobil 3 €. Vermietet werden zudem simple Bungalows mit eigenem Bad zu 6 € für 2 Pers. ✆ 2470337.

Essen & Trinken/Nachtleben (s. Karte S. 242)

Gute Fischrestaurants befinden sich südlich des İskele Meydanı. Eine süße Spezialität Çanakkales ist das mit Käse angereicherte *Peynirli Helva*. Mit Pizza und Hamburger bedient man zudem den Geschmack der vielen Australier. Ein Tipp sind die gemütlichen, schattigen Teegärten bei der Fähranlegestelle nach Kilitbahir.

Çekiç (5), das beliebteste Fischlokal (wirbt mit "Fres Fish") an der Uferfront südlich des İskele Meydanı. Neben delikatem Meeresgetier auch eine gute Mezeauswahl. Ein Abendessen mit einem Getränk kommt auf 10–15 €.

Gaziantep Kebap Salonu (2), nahe dem Uhrturm in der Fetvane Sok. Große Auswahl an Kebabs. Alles andere als ein langweiliger 08/15-Salon, serviert wird in gemütlicher Hinterhofatmosphäre. Stets gut besucht, billig.

Truva 2000 (8), direkt beim Uhrturm. Sehr freundliche Lokanta mit jeder Menge leckerer Schmorgerichte, auch abends hat man noch eine große Auswahl. Zuvorkommender Service – nach dem Essen gibt es in der Regel eine kleine Obstschale als Geschenk des Hauses.

Am Uhrturm

• *Café/Snacks* **Yalı Han (4)**, urgemütliche schattige Kneipe im Innenhof einer alten Karawanserei. Drum herum wird gewerkelt und Keramik verkauft. Treffpunkt der trendigen Jugend Çanakkales. Fetvane Sok.

Babalık Tatlı Salonu (3), hier hat man die beste Möglichkeit, *Peynirli Helva* (s.o.) zu kosten. Yalı Sok. 43.

• *Nachtleben* Dem Bierdurst australischer Traveller werden verschiedene Pubs gerecht. In Strömen läuft der Gerstensaft allabendlich im **Rockhouse** über dem Restaurant Çekiç. In der **Alesta Bar** gleich beim Uhrturm in der Yalı Sok. 4/A geht es ähnlich zu, Musik aus Down Under (Midnight Oil, Kylie Minogue...) dröhnt hier bis 4 Uhr morgens aus den Boxen. Eine ebenfalls unterhaltsame Adresse ist die **Depo Discobar** in der Fetvane Sok.

Sehenswertes

Çimenlik Kalesi ("Wiesenburg"): Die Festung mit ihren trutzigen, wehrhaften Türmen, die auch *Kale-i Sultaniye* (Sultansburg) genannt wird, ließ Mehmet der Eroberer 1454 errichten. Zusammen mit der gegenüberliegenden Festung *Kilitbahir* (→ S. 246) ermöglichte sie die Kontrolle des strategisch so wichtigen Tores vom Mittel- zum Marmarameer. Weite Teile der Anlage sind nicht zugänglich, auf dem Areal sitzt die türkische Marine. Besichtigt werden darf lediglich ein kleines *Militärmuseum (Askeri Müze)*, das die hiesigen verlustreichen Kämpfe aus dem Ersten Weltkrieg nachzeichnet. In dem kleinen Park, der die Burg umgibt, steht zudem ein Nachbau des in der Dardanellenschlacht kriegsentscheidenden Minenlegers *Nusrat* (→ Kasten, S. 246).

Öffnungszeiten tägl. (außer Mo und Do) 9–12 und 13.30–17.30 Uhr. Eintritt 0,60 €, erm. die Hälfte.

Archäologisches Museum: Die trojanischen Exponate beschränken sich auf zusammengeflickte Schüsseln und Krüge. Am sehenswertesten sind die Grabbeigaben – überwiegend Goldschmuck – des unversehrt aufgefundenen sog. *Dardanos-Tumulus* (11 km südlich von Çanakkale), dessen moderner Name sich auf den mythischen, gleichnamigen Stadtgründer bezieht. Daneben sind gut erhaltene Funde aus Bozcaada, Assos und Gülpınar ausgestellt sowie die obligate Münz- und Amphorensammlung.

Adresse/Öffnungszeiten Das Museum liegt ca. 2 km südöstlich des Zentrums an der 100 Yıl Cad., von der Straße nach Troja ausgeschildert. Die Dolmuşe nach Güzelyalı passieren es. Tägl. (außer Mo) 9–12 und 13–17 Uhr. Eintritt 0,60 €, erm. die Hälfte.

Gelibolu, eine Stadt im Zeichen des Fisches

Die Halbinsel Gallipoli (Gelibolu Yarımadası)

Pinienwälder und Sonnenblumenfelder prägen die unverbaute, sanfthügelige Halbinsel, dazu riesige, bedrückende Friedhöfe und Gedenkstätten. Die schmale, 60 km lange Landzunge war Schauplatz einer der fürchterlichsten Schlachten des Ersten Weltkriegs (→ Kasten). Aus diesem Grund wurde sie zu einem "Historischen Nationalpark" erklärt. Aus Respekt vor den Gefallenen ist mancherorts Schwimmen und Sonnenbaden untersagt. Schöne Badestrände finden sich dennoch, z. B. an der Südspitze der Halbinsel und an deren Westküste.

Wer es den vielen Australiern und Neuseeländern gleich tun und die Halbinsel erkunden will, besucht am besten zunächst das bunkerartige *Informationszentrum Kabatepe* im Westen der Halbinsel, in dem u. a. Waffen, Munition, Knöpfe und Gürtelschnallen, Briefe der Soldaten sowie ein von einer Kugel durchlöcherter Schädel ausgestellt sind (tägl. 8.30–18 Uhr, Eintritt 0,60 €). Weitere kleine Museen mit ähnlichen Exponaten liegen über die gesamte Halbinsel verstreut. Dort werden auch Broschüren und Bücher mit allen Details über den Stellungskrieg verkauft. Das gigantischste Mahnmal der Halbinsel ist das 42 m hohe, steinerne, tischähnliche *Çanakkale Şehitleri Abidesi* ganz im Süden Gallipolis. Es wurde zum Gedenken an alle Türken erbaut, die an der Schlacht teilnahmen.

Hinweis Da die Gedenk-, Ex-Schlacht- und Mahnplätze auf der Halbinsel für Nichtmotorisierte auf eigene Faust kaum zu erreichen sind, empfehlen sich geführte **Tagestouren** von Çanakkale oder Eceabat. **Dolmuşe** verkehren im Halbstundenrhythmus lediglich zwischen Eceabat und Kabatepe.

"Gallipoli" und seine Folgen

Um das wilhelminische Deutschland schneller in die Knie zu zwingen, hielten hohe englische und französische Generäle imKriegswinter 1914/15 eine zweite Angriffsfront von Südosten her für notwendig. Dafür bedurfte es des Zugangs zum Schwarzen Meer, den jedoch die mit den Deutschen verbündeten Osmanen kontrollierten. Mit einer Einnahme İstanbuls wären die Karten neu gemischt worden. Ein Plan, der scheiterte.

Der erste Versuch der Alliierten am 18. März 1915, die Dardanellen mit einer Schiffsattacke zu durchstoßen, wurde zum Desaster. Noch in der Nacht davor war es dem türkischen Minenleger *Nusrat* gelungen, eine unüberwindbare Barriere zu schaffen, auf die ein um das andere Schiff auflief. Was auf dem Seeweg nicht gelingen wollte, sollte eine Invasion erreichen, an der sich neben französischen und englischen Einheiten auch die sog. ANZACS (= Australien and New Zealand Army Corps) beteiligten. Am 25. April 1915 landeten die Truppen auf der Halbinsel Gallipoli, um von dort über Land nach İstanbul vorzustoßen. Dies war der Beginn eines grauenvollen neunmonatigen Stellungskrieges. Rund eine Million Soldaten waren beteiligt, zwischen 150.000 und 250.000 fielen. Als Held ging Mustafa Kemal, der türkische Divisionskommandant und spätere Staatsgründer, aus der Schlacht hervor. "Ich befehle Euch, nicht anzugreifen! Ich befehle Euch, zu sterben!" hieß seine viel zitierte Parole, um Stellungen zu halten, bis Verstärkung nachrücken konnte.

Im Januar 1916 gaben die Alliierten ihr Vorhaben auf und zogen sich zurück. Erst 1918, als der Weltkrieg vorbei war, kehrten einige von ihnen auf das Schlachtfeld zurück, um ihre gefallenen Kameraden auf insgesamt 31 Friedhöfen vor Ort zu bestatten. Nur noch ein Bruchteil konnte identifiziert werden. Auch wenn heute kaum mehr Kriegsveteranen leben, kommen dennoch alljährlich am 25. April, dem sog. *Anzac Day*, tausende Australier und Neuseeländer zum Gedenken an ihre gefallenen Groß- oder Urgroßväter auf die Halbinsel. Die Türken hingegen feiern – am 18. März jeden Jahres ihre erfolgreiche Verteidigung der Dardanellen.

Eceabat und Kilitbahir

Eceabat, der Fährhafen gegenüber von Çanakkale, ist ein charakterloses 5.000-Einwohner-Städtchen ohne Sehenswürdigkeiten, aber wie Çanakkale als Ausgangspunkt für die Erkundung der Gallipoli-Halbinsel geeignet. Rund 5 km südlich steht die osmanische Sperrfestung *Kilitbahir*, zu dessen Füßen sich das gleichnamige, hübsche Dorf erstreckt. Das 1462 errichtete, frei zugängliche Bollwerk ist das europäische Pendant zur Çimenlik Kalesi in Çanakkale. In einem seiner imposanten

Rundtürme befindet sich das kleine *Harp Eserler Müzesi* – wie sollte es auch anders sein, ein Kriegsmuseum (geöffnet nach Lust und Laune, Eintritt 0,60 €).

• *Verbindungen* Regelmäßige **Dolmuş**verbindungen zwischen Eceabat und Kilitbahir, von Eceabat zudem halbstündl. nach Kabatepe sowie stündl. nach Gelibolu. Für **Fähren** von Eceabat und Kilitbahir nach Çanakkale siehe dort unter Verbindungen.

• *Organisierte Touren* über die Halbinsel inkl. Badestopps bietet die Agentur **TJs**, zum gleichnamigen Hostel gehörend (s. u.).

• *Übernachten/Camping* **Tjs Hostel**, in Eceabat nahe der Fähranlegestelle. Gut geführt, netter Service. Regelmäßige Grillparties mit trinkfreudigen Australiern auf der hübschen Dachterrasse. Waschservice und alles, was Traveller sonst noch brauchen. Leider nur abstellkammergroße, für Klaustrophoben ungeeignete Zimmer, dafür sauber. DZ 11 € mit Bad, Frühstück extra. Cumhuriyet Cad. 5, ✆ 0286/8143122, www.anzacgallipolistours.com.

Hotel Kum, ca. 20 km südwestlich von Eceabat, an der Westküste der Halbinsel, von der Straße zwischen Kabatepe und Abide ausgeschildert. 72 ordentliche Zimmer mit bunten Wänden, Fliesenböden und Terrasse bzw. Balkon. Zudem gepflegtes Campergelände auf einem schönen, schattigen Wiesenplatz. Pool. Privater Strand mit gemütlicher Bar. Sportangebote. Viel italienisches und holländisches Publikum. Campen pro Person 4,10 €, Wohnwagen 9 €, DZ mit HP 41 €. ✆ 0286/8141455, otelkum@superonline.com. Spartanische Campingmöglichkeiten bestehen zudem nahe der Fähranlegestelle von Kabatepe.

Gelibolu

48.000 Einwohner

Im Norden der gleichnamigen Halbinsel, an einer wild zerklüfteten Steilküste, liegt das Fischerstädtchen Gelibolu, das schon mehrmals in seiner Geschichte Schauplatz bedeutender historischer Ereignisse war: U.a. schlug hier 405 v. Chr. die spartanische Flotte Athen und trug den Sieg im Peloponnesischen Krieg davon. 1357 wurde die Stadt als erste in Europa von den Türken erobert. An die abwechslungsreiche Vergangenheit des Städtchens erinnert z. B. der zentral an der Hafenbucht gelegene, byzantinische *Festungsturm*, der früher als Gefängnis diente. Heute ist darin ein kleines *Museum* untergebracht, das sich u. a. dem osmanischen Admiral und Geograph Piri Reis aus dem 15. Jh. widmet (tägl. außer Mo 8.30–12 und 13–17 Uhr, Spende wird erwartet). Im Norden des Städtchens nahe dem Leuchtturm kann man zudem den *Azebeler Namazgahı* entdecken, einen offenen Gebetsplatz mit Marmor-Mihrab aus dem frühen 15. Jh. Interessanter ist für viele aber ein Besuch des *Fischmarktes* nahe dem urigen Hafen mit seinen kleinen Restaurants. Gelibolu ist bekannt für Sardinen *(sardalya)*, die es in bunten Konservendosen vor Ort eingelegt zu kaufen gibt. Ein Fest zu Ehren des kleinen Fisches wird alljährlich Ende Juli abgehalten.

Verbindungen Stündl. **Dolmuş**verbindungen über Eceabat nach Kilitbahir. Nahezu stündl. (bis Mitternacht) verkehren **Fähren** von Gelibolu auf die asiatische Seite nach Lapseki, ähnliche Preise wie von Çanakkale nach Eceabat.

Gökçeada (Insel)

Abgeschiedene Buchten, alte griechische Dörfer und ein wildromantisches Binnenland – die größte Insel der Türkei bietet alles für geruhsame Urlaubstage.

Die ehemals griechische Insel *Imbros* wurde 1923 durch den Lausanner Vertrag der Türkei zugesprochen – unter der Bedingung, dass die griechischen Einwohner vom Bevölkerungsaustausch verschont blieben. Im Lauf der Jahrzehnte wanderten sie dennoch ab. Man schätzt, dass unter den 10.000 Insulanern gerade noch 250 (ältere) Griechen das Eiland ihre Heimat nennen. Wie seit Jahrhunderten lebt man auf

Hirtenjunge auf Gökçeada

Gökçeada vorrangig vom Fischfang und der Landwirtschaft. Der Tourismus hat noch immer einen untergeordneten Stellenwert: Wetterbedingt dauert die Saison auf der Insel nur drei Monate, zudem steht Gökçeada erst seit den 1980ern Ausländern genehmigungsfrei offen.

Genau das aber macht die rund 20 km lange und 13 km breite Insel reizvoll. Abseits des unattraktiven Hauptortes **Gökçeada** (auch **Merkez** = Zentrum genannt) in der Inselmitte erwartet den Besucher pastorale Beschaulichkeit. Die meisten Urlauber, vorrangig begüterte İstanbulis, zieht es nach **Kaleköy**, dem "touristischen Zentrum" im Nordosten der Insel – immerhin gibt es hier mehrere Restaurants und Unterkünfte sowie eine 300 m lange Uferstraße, die allabendlich für den Verkehr gesperrt und zur Flaniermeile wird. Zudem soll bis 2004 eine Marina entstehen. Die wenigen anderen Küstenorte sind noch immer verschlafene Bauernweiler.

Einen Besuch wert sind die malerischen Bergdörfer, die die griechische Bevölkerung zum Schutz vor Piraten gründete, allen voran **Eski Bademli**, **Tepeköy** oder **Zeytinli**. Fast vollständig verlassen ist **Dereköy** – ein Spaziergang durch die aufgegeben Häuser nimmt einen gefangen, jedes Eck erzählt Bände. Ohnehin lädt das gebirgige Binnenland mit seinen bewaldeten Tälern zu ausgedehnten Wandertouren und idyllischen Picknicks ein.

Badestrände findet man rund um die Insel. **Aydıncık**, der schönste, liegt im Südosten zwischen Meer und einem Salzsee, dessen Wasser Rheumatikern Linderung verschaffen soll (Sonnenschirmverleih und Snackbar vor Ort). Um all die schönen Ecken zu entdecken, sollte man gut zu Fuß sein oder einen fahrbaren Untersatz mitbringen – bislang existiert kein offizieller Auto- oder Zweiradverleih auf der Insel. Mit dem Fährschiff kommen Sie übrigens in **Kuzu Limanı** im Nordosten der Insel an. Außer einem Anlegesteg und ein paar Snackbars gibt es dort nicht viel, es sei denn, die Fähre läuft ein: Dann stehen auch ein paar Taxis parat.

Information/Verbindungen

- *Telefonvorwahl* 0286.
- *Information* Eine Inselkarte mit Pensionsliste und Preisen wird bei Ankunft der Fähre verteilt. Eine **Tourist Information** befindet sich in der Bucht von Kaleköy – nett und hilfsbereit, jedoch nur minimale Englischkenntnisse. Nur im Sommer tägl. 10–1 Uhr. ✆ 8874642.
- *Schiffsverbindungen* Tägl. um 8 Uhr (Stand 2002) eine **Fähre nach Çanakkale** (→ Çanakkale/Verbindungen, S. 241). Häufigere **Fährverbindungen von und nach Kabatepe** auf der Halbinsel Gallipoli (Dauer ca. 1 Std.) – im Sommer je nach Andrang mind. 3-mal tägl. Im Winter nur sehr eingeschränkter Betrieb (z. T. nur 2-mal wöchentl.). 2 Pers. mit Auto bezahlen einfach ca. 7,50 €.
- *Verbindungen* Halbwegs regelmäßige **Dolmuş**verbindungen bestehen auf der Insel nur zwischen dem Hafen und Gökçeada-Stadt sowie zwischen Kaleköy und Gökçeada-Stadt. Nur Fr und Mo fahren Dolmuşe vom Hauptort nach Tepeköy und Dereköy.

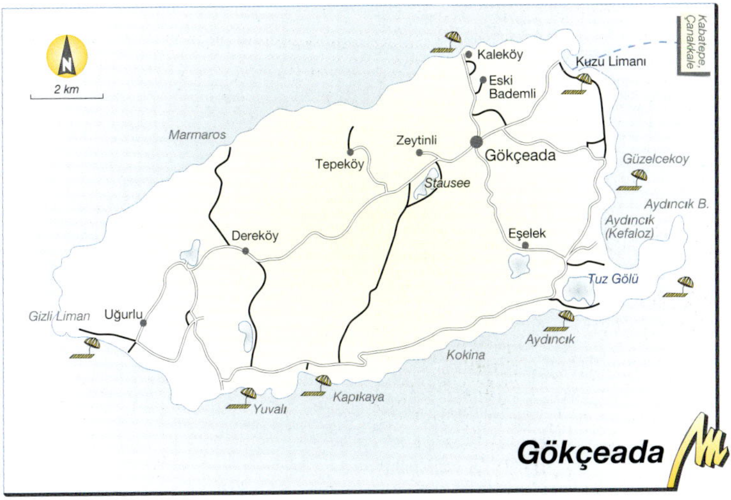

Adressen/Sonstiges

• *Ärztliche Versorgung* **Krankenhaus** im Hauptort an der Straße nach Kaleköy, ✆ 8873003.

• *Einkaufen* Wein von **George Zarbozan**! Der nette Grieche kehrte nach einer Karriere in İstanbul in sein Heimatdorf Tepeköy zurück, managt dort nun eine Taverne mit Pension (→ Übernachten) und keltert Wein. Der einfache, aber süffige Tropfen kostet 3 € pro Flasche.

• *Geld* **T.C. Ziraat Bankası** mit EC-Automat im Hauptort an der Abzweigung zum Hafen.

• *Polizei* im Hauptort an der Straße nach Kaleköy, ✆ 8873012.

• *Post* zentral im Hauptort.

• *Veranstaltungen* Ein fröhliches **griechisches Festival** wird alljährlich am 15. August in Tepeköy abgehalten. Vom **Gökçeada-Filmfestival** Ende August sollte man sich nicht allzu viel erwarten.

Übernachten/Camping/Essen & Trinken

Auf der Insel gibt es viele Unterkünfte – wer irgendwo ein leer stehendes Zimmer hat, vermietet es. Die schönsten befinden sich in den Bergdörfern und in Kaleköy direkt am Meer.

Poseidon Otel, die schönste Bleibe der Insel, in Eski Bademli oberhalb von Kaleköy. Wahnsinnsaussicht von der Terrasse. 9 sehr komfortabel ausgestattete Zimmer mit Parkettböden in einem modernen Natursteinhaus. Ganzjährig geöffnet. DZ 59 €. ✆ 8874619, www.poseidonotel.com

Barba Yorgo Pansiyon, freundliche Pension in der beschaulichen Atmosphäre des Dorfes Tepeköy – Ruhe garantiert. 19 einfache, aber gepflegte Zimmer, z. T. mit offenem Kamin, sehr sauber. Zufriedene Stammkundschaft. Nur April–Sept. DZ 29 €. ✆ 8873592, www.barbayorgo.com.

Kale Motel, an der Uferpromende von Kaleköy, 20 Zimmer, z. T. mit Meeresblick und Balkon, dafür abends laut. Frühstücksbüfett. Gutes Restaurant angeschlossen. DZ 24 €. ✆ 8874404, www.kalemotel.com

Kalimerhaba Motel, nur ein paar Schritte vom Kale entfernt. Ungefähr auf dem gleichen Niveau wie das Kale, nur kostet das DZ 6 € weniger. Ebenfalls mit gutem Restaurant. ✆ 8873648.

• *Camping* Schlichte Campingmöglichkeiten bestehen am **Strand von Aydıncık**.

• *Essen & Trinken* Hervorragede Meze und Fischgerichte (ab 3,50 €) bieten die Lokale an der Uferfront in Kaleköy – an Sommerabenden ist hier die Hölle los. Empfehlenswert ist zudem die gemütliche Dorftaverne **Barba Yorgo** (→ Übernachten) in Tepeköy. Fisch und Fleisch zu 1,80–3,50 €, gute Stimmung wird allabendlich gratis mitgeliefert.

Kleines Sprachlexikon

Aussprache

Die Hauptbetonung liegt in der Regel auf der ersten Silbe. Vokale werden außer bei Fremdwörtern stets kurz gesprochen. Nur wenige der insgesamt 29 Buchstaben – Umlaute zählen im Türkischen als eigene Buchstaben – sind im Deutschen unbekannt oder werden anders ausgesprochen:

C, c wie Dsch (nie wie K!)

Ç, ç wie Tsch

ğ nach dumpfen Vokalen ein schwach hörbares, gutturales G, nach hellen Vokalen hingegen ähnlich dem deutschen J

h am Silbenende wie ein schwaches Ch

I, ı ein bei uns unbekannter Vokal; kehliges I, eine Art Mischung zwischen I und E

J, j wie J in Journal

Ş, ş wie Sch

V, v wird stets stimmhaft ausgesprochen wie W in Wiesel

Y,y wie deutsches J in ja

Z,z stimmhaftes S (nie Tz!)

Grundlegende Wörter und Sätze

Evet/Hayır	*Ja/Nein*
Teşekkür ederim/ Lütfen	*Danke/Bitte*
Affedersiniz	*Entschuldigen Sie bitte*
Merhaba	*Hallo*
Allaha ısmarladık	*Auf Wiedersehen (sagt der Gehende)*
Güle Güle	*Auf Wiedersehen (sagt der Bleibende)*
Hoşça kal	*Tschüss*
Günaydın	*Guten Morgen*
İyi günler	*Guten Tag (auch als Verabschiedung)*
İyı akşamlar	*Guten Abend*
İyi geceler	*Gute Nacht*
Nasılsın/Nasılsınız?	*Wie geht es dir/Ihnen?*
İyiyim	*Mir geht es gut.*
...var mı?	*Gibt es/Haben Sie ...?*
Saat kaç?	*Wie viel Uhr ist es?*

Unterwegs

Ortsbezeichnungen

Tren İstasyonu	*Bahnhof*
Garaj/Otogar	*Busbahnhof*
Havalimanı/Havaalanı	*Flughafen*
İskele	*Fähranlegestelle*
Saray	*Palast*
Sokak	*Gasse*
Cadde	*Straße*
Meydan	*Platz*
Cami	*Moschee*
Hisar	*Festung*
Kilise	*Kirche*
Müze	*Museum*
Banka	*Bank*
Hastane	*Krankenhaus*
Köprü	*Brücke*
Ada	*Insel*
Eczane	*Apotheke*
Süpermarket	*Supermarkt*
Postane	*Post*

Zur Orientierung

Nerede...?	*Wo ist ...?*
Ne zaman?	*Wann?*
Sağ	*Rechts*
Sol	*Links*
Doğru	*Geradeaus*
Otobüs	*Bus*
Tren	*Zug*
Vapur	*Fähre*
Bilet	*Fahrkarte*

Hinweise

Giriş	*Eingang*
Çıkış	*Ausgang*
Tuvalet	*Toilette*
Bay	*Herren*
Bayan	*Damen*
Açık/Kapalı	*Offen/Geschlossen*
Polis	*Polizei*
Girilmez	*Eintritt verboten*

Zahlen

Bir	*1*
İki	*2*
Üç	*3*
Dört	*4*
Beş	*5*
Altı	*6*
Yedi	*7*
Sekiz	*8*
Dokuz	*9*
On	*10*
On bir	*11*
On iki	*12*
On üç	*13*
On dört	*14*
On beş	*15*
On altı	*16*
On yedi	*17*
On sekiz	*18*
On dokuz	*19*
Yirmi	*20*
Yirmi bir	*21*
Otuz	*30*
Kırk	*40*
Elli	*50*
Altmış	*60*
Yetmiş	*70*
Seksen	*80*
Doksan	*90*
Yüz	*100*
iki yüz	*200*
Bin	*1.000*
On bin	*10.000*
Yüz bin	*100.000*
Beş yüz bin	*500.000*
Bir milyon	*1.000.000*
Beş milyon	*5.000.000*
Beş buçuk milyon	*5.500.000*
On milyon	*10.000.000*

Essen und Trinken

Allgemein

Afiyet olsun!	*Guten Appetit!*
Şerefe!	*Prost!*
Yemek listesi	*Speisekarte*
Hesap lütfen!	*Zahlen, bitte!*
Kahvaltı	*Frühstück*
Öğle yemeği	*Mittagessen*
Akşam yemeği	*Abendessen*

Frühstück

Beyaz Peynir	*Schafskäse*
Kaşar Peynir	*Milder gelber Käse*
Bal	*Honig*
Reçel	*Marmelade*
Tereyağı	*Butter*
Yumurta	*Eier*
Ekmek	*Brot*
Şeker	*Zucker*
Tuz	*Salz*

Getränke

Kahve	*Kaffee*
Türk Kahvesi	*Türkischer Mokka*
Neskafe	*Nescafé*
Çay	*Tee*
Süt	*Milch*
Su	*Wasser*
Soda	*Mineralwasser*
Meyve Suyu	*Fruchtsaft*
Ayran	*Getränk aus Joghurt, Wasser und Salz*
Bira	*Bier*
Şarap	*Wein*
Beyaz Şarap	*Weißwein*
Kırmızı Şarap	*Rotwein*

Vorspeisen

Meze	*Türkische Vorspeise*
Ezme	*Creme aus Gemüse oder Joghurt*
Haydari	*Joghurtdip mit Minze und Knoblauch*
Humus	*Kichererbsenpüree*
Patlıcan Salatası	*Auberginensalat*
Zeytinyağlılar	*Kaltes Gemüse in Olivenöl*
Piyaz	*Salat aus Bohnen, Olivenöl und Zitrone*
Sigara Böreği	*Mit Schafskäse gefüllter, frittierter Blätterteig in Zigarrenform*
Çerkes Tavuğu	*"Tscherkessenhuhn" (Hühnerfleisch in Walnusssauce)*

Çiğ Köfte	*Frikadellenart aus rohem Hackfleisch und Weizengrütze*
Çorba	*Suppe*
Mercimek Çorbası	*Linsensuppe*
Yayla Çorbası	*Almsuppe (Joghurtsuppe mit Zitrone und Minze)*
Domates Çorbası	*Tomatensuppe*
Tavuk Çorbası	*Hühnersuppe*
İşkembe Çorbası	*Kuttelflecksuppe*

Hauptgerichte

Dolma	*Gefülltes Gemüse*
Yaprak Dolması	*Gefüllte Weinblätter*
Biber Dolması	*Gefüllte Paprikaschoten*
Patlıcan Dolması	*Gefüllte Auberginen*
Kabak Dolması	*Gefüllte Zucchini*
İmam bayıldı	*"Der İmam ist in Ohnmacht gefallen" (Gebackene Aubergine mit Zwiebeln und Tomate)*
Güveç	*Gemüseschmortopf, oft mit Fleischstückchen*
Köfte	*Hackfleischbällchen*
Hindi	*Putenfleisch*
Tavuk	*Huhn*
Piliç	*Brathuhn*
Sığır	*Rind*
Dana	*Kalb*
Kuzu	*Lamm*
Pirzola	*Kotelett (meist Lamm)*
Karışık Izgara	*Mixed Grill*
Şiş Kebap	*Spieß*
Tas Kebap	*Lammschmortopf*
Arnavut Çiğeri	*"Albanische Leber" (Leberstückchen)*

Gemüse und Beilagen

Sebze	*Gemüse*
Bamya	*Okraschoten*
Kuru Fazulye	*Getrocknete Bohnen*
Taze Fazulye	*Grüne Bohnen*
Bezelye	*Erbsen*
Ispanak	*Spinat*
Karnıbahar	*Blumenkohl*
Lahana	*Kraut*
Domates	*Tomate*
Zeytin	*Olive*
Soğan	*Zwiebel*
Salatalık	*Gurke*
Sarmısak	*Knoblauch*
Çoban Salatası	*Hirtensalat (gemischter Salat mit Schafskäse)*
Salata	*Salat*
Yeşil Salata	*Grüner Salat*
Cacık	*Joghurtsauce mit Knoblauch und Gurke*
Makarna	*Nudeln*
Patates	*Kartoffeln*
Pilav	*Reis*
Bulgur	*Weizengrütze*

Fisch und Meeresfrüchte

Balık	*Fisch*
Barbunya	*Meerbarbe*
Levrek	*Seebarsch*
Lüfer	*Blaubarsch*
Kılıç	*Schwertfisch*
Sardalya	*Sardine*
Kalkan	*Steinbutt*
Hamsi	*Schwarzmeersardine*
Uskumru	*Makrele*
Midye	*Muscheln*

Obst

Meyve	*Obst*
Armut	*Birne*
Elma	*Apfel*
Karpuz	*Wassermelone*
Kavun	*Honigmelone*
Üzüm	*Weintrauben*
Muz	*Banane*
Portakal	*Orange*
Ayva	*Quitte*
Çilek	*Erdbeeren*
İncir	*Feige*
Kayısı	*Aprikose*
Şeftali	*Pfirsich*
Kiraz	*Kirsche*
Vişne	*Sauerkirsche*
Nar	*Granatapfel*
Limon	*Zitrone*

Süßes

Sütlaç	*Gebackener Milchreis*
Baklava	*Gefüllter Blätterteig in Zuckersirup*
Helva	*"Türkischer Honig"*
Lokum	*Konfekt aus Stärke und Zucker, verschiedenartigste Varianten*
Dondurma	*Eis*
Kek	*Kuchen*
Pasta	*Torte*

Sach- und Personenindex

A

B

C/D

E

F/G

Geografischer Index